DAS GRUNDGESETZ

Herausgegeben von
Georg M. Oswald

DAS GRUNDGESETZ

Ein literarischer Kommentar

Herausgegeben von Georg M. Oswald

C.H.Beck

Stand der Gesetzestexte:
Grundgesetz für die Bundesrepublik Deutschland,
zuletzt geändert durch Art. 1 u. 2 Satz 2 G v. 29. 9. 2020 (BGBl. 2020 I 2048).

2. Auflage. 2022

www.chbeck.de
Umschlaggestaltung: Verlag C.H.Beck
Umschlagabbildung: © Shutterstock
Satz: Janß GmbH, Pfungstadt
Druck und Bindung: CPI books GmbH, Ulm
Gedruckt auf säurefreiem und alterungsbeständigem Papier
Printed in Germany
ISBN 978 3 406 79032 4

myclimate

klimaneutral produziert
www.chbeck.de/nachhaltig

Inhalt

Georg M. Oswald: Ein großes Versprechen 9

Präambel
Susanne Baer: Über gute Vorsätze 15

Artikel 1 – Schutz der Menschenwürde
Herta Müller: Unsichtbares Gepäck 21

Artikel 2 – Freie Entfaltung der Persönlichkeit
Tristan Wißgott: Wir Bürger 35

Artikel 3 Absatz 1 – Gleichheit vor dem Gesetz
Thomas Lehr: Vor dem Gesetz und dahinter 45

Artikel 3 Absatz 2 – Geschlechtergleichstellungsgrundsatz
Patrick Bahners: Am Schreibtisch rütteln 51

Artikel 3 Absatz 3 – Diskriminierungsverbot
Feridun Zaimoglu: Gefährliche Zeiten 56

Artikel 4 – Glaubensfreiheit
Martin Mosebach: Eine uralte Institution in der
Nachkriegsdemokratie 66

Artikel 5 Absatz 1 Satz 1 – Meinungsfreiheit
Max Czollek und Lucy Wagner: Zivilcourage 79

Artikel 5 Absatz 1 Satz 2 und 3 – Pressefreiheit
Andrian Kreye: Neues Dilemma 85

Artikel 5 Absatz 3 Satz 1 – Kunstfreiheit
Lena Gorelik: Ein Flöckchen ohne Punkt 91

Artikel 5 Absatz 3 – Wissenschaftsfreiheit
Ulrich Woelk: Wenn vier gleich fünf sind 96

Artikel 6 – Ehe und Familie
Terézia Mora: Innerhalb und außerhalb der Ordnung 101

Artikel 7 – Schulwesen
Anna Katharina Hahn: Utopie und uneingelöste Versprechen . 113

Artikel 8 – Versammlungsfreiheit
Michael Krüger: Nachts kann man das Gesetz stöhnen hören . 119

Artikel 9 – Vereinigungs- und Koalitionsfreiheit
Wolfgang Matz: Von Webern, Schlachthöfen und Küchenstudios 126

Artikel 10 – Brief-, Post- und Fernmeldegeheimnis
Eva Menasse: Dissidenten der Digitalmoderne 137

Artikel 11 – Freizügigkeit
Sibylle Lewitscharoff: Ein alter Traum 146

Artikel 12 – Berufsfreiheit
Julia Franck: Ein weiter Horizont, trotz Schatten der Vergangenheit und Gegenwart 155

Artikel 12a – Wehrdienst, Ersatzdienst u. a.
Grit Poppe: Vom Dienen und Sichverweigern 161

Artikel 13 – Unverletzlichkeit der Wohnung
Annette Pehnt: Die Verletzlichkeit der Wohnung: Abends poltert es an der Tür. Acht Anmerkungen 175

Artikel 14 und 15 – Eigentumsgarantie und Gemeinwirtschaft
Ijoma Mangold: Keine vorauseilende Schlichtung 186

Artikel 16 – Schutz vor Ausbürgerung und Auslieferung
Ronen Steinke: Der Club der Deutschen 195

Artikel 16a – Asylrecht
Dana Grigorcea: Dem Pfeil hinterher 209

Artikel 17 – Petitionsrecht
Friedemann Karig: Vom Logenplatz in die Arena 216

Artikel 17a, 18, 19 – Grundrechtseinschränkungen
Angelika Nußberger: Ohne Zauberformel 222

Artikel 20 – Verfassungsrechtliche Grundprinzipien, Widerstand
Sophie Schönberger: Der Preis der Demokratie 234

Artikel 20a – Schutz der natürlichen Lebensgrundlagen und Tierschutz
Hilal Sezgin: Das Glas ist feucht 247

Artikel 21 – Politische Parteien
Udo Di Fabio: Brücken zur Politik 261

Artikel 22 – Hauptstadt und Bundesflagge
Lars Brandt: Wo liegt Berlin? 271

Artikel 23 – Europäische Union
Florian Meinel: Verzagte Mitte **276**

Abschnitte II, III, IV, IVa, VII – Bund und Länder
Benjamin Lahusen: Fundstücke zum deutschen Föderalismus . **288**

Abschnitt V – Der Bundespräsident
Hans Pleschinski: Von der Villa ins Schloss **303**

Abschnitt VI – Die Bundesregierung
Jochen Schmidt: Im Kanzleramt brennt noch Licht **313**

Artikel 88 – Bundesbank
Philipp Felsch: Mythos und Trauma **322**

Abschnitt IX – Die Rechtsprechung
Andreas Voßkuhle: Regulative Ideen und Rechtsalltag **327**

Artikel 109 Absatz 3 – Schuldenbremse
Jonas Lüscher: Reichstags-Blues™ – 29. Mai 2009 . . . . **344**

Abschnitt Xa – Verteidigungsfall
Karl-Heinz Ott: Krieg und Frieden **355**

Artikel 146 – Geltungsdauer des Grundgesetzes
Peter Richter: 23 > 146 oder: Krause verhandelt für uns einen Einigungsvertrag **365**

Die Autorinnen und Autoren **375**

Georg M. Oswald

Ein großes Versprechen

Nichtjuristen

Wenige Wochen nach Beginn meines Jurastudiums stieß ich zum ersten Mal auf eine Lebensform, die mir bis dahin unbekannt gewesen war: die Nichtjuristen.

«Nichtjuristen glauben gerne», «irrig vermuten Nichtjuristen», «dies führt Nichtjuristen dazu, anzunehmen» lauteten oft gebrauchte Formulierungen. Die Angehörigen dieser Spezies schienen ein schweres Los zu tragen. Die eigentlichen Zusammenhänge des Lebens blieben ihnen fremd. Es wurde bestimmt von Gesetzen, deren Existenz ihnen zwar bekannt war, deren Inhalt ihnen aber unlösbare Rätsel aufgab. Blindlings taperten sie durch die Welt, und die Gefahren, die ihnen drohten, ahnten sie noch nicht einmal. Das Äußerste, was ihnen gelingen konnte, war eine «Parallelwertung in der Laiensphäre», die sie hin und wieder, wenn auch selten und auf krummen Wegen, an ein Etappenziel führte. Fiel aber erst einmal das Auge des Gesetzes auf sie, waren sie unweigerlich verloren, es sei denn, diejenigen, die geschaffen waren, ihnen zu helfen, nahmen sie an die Hand: die Juristen.

Mich hat immer erstaunt, mit welcher Geläufigkeit diese Entmündigungsvokabel verwendet wurde und mit welch selbstverständlicher Demut die so Bezeichneten sie hinnahmen. Sicher gibt es juristisches Fachwissen und laienhafte Irrtümer darüber. Jenseits davon können sich alle leicht auf den Gemeinplatz verständigen, das Gesetz sollte dem Menschen dienen und nicht umgekehrt. Ist es aber für jemanden, der nicht Jura studiert hat, tatsächlich unmöglich, sich ein intelligentes und zutreffendes Bild von unseren Gesetzen zu machen? Gibt es

Juristen, die über unsere Gesetze so schreiben können, dass jemand, der nicht vom Fach ist, sie versteht?

Dieses Buch gibt Antworten auf diese Fragen. Was daran literarisch ist? Zugegeben, der Begriff ist hier weit gefasst. Aber es geht ja auch nicht darum, die Arbeit der Juristen künstlerisch zu veredeln. Es geht darum, sie von einem neu gewählten Standpunkt aus kritisch zu betrachten. Der Essay als literarische Form und der Perspektivwechsel als genuin literarisches Verfahren erschienen uns dafür geeignet.

Selbstverständlich kann und will dieser Kommentar nicht in Konkurrenz zu Fachkommentaren treten. Letztere sind Arbeitsmittel für Juristen, die zu jedem nur denkbaren Problem möglichst umfassend den aktuellen Meinungsstand dokumentieren sollen. Wir hingegen haben uns von den eingeladenen Autorinnen und Autoren das Gegenteil gewünscht, nämlich feuilletonistisch-pointiert heranzugehen. Aber auch das war nur ein Vorschlag. Unsere einzige verbindliche Vorgabe war, subjektiv zu sein, vielleicht sogar persönlich zu werden. Bei der Auswahl der Themen haben wir uns ebenso große Freiheiten herausgenommen. So erschien uns etwa zu jedem Absatz von Artikel 3 GG mit seinen grundlegenden Regelungen zu Gleichheit und Gleichberechtigung ein eigener Beitrag nötig. Bei der Staatsorganisation hingegen haben wir uns erlaubt, ganze Abschnitte des Grundgesetzes einzelnen Autoren anzuvertrauen.

Freiheit

Die jüngste gesellschaftliche Rezeption des Grundgesetzes zeigt, dass wir uns dringend darüber unterhalten müssen, was wir unter den Grundlagen unserer Demokratie eigentlich verstehen. Als Beispiel mag die Karriere dienen, die das Wort «Freiheit» in den vergangenen Jahren gemacht hat. Freiheit ist ein Zentralbegriff unserer Verfassung, die Grundrechte sind im Wesentlichen als Freiheitsrechte formuliert. Seltsamerweise wird derzeit die radikalste Kritik am Staat im Namen jener Grundrechte formuliert, die ebenjener Staat aufgrund seiner Verfassung garantiert. Das ist nicht so leicht zu verstehen. Daran schließt sich die Frage an, ob die Freiheit, die hier gefordert wird, wirklich, wie Kant versprach, herausführt aus der «selbstverschuldeten Unmündigkeit».

Macht sie die Menschen zu verantwortungsbewussten, umsichtigen, selbstbestimmten und wunderbaren Geschöpfen? Oder doch nur zu monströsen Riesenbabys, deren Anspruchsdenken keine Grenzen kennt, die jede Form von Verantwortung jäh zurückweisen, die Schuld immer bei anderen suchen, sich zu gar nichts verpflichten lassen wollen, dabei aber unentwegt Opferstatus reklamieren?

In einer Gesellschaft, in der nur noch nach Freund und Feind unterschieden wird, nach Täter und Opfer, gelten Kompromisse, Abwägungen, das Aushandeln von fairen Lösungen nicht mehr als Siege der Vernunft, sondern als Niederlagen des einzig Wahren. Die bürgerlichen Freiheiten verleiten zu einem Konkurrenzdenken, das sich aufschaukelt bis dorthin, wo jeder dem anderen nur noch das Schlechteste wünscht. Heute gilt schon als demokratische Tugend, andere Meinungen «auszuhalten». Eine verräterische Vokabel, denn was tolerant erscheinen will, ist in Wahrheit ziemlich borniert. Andere Meinungen «aushalten» muss man nur, wenn man schon von vornherein weiß, dass man sie ablehnen wird. In einer offenen Diskussion muss man nichts aushalten, sondern versuchen, andere Argumente so gut zu verstehen wie die eigenen. Das fällt uns immer schwerer. Der entfesselte verbale Krieg in den sozialen Medien ähnelt, oberflächlich betrachtet, einem hitzig geführten Diskurs. Das ist paradox, denn er repräsentiert wie nichts sonst unsere fehlende Bereitschaft zum Gespräch. Balzacs Beobachtung, am sichersten richte man eine Gesellschaft zugrunde, indem man ihr alle Freiheit lässt, findet sich hier bestätigt.

Krieg

Und was, wenn jemand das Gespräch, «das Aushandeln von fairen Lösungen», gar nicht anstrebt, weil er glaubt, der Stärkere zu sein?

Seit dem Überfall Russlands auf die Ukraine sprechen die einen von Zeitenwende, andere weisen auf bequeme Illusionen hin, denen wir uns seit dem Zusammenbruch des Ostblocks ergeben haben. Die größte Illusion dürfte gewesen sein, das Ende der Geschichte sei erreicht, das Modell der westlichen Demokratie als politischer Standard habe gesiegt, hinter ihm dürfe niemand zurückbleiben, der nicht als hoffnungslos rückständig gelten wolle.

Auch die russische Verfassung enthält ein umfangreiches Kapitel über «Rechte und Freiheiten des Menschen und Bürgers», das bis ins Detail große Ähnlichkeiten mit der Allgemeinen Erklärung der Menschenrechte und dem Grundgesetz aufweist. Und selbst die nordkoreanische Verfassung verfügt in ihrem Artikel 67: «Die Bürger haben Meinungs-, Presse-, Versammlungs-, Demonstrations- und Organisationsfreiheit. Der Staat garantiert die Bedingungen für die freie Betätigung demokratischer Parteien und gesellschaftlicher Organisationen.»

Sind Verfassungen also nichts weiter als Instrumente plastischer Chirurgie, die auch noch dem totalitären Grauen ein freundliches Gesicht verleihen können? Sind die Freiheitsrechte am Ende nur leere Worte, mit denen sich jeder schmücken kann, egal zu welchem Zweck?

Ich glaube nicht, denn die russische Propaganda lässt keinen Zweifel daran, wogegen sich der Krieg, der nicht so genannt werden darf, richtet. Gegen den Westen, gegen seinen Lebensstil, gegen die Demokratie, gegen genau die Freiheiten, welche die russische Verfassung ihren Bürgern verspricht.

Im Westen war die Vorstellung, sich gegen äußere Feinde verteidigen zu müssen, beinahe vergessen. Mit ihr kehrt auch das Bewusstsein zurück, dass dies einen unvorstellbar hohen Preis haben könnte. Angesichts der Risiken beeindruckt das entschlossene Handeln der europäischen Institutionen. Ob zum Guten oder zum Schlechten, ist, wenn wir ehrlich sind, völlig ungewiss. Ein gesellschaftlicher Diskurs, welcher der Bedeutung dieser Frage angemessen ist, muss jedenfalls erst wieder gelernt werden.

Außenseiter

«Dieses Buch geht von der Behauptung aus, dass die bürgerliche Aufklärung gescheitert ist.» Mit diesem Satz, so wuchtig wie apodiktisch, eröffnete der Schriftsteller und Jurist Hans Mayer seine Studie über «Außenseiter» im Jahr 1975. Hans Mayer wusste, wovon er sprach. Auf dem Weg zur mündlichen Prüfung für das zweite juristische Staatsexamen musste er befürchten, von den Nationalsozialisten verhaftet zu werden. Hans Mayer war Jude. 1933 bekam er Berufsverbot und emigrierte, zuerst nach Frankreich, dann in die Schweiz. Nach dem Krieg kehrte er nach Deutschland zurück, nahm eine literaturwissenschaftliche Professur in Leipzig an, überwarf sich bald mit den Machthabern der DDR und kehrte 1963 nach einer Reise in die Bundesrepublik nicht mehr zurück. Hans Mayer war homosexuell. Als er «Außenseiter» veröffentlichte, galt in der Bundesrepublik Deutschland der § 175 Strafgesetzbuch noch in der von den Nationalsozialisten 1935 verschärften Fassung. Einen Verstoß gegen die Menschenwürde konnte man bis 1994, als er ersatzlos gestrichen wurde, nicht darin erkennen. Das Thema, das er gewählt hatte, war also auch 1975 für Hans Mayer keineswegs nur ein historisches.

Seine Feststellung, die bürgerliche Aufklärung sei gescheitert, knüpft er vor allem an die Feststellung, die materielle Egalität einer gleichen Lebenschance habe trotz des Versprechens von Freiheit, Gleichheit, Brüderlichkeit nie verwirklicht werden können.

So abschließend sein Befund, so verwunderlich erscheint er von heute aus gesehen. 1975, war das nicht die Zeit, in der noch alles in Ordnung war? Blicken wir auf die Bundesrepublik jener Zeit, erscheint sie uns so modellhaft, klein und übersichtlich wie eine Puppenstube;

und politisch beinahe als das genaue Gegenteil von dem, was Hans Mayer konstatierte. Im Westen hatten wir damals Vollbeschäftigung, betriebliche Altersvorsorge, volle Kirchen, eine homogene Mehrheitsgesellschaft mit Drei-Parteien-System, drei Fernsehprogrammen und klaren Fronten.

Heute leben wir buchstäblich auf einem anderen Planeten. Die Weltbevölkerung hat sich seither fast verdoppelt. Es leben heute, im Jahr 2022, 3,9 Milliarden Menschen mehr auf der Erde als vor siebenunddreißig Jahren. Nächste Woche werden es über 1,5 Millionen mehr sein, trotz aller Katastrophen, Krankheiten, Pandemien und Kriege. Es gibt einen Zynismus, der annehmen will, diese Entwicklung lasse das Beharren auf Menschenrechten kaum noch «realistisch» erscheinen.

Wie sehr müsste sich Hans Mayer in seiner damaligen Einschätzung bestätigt sehen? Man muss beinahe sagen: Er konnte gar nicht ahnen, wie recht er hatte. Heute erscheint es bereits vollkommen utopisch, überhaupt nur den allgemeinen Anspruch gleicher Lebenschancen für all diese beinahe acht Milliarden Menschen zu postulieren. Aber, so Hans Mayer weiter: «Scheitern einer bürgerlichen Aufklärung muss nicht den Bankrott des aufgeklärt-humanistischen Denkens bedeuten.» Ganz im Gegenteil. Gerade angesichts dieser Zahlen sind es allein die Menschenrechte, die uns von der Barbarei trennen.

Das Grundgesetz bekennt sich ganz ausdrücklich zu ihnen. Das bedeutet nicht notwendig, dass unsere Gesellschaft sie auch beherzigt. Wie eine Gesellschaft ist, lässt sich nicht am Wortlaut ihrer Verfassung erkennen, sondern allein daran, wen sie zu Außenseitern erklärt und wie sie mit ihnen umgeht. Beste Absichten sind zunächst nichts weiter als das: beste Absichten. Das Grundgesetz ist ein großes Versprechen. Für seine Einlösung bleiben wir selbst verantwortlich.

Präambel

Im Bewußtsein seiner Verantwortung vor Gott und den Menschen,
von dem Willen beseelt, als gleichberechtigtes Glied in einem vereinten Europa dem Frieden der Welt zu dienen, hat sich das Deutsche Volk kraft seiner verfassungsgebenden Gewalt dieses Grundgesetz gegeben.
Die Deutschen in den Ländern Baden-Württemberg, Bayern, Berlin, Brandenburg, Bremen, Hamburg, Hessen, Mecklenburg-Vorpommern, Niedersachsen, Nordrhein-Westfalen, Rheinland-Pfalz, Saarland, Sachsen, Sachsen-Anhalt, Schleswig-Holstein und Thüringen haben in freier Selbstbestimmung die Einheit und Freiheit Deutschlands vollendet. Damit gilt dieses Grundgesetz für das gesamte Deutsche Volk.

Susanne Baer

Über gute Vorsätze

Was würden Sie denn sagen, schreiben, formulieren – als Präambel der Verfassung für Ihr Land (Bayern ff., Deutschland?), für Ihre Region (Europa?), für Ihre Welt? Wie würde Ihre Präambel lauten?

Das wird schnell kompliziert. Und es wird anstrengend, denn hier spricht, solange wir über demokratische Verhältnisse reden, die diese Bezeichnung auch tatsächlich verdienen, niemand für sich allein. So locker manche am aktuellen Text der Präambel des deutschen Grundgesetzes herummäkeln, weil *das gesamte Deutsche Volk* sie stört oder der

Bezug auf die *Verantwortung vor Gott* als sogenannte *Invocatio Dei* zum säkularen Staat nicht passe oder auch das *vereinte Europa* so einig nicht gewünscht ist – so schwer ist es, ihn besser zu machen. Präambeln kommen oft «pompös» daher (Peter Häberle) und doch auch nüchtern vernünftig, und Navid Kermani bezeichnete den Text des Grundgesetzes im Deutschen Bundestag 2014 sogar als «bemerkenswert schön». Ist er das? Ist das wichtig? Wäre der Ihre das auch?

Zunächst fragt sich natürlich: Muss das überhaupt sein, eine Präambel? Die Antwort lautet: keinesfalls. Aber es hilft, etwas Wichtiges zu klären. Präambeln haben deshalb eine lange Tradition (nach Platon sollen sie das Volk «geneigter und aufgrund dieser Geneigtheit gelehriger» machen, dem dann Gebotenen auch wirklich zu folgen), eine große, aber nicht nur gute Geschichte (im Nationalsozialismus fiel das faschistische Credo teils länger aus als die Regelung selbst), und viele Verfassungen kamen und kommen ohne Präambel aus (die Reichsverfassung von 1871 war ganz kurz, in der Paulskirche wurde auf den Vorsatz der guten Vorsätze verzichtet, und Weimar verwies auf Freiheit, Gerechtigkeit, Frieden und Fortschritt). Muss sie also sein?

Heutige Verfassungen und Völkerrechtstexte unterscheiden sich in den Präambeln voneinander. Einige wenige deutsche Länder haben sich nach 1945 wortmächtig gegen den deutschen Nationalsozialismus gestellt, jüngere sich nach 1989 ausdrücklich zur friedlichen Revolution bekannt oder die *Verantwortung aus der deutschen Geschichte* aufgerufen. Nicht alle beziehen sich auf Gott, qua Gehorsam oder Vertrauen oder in Verantwortung, wie das Grundgesetz. Was würden Sie tun?

Präambeln sind Vorsätze. Vor einem grundlegenden Rechtstext – dem Grundgesetz als der deutschen Verfassung, den Europäischen Verträgen zur EU mit der Grundrechtecharta, der Europäischen Menschenrechtskonvention oder der Charta der Vereinten Nationen mit der Allgemeinen Erklärung der Menschenrechte – sind sie Recht, aber juristisch nicht verbindlich, und doch nicht ohne Wert. Sie versuchen, politisch, sozial und kulturell zu benennen, wo *wir* jetzt wieder stehen. Die Welt stand nach 1945, so die Präambel der Allgemeinen Erklärung, für *Gerechtigkeit und Frieden in der Welt*, zudem *frei von Furcht und Not*, ohne *Tyrannei und Unterdrückung*, im Glauben an *Würde* und *Gleichberechtigung*. Würden Sie das heute auch so sehen und sagen?

In Präambeln wird vorangestellt, wer *wir* sind, was *wir* wollen, wohin es für und mit uns gehen soll. Für die Grundrechtecharta der EU sagen *die Völker Europas*, sie binde das *Bewusstsein ihres geistig-religiösen und sittlichen Erbes*, gegründet auf *die unteilbaren und universellen Werte der Würde des Menschen, der Freiheit, der Gleichheit und der Solidarität*, beruhend auf den *Grundsätzen der Demokratie und der Rechtsstaatlichkeit*, mit der *Person* im *Mittelpunkt ihres Handelns*. Ausdrücklich zielt das auf Personen-, Waren-, Dienstleistungs- und Kapitalverkehr und auf die Niederlassungsfreiheit. Ist das Europa für Sie, heute?

Wer spricht, wer schreibt da? Die Klärung dieser Autorität ist in aller Regel der Kern des Vorspruchs. Das steckt im *We the People* (in den USA) ebenso wie im *We the Peoples* (der Vereinten Nationen), und in *das gesamte Deutsche Volk* der *Deutschen in den Ländern*. Immer ist das zu klären: Wer maßt sich an, dem Ganzen voranzugehen, *praeambulare*? Wer kann, wer darf diese Autorität in Anspruch nehmen, verfassungsgebendes Subjekt zu sein, also nicht durch die Verfassung legitimiert, sondern diese selbst legitimierend, als *pouvoir constituante*, nicht nur *constitué*? Wer schreibt dem Grundgesetz etwas vor, wer spricht als *wir*?

Ganz offensichtlich lässt sich dem historisch nachgehen: Wer war dabei, als das Grundgesetz entworfen, unterzeichnet, als geltendes Recht angenommen wurde? Wer waren die Verfassungseltern im Herrenchiemseer Konvent und im Parlamentarischen Rat? Was trieb sie um? Nach 1945 war es besonders «schwierig und verwickelt» (Horst Dreier), mit Geschichte und Zukunft umzugehen, denn *die Deutschen in den Ländern* waren besetzt, geteilt, hoffentlich irgendwann wiedervereinigt. Nach 1989 war das etwas klarer: *die Deutschen in den Ländern* und damit *das gesamte Deutsche Volk*. Aber andere Fragen blieben. Nach 1945 war entscheidend, in welcher *Verantwortung* sich Deutschland nach dem Grauen des Krieges und des Mordens überhaupt denken ließ – es ging um die Verantwortung *vor Gott,* was weniger religiös als demütig motiviert war und seitdem umstritten ist. Zugleich wurde aber auch in Verantwortung *vor den Menschen* gehandelt, was manchmal untergeht, aber schon deshalb umso wichtiger erscheint und in der Unantastbarkeit der Menschenwürde in Artikel 1 des Grundgesetzes noch klarer wird. Und dazu kam in der Präambel zum Grundgesetz von Anfang an der Wille, *als gleichberechtigtes Glied in einem vereinten Europa dem Frieden der Welt zu dienen.* Schön? Richtig? Ihr Wunsch, heute?

Allein: Die historische Antwort genügt nicht. Sie greift zu kurz. Das Grundgesetz soll wie die anderen grundlegenden Akte für die EU, das große Europa und die Welt auf Dauer gelten, und Geltung ist mehr als juristische Verbindlichkeit. Zwar sind Präambeln immer auch Kinder ihrer Zeit. Aber die Frage nach *Ihrer* Version einer Präambel heute stelle ich nicht nur rhetorisch, nicht nur als Spielerei. Wenn eine Verfassung nicht nur ein Versprechen auf dem Papier sein soll, nicht dekorative Geste, um zum weltweiten Klub der eigentlich aufgeklärten, tatsächlich aber oft nur für Investitionen und Handel verlässlichen Staaten zu gehören, dann muss sie mit Leben gefüllt werden, täglich, aktuell. Und dieses Leben hat eine juristische Seite und auch eine soziale, eine kulturelle Realität.

Das zeigt gerade die Präambel. Ganz klar: Sie ist noch nicht der Rechtstext, sondern liegt irgendwie davor. Aber sie gehört doch dazu und muss damit auch juristisch gelten. Ganz klar: Konflikte werden mit dem Text danach entschieden, den Grundrechten, den Regeln der Staatsorganisation. Aber die Präambel ist nicht ohne Wert und Wirkung. Gerade Verfassungsrecht und gerade die Menschenrechtspakte laufen immer Gefahr, nur wichtige Worte zu bleiben. Aber für eine Verfassung wie das Grundgesetz ist der anspruchsvolle Clou: An sie muss *der Staat* selbst gebunden sein, also auch die Mehrheit als Gesetzgeber und jede öffentliche Gewalt, auch Gerichte im Streit zwischen Privaten. Nur dann ist die Verfassung ein Mittel, um Mehrheiten zu zwingen, demokratisch legitimiert zu handeln, eventuell die Macht abzugeben und Minderheiten nicht außen vor zu lassen, also kein Individuum zu übergehen. Und auch ganz klar: Das funktioniert nur, wenn unabhängige Gerichte diese großen Versprechen durchsetzen können. Wo Gerichte demontiert oder gekapert werden, fehlt das; dann wird Recht dekorativ, autoritär-eigennützig, eine «legalistische» Autokratie, leeres Versprechen. Nur wo Gerichte unabhängig arbeiten, wo Menschen gehört werden, wo in jedem Verfahren sorgfältig geprüft wird, sind auch die großen schönen Worte nicht wirkungslos. Und die Präambel setzt dafür einen Rahmen.

Was für *uns* hier heute gilt, verbindlich und deshalb (hoffentlich) verbindend, ergibt sich nicht nur aus dem, was vor Gericht geschieht und was Gerichte entscheiden. Dazu gibt es die berühmte These, dass Recht nicht garantieren könne, worauf es seine Geltung stützt, also das Grundgesetz nicht die Voraussetzungen schaffen könne, von denen es lebt. Das eine ist dann das Leben, das andere das Recht? Tatsächlich sind Recht und soziale, politische, kulturelle Praxen doch eher Facetten einer Rechts- und Verfassungskultur. In jeder Gesellschaft ist täglich neu zu konstituieren, wovon *wir* ausgehen, was uns ausmacht, bindet, treibt. Gerade die Präambel benennt insofern, wovon das Grundgesetz auch lebt. Das spielt sich nicht woanders ab. Es sind nur andere Facetten des Rechts, um die sich die Präambel kümmert.

Und deshalb nochmals: Wovon gehen *Sie* heute für *uns* aus? Wo ist Ihr *hier*? In den USA wird die alte Verfassung der *We the People*, zu der nie alle gehörten, auch heute ganz regelmäßig stolz im Sport und bei der Amtseinführung, im Militär und in Schulen präsentiert. Sie ist Zivilreligion, als Kitt der Gesellschaft. Wenn ein Superpopstar das dann im 21. Jahrhundert vor aller Welt nicht nur auf Englisch intoniert, sondern auch Spanisch spricht, bedeutet das etwas. Würden Sie Ihre Präambel auf Deutsch verfassen? Die Präambel der Verfassung des neuen Südafrika nach der Apartheid schließt in mehreren Sprachen. Welche wären das, als Zeichen der Zusammengehörigkeit, in Deutschland?

Christa Wolf hat für ein Deutschland einmal entworfen, dass die *humanistischen Traditionen, zu welchen die besten Frauen und Männer aller Schichten unseres Volkes beigetragen haben*, wichtig seien, die *Verantwortung aller Deutschen für ihre Geschichte und deren Folgen*; dies gründe *auf der revolutionären Erneuerung, entschlossen, ein demokratisches und solidarisches Gemeinwesen zu entwickeln.* Es müsse *Würde und Freiheit* sichern, *die Gleichstellung der Geschlechter* verbürgen *und unsere natürliche Umwelt* schützen. Ist es das?

Kompliziert. Anstrengend, sich zu einigen auf einen Vorspruch zu dem, was in einer Gesellschaft gelten soll, was wir uns versprechen. Auch in Deutschland ist das Grundgesetz politisch und kulturell präsent. Derzeit wird das «GG» im Großformat auf Demonstrationen gezeigt, für eine menschliche Flüchtlingspolitik und dagegen, für den Schutz vor der Pandemie und dagegen, für Toleranz und dagegen. Ein diverser Chor hat mit Marta Górnicka den Text des Grundgesetzes zu dessen 70. Geburtstag als «Stresstest» gesungen. Die Sache ist also umstritten, und das ist ebenfalls lebendige Verfassungskultur. Die Präambel – sie stellt deshalb aktuell auch für Sie die Frage: Wer spricht für wen, wovon gehen *wir* aus, wohin wollen *wir*? Was also wollen *Sie*, mit und für *uns*?

Artikel 1
Schutz der Menschenwürde

(1) Die Würde des Menschen ist unantastbar. Sie zu achten und zu schützen ist Verpflichtung aller staatlichen Gewalt.
(2) Das Deutsche Volk bekennt sich darum zu unverletzlichen und unveräußerlichen Menschenrechten als Grundlage jeder menschlichen Gemeinschaft, des Friedens und der Gerechtigkeit in der Welt.
(3) Die nachfolgenden Grundrechte binden Gesetzgebung, vollziehende Gewalt und Rechtsprechung als unmittelbar geltendes Recht.

Herta Müller

Unsichtbares Gepäck

Der Staat ist um des Menschen willen da, nicht der Mensch um des Staates willen.» So trocken formelhaft klang der Artikel 1 im Entwurf für das Grundgesetz. Am 8. Mai 1949 verabschiedete der Parlamentarische Rat dann das Grundgesetz, und der Artikel 1 klingt nun völlig anders – wärmer und dennoch ernster: «Die Würde des Menschen ist unantastbar. Sie zu achten und zu schützen ist Verpflichtung aller staatlichen Gewalt.» Dem ging eine lange Debatte voraus, weil der Inhalt des Wortes «Würde» offen ist und offen bleiben muss und sich daher mit der genormten Sprache und dem nüchternen Denken von Juristen kaum vereinbaren lässt.

Heutzutage kann alles eine Würde haben. Der einzelne Augenblick und ganze Nationen. Der Begriff Würde ist heute nicht nur offen, sondern diffus. Dabei ist doch der Ausgangspunkt für Würde der Wert. Es geht um den Wert des Menschen. Lange, zu lange war der nur vom sozialen Rang bestimmt, der sichtbar sein musste. Nur wer Ornate und Talare trug, mit Samt, Seide und Spitzen, mit Schärpen, Schleppen und Orden, war ein Würdenträger. Die «Goldfasane» unter den Nazis, an erster Stelle der bizarre Feldmarschall Göring in seinen abstrusen Fantasieuniformen mit zahlreichen Orden, waren späte Verkörperungen dieser exhibitionistischen Auffassung von Würde.

Aber ein ganz anderes, ein bitteres und tragisches Beispiel für die auf dem Körper getragene Würde sind die Veteranen der Roten Armee, die heute, von der Gesellschaft vergessen, nur an Feiertagen vorgezeigt, in Armut leben – alte Menschen, die sich, weitab von Moskau, in ihren trostlosen Gegenden selbst überlassen sind. Sie tragen dort als täglichen Halt ihre alten Orden, als wäre der Krieg gegen Nazideutschland gerade erst vorbei. Es ist eine Würde aus buntem Blech, eine traurige Selbsttäuschung.

Die Vorstellung der inneren Würde jedes Menschen hat sich erst im Zeitalter der Aufklärung ausgebildet. Die Würde des Einzelnen entspringe einem Gefühl eines eigenen inneren Wertes, der für keinen Preis käuflich sei und der dem Menschen eine Achtung vor sich selbst schenke. Schiller nennt das Anmut und Würde. Für ihn war Anmut eine Haltung. Es ging um die innere Würde, die moralische Stärke und die geistige Unabhängigkeit.

Der Artikel 1 des Grundgesetzes verpflichtete Parlamente, die Behörden, die Polizei in den westlichen Bundesländern des geteilten Deutschlands, etwas zu achten und zu schützen, etwas, das im Nationalsozialismus lebensgefährlich war: die Geistesfreiheit des Einzelnen, seine innere Unabhängigkeit. Viele Mitglieder des Parlamentarischen Rates hatten das erlebt, andere kamen aus dem Exil zurück, und fünf Mitglieder hatten sogar Konzentrationslager überlebt. Für sie alle war der

Verlust der Würde eine lange persönliche Erfahrung im Alltag einer Diktatur: die Wehrlosigkeit gegen die Schläger der SA und gegen die Verschleppung in die Lager, gegen Enteignung und Berufsverbot, gegen die Folter in den Gefängnissen der SS. Die Angst vor der Willkür der Nazis war überall und immer bei denjenigen, die keine Nazis waren und es auch nicht werden konnten, weil sie sich eine innere Anständigkeit bewahrt hatten. Man konnte nur den nächsten Menschen vertrauen, die Angst vor Spitzeln war allgegenwärtig. Es gab auch keine intellektuellen Reservate des freien Denkens, weil es sich nicht mehr artikulieren konnte. Es gab keine unabhängige Justiz mehr. Die Medien waren gleichgeschaltete Propagandainstrumente, die moderne Kunst und die zeitgenössische Literatur wurden verbrannt, und Tausende Journalisten und Künstler wurden ins Exil vertrieben.

1949 stand Artikel 1 des Grundgesetzes deshalb für mehr als nur für den Beginn einer freiheitlichen demokratischen Gesellschaft, von der man noch nicht wissen konnte, wie sie sich entwickeln würde. Den Autoren des Grundgesetzes war es wichtig, mit dem Begriff der Würde die Ablehnung jeder Diktatur deutlich auszusprechen. Das Wort Würde selbst erteilte den Institutionen der neuen Demokratie den Auftrag, die Hinterlassenschaften des Nationalsozialismus in der Gesetzgebung und im Alltag der Behörden zu beseitigen. Auch deshalb steht der Satz «Die Würde des Menschen ist unantastbar» an der Fassade des Gebäudes der Staatsanwaltschaft. Dort ließ ihn der hessische Generalstaatsanwalt Fritz Bauer anbringen. Bauer war schon 1933 im KZ inhaftiert und floh 1936 zuerst nach Dänemark und von dort nach Schweden ins Exil. Er kam 1949 zurück und setzte in den sechziger Jahren die Frankfurter Auschwitzprozesse gegen harte Widerstände in den Reihen der Justiz durch. «Wenn ich mein Büro verlasse, betrete ich Feindesland», soll er gesagt haben. Er wusste genau, wo er war. Denn an allen Ecken und Enden scheiterte der Artikel 1 des Grundgesetzes. Die Nazimentalität steckte noch privat in den Köpfen und amtlich in den Behörden, und die Würde des Menschen blieb antastbar.

Da ist zum Beispiel die Würde der Sinti und Roma. Man schätzt, dass ungefähr 5000 von ihnen die Todeslager überlebten. Ihre Anträge auf Anerkennung als Verfolgte der Nazidiktatur wurden von den Behörden an die Kriminalpolizei weitergeleitet. Die holte ihrerseits Gutachten zur «Sondererfassung von Zigeunern» bei ehemaligen Nazibeamten ein – man könnte auch sagen, bei Verbrechern –, die in der «Dienststelle für Zigeunerfragen» tätig und für die Deportation der Sinti und Roma in die Lager verantwortlich waren. In diesen Gutachten steht, dass die Antragsteller nicht aus rassischen Gründen, sondern wegen «Asozialität» inhaftiert wurden. So konnten diese Gutachter Entschädigungszahlungen ebenso verhindern wie die strafrechtliche Einordnung ihrer Beteiligung am Völkermord. Und sie hatten damit Erfolg. In den 1955 veröffentlichten Kommentaren zum «Bundesentschädigungsgesetz» wurden alle Verfolgungsmaßnahmen der Nazis als legitime Sicherheitsmaßnahmen interpretiert, weil die «Zigeuner» durch «Asozialität, Kriminalität und Wandertrieb» ihre Bekämpfung notwendig gemacht hätten. Damit setzte sich die rassistische Verachtung der Nazis gegenüber den Sinti und Roma in die demokratische Gegenwart fort.

Auch die Würde der homosexuellen Deutschen wurde weiterhin angetastet, weil sie nicht als Opfer der Nazis akzeptiert wurden. Homosexualität blieb bis 1969 generell strafbar als «widernatürliche Unzucht zwischen Personen männlichen Geschlechts oder von Menschen mit Tieren». Noch dreißig Jahre nach 1945 verstieß nach Ansicht des Verfassungsgerichts die strafrechtliche Verfolgung von Homosexuellen nicht gegen das Grundrecht auf die freie Entfaltung der Persönlichkeit. Erst 2002 wurden Homosexuelle als Opfer der Nazis anerkannt.

Oder die Würde der Frauen, die für die Nazis nur Mütter und Hausfrauen waren. Bis 1958 konnte der Ehemann weiterhin nach eigenem Ermessen den Arbeitsvertrag seiner Frau fristlos kündigen. Und bis 1962 durften Frauen ohne Zustimmung des Ehemannes kein Bankkonto eröffnen. Und erst nach 1969 wurde eine verheiratete Frau als geschäftsfähig angesehen.

Oder – als letztes Beispiel – die Würde der ins Exil vertriebenen Deutschen. Hunderttausende flohen vor den Nazis aus Deutschland ins Ausland. Aber Adenauer brauchte für den Aufbau der Demokratie in der Bundesrepublik «Leute, die von früher etwas verstehen». Er meinte damit ehemalige Nazis und leider nicht die Lebenserfahrung der ins Exil Gejagten. Sie blieben auch nach dem Krieg in Deutschland unerwünscht. Sie störten sogar. Im Bundestagswahlkampf 1961 wurde der Heimkehrer Willy Brandt von Konrad Adenauer wegen seiner Zeit im norwegischen Exil vorgeführt, und Franz Josef Strauß krakelte: «Eines wird man Herrn Brandt doch fragen dürfen: Was haben Sie zwölf Jahre draußen gemacht? Wir wissen, was wir drinnen gemacht haben.» Willy Brandt hat «draußen» – wie viele Emigranten – Widerstand gegen die Nazis geleistet, er hat sein Leben auf illegalen Reisen nach Deutschland riskiert und in Stockholm eine Presseagentur aufgebaut, um die Welt über die Verbrechen der Nazis zu informieren. Willy Brandt hieß eigentlich Herbert Frahm. Nach 1945 behielt er seinen Exilnamen, so wichtig war ihm dieser Name – eine Hommage an den Widerstand im Exil gegen Nazideutschland. Aber wer weiß das heute noch? Der Widerstand des Exils wurde in Deutschland noch nie gewürdigt, und er spielt bis heute überhaupt keine Rolle. Erinnert wird an den militärischen Widerstand der Offiziere, die treue Gefolgsleute Hitlers waren.

So geriet die Unantastbarkeit der Würde des Menschen zu einem leeren Begriff im Nachkriegsdeutschland. Denn zur Würde des Menschen gehört auch die Wahrheit. Und die wollte man nach 1945 mit dem sogenannten «kommunikativen Beschweigen» (Hermann Lübbe) in Ruhe lassen. Niemand wollte sich eingestehen, dass er von der Politik der Nazis profitiert hatte. Im Kleinen durch den billigen Kauf von Hausrat deportierter Juden oder im Großen durch Arisierungen ganzer Firmen und Immobilien. Und man wollte nicht nachforschen, wo überall in der Politik, der Justiz, der Industrie, aber auch in den Künsten immer noch Nazis waren. Und vor allem wollte man nicht wissen, wie das Leben ging in der Zeit der großen Verfolgung, wie das Leben ging auf der Flucht aus Deutschland hinaus und danach im Exil, wie das Sterben war in den Lagern. Dazu hätte man sich für einzelne Menschen interessieren müssen, für das unvorstellbare Elend der Ängste und Einsamkeiten. Doch ohne dieses Interesse ist es unmöglich, zu begreifen, wie sich der Verlust der Würde anfühlt.

Ich bin keine Historikerin. Deshalb kann ich die Abgründe zwischen den Opfern und den Tätern in der Nazizeit nicht rekonstruieren. Ich kam nach 1945 in Osteuropa zur Welt und habe die Demokratie in Westeuropa nur aus der Ferne gesehen. Sie schien unerreichbar. Aber ich habe das «kommunikative Beschweigen» der rumäniendeutschen Minderheit über ihre Verstrickung in den Nationalsozialismus miterlebt. Und als ich über die SS-Vergangenheit meines Vaters zu schreiben begann, wurde ich als Nestbeschmutzerin beschimpft und angespuckt. Mein erstes Buch wurde «Asphaltliteratur» genannt, und eine Besprechung endete mit «Jedem das Seine», der Inschrift im Tor des Lagers Buchenwald.

Und ich habe auch das Schweigen auf Rumänisch erlebt. Die Geschichtsverdrehung, das Leugnen der Antonescu-Zeit an der Seite Hitlers. Alte Faschisten mutierten zu 150-prozentigen Kommunisten. Der rote Sozialismus war braun im Kopf. Eine Diktatur verlängerte sich in die andere. Der Faschismus in den Stalinismus, nach Stalins Tod 1953 in den Post-Stalinismus, was man bis 1989 Aufbau des Sozialismus nannte.

In Osteuropa hat sich die Diktatur nicht 1945, sondern erst 1989 verabschiedet. Die Freiheit ist dort noch jung, sie stolpert, und sie ist noch nicht bei sich selbst angekommen. Wie schnell sie wieder zu Fall gebracht werden kann, sieht man in Polen und in Ungarn. Man nähert sich mit abstrusen Ausreden der Diktatur an. Die Freiheit wird zur Fassade, und die Würde des Menschen bleibt auf der Strecke. Wie soll man den Rückfall in alte Muster aufhalten?

Wenn ich heute zurückdenke, weiß ich: Die große Frage in der Diktatur war: Wie soll man leben? So kurz war die Frage gar nicht. Sie ging viel weiter, mit Nebensätzen, die im Grunde das Hauptsächliche daran waren. Wie soll man leben mit dem, was man denkt, wenn man es nicht sagen darf, ohne dafür ins Gefängnis zu kommen? Wie soll man trotzdem, da wo es darauf ankommt, in einer Sitzung oder auf einem Amt oder beim Verhör, zeigen, was man denkt, ohne es zu sagen? Wie soll man leben, um so zu bleiben oder zu werden, wie man für sich selber ist? Oder wie soll man nicht so werden, wie man nicht sein will? Ich könnte auch sagen: Wie behält man seine Würde?

Eigentlich wusste ich gar nicht, wie ich sein will, wer weiß das schon von sich? In einem gewissen Sinn wusste ich es dennoch, weil ich jeden Tag um mich herum sah, wie ich nicht sein will und auf keinen Fall werden darf. Wie kann man leben und sich ertragen, obwohl man nicht so ist, wie man sein will, weil man gar nicht so sein darf, wie man am liebsten wäre? Ich geriet mit dieser Grundsatzfrage, wie soll man leben?, immerzu in Konflikte. Ich war gar nicht darauf aus, diese Frage zu stellen, sie stellte sich unausweichlich von selbst. Sie war immer schon dort, wo ich mit meinem Leben hinkam. Sie war vor mir da, als hätte sie auf mich gewartet.

Ich habe das damals nicht gewusst, es war die Frage nach persönlicher Freiheit und der eigenen Würde. Aus der Distanz von heute glaube ich, dass es in der Unterdrückung eine zerstörerische Fixation auf das Gegenteil gibt, auf die Freiheit, die nicht gelebt werden kann. Sie ist als Abwesenheit vorhanden, sie weiß, dass sie verkrüppelt wird. Sie wird so gestört, dass sie dort, wo sie beginnt, sofort aufhört. Das Ende frisst den Anfang vom ersten Moment an. Da sie jedoch immer, wenn auch nur als Gegenteil von sich selbst, vorhanden bleibt, ist sie im Kopf mehr als bloße Projektion. Sie ist kein stummes Kopfbild, sondern ein furchtbar genaues Gefühl. Gefühl ist das passende Wort. Denn Gefühle sind ja im Kopf. Jedenfalls entstehen sie im Kopf. Dass einem die Unterdrückung bewusst ist, heißt, dass einem das Fehlen der Freiheit bewusst ist. Es ist dieses fatale Zwillingspaar, das durchs Leben läuft. Es ist so ein Paar, wie chronischer Hunger immer ans fehlende Essen denkt.

Ich muss es mir heute eingestehen: Das meiste, was ich über Freiheit und Würde gelernt habe, habe ich aus den Mechanismen der Unterdrückung gelernt. Diese Mechanismen zu beobachten – und etwas anderes bleibt einem ja in der Unterdrückung nicht übrig – ist, wie die Spiegelschrift der Freiheit zu entziffern. Das Deutlichste, was ich gelernt habe, kann ich ganz einfach sagen: Freiheit und Würde sind immer konkret.

Sie sind da, oder sie fehlen in jeder einzelnen Sache. Allgemein kann ich darüber gar nicht reden. Es führt mich nirgends hin, wenn ich es versuche. Das abstrakte Wort Freiheit und das Gefühl der Würde beschäftigten mich nicht als Idee, sondern als Gegenstand. Als ganz konkreter Gegenstand. Denn Freiheit hat ihren konkreten Ort, an dem sie vorhanden ist oder fehlt. Sie hat ihren Inhalt, ihr Gewicht. In der Freiheit ist immer eine konkrete Situation. Es findet etwas statt oder es wird verhindert. Diese beiden Kategorien sind immer präsent: erlaubt und verboten. In der Diktatur war fast alles, was ich tun wollte, verboten. Und was erlaubt war, habe ich mir selbst verboten, weil ich nicht so werden wollte wie diejenigen, die es mir erlaubten. Die Freiheit ist ein Gegenstand. Aber in diesem Leben in Rumänien war sie so weit weg, man konnte sie nicht anfassen. Umso mehr fasste sie mich an.

Das war der Grund, weshalb ich in allen Situationen, wo es darauf ankam, in unvermeidliche Konflikte geriet. Wo es darauf ankam – es kam ständig darauf an.

Ich arbeitete im dritten Jahr in einer Maschinenbaufabrik als Übersetzerin und weigerte mich, meine Kollegen für den Geheimdienst zu bespitzeln.

Die darauffolgenden Schikanen gingen wochenlang. Eines Morgens wollte ich in mein Büro, aber es war ein Ingenieur eingezogen. Er sagte, ich hätte hier nichts mehr zu suchen. Die Betriebsanleitungen und meine dicken Wörterbücher lagen im Gang auf dem Fußboden. Ich ging eine Weile auf die Toilette weinen, damit mich niemand sah. Dann ließ mich eine Freundin an eine freigeräumte Ecke ihres Schreibtisches. Es war ein Großraumbüro. Ein paar Tage später wartete sie morgens draußen vor dem Büro mit meinen Sachen im Arm. Sie sagte, ihre Kollegen wollten mich nicht mehr in ihrem Büro, schließlich sei ich ein Spitzel. Die Verleumdung war vom Geheimdienst organisiert. Es war die Rache für meine Weigerung, die Kollegen zu bespitzeln. Ich konnte gegen diese Verleumdung nichts tun. Es gab bestimmt unzählige Spitzel in der Fabrik, die niemand kannte, die mit Positionen und Geld belohnt wurden für ihre Dienste. Ich war so wehrlos in dieser Zeit, für mich war die Welt entgleist.

Trotzdem wusste ich jeden Tag, dass die Weigerung richtig war. Sie war lebenswichtig. Nach dieser Absage fühlte ich mich frei. Ich war frei davon, etwas zu tun, was man von mir verlangte. Es hätte wahrscheinlich auch mir Vorteile gebracht, es war aus der Sicht des Regimes das Normale und mehr als nur erlaubt. Es war eine erlaubte Pflicht. Ich wusste genau, dass meine Absage ernste Folgen haben würde. Trotzdem war ich erleichtert, denn die Sache war ab jetzt für beide Seiten geklärt: Mir war klar, dass ich mich an der Unterdrückung nicht beteilige. Und dem Geheimdienst war klar, dass er mit mir nicht zu rechnen hat. Was mir aber nicht klar war und täglich über mich kam, war die Einsamkeit danach. Diese große Verlassenheit, so monströs, als wäre jede Beziehung zu mir pures Gift. Ich wurde gemieden, die Kollegen von gestern wollten mich nicht mehr kennen.

Ich hatte mir eine Freiheit erlaubt und dadurch eine Würde gerettet, die in diesem Land nicht vorgesehen war. Sie vergrößerte die Unterdrückung sogar. Ich habe damals begriffen, dass eine Person für einen Überwachungsstaat nur dann als Individuum in Betracht kommt, wenn sie zum Staatsfeind wird. Weil er diese Person zerstören will, denkt sich der Staat die Methoden speziell für sie aus. Das muss er tun, damit die Zerstörung sicher wirkt.

Die Geschichte ging weiter. Ich hatte nun kein Büro mehr und setzte mich auf mein Taschentuch zwischen die Etagen neben ein Fenster ins Treppenhaus und arbeitete dort mit einem dicken Wörterbuch auf dem Schoß. Durchs Fenster sah man die Fabrikkatze mit dem zerrissenen Ohr draußen im Hof. Mir fiel die Redewendung ein: Am Rand der Pfütze springt jede Katze anders. Aber hier verhielten sich alle gleich. Ich dachte, in diesem Sinn, und zwar nur in diesem, gibt es das sozialistische Kollektiv. Kollektiv ist nichts anderes als diese erschreckende Gleichheit, die in der gefressenen Angst ohne Absprache funktioniert. Aber wenn es um Gemeinsamkeit oder Kollegialität geht, ist das Kollektiv nur ideologisches Gefasel. Durch die Freiheit, die ich mir aus Abwesenheit der Freiheit genommen hatte, habe ich zu spüren bekommen, dass das Kollektiv dem Staat immer so wichtig war wegen der Unterdrückung. Man brauchte es als Gegensatz zum Individuum. Ich verstand, der Einzelne war nicht ein Teil, sondern der Feind des Kollektivs. Das zeigte sich immer wieder. Ein paar Jahre später wurde ich wegen «Individualismus» und «Nichtanpassung ans Kollektiv» als Lehrerin von der Schule gefeuert.

Der Spruch mit der Katze meinte, jede Katze springt an der Pfütze anders – in diesem Land sprangen alle Katzen gleich, sie sprangen nicht über die Pfütze, sie sprangen an der Pfütze vorbei. Und ich war auch nicht über, sondern voll in die Pfütze gesprungen. Ich wusste sogar vorher schon, dass ich nur in die Pfütze springen kann.

Würde ist auch, wenn man mit ihr voll in die Pfütze springt.

Die Diktatur nimmt einem jeden Rückzugsort, das Private gibt es nicht mehr. Ich war ausgeliefert. In meiner Wohnung lag seit Jahren ein Fuchsfell. Eines Tages stieß ich im Vorbeigehen an das Fell und der Schwanz rutschte weg. Er war abgeschnitten. Wochen später war auch der rechte hintere Fuß abgeschnitten, dann der linke. Ein paar Monate später nacheinander die vorderen Füße. Der Geheimdienst kam und ging, wie er wollte. Er hinterließ Zeichen, wenn er wollte. Der Wohnungstür sah man nichts an. Ich sollte wissen, dass mir in meiner Wohnung dasselbe passieren kann wie dem Fuchs.

Als ich meiner Mutter die Sache mit dem Fuchs erzählte, waren ihm schon alle vier Füße abgeschnitten.

Meine Mutter fragte: Was wollen die von dir?

Ich sagte: Angst. Und das stimmte. Dieses kurze Wort erklärte sich selbst. Denn so wie die Fabrik war das ganze Land ein Angstgebäude. Es gab die Angstherrscher und das Angstvolk. Jede Diktatur besteht aus denen, die Angst machen, und den anderen, die Angst haben. Angstmacher und Angstbeißer. Ich habe immer gedacht, Angst ist das tägliche Werkzeug der Angstmacher und das tägliche Brot der Angstbeißer. So war das damals vor 1989 in ganz Osteuropa.

Als sie den verstümmelten Fuchs sah, hatte meine Mutter auch Angst. Angst um mich und Angst um sich selbst.

Sie sagte: Du liegst eines Tages tot im Graben. Dafür hab ich dich nicht großgezogen.

Und dann schluckte sie, verdrehte die Augen und sagte dazu: Andere applaudieren und verdienen Geld. Und du bringst unsere Familie in Gefahr.

Sie hatte Angst. Angst um sich, Angst um mich und sogar Angst vor mir. Sie wollte unauffällig leben. Das ging nur, wenn man sich anpasste. Das war für sie Normalität. Ich störte diese Normalität.

Ich bekam nie wieder eine feste Anstellung und wusste nicht, wovon ich leben sollte. Ich hatte überhaupt kein Geld. Gelegentlich bekam ich eine befristete Aushilfsstelle an irgendeiner Schule. Von der Straße kommend, hörte ich das laute Summen der Stimmen aus dem Lehrerzimmer. Sobald ich die Tür öffnete und im Lehrerzimmer erschien, wurde es still wie in einer Kirche. Sie schauten mich kurz an, und dann flüsterten sie. Je mehr Kollegen um mich herum waren, umso deutlicher war ich allein. Und wenn ein Schultag zu Ende war, ging ich wie alle zur Bushaltestelle. Niemand wollte mit mir auf der Straße gesehen werden. Ein Teil der Lehrer trödelte und hielt sich weit hinter mir, der andere Teil beeilte sich, um Abstand zu gewinnen. Das geschah ohne Absprache in der Dressur der Angst.

Genauso schlimm wie die Bedrohung durch den Staat und seinen Geheimdienst war die Einsamkeit. Ich wurde von den anderen Lehrern gemieden. Ihre Angst isolierte mich. Sie hatten Angst vor dem Staat, und sie hatten Angst vor mir. Ich war eine Gefahr.

Ich war ja nur als Aushilfe in der Schule und wunderte mich: Am Ende des Schuljahres wollten mir mehrere Schüler aus verschiedenen Klassen Kaffeebohnen schenken. Es gab keinen Kaffee im Land. Ein Kilo kostete auf dem Schwarzmarkt viel mehr als ein Monatsgehalt. Ich wies den Kaffee zurück. Das sprach sich herum, andere Lehrer stellten mich zur Rede und fragten mich, wieso ich mich für was Besseres halte. Sie rechneten mit diesem Kaffee, und ich machte ihnen das Geschäft kaputt, schlechte Zeugnisse durch Kaffeegeschenke zu verbessern.

In diesen und vielen anderen vergleichbaren Momenten musste ich begreifen, dass es nicht nur Angstmacher und Angstbeißer gab. Die sogenannten Kollegen in der Schule und davor die in der Fabrik, ja die meisten Leute in diesem Land waren Angstträger. So wie sie gelernt hatten, ihre eigene Angst zu verwalten, hatten sie auch gelernt, von der Angst der anderen zu profitieren. Sie machten aus der Not und dem Elend mal ahnungslos, mal schamlos das Beste. Sie selbst glaubten, sie machen sich nur ein glattes Leben und keine Politik. Aber war diese Angst wirklich unpolitisch? Ich glaube nicht. Die Verwaltung der Angst war an und für sich vorauseilender Gehorsam und Teil des würdelosen Lebens in der Diktatur.

Jeder war mit seinem Leben auf dem Schwarzmarkt. Alles war verboten. Ohne Korruption war der Alltag nicht möglich. Der Staat selbst erhob die Korruption zum Geschäftsprinzip und schaute so lange zu, bis der Geheimdienst einen Grund zur Erpressung brauchte. Man gehörte sowieso dem Staat. Man war sein bedingungsloses Eigentum. Wer das nicht ertrug, war ein Staatsfeind.

Einmal schrie der Securist bei einem Verhör wütend: Was glaubst du, wer du bist?

Ich sagte: Ich bin ein Mensch wie Sie.

Darauf sagte er: Das glaubst du. Wir bestimmen, wer du bist.

In solchen Situationen dachte ich, dass dasselbe Wort immer nur in dem Augenblick, in dem es verwendet wird, dasselbe ist. Ich fragte mich, ob mir ein Wort überhaupt gehört, weil man jedes Wort umdrehen und gegen mich verwenden kann. Ich glaubte auch, dass es am besten wäre, wenn man Wörter nur im Kopf haben müsste und nicht im Mund. Und dass das Erlebte meist gar keine Zeit für Wörter hat. Außer beim Verhör, wo die Wörter kristallisieren. Unvermeidlich und schrecklich und manchmal für immer. Der Vernehmer sagte einmal: «Wer sich sauber anzieht, kann nicht dreckig in den Himmel kommen.» Dieser Satz ist an und für sich sogar schön. Aber aus seinem Mund war das eine Morddrohung.

Wenn ich zum Verhör musste, zog ich meine schönste Bluse an, schminkte mich und nahm den hochroten Lippenstift. Das gab mir den Anschein von Mut. Also es gab der Angst, die ich hatte, den Anschein von Mut, den ich nicht hatte. Stattdessen hatte ich in der Handtasche mein Zahnbürstchen – für den Fall, dass ich vom Verhör nicht mehr nach Hause komme. Angst und Mut sind wahrscheinlich teilweise dasselbe. Bei mir war es nie gänzlich das Gegenteil. Wie oft wollte ich der Angst das Gedächtnis nehmen und mich so schnell wie möglich freuen. Aber es war dann nicht Freude, sondern nur Erleichterung, wenn ich nach Hause ging.

Es war die Last einer leeren Freiheit. Sie hatte kalte Augen und weiße Pfoten und hinterließ ihre Spur. Ich fragte mich, ist die Angst das Tier oder nur die Pfoten des Tiers, die auch ohne das Tier weiterlaufen. So, wie ich weiterlief und die Überwachung weiterlief. Man sah immer und überall, was ich tat. Wie damals in der Kindheit im Dorf. Bis zum nächsten Verhör steckte ich in meiner leeren Freiheit, ich war ja nicht verhaftet. Eine leere Freiheit bedeutet, dass man auf Schritt und Tritt weiß, was Freiheit *wäre*, weil man sie nicht hat. Leere Freiheit tut weh und macht traurig.

Wenn man mit der Last seiner leeren Freiheit herumläuft, geht man nicht so schnell verloren wie ohne sie. Sogar mit dem Nichts in der Freiheit ist die Freiheit größer als ganz ohne Freiheit. In der Zeit vor dem Rausschmiss aus der Fabrik habe ich mir so seltsame Sachen gesagt wie:

Die Zeit ist ein Dorf, und die Angst hat das kürzeste Gesicht.

Ich wusste nicht, was so ein Satz bedeuten soll, aber er klang nach Gewissheit und Selbstbeherrschung. Der Satz blieb mir im Kopf, ich nutzte ihn so oft, dass er das Seltsame verlor und durch Abnutzung ganz gewöhnlich wurde. Ich sagte mir, der Satz darf wollen, was er will. Oder: Das Eins-zu-eins bietet sich hier nicht an. Darin besteht seine Freiheit. Er machte nicht nur sich frei, sondern auch mich. Das war schön, es reichte. Gerade das Gewöhnliche bewies, dass der Satz es gut mit mir meint. Wenn es gut zu einem ist, kann alles gewöhnlich werden. Das Gewöhnliche hat einen unschätzbaren Wert. Mir sagte es, dass ich mir mit der Last meiner leeren Freiheit noch selbst gehöre. Dass ich vielleicht an diesem Staat, aber nicht an mir selbst verzweifeln muss. Bedeutet vielleicht Würde, dass man von seinem Leben keinerlei Nutzen akzeptiert, der jemand anderem schadet?

So hatte sich nach Jahrzehnten Diktatur alles verdreht. Es gab kein ethisches Fundament mehr. Die Gesellschaft hatte ihren Kompass endgültig verloren. Alles war materiell und moralisch ruiniert. Auch die Menschen. Sie machten jahrzehntelang gar nichts, und dann lehnten sie sich auf gegen das Regime. Aber in gleichem Maße auch gegen sich selbst. Die ewig schlechte Laune im Sozialismus kam auch vom Überdruss an sich selbst, an der Würdelosigkeit der eigenen Anpassung.

Die Frage, die ich mir heute noch stelle, heißt: Wie geht das Leben? Die Würde kann man brechen. Das weiß ich. Kann man sie auch falten oder teilen? Und wird sie später wieder ganz? Kann es sein, dass sich der Verlust der Würde anders meldet als der Verlust der Freiheit? Unbewusster und daher später – zwar unbegreiflicher, aber umso stärker. Als unsichtbares Gepäck.

Artikel 2
Freie Entfaltung der Persönlichkeit

(1) Jeder hat das Recht auf die freie Entfaltung seiner Persönlichkeit, soweit er nicht die Rechte anderer verletzt und nicht gegen die verfassungsmäßige Ordnung oder das Sittengesetz verstößt.
(2) Jeder hat das Recht auf Leben und körperliche Unversehrtheit. Die Freiheit der Person ist unverletzlich. In diese Rechte darf nur auf Grund eines Gesetzes eingegriffen werden.

Tristan Wißgott

Wir Bürger

«Elfes» und die Prägung grundrechtlicher Freiheit

Als Verfassung ist das «Grundgesetz» schon dem Namen nach schnörkellos. Auch sonst besticht es überwiegend nicht durch aussagekräftige Formulierungen, sondern durch quälend lange Zuständigkeits- und Verfahrensregeln, etwa in Artikel 23 zur europäischen Integration oder in den Artikeln zum Föderalismus. Beim besten Willen: Wer soll das mit Freude lesen? Allseits bekannte Ausnahme ist die Menschenwürdegarantie in Artikel 1, die sicherlich nicht zufällig jeder aus dem Stegreif aufsagen kann. Und auch einzelne Grundrechte sind aphoristisch schön gefasst, wenngleich die Überfrachtung des Verfassungstextes durch den Änderungsfuror auch vor diesen nicht überall Halt gemacht hat, etwa in Artikel 13 zur Unverletzlichkeit der

Wohnung. Artikel 2 jedoch strahlt immer noch in der prägnanten Fassung, die ihm 1949 gegeben wurde. *Jeder hat das Recht auf freie Entfaltung seiner Persönlichkeit* sowie auf *Leben und körperliche Unversehrtheit*, zudem ist die *Freiheit der Person unverletzlich* – in diese Formulierungen wollte man im Parlamentarischen Rat «Pathos» und «eine gewisse Würde» legen. Das ist unzweifelhaft gelungen.

Allein: Sprachästhetik ist der meisten Juristen Sache nicht. Profane Grundrechtsdogmatik tut sich – siehe erneut: Menschenwürde – schwer mit Verfassungspoesie. Was vor allem das *Recht auf freie Entfaltung der Persönlichkeit* bedeuten sollte, war lange umstritten. Welches Verhalten dient eigentlich der *Entfaltung der Persönlichkeit* und soll also geschützt werden? Das Grundgesetz sagt dazu nichts. So gingen in den frühen Jahren des Grundgesetzes die Meinungen dazu denkbar weit auseinander – bis sich das Bundesverfassungsgericht 1957 erstmals umfassend zu Artikel 2 äußerte und damit der allgemeinen Unklarheit ein Ende setzte. Unter dem Namen «Elfes-Urteil», benannt nach dem Beschwerdeführer der zugrundeliegenden Verfassungsbeschwerde Wilhelm Elfes, ist das Urteil als *die* Leitentscheidung zu Artikel 2 in die bundesdeutsche Verfassungsgeschichte eingegangen. Dank der dort getroffenen Weichenstellungen ist aus dem *Recht zur freien Entfaltung der Persönlichkeit* und seinem *Soweit*-Satz kurzerhand eine Konstruktion erwachsen, die (beinahe) jeden Akt der öffentlichen Gewalt unter den Vorbehalt umfassender verfassungsgerichtlicher Prüfung stellt. Die dadurch ermöglichte Dominanz des Bundesverfassungsgerichts prägt das Verfassungsrecht genauso wie die politische Kultur der Bundesrepublik in einem kaum zu überschätzenden Ausmaß – im Guten wie im Schlechten.

Der Weg dahin war nicht zwingend. Die im Elfes-Urteil zu entscheidende Frage hatte auf den ersten Blick mit Artikel 2 gar nichts zu tun: Es ging darum, ob die Freiheit, aus dem Bundesgebiet auszureisen, die Elfes versagt worden war, grundrechtlich geschützt ist, obwohl es hierfür kein spezielles Grundrecht gibt. Die Lösung für diese unbefriedigende Situation fand das Gericht in Artikel 2, indem es bei dessen Interpretation für eine verbreitete, aber sicher nicht unumstrittene Lesart optierte: Das *Recht auf freie Entfaltung der Persönlichkeit* könne nur verstanden werden als «ein selbständiges Grundrecht, das die allgemeine menschliche Handlungsfreiheit gewährleistet». Das bedeutet: Was im zweiten Absatz von Artikel 2 oder den übrigen Grundrechten nicht ausdrücklich unter Schutz gestellt wird, genießt wenigstens den Schutz des «Auffanggrundrechts» der «allgemeinen Handlungsfreiheit» in Artikel 2 Absatz 1. Geschützt wird von diesem nicht ein irgendwie qualifiziertes, sondern *ausnahmslos jedes Verhalten* – also die Ausreise aus der Bundesrepublik genauso wie jedes andere Tun und Unterlassen, mag es auch noch so banal oder destruktiv anmuten.

Die «Schranken» der Freiheit

Gesagt war mit dieser Lesart zunächst einmal wenig. Freiheit gilt selbstverständlich nicht unbegrenzt. Absatz 1 will dem Wortlaut nach den Einzelnen nur schützen, *soweit er nicht die Rechte anderer verletzt und nicht gegen die verfassungsmäßige Ordnung oder das Sittengesetz verstößt.* Juristen fassen das, reichlich euphemistisch, unter den Begriff der «Schrankentrias», weil der Entfaltung der Persönlichkeit drei Grenzen oder «Schranken» gesetzt sind – und lassen dabei unter den Tisch fallen, dass es in Wahrheit nur eine «Schranke» von Relevanz gibt: Allein die *verfassungsmäßige Ordnung* ist das zentrale Element der drei Einschränkungsmöglichkeiten. Der Begriff der *verfassungsmäßigen Ordnung* meint allerdings in verschiedenen Zusammenhängen etwas völlig anderes. Bei Artikel 9 beispielsweise ist man sich einig, dass damit nur der normative Kern der Verfassung, die berühmte «freiheitlich-demokratische Grundordnung» gemeint sein kann. Dass die Freiheit des Einzelnen endet, wo es um Menschenwürde, Demokratie und Rechtsstaat geht, leuchtet ein. Jedoch reicht das nicht: In Deutschland ist bekanntlich alles Mögliche verboten, das nicht ansatzweise in die Nähe dieser Bedeutung kommt. Alles verfassungswidrig? Natürlich nicht. Das Bundesverfassungsgericht verschaffte sich im Elfes-Urteil mit einem kleinen semantischen Trick Abhilfe: Die *verfassungsmäßige Ordnung* wird in Artikel 2 als verfassungsmäßige *Rechts*ordnung insgesamt verstanden, also als das Ensemble der Rechtsnormen, die ihrerseits mit der Verfassung in Einklang stehen. Das Grundrecht der «allgemeinen Handlungsfreiheit» lässt sich also durch die *gesamte Rechtsordnung* mit all ihren unzähligen Bestimmungen einschränken.

In der Sache ist das konsequent und gerade demokratisch richtig. Es hat allerdings zur Folge, dass die beiden anderen Elemente der «Trias», die Verletzung der Rechte anderer oder Verstöße gegen das Sittengesetz, zur Irrelevanz verdammt sind. Die *Rechte anderer*, unverkennbare Bezugnahme auf die «Erklärung der Menschen- und Bürgerrechte» von 1789, spielen nur insoweit eine Rolle, als sie rechtlich normiert sind – dann sind sie aber bereits in der *verfassungsmäßigen Ordnung* enthalten. Als eigenständige Grundrechtsschranke sind die *Rechte anderer* daher in der Verfassungswirklichkeit vollkommen irrelevant. Beinahe – aber nur beinahe – das Gleiche lässt sich auch für das *Sittengesetz* sagen. Aufgenommen hatte man den Begriff, um eine «Berücksichtigung der sittlichen Grundlagen unseres Handelns» zu gewährleisten, deren Existenz man im Parlamentarischen Rat für «unmittelbar einsichtig» hielt. So sah das kurzzeitig auch das Bundesverfassungsgericht, als es – ebenfalls 1957, nur wenige Monate nach «Elfes» – die Strafbarkeit männlicher Homosexualität unter anderem mit dem Argument rechtfertigte, diese verstoße «eindeutig gegen das Sittengesetz». Es sollte der einzige positive Bezug des Bundesverfassungsgerichts auf das *Sittengesetz* bleiben, das zur Bonner Republik der fünfziger Jahre passte – und dann von der gesellschaftlichen Entwicklung überholt wurde.

Grimms Einspruch

Was bleibt also vom ersten Absatz des Artikels 2? Dieser enthält seit der Weichenstellung im Elfes-Urteil schlicht die trivial anmutende, aber doch zentrale Aussage: Jeder kann tun und lassen, was er will, solange es nicht rechtlich verboten ist. Die eigentliche Pointe dieser Auslegung besteht in der verfassungsprozessualen Konsequenz: «Jedermann kann im Wege der Verfassungsbeschwerde geltend machen, ein seine Handlungsfreiheit beschränkendes Gesetz gehöre nicht zur verfassungsmäßigen Ordnung, weil es (formell oder inhaltlich) gegen einzelne Verfassungsbestimmungen oder allgemeine Verfassungsgrundsätze verstoße; deshalb werde sein Grundrecht aus Art. 2 Abs. 1 GG verletzt», stellte das Bundesverfassungsgericht fest. Und weil die allgemeine Handlungsfreiheit jedes Verhalten schützt, kann man seitdem schlichtweg für *jede* Freiheitseinschränkung auf dem Wege der Verfassungsbeschwerde überprüfen lassen, ob sie mit dem Grundgesetz – vor allem den Grundrechten und den Regelungen zur Rechtsstaatlichkeit – vereinbar ist.

Diese Lesart ist nicht ohne Widerspruch geblieben. Vor allem der Verfassungsrichter Dieter Grimm hat im vermutlich berühmtesten Sondervotum der bundesdeutschen Verfassungsgeschichte eine Gegenposition bezogen. Der Fall aus dem Jahre 1989 war banal: Es ging um die Frage, ob eine Beschränkung der Möglichkeit, im Wald zu reiten, verfassungsgemäß war. Sieben der acht Richter des Ersten Senats des Bundesverfassungsgerichts sahen, in konsequenter Anlehnung an das Elfes-Urteil, das «Reiten im Walde» als vom ersten Absatz geschütztes Verhalten an und prüften daher die Einschränkung auf ihre Verfassungskonformität. Dieter Grimm hingegen wagte den Widerspruch: Es sei «weder historisch noch funktional der Sinn der Grundrechte, jedes erdenkliche menschliche Verhalten unter ihren besonderen Schutz zu stellen». Artikel 2 wolle nicht *jedes* menschliche Verhalten schützen, sondern nur solches, das eine «gesteigerte Relevanz für die

Persönlichkeitsentfaltung» besitzt – das «Reiten im Walde» (so der Name, unter dem die Entscheidung bekannt geworden ist) zählte Grimm nicht dazu. Die Konsequenz: Was nicht von gesteigerter Relevanz ist und also keinen Schutz der *freien Persönlichkeitsentfaltung* genießt – und auch unter keines der anderen Grundrechte fällt –, wird grundrechtlich nicht geschützt und lässt sich auch nicht vor dem Verfassungsgericht verteidigen.

Unzählige Erwiderungen sind zu Grimms Sondervotum geschrieben worden. Alle bemühen mehr oder weniger das gleiche Argument: Welches Verhalten der Einzelne als relevant für seine *Persönlichkeitsentfaltung* einstuft, dürfe nicht vom Werturteil Dritter, das heißt der Verfassungsinterpreten, abhängen. Die eigentlich interessante, im Hintergrund stehende Frage ist allerdings eine andere: Was folgt für das Zusammenspiel von Verfassungsrecht und politischem Prozess aus einem Verständnis von «Freiheit», deren primäre Bedeutung in der stets möglichen umfassenden Überprüfbarkeit durch das Verfassungsgericht besteht?

Freiheit als einschränkungsbedürftige Angelegenheit

Das Gewicht dieser Frage erschließt sich erst, wenn man die volle Bedeutung der überprüfbaren Rechtsnormen begreift. Auch dabei nimmt Artikel 2, der neben dem Recht auf *freie Persönlichkeitsentfaltung* auch noch einen zweiten Absatz enthält, eine Schlüsselrolle ein. Dieser zweite Absatz garantiert das Recht auf *Leben und körperliche Unversehrtheit* und erklärt schließlich die *Freiheit der Person* für *unverletzlich*. Im Gegensatz zum ersten Absatz mit seinen interpretationsbedürftigen Bestimmungen sind *Leben* und *körperliche Unversehrtheit* unmittelbar deutlich. Was die *Freiheit der Person* angeht, so liegt darin keine Wiederholung von Absatz 1; vielmehr ist der Schutz der körperlichen Bewegungsfreiheit vor willkürlichen Verhaftungen gemeint. Dieser Sinn erschließt sich allerdings nur, wenn man weiß, dass man Artikel 104 dazu lesen muss, der diese Idee mit Leben füllt. *Leben, körperliche Unversehrtheit, Freiheit der Person*: Warum auch noch diese Grundrechte im gleichen Artikel wie das Recht auf *freie Persönlichkeitsentfaltung*? Das ist kein Zufall, denn man kann – sollte – den ganzen Artikel als grundrechtliche Umsetzung der Menschenwürdegarantie lesen: Absatz 1 enthält die ideellen, Absatz 2 die materiellen Mindestbedingungen für ein Leben in Würde.

Diese harmonische Gesamtkomposition verdeckt jedoch die unwahrscheinliche Sprengkraft, die zwischen den einzelnen Garantien besteht. Dass die *Freiheit* des einen mit der *körperlichen Unversehrtheit* des anderen kollidieren kann, ist spätestens wieder offensichtlich, seit es die Corona-Pandemie mit Wucht jedem und jeder bewusst gemacht hat. Müssen nicht *körperliche Unversehrtheit* und *Leben* schwerer wiegen als *Freiheit*? Immerhin lässt sich Letztere ohne die ersten beiden nicht wahrnehmen. Ganz so einfach ist es jedoch nicht, denn schon Satz 3 von Absatz 2 bestimmt, reichlich unterkühlt: In die Rechte des zweiten Absatzes darf *auf Grund eines Gesetzes eingegriffen werden*. Eingriffe in das Leben sind zwar Ultima Ratio; das Grundgesetz selbst ächtet sie teilweise, wenn es in Artikel 102 die Todesstrafe verbietet. Im Übrigen gilt aber: Absoluten Schutz gewährt das Grundgesetz tatsächlich nur der Menschenwürde; weder *Leben* noch *körperliche Unversehrtheit* werden demgegenüber absolut gesetzt.

Am zweiten Grundgesetzartikel lässt sich so sinnfällig wie selten verdeutlichen, was für das gesamte Grundgesetz zentral ist: Verschiedene grundrechtlich geschützte Interessen kollidieren; einen absoluten Vorrang hat keines, weder die *Freiheit* noch die *körperliche Unversehrtheit* noch andere grundrechtlich geschützte Güter. Stattdessen müssen diese Interessen sorgsam austariert werden – und sie werden das in den Formen des Rechts. «Recht» ist also einerseits meist ein Eingriff in die von Artikel 2 Absatz 1 geschützte Freiheit, zu tun und zu lassen, was man will, dient aber andererseits dem notwendigen Schutz anderer grundrechtlich geschützter Interessen.

Dominanz und Grenzen des Verfassungsgerichts

Wenn «Recht» immer schon der Versuch ist, verschiedene Freiheitssphären auszutarieren, dann stellt sich verschärft die Frage nach den Auswirkungen des grundrechtlichen Freiheitsverständnisses für Verfassungsrecht und Politik. Die unbeschränkte Möglichkeit der verfassungsgerichtlichen Kontrolle heißt eben auch: Das so dringend notwendige Abwägen widerstreitender grundrechtlicher Interessen nimmt in der «Karlsruher Republik» im Zweifel immer der «Hüter der Verfassung» kraft verfassungsgerichtlicher Letztentscheidungskompetenz selbst vor. Darauf beruht der gesamte Nimbus des Bundesverfassungsgerichts als «Bürgergericht», das es immer als Auftrag an sich selbst verstanden hat, *jedem* die *freie Entfaltung seiner Persönlichkeit* gegen Übergriffe aus «der Politik» zu gewährleisten – und das sich dabei großer Beliebtheit in der Bevölkerung erfreut.

Die Folgen dieser Dominanz des Bundesverfassungsgerichts für die politische Kultur der Bundesrepublik sind weitreichend: Grundgesetz und Verfassungsgericht sind in der politischen Auseinandersetzung bekanntlich omnipräsent. Jede politische Frage wird zum verfassungsrechtlichen Problem gemacht. Immer wird mit dem «Gang nach Karlsruhe» gedroht. Kaum ein in der politischen Arena ausgetragener großer Streit kommt ohne die Fortsetzung in der verfassungsrechtlichen Arena aus. Die Konsequenz ist die Engführung auf ein radikal *unpolitisches* Freiheitverständnis: «Politik» ist immer nur das, was stört. Darin sind sich breite Schichten der bundesdeutschen Gesellschaft – vulgo: die «Mitte» – seit jeher einig. Die latente bis ostentative Verachtung aller Formen der «Parteipolitik» gehört in Deutschland zum guten Ton. Wer sich im Status quo eingerichtet hat, kann sich diese Lethargie erlauben – aber nur deshalb, weil sich die Ergebnisse des politischen Prozesses immer verfassungsgerichtlich überprüfen lassen, wenn sie Veränderungen in unangenehmem Ausmaße mit sich bringen. Das ist auch eine Folge des Elfes-Urteils: Jede denkbare politische

Antwort tangiert ja irgendjemanden in seiner allgemeinen Handlungsfreiheit, der dies dann vor das Verfassungsgericht tragen kann.

Die Voraussetzungen für das Funktionieren dieses Freiheitsverständnisses sind längst prekär geworden. Der Bedeutungsverlust des Bundesverfassungsgerichts im Zuge der Europäischen Integration wird sich nicht aufhalten lassen; zentrale Fragen werden in Zukunft mehr noch als ohnehin schon jenseits der bundesdeutschen Öffentlichkeit beantwortet werden. Noch einschneidender aber ist, dass politische Fragen ins Zentrum der Öffentlichkeit drängen, die sich nur schwer verfassungsrechtlich beantworten lassen: der Klimaschutz, die «Identitäts-» und «Diversitätspolitik», die Zukunft der politischen Ökonomie. Auf die drängenden Fragen, die Reichweite und Grenzen unserer Freiheit in Zukunft bestimmen werden, hat das Grundgesetz keine eindeutigen Antworten zu bieten. Dass das Bundesverfassungsgericht hier allseitig befriedende Lösungen findet, ist nicht unmöglich – aber unwahrscheinlich. Kurzum: Mit der Erkenntnis, dass sich die anstehenden politischen Fragen nicht länger auf unpolitischem Wege durch judikative Letztentscheidung werden beantworten lassen, sollte man sich anfreunden, bevor es zu spät ist.

Freiheit als politischer Auftrag

Müssen wir unsere Freiheit also neu erfinden? Das ist keine unschuldige Frage; gestellt wird sie in der Regel von denjenigen, denen liberale Freiheitsrechte ein Dorn im Auge sind. Die Lösung liegt aber vielleicht viel näher: Wenn zur Wahrnehmung geordneter Freiheit rechtliche Beschränkungen derselben unumgänglich sind – warum fokussiert man sich so häufig ausschließlich auf die verfassungsgerichtliche Überprüfung von Rechtsnormen statt auf den Modus der Rechtsetzung? Man könnte Recht und Freiheit ja auch anders verstehen, indem die *freiheitsschaffende* Dimension der scheinbar immer nur *freiheitsbegrenzenden* Rechtsetzung in den Blick genommen wird. Recht ist eben nicht nur einseitig *Beschränkung*, sondern zunächst notwendige *Bedingung* von Freiheit. So verstanden ist der politische – demokratische! – Prozess hinter der Rechtsetzung konstitutiv für die Schaffung, Erhaltung und regelmäßig notwendige Neuaushandlung dessen, was wir unter Freiheit verstehen – und wo wir ihre notwendigen Grenzen ziehen wollen. Freiheit könnte also etwas sein, das man nicht ausschließlich vor dem Bundesverfassungsgericht verteidigt, sondern vor allem im Parlament und in der politischen Öffentlichkeit, kurz: in den rechtlichen und politischen Formen der Demokratie aushandelt. Sie hieße dann: politische Freiheit.

Das verlagert allerdings die Verantwortung weg vom Verfassungsgericht und hin zu – wem eigentlich? Dass es für *Citoyen* keine deutsche Übersetzung gibt, wusste schon Hegel. Mittlerweile gibt es zwar den Staatsbürger, aber bezeichnenderweise immer nur «in Uniform» oder am Wahltag, wenn es um die «erste Bürgerpflicht» – zu wählen – geht. Dabei erschöpft sich die Rolle als Staatsbürger natürlich nicht im gelegentlichen Setzen eines Kreuzchens; vielmehr fordert das politische Formprinzip der Demokratie auch und gerade im Alltag ein Bewusstsein von der Verantwortung für das demokratische Gemeinwesen. Die schöne Formulierung des Artikels 2 ist durch den Fokus auf das Verfassungsgericht ganz in Vergessenheit geraten. Aber die Verantwortung für die notwendige Bestimmung von Umfang und Grenzen unserer Freiheit fällt in der Demokratie eben nicht primär dem Verfassungsgericht zu, sondern: uns Bürgern. In diesem Sinne lässt sich der zweite Artikel des Grundgesetzes als Appell lesen: *Jedem* die *freie Entfaltung seiner Persönlichkeit* zu ermöglichen, ohne die *Rechte anderer* zu verletzen, sollte ein gemeinsam zu verwirklichender politischer Auftrag sein.

Artikel 3 Absatz 1
Gleichheit vor dem Gesetz

Alle Menschen sind vor dem Gesetz gleich.

Thomas Lehr

Vor dem Gesetz und dahinter

Every Night and every Morn
Some to Misery are born.
Every Morn and every Night
Some are born to Sweet Delight.
Some are born to Endless Night.
William Blake

Alle Menschen sind vor dem Gesetz gleich.
Ein mitreißender Satz! Er besticht rhetorisch, reizt zum Widerspruch, ruft höchst unterschiedliche Reaktionen hervor wie die Neigung zu kafkaesken Parabel-Fantasien oder das Bedürfnis nach akribischen historisch-statistischen Untersuchungen, und letztlich mündet er in ethischer Befreiung. Doch eins nach dem anderen, ganz wie im Grundgesetz. (Fünf Artikel folgen.)

(1) <u>Alle Menschen</u> sind vor dem Gesetz gleich.
Artikel 3 (1) ist einer der wenigen nur aus einem einzigen kurzen Satz bestehenden Grundgesetzunterartikel und beeindruckt mit seiner poetischen Klarheit und Wucht. Nur wenige andere Artikel oder Unter-

artikel des GG sind ähnlich prägnant, etwa Artikel 1 (1) *Die Würde des Menschen ist unantastbar* oder Artikel 22 *Die Bundesflagge ist schwarz-rot-gold.*

Beinahe redundant wirken dagegen die beiden Unterartikel (2) und (3) zum dritten Grundrecht der Gleichheit vor dem Gesetz, wonach *Männer und Frauen* gleichberechtigt seien und niemand *wegen seines Geschlechts, seiner Abstammung, seiner Rasse* und so fort benachteiligt oder bevorzugt werden dürfe. Im Gegensatz zu diesen Folgeartikeln muss der erste Unterartikel auch weder gegendert noch antirassistisch korrigiert werden, sondern bleibt unverrückbar bestehen in seiner wie eingemeißelten Kraft.

(2) Alle Menschen sind vor dem Gesetz gleich.

Wer's glaubt, wird selig!, ist man versucht zu sagen, zu einem historischen Zeitpunkt, an dem drei der allerreichsten Milliardäre des Planeten darum wetteifern, wer sich als Erster ins Weltall schießen lassen kann, während nach wie vor Flüchtlinge im Mittelmeer ertrinken oder an der amerikanisch-mexikanischen Grenze in Lager gepfercht werden und zugleich eine der schlimmsten Pandemien unserer Geschichte den Planeten, die Kontinente und die einzelnen Länder zerklüftet. Noch nicht einmal vor dem Virus sind die Menschen gleich. Denn obwohl es auch vor den Mächtigsten nicht Halt machte und sich auf beinahe Edgar-Allan-Poe'sche Weise recht zügig Donald Trump, Boris Johnson und Jair Bolsonaro vorknöpfte, überlebten alle drei mithilfe der Spitzenmedizin ihrer jeweiligen Länder, während man allein schon an der Impfstoffverteilung erneut die ganze Asymmetrie des Globus studieren konnte und die Statistiker beinahe täglich in den Zeitungen die Korrelationen zwischen diskriminierter «Rasse» oder besser Hautfarbe, Armut, schlechten Wohnverhältnissen und Infektionswahrscheinlichkeit vorführten.

Die Pandemie machte alle gleich und doch nicht, das pandemische Prinzip, die gesamte Erde zu erobern, verzerrte sich an privilegierten Ausnahmen und einer Hierarchie von Regelfällen. Wenn die Menschen irgendwo gleich sind, dann nur am Anfang und am Ende, wenn sich das Alpha der Geburt und das Omega des Todes berühren. Doch obwohl man vielleicht mit Recht vermuten könnte, dass es sämtlichen Geboren-Werdenden und Sterbenden ähnlich ergeht, allerletzten Endes und am Anfang des Anfangs, sind die Chancen, gesund und unter guten Umständen geboren zu werden und spät und unter würdigen Umständen zu sterben, sehr ungleich verteilt. Schon Sekunden nach der Geburt greifen die eingangs zitierten Verse von William Blake für die Extreme, und das Neugeborene wird alsbald von der ganzen Diversität der Gesellschaft erfasst, die es darauf anlegt, mächtige Unterschiede in Einkommen, Bildung, Besitz und Zukunftschancen zu errichten und zu erhalten, so wie auch fast jeder Mensch guten Gewissens danach strebt, eine gewisse Individualität und Originalität auszubilden. Selbst nach unserem Ableben wollen und sollen wir keineswegs gleich aussehen wie Mensch-ärgere-dich-nicht-Figuren allenfalls noch unterschiedlicher Farbe (ich nehme die blauen!), sondern einsortiert werden in die endlich unverrückbaren Hierarchien, welche einige Religionen für uns errichtet haben.

(3) Alle Menschen sind vor dem Gesetz gleich.
Aber halt, es scheint dem Grundgesetzartikel ja gar nicht um Gleichheit an sich zu gehen, sondern um die Gleichheit *vor* dem Gesetz. Wenn es den Väter*innen des Grundgesetzes (*Mütter* wären womöglich noch gleichheitsbewusster gewesen …) juristisch spitzfindig auf die lokalen Präpositionen ankommt, dann fühlt man sich an den parabolischen Kafka'schen Nervenenden gereizt. *Vor* dem Gesetz, nun gut, wollte man sagen – aber was ist, wenn sie *hinein*gehen, die einen als arme Sünder, die anderen mit fünf Star-Anwälten im Schlepptau? Wie gleich sind sie dann noch? Wir nehmen den zum Zeitpunkt der Abfassung dieser Meditation immer noch frei herumlaufenden Donald Trump als Indikator, gewissermaßen als orangeroten VIP-Lackmusstreifen für den Nivellierungswert …

Und was geschieht *nach* dem Gesetz, wenn die Delinquenten mit höchst unterschiedlichem Strafmaß in höchst unterschiedliche Gefängniszellen mit höchst unterschiedlicher Weiterbetreuung gelangen? Je näher man der Sache beziehungsweise dem Gesetz kommt, desto ungleicher scheint man zu werden – in der Praxis natürlich. Aber die Theorie ist erhaben: Gehen wir davon aus, dass das Gesetz im Kafka'schen Sinne zugleich für uns da ist und doch nie von uns erreicht werden kann, dass es unendlich erhaben und somit unendlich weit von uns entfernt ist, dann ebnen sich die groß erscheinenden Unterschiede im kleinen menschlichen Leben allein schon aus mathematischen Gründen ein. Unendlich plus eine Million, ja unendlich plus eine Milliarde auf dem Konto macht eben keinen Unterschied – *vor* dem Gesetz. Und noch eines wollen wir anmerken: Kämen wir an, erreichten wir das Gesetz, absurderweise, als könnte der Kafka'sche Bote mit der Nachricht des Kaisers an sein Ziel, bis zu uns, seinem Untertan, gelangen, dann könnte es ja sein, dass wir alle gleich wären – aber alle gleich nichtig. Das wäre dann gewissermaßen die chinesische Variante, mit all ihren schrecklichen Folgen, die dann wohl vor allem *hinter* dem Gesetz stattfänden.

(4) Dennoch: *Alle Menschen sind vor dem Gesetz gleich.*
Als Schriftsteller bin ich kein Spezialist für die historisch-statistischen Untersuchungen, welche die Ungleichheit der Menschen detailliert empirisch darstellen und aufzeigen, wie die sozialen Differenzen sich im Laufe der Zeit fortentwickelten. Aber für die Gegenwart weiß jeder gute Zeitungsleser, dass die ökonomische Ungleichheit in Europa und insbesondere in Deutschland oder auch in den USA in den vergangenen Jahrzehnten zugenommen, dass sich die Schere zwischen Arm und Reich weiter geöffnet hat. Andererseits, im globalen Maßstab betrachtet, hat sich gerade im asiatischen Raum eine gewaltige Transformation ergeben, so dass Hunderte von Millionen Menschen in Indien und China mittlerweile – nach Maßgabe ihrer jeweiligen Länder – in der Mittelschicht angekommen sind. Langfristig, so denken nicht wenige Ökonomen, könnte sich infolge der Globalisierung eine

gewisse Angleichung der wirtschaftlichen Unterschiede ergeben. Wird diese automatisch auch zu einer Angleichung der Stellung des Einzelnen vor dem Gesetz führen?

Mit dem deutschen Grundgesetz und seinem Gleichheitsgebot hat das nicht allzu viel zu tun, aber mit dem prinzipiellen Zusammenhang von faktischer sozialer Differenz und der Rechtsstellung gegenüber der staatlichen Organisation. Wie können die Menschen vor dem Gesetz gleich sein, wenn sie doch außerhalb des Gesetzes (oder etwas weiter weg von ihm) so verschieden sind? Was bedingt den Gleichheitsanspruch, was stellt das Gesetz unter den Druck der Gleichbehandlung, wenn es doch gute Gründe gibt, nicht jeden Unterschied einzuebnen, nicht nur in ökonomischer, sondern vor allem auch in kultureller, sprachlicher, religiöser, mentaler, persönlicher oder künstlerischer Hinsicht?

(5) Alle Menschen sind vor dem Gesetz gleich, weil sie gleich wertvoll sind. Der ethische Druck, der auf dem Gesetz lastet, kommt daher, dass wir mit der Gleichheit auch die *Gleichwertigkeit* denken. Sie fungiert in einem unausgesprochenen und begründenden zweiten Satz zum Artikel 3 (1), den man dann explizit wie oben formulieren müsste. Alle Menschen werden stets als gleich wertvoll angesehen. Gehen wir davon aus, dass der Wert eines jeden Menschen (spätestens) mit seiner Geburt entsteht – und wir sollten hinzufügen: als höchster uns denkbarer Wert der Welt – und sich niemals ändert, solange er lebt, dann ist die Gleichheit vor dem Gesetz bestens begründet.

Zugleich münden in der Idee der unabänderlichen Gleichwertigkeit aller Menschen jahrtausendealte ethische und religiöse Diskurse. In Europa wurzelt die Vorstellung des gleichen Werts in Geboten und Gesetzen, die für jedes einzelne Mitglied der Gesellschaft galten, in der antiken Demokratie, dem mosaischen Judentum und dem Christentum. Sie leitet sich dann über Jahrhunderte weiter bis in das Zeitalter von Humanismus und Aufklärung, das schließlich die universellen Menschenrechte formulierte. Wenn dann die Maxime der Französischen Revolution von *Freiheit, Gleichheit und Brüderlichkeit* spricht, zeigt sie, dass sie aus der Geschichte gelernt hat. Sie weiß, dass die Menschen in der Realität weder gleich frei noch gleich gleich sind und dass eben der Brüderlichkeit (wahlweise Schwesterlichkeit, Mitmenschlichkeit oder Solidarität) die Aufgabe zukommt, die Abgründe zu überbrücken, die sich aus der Ausübung der Freiheit ergeben oder der Blake'schen Ungleichheit im zweiten Augenblick nach der Geburt.

Am Ende möchte ich noch etwas über die Befreiung durch die Gleichheit sagen, von der ich eingangs gesprochen habe. In Chris Markers denkwürdigem Essay-Film *Sans Soleil*, den ich in meinen Werken gerne zitiere, gibt es eine Szene, die in Japan, in einer Kneipe in Namidabashi, spielt, bevölkert von «Pennern, Stadtstreichern und Kastenlosen», welche sich am Vormittag schon mit allem betrinken, was sie ergattern können, sei es Bier oder fermentierte Milch. Einer von ihnen sieht plötzlich direkt und lange in die Kamera, selbstbewusst in seinem Elend, triumphierend fast. «Solche Lokale», sagt der Film-Erzähler, «erlauben die Gleichheit des Blicks. Die Schwelle, unter der jeder Mensch genauso viel wert ist wie ein anderer und es auch weiß.» Meines Erachtens gibt es keine Schwelle, sondern es ist immer so. Also befreit es mich, wenn ich weiß, dass sich mein eigener Wert nie ändert, egal, was ich tue. Es befreit mich auch, dass kein anderer mehr wert ist als ich und dass das Gesetz diesen Umstand anerkennt. Und es befreit mich endlich auf eine subtile und tiefgründende Weise, dass niemand, kein Mensch, weniger wert ist als ich. Einen besseren Gedanken zum Nachdenken über die Gleichheit habe ich nicht zu bieten.

Artikel 3 Absatz 2
Geschlechtergleichstellungsgrundsatz

Männer und Frauen sind gleichberechtigt. Der Staat fördert die tatsächliche Durchsetzung der Gleichberechtigung von Frauen und Männern und wirkt auf die Beseitigung bestehender Nachteile hin.

Patrick Bahners

Am Schreibtisch rütteln

Männer und Frauen sind gleichberechtigt.» Von Anfang an steht dieser Satz im Grundgesetz. 1994, im Zuge der Verfassungsreform nach der Wiedervereinigung, wurde der zweite Absatz des dritten Artikels um einen zweiten Satz erweitert: «Der Staat fördert die tatsächliche Durchsetzung der Gleichberechtigung von Frauen und Männern und wirkt auf die Beseitigung bestehender Nachteile hin.»

Die Rednerliste der ersten Lesung der Grundgesetzänderungen im Protokoll der Bundestagssitzung des 4. Februar 1994 führt sechzehn Männer und drei Frauen auf. Der Anteil der Frauen an der Zahl der Redner betrug 15,8 Prozent und lag damit unter ihrem Anteil an den Mitgliedern des Bundestags. Als der 12. Deutsche Bundestag 1990 zusammentrat, waren 136 der 662 Abgeordneten weiblich, 20,5 Prozent. Bis 1994 erhöhte sich ihre Zahl durch Nachrückerinnen auf 143 oder 21,7 Prozent. In der Debatte um die Grundgesetzreform traten vier Abgeordnete mehr als einmal ans Rednerpult, darunter eine Frau. Zwischenfragen stellten achtzehn Abgeordnete, davon vier Frauen.

Alle sechs Fragesteller, die sich vom Platz aus mehr als einmal zu Wort meldeten, waren Männer. Eine übergroße Koalition aus Union, SPD und FDP hatte das Paket eines Gesetzesantrags aller Fraktionen geschnürt; PDS und Grüne waren im 12. Bundestag nur mit Gruppen unterhalb der Fraktionsstärke vertreten. Die Redner der Fraktionen hatten die Sachkomplexe untereinander aufgeteilt; über Artikel 3 Absatz 2 sprachen die SPD-Abgeordnete Ulrike Mascher und ihre CDU-Kollegin Susanne Rahardt-Vahldieck. Bei ihnen trafen Zuständigkeit und Betroffenheit zusammen.

In diesem Sinne konnte man auch verstehen, was Friedrich-Adolf Jahn (CDU) über die Entstehungsgeschichte der Formulierung zur Gleichheit der Geschlechter mitteilte: «Ich plädiere dafür, dass wir hier nicht mehr aufschlüsseln, denn dies ist ein mühsamer Kompromiss, der in zäher Kleinarbeit im Einvernehmen mit den Frauen zustande gekommen ist.» Damit wollte Jahn mit Sicherheit nicht gesagt haben, dass die weiblichen Mitglieder der Gemeinsamen Verfassungskommission von Bundestag und Bundesrat sich nicht auch für andere Themen wie die konkurrierende Gesetzgebung (Art. 72) oder das Staatsziel Umweltschutz (Art. 20a) interessiert hatten. Aber dass hier ausnahmsweise eine geschlechtlich geschlossene Handlungseinheit in Erscheinung getreten war, entsprach dem Selbstbild der Rednerinnen, denen die Begründung des neuen Nachsatzes zufiel. Mascher erinnerte an eine außerparlamentarische Initiative, die dem Vollzug der staatlichen Vereinigung vorangegangen war: «Schon frühzeitig hatten die Frauen gemeinsam über ihre Vorstellungen und Erwartungen an eine Verfassung für ein Deutschland ohne Mauern nachgedacht.» Und Rahardt-Vahldieck beschwor ein Parlament ohne Parteimauern: «In diesem Hause sind es die Frauen aller Fraktionen gewesen, die sich für eine Veränderung und Ergänzung dieses Artikels eingesetzt haben.»

Es gehört zum parlamentarischen Brauch, dass beide Geschlechter je für sich und gleichwohl zusammen angesprochen werden. In der Verfassungsdebatte des 4. Februar 1994 bedienten sich vier Redner der Formel «Meine sehr verehrten Damen und Herren», einzelne der mehr oder weniger förmlichen Varianten «Meine sehr geehrten Damen und Herren», «Meine sehr verehrten Kolleginnen und Kollegen», «Meine sehr geehrten Kolleginnen und Kollegen» und «Liebe Kolleginnen und Kollegen» sowie sechs der Kurzform «Meine Damen und Herren». Zwei Herren erwiesen den Damen pro forma ein Mehr an Ehre, durch zweistufige Ansprache: «Meine sehr verehrten» oder «geehrten Damen! Meine Herren!» Auch beim Verzicht auf dieses Beiwerk alter Schule belässt die Standardform der Anrede den Damen den Vorrang, weil sie an erster Stelle genannt werden. Unter den Bedingungen eines strikten Anspruchs auf Gleichbehandlung, wie ihn die Grundrechte einer demokratischen Verfassung statuieren, ist solch eine Vorzugsbehandlung einer Gruppe eigentlich nur damit zu rechtfertigen, dass die Gleichheit in der Wirklichkeit noch zu wünschen übrig lässt. Die parlamentarische Egalität verbietet es, den sozial Überlegenen den Vortritt zu gewähren: Parlamente sind aus Ständeversammlungen hervorgegangen, aber Adelstitel sind auch hier nur Namensbestandteile, und der Rang des Professors begründet kein erweitertes Rederecht. Dass im öffentlichen Innenleben des Organs der politischen Repräsentation altmodische Höflichkeit gegenüber den Damen waltet, kompensiert ihre Benachteiligung symbolisch, nein: zeigt die Notwendigkeit der Kompensation an.

So brachte die selbstverständlichste Konvention der parlamentarischen Debatten die Gründe für die ganz besondere Verfassungsänderung zum Ausdruck, über die der Bundestag abstimmte: In die Norm, die Männern und Frauen gleiche Rechte garantiert, wurde die Pflicht des Staates hineingeschrieben, diese Norm auch tatsächlich durchzusetzen; und die Norm wurde ergänzt um die Bestimmung, dass ihre anhaltende Verletzung, also hartnäckig fortbestehende Ungleichbehandlung, Ausgleichsmaßnahmen erforderlich macht. Von den drei weiblichen Abgeordneten, denen in der ersten Lesung gemäß Verabredung der Fraktionen Redezeit zugeteilt wurde, adressierte nur Ulrike Mascher den Bundestag so, als wären die Frauen bereits tatsächlich gleichberechtigt, so dass sie es sich leisten könnten, den Männern die

Gnade höflicher Bevorzugung zu gewähren: «Liebe Kollegen und Kolleginnen!» Als die SPD-Abgeordnete Marie Juchacz am 19. Februar 1919 in der Weimarer Nationalversammlung als erste Frau eine Rede in einem deutschen Parlament hielt, hatte sie mit der Anrede «Meine Herren und Damen» laut Protokoll noch Heiterkeit hervorgerufen.

In der Bundestagssitzung vom 4. Februar wurde einmal auch die Frau als solche angeredet, das gesamte Geschlecht im kollektiven Singular, ohne ein Possessivpronomen, das Wertschätzung in Form eines Besitzanspruchs artikuliert. Der sächsische Justizminister Steffen Heitmann rezitierte ein Gedicht des ostdeutschen Dichters Reiner Kunze: «Frau nicht / die möbel verrücken // Wer / im Kopf / umräumt dessen / schreibtisch muß / feststehen.» Heitmann bescheinigte der Verfassungskommission, dass sie im Sinne Kunzes Selbstbeherrschung bewiesen habe: Sie habe im Großen und Ganzen davon abgesehen, an dem Schreibtisch zu rütteln, an dem die Gesetze geschrieben werden. Dieses Lob des Nichtstuns bezog sich auf weitergehende Änderungsvorschläge zur Einführung plebiszitärer Verfahren und zur Stärkung der sozialen Grundrechte. Heitmann wollte keine Ablehnung der Besserstellung der Frauen zu Protokoll geben. Aber die Änderung von Artikel 3 Absatz 2 war mit denselben Topoi einer konservativen oder genauer gesagt konservatorischen Staatsphilosophie kritisiert worden: Man solle die Möbel, also die Wörter, so stehenlassen, wie sie 1949 hingestellt worden waren. Bei Artikel 3 spielten die Frauen genau die Rolle, die der männliche Sprecher in Kunzes Gedicht der Frau zuweist, nur um dann ihren Plan zu vereiteln: Sie setzten ein neues Arrangement durch, weil sie Gründe für die Ansicht hatten, dass die Einrichtung bislang noch nicht optimal zur Geltung kam.

In der Verfassungskommission des Bundesrats hatte zunächst nur der Vorschlag die erforderliche Zweidrittelmehrheit gefunden, im einzigen Satz des zweiten Absatzes von Artikel 3 die Reihenfolge der Wörter «Männer» und «Frauen» umzudrehen. Ironisch klassifiziert Christine Langenfeld diese Idee in dem von Theodor Maunz und Günter Dürig begründeten Standardkommentar zum Grundgesetz als missglückte Galanterie. Sie wurde wieder zurückgenommen, und stattdessen wurde der Text erweitert.

Kunzes Gedicht trägt den Titel «Blickpunkt» und stammt aus dem Jahr 1968. Es wird oft als klassisches Zeugnis für den Geist der DDR-Opposition zitiert. Heitmann löste es aus diesem Kontext und gewann ihm eine Maxime zeitloser, untergründig lutherischer Staatsweisheit ab: Den Tisch sollen sie stehenlassen! Das Plenarprotokoll verzeichnet weder Zwischenrufe noch Heiterkeit. Dass das lyrische Du bei Kunze weiblichen Geschlechts ist, gab keinen Anlass für eine Zwischenfrage. Der Dichter setzt die bürgerliche Ehe als das schlechthin Gegebene voraus, eine ursprüngliche Gemeinschaft der Gegensätze, in welcher der Mann für das realistische und die Frau für das phantastische Prinzip steht. Dass die Frauen im Bundestag 1994 Ursache hatten, den Artikel 3 des Grundgesetzes ergänzt sehen zu wollen, und die Kraft aufbrachten, diese Ergänzung auch wirklich zu erreichen, hatte damit zu tun, dass dieses Modell einer Partnerschaft, in der ein Teil die Verwirklichung der eigenen Ideale zurückstellt, die gesellschaftliche Realität in der Bundesrepublik schon nicht mehr prägte. Das amtliche Datenhandbuch des Bundestags weist die weiblichen Abgeordneten der 12. Legislaturperiode als Avantgarde aus. Sie waren im Durchschnitt vier Jahre jünger als ihre männlichen Kollegen und in der Mehrzahl 1990 erstmals ins Parlament gewählt worden. Nur knapp die Hälfte von ihnen war verheiratet mit Kindern, im Vergleich zu drei Vierteln aller Abgeordneten.

Artikel 3 Absatz 3
Diskriminierungsverbot

Niemand darf wegen seines Geschlechtes, seiner Abstammung, seiner Rasse, seiner Sprache, seiner Heimat und Herkunft, seines Glaubens, seiner religiösen oder politischen Anschauungen benachteiligt oder bevorzugt werden. Niemand darf wegen seiner Behinderung benachteiligt werden.

Feridun Zaimoglu

Gefährliche Zeiten

Ich sehe einen schwarzen Obdachlosen, verdreckt, verwirrt, die Hosensäume in Fetzen, er schwenkt die Sammelbüchse mal nach vorne, mal nach hinten, er dreht sich blitzschnell nach allen Seiten um, er ist allein, es laufen ihm keine Passanten entgegen. Was tut er? Er übt das Betteln. Er lernt, seinen Argwohn zu überwinden und keine Hand wegzuschlagen. Ich bin verblüfft, denn ich bin in meiner Stadt keinem Schwarzen begegnet, der auf der Straße lebt. Plötzlich ist es mir unbehaglich, ich beschleunige meinen Gang, ich möchte nicht als ein Schaulustiger gelten, der das Elend der anderen beglotzt. Am Abend, im Beisein maskierter, doppelt geimpfter Bekannter, erzähle ich von dem Vorfall, ich berichtige mich und sage, daß sich nichts ereignet habe und daß ich nicht in eine seltsame Geschichte verwickelt worden sei. Da fährt mich ein junger Mann böse an, er ist mir unbekannt, trotzdem wählt er die vertrauliche pronominale Anrede, er sagt laut: «Bist du jetzt auf dein Weißsein stolz? Hat es dich erregt, eine farbige

Person unter dir zu wissen? Gib es zu, du hast das N-Wort gedacht, du bist fast geplatzt, weil du es unbedingt aussprechen wolltest …» Der junge Mann sticht während seiner Rede mit der Gabel in die Luft, ich kann es nicht fassen, ich ducke mich unter seinen Schlägen, und als ich die mit ihm sympathisierenden Bekannten nicken sehe, rupfe ich mir die Stoffserviette vom Kragen, stehe auf und verlasse die guten Menschen im Salon.

Nein, denke ich auf dem Heimweg, ich habe nicht gedacht: «Ein irrer Neger.» Ich habe nicht gedacht: «Das Irrewerden liegt im Blut der Neger.» Ich habe nicht gedacht: «So kann's kommen. Erst handelt man mit Rauschgift, dann verfällt man dem Crack!» Daß ich die Geschichte eines armen dunkelhäutigen Mannes für erwähnenswert halte, macht mich nicht zum weißen Schwein. Habe ich auf eine falsche, weil angedichtete Besonderheit hingewiesen? Der junge Mann, von dem ich nur weiß, daß er Geisteswissenschaften studiert, hat mich in einem kleinen Schauprozeß als Verräter an der richtigen Gesinnung denunziert.

Das Urteil stand fest: Die bloße Benennung und Benamung ist ein Gedankenverbrechen. Ich müßte, wenn ich seinem Dogma folgte, meine eigenen Gedanken lesen, und ertappte ich mich bei einer Inkorrektheit, mich zu einer korrekten Ansicht zwingen. Der Student ist also ein Korrektor, er beschäftigt sich mit der Offenlegung des Verborgenen: Je mehr der Beschuldigte leugnet, desto mehr verfängt er sich im Netz der Lügen. Wenn der Anblick eines nicht weißen Mannes mich herausfordert, bin ich nicht normal, auch wenn ich mich auf die Normalität berufe. Ich bin von einem Zweitsemester überrumpelt worden, er hat mich und den Vorfall, der kein Vorfall war, als die Urszene einer Begegnung eines Weißen mit einem Schwarzen ausgegeben. Ich bin gefangen in diesem Zerrbild: Mir wird unterstellt, ein hergebrachtes altes böses Wissen abzubilden, ein Wissen der Anmaßung, ein Wissen der vermeintlichen Wesensermittlung der Schwarzen. Soll ich immer ausdrücklich bekennen, daß ich im Rassenwahn eine Abscheulichkeit erkenne? Ist mir Mitleid verboten, wenn es sich bei dem Obdachlosen um einen schwarzen Mann handelt? Ich habe ihn nicht herabgewürdigt. Ich habe ihn nicht verächtlich gemacht. Fast war ich versucht gewesen, an ihn heranzutreten und Münzen in seine Sammelbüchse zu werfen. Ich tat es nicht, weil ich ihn bei seiner Übung nicht stören wollte. Nicht daß ich ihn erblicke, macht mich schmutzig. Ein schmutziger Gedanke, den der Blick auslöste, machte mich zum Menschenschwein. Mauldreck folgt dem Hirndreck.

Das N-Wort. Man löscht nicht den Hassenden, der das Hassenswerte definiert, nur weil man vier Buchstaben tilgt. Das N-Wort ist ein übler Dünkel, es erzwingt das Herbeidenken des Unaussprechlichen. Lau und flau sind die Vokabeln der Korrektoren, sie reden und schreiben wie Schlaumeier, sie bleichen die Welt, weil sie Wörter schwärzen. Weil sie Wörter, die sie als kontaminiert erachten, durchstreichen. Das Z-Wort. Die K-Wörter. Das Sch-Wort. Das I-Wort. Wo treiben die gekappten, entfernten Stücke? Eger. Igeuner. Rüppel. Anacke. Wuchtel. Tzig. Sie verbergen sich. Man versteckt sie. Sie sind der schlechte Atem des Geistes. Es sind verbotene Schriftzeichen. Die Großbuchstaben bewachen einen kleinen leeren Platz. Die durchgestrichenen oder verschnittenen Wörter sind wortgewordene Posen der Gehässigkeit: Man wird sie auch in ihrer Unvollständigkeit entziffern können. Und doch: Es nimmt der Haß nicht deshalb ab, weil man die akademische Verkrakelung der allfälligen Schimpf- und Fluchwörter beherzigt. Es ist eine neue Welt der Beauty-Retuschen, der korrigierten Wortfehler, der Nachbesserung: Der Retuscheur tilgt den Schmutz. Tatsächlich betreiben die Diskriminisierungsgegner (= die Antidiskriminisierungsbefürworter) die Unsichtbarmachung der sichtbaren Eigenheit: Einen dunkelhäutigen Menschen hat man als einen Menschen ohne auffallende oder vom Selbstverständnis des Angeschauten vielleicht für hauptsächlich erachtete Merkmale wahrzunehmen. Ich aber weigere mich, farbenblind zu sein; ich dulde und ertrage es, daß ich der infamen Verleugnung geziehen werde.

An einem anderen Tag, zu einer anderen Stunde: Ich sitze im Regionalzug nach Hamburg. Eine sektbeschwipste Dame zeigt auf meine lange silberne Kette, die von einer Hosenschlaufe zur nächsten reicht, sie will wissen, ob ich orthodoxer Jude sei. Ich sage, daß es sich um ein modisches Accessoire handle. Sie fordert mich auf, mein Judentum mutig zuzugeben. Ich sage, daß ich ein nichtjüdischer Moslem sei. Ihr entfährt der schrille Ausruf: «Oh Gott!» Wir müssen beide lachen. Sie bietet mir freundlicherweise Sekt im Plastikbecher an, ich lehne ab, ich weiß nicht, ob ich die restliche Fahrtdauer von einer Dreiviertelstunde mit Harndrang überstehen kann, die Toiletten sind außer Betrieb. Sie ruft: «Stößchen!», trinkt und lacht. Ein Fahrgast lacht nicht, er fängt an, mit ihr zu schimpfen: Es könne nicht sein, daß sie in aller Öffentlichkeit einen Fremden drangsaliere, der Fremde habe sich nur unter ihrem Zwang ausweisen müssen, er selbst habe sehr mit sich gerungen, er wolle seine Zeitung lesen und Schluß, doch er müsse nun dem Fremden zu Hilfe eilen und sie auf den Pott setzen. Ich drehe mich zu dem Mann um und sage, daß ich kein Fremder sei, erstens. Und zweitens wolle ich jetzt in aller Entschiedenheit die Dame gegen seine Attacken in Schutz nehmen, er solle bitte sie und mich in Ruhe lassen. Stille. Vor Wut schleudert er die Zeitung auf den Boden und verläßt das Abteil. Nimmt er es mir übel, daß ich seine Annahme meiner Unzugehörigkeit nicht bestätigte? Da kommt er wieder zurück und sagt, daß mir meine Angepaßtheit nichts nützen werde, ich solle an all die Juden denken, die im Ersten Weltkrieg für Deutschland tapfer gekämpft hatten, um Jahre später in der Gaskammer zu enden. Er wünsche mir die Vergasung nicht, ich solle aber achtgeben, ich solle in meiner Wachsamkeit nicht nachlassen.

Die Dame blinzelt. Ich blinzele. Es ist uns in die Knochen gefahren, was der Mann soeben von sich gegeben hat: eine ungeheure Unsinnigkeit, deretwegen man ihn mit einer harten Maulschelle bestrafen müßte; die Aufführung des dummen Kerls, der glaubt, mit scharfen Worten den Nebel der Vagheit zerfetzt zu haben. Er gibt uns mit seinem aufgepumpten Gesicht zu verstehen, daß er sich für das Opfer einer Kränkung hält. Wer hat wen beleidigt? Sein Gerede hat die Dame schlagartig ernüchtert, sie gießt sich aus ihrem Sektfläschchen nach. Und die anderen Fahrgäste? Was gehen sie die Belange der anderen an, sie halten sich aus dem Streit der Spinner heraus. Was ist genau geschehen? Der Mann hat die Stimmung verdorben, er hat mich vergiftet. Er lauert auf seinem Sitz, eine noch so milde Entgegnung wird ihn aufstacheln. Die nächsten dreißig Minuten bin ich völlig davon eingenommen, ihn nicht zu beachten. Die Dame wagt es beim Abschied nicht, meinen Gruß zu erwidern. Ich werde auf dem Bahnsteig eingeholt von einem jungen fremdstämmigen Deutschen, der mich als Verfasser von kämpferischen Büchern erkannt hat. Er ist enttäuscht, er fragt, warum ich stillhielt, warum ich den Kerl nicht sattgemacht habe, er hätte gern von seinem Sitz drei Reihen hinter mir aufstehen und bezeugen können, daß die mir von dem Kerl angedichtete Jüdischkeit nur ein Vorwand gewesen sei, um die Worte Jude und Gas in einem Satz unterbringen zu können. Ich bin über so viel Klugheit verblüfft. Ich verspreche ihm, das nächste Mal die Beleidigung hart zu vergelten. Es wird mir nicht gelingen. Als stünde der Tag im Zeichen der verruchten Vergangenheit, stoße ich in meiner Post auf einen Brief: Der anonyme Absender hat auf einem Streifen Toilettenpapier aus der Zeitung ausgeschnittene Buchstabenschnipsel aufgeklebt. Ich lese: «Moslem verrecke!»

Ich zerreiße das Papier. Es fällt mir nicht ein, Anzeige gegen Unbekannt zu erstatten. Täglich werden Kolleginnen und Kollegen von Internettrollen beleidigt. Und doch ist die Naziparole keine kleine Schmähung. Was tun? Übergehen. Arbeiten. Ich vergesse den Brief. Eine Woche später fallen mir die Schnipsel wieder ein, nach einer Gartenlesung. Ich frage zwei Männer, die sich als Juden ausgewiesen haben, ob es sie beleidige, wenn ich sie als jüdische Deutsche bezeichne. Sie sprechen von den vielen Möglichkeiten des jüdischen Seins, in diesem besonderen Falle würden sie sich als deutsche Juden verstehen, denn ihre Jüdischkeit wäre wesenhaft. Sie erkunden sich nach meinem Selbstverständnis. Ich sage: «Ich habe ein deutsches Leben.» Damit sind sie sehr einverstanden. Ein Mann, der bislang geschwiegen hat, meldet Einwände an: Ist die Herkunft tatsächlich eine vernachlässigenswerte Größe? Das Deutschsein kann doch nicht ein großes, weites Gefäß sein, das alle verflüssigten oder verhärteten Identitäten aufnehmen soll. Was ist mit den Deutschen, deren Eltern und Großeltern und Urgroßeltern deutsch waren? Sind sie im eigenen Land ein minderheitliches Volk? Setzt man sich denn nicht sogar über das Grundgesetz hinweg, denn da heißt es doch, daß niemand wegen seiner Herkunft benachteiligt und – diese Stelle überliest man gerne! – bevorzugt werden dürfe?

Der Mann wedelt meine Frage, ob er sich denn umzingelt fühle, mit der Hand weg wie eine lästige Bremse. Man werde ihn nicht durch Provokationen ablenken können, er habe, wie er finde, eine äußerst aktuelle Frage gestellt, man solle sie nicht übergehen. Er könne den Verfall ganzer Viertel bezeugen, das seien aufgegebene Zonen, in denen herkunftsstolze Fremde lustig lärmend lebten. Kümmere es denn die Liberalen am Tisch wirklich nicht, wie es den wenigen waschechten Deutschen gehe, die bleiben müßten, weil die Rente nicht einmal für das Minimalste reiche? Er frage die Herren Juden und den Herrn Moslem, was man dagegen unternehmen könne, denn daß es einen Übelstand gebe, stehe wohl außer Zweifel. Was sagen? Wie ihn besänftigen? Nicht benachteiligt. Nicht bevorzugt. Die Worte brennen nach. Ich könnte aufstehen und mich mit einem hackenden Kinngruß verabschieden. Das wäre aber unbescheiden. Überall im Lande sind nicht unverständige Menschen damit beschäftigt, zu erkennen, zu verstehen: Wer bekommt die Gunst und das Geld? Ich sage: «Ich bin in den besagten Zonen unterwegs gewesen, ich kenne die Mißstände nicht nur aus der Zeitung. Geschlossene Gesellschaften halte ich für ungesund!» Für den Kalenderspruch schäme ich mich, ich schweige und brüte, ich bleibe aber sitzen. Gehört der Mann, der die Verhältnisse anprangert, zu den Patrioten des Abendlands? Nein. Vielleicht. Er macht nicht den Fehler, von einem jüdisch-christlichen Erbe zu reden. Und doch spricht er den Moslems das Recht ab, zu den «guten Fremden» zu gehören. Eine junge Frau vom Nebentisch sagt plötzlich in die Stille hinein: «Werden die Juden verschont, weil sie es hinter sich haben? Wir integrieren doch nur nach einem großen Opferbrand.»

Die Herren Juden löffeln den Vanillepudding, ohne innezuhalten, ohne zu blinzeln, es wartet ein jeder Liberaler am Tisch auf eine scharfe Gegenrede, doch der Mann dreht sich zu der Frau um und sagt leise: «Touché!» Damit hat nun keiner von uns gerechnet. Nicht bevorteilt. Hat er mich, den Herrn Moslem, denn nun ausgeschlossen? Schwebt ihm eine Volksgemeinschaft vor, und haben die Volksgenossen gewisse ausgemendelte Eigenschaften aufzuweisen? Falsche Gedanken. Und doch befremdet mich die Art und Weise, wie er Erkenntnisse gewinnt: Er beschaut einen Menschen, als würde er eine neue Wohnung besichtigen. Der Wind weht Gesang von einem fernen Nachbargarten her, man ist plötzlich milde gestimmt an diesem Abend, den man fast für einen Sommerabend halten mag, wer möchte sich noch an weltanschaulichen Fragen begeistern, die Liberalen und der Illiberale verweilen noch, auch wenn sie … auch wenn wir uns alle durch den Stoff an Bein und Brust kratzen. Die junge Frau aber wittert an dem Mann eine altrechte Gesinnung, sie glaubt, einen Völkischen entdeckt zu haben, der nur ganz bestimmte Herkünfte gelten lassen will, und viele andere wiederum nicht. Sie streiten sich, trotz der Mücken. Gaukelt er nur ein Wissen um die Dinge vor, wenn er eine These mit den Worten einleitet: «Ich will folgenden Personenkreis in den Blick nehmen.» Mir schwirrt der Kopf. Er spricht von Abkömmlingen südöstlicher Sippschaften, die in Dortmund, Duisburg und Düsseldorf ganze Straßenzüge verheerten. Er fragt: «Ist das Antifaschismus, wenn man diese Leute gewähren läßt? Sind wir dann gute Bürger, wenn wir zu deren Siegesgesängen klatschen? Sie, junge Dame, sind eine Salonlinke, die nur dann mit Grundgesetz und Menschenrechten kommt, wenn es um fremde Völkerschaften vor unserer eigenen Haustür geht. Erklären Sie mir doch bitte, warum Sie derart deutschenfeindlich sind?!» Jetzt sind wir alle wach, jetzt kratzen wir uns nicht mehr blutig. Ist das

Grundgesetz tatsächlich die geronnene Verfaßtheit des guten Bürgers und der guten Bürgerin? Sind die Genehmen und Gefälligen für das Gebietende, weil sie sich davon eine Schwächung des politischen Gegners erhoffen? Die junge Frau zitiert das Diskriminierungsverbot im Artikel 3. Der Mann sagt: «Der Artikel bedeutet: Ich will den Menschen als Menschen annehmen. Ich will aber bitteschön nicht gezwungen werden, ihn zu lieben oder bei seinem Anblick vor Freude zu strahlen!» Ich finde über die Suchmaschine meines Mobiltelefons den Artikel 3, ich lese ihn durch, ich stelle fest: Es wird nicht geleugnet, daß es ein bestimmendes Geschlecht, eine bestimmende Herkunft, einen bestimmenden Glauben gibt. Die einzige Grobheit im Text ist der Bezug auf die Rasse. Sie ist die einzige Vokabel, die eine Verfemung verdiente, wenn man sich auf sie als biologische Konstante bezieht. Wie kann man es schaffen, nicht als Langweiler dazustehen, wenn man sich auf das Verbot der Verachtung der andersartigen oder als andersartig empfundenen Menschen bezieht? Der in den Blasen der Bundesrepublik geführte Diskurs ist nicht die Vorwegnahme der Wirklichkeit von morgen. Wenn eine Nachrichtensprecherin nicht nur, wie es ihr Beruf verlangt, Nachrichten vorliest, sondern sich ausdrücklich zum Willen zur Menschenerziehung bekennt, ist das ein parteigängerischer Eifer: Ich schalte immer angewidert ab. Das Papierdeutsch taugt nicht als Mittel gegen das Ressentiment. Nicht bevorzugt, nicht benachteiligt. Der inkommode Mann in der Runde möchte nicht untertänigst parieren, er glaubt, daß der Staat allein zur Niederhaltung der Bürger Gesetze und Gebote geschaffen habe und daß eben dieser Staat mit einer großen Propagandalüge aufwarte: Die Verfassung solle man nach dem Zivilisationsbruch der Shoah als Zivilisationsprojekt annehmen. Ist der Mann ein heimlicher Anarchist? Hat er sich endlich verraten, und wird die junge Frau ihn nun als einen Altrechten entlarven? Tatsächlich ist seine Attacke auf die deutsche Verfassung unzulässig, er klingt zur vorgerückten Stunde selber wie ein Propagandist. Mir schwirrt der Kopf. Die Mücken. Die Worte. Der Pudding. Die Herren Juden und der Herr Moslem. Ich stehe auf, ich wünsche allen eine gute Nacht, ich wanke müde zum Gästezimmer. Ich träume, daß die Gartenhecke wuchernd wächst und daß an den Zweigen beerenkleine Köpfe von Moslems mit gehäkelten weißen Scheitelkäppchen hängen.

An einem anderen Tag, zu einer anderen Stunde: Ich lese in einer Zeitschrift von einem Interview, das ein Westnazi mit einem Ostnazi für ein Nazi-Fanzine geführt hat. Auf die Frage, was denn die größte Errungenschaft im 20. Jahrhundert sei, antwortet der Ostnazi: die Gaskammer. Hirndreck. Ich kann dem Artikel nicht entnehmen, daß man ihn wegen gröbster Verfehlung des Menschseins weggesperrt hat. Der Wirklichkeitsbezug der Nazis ist stets widerwärtig. Ich bin vergiftet, es gelingt mir nicht, den Kerl zu vergessen, seine Worte hallen mir im Kopf nach. Wie kann man derart verschweinen, wie kann man zum Vieh herabsinken. Die Lumpenarier in den Städten und in der Provinz rüsten auf. Ich begegne im Supermarkt einem Bekannten, der von Linksaußen nach Rechtsaußen gedriftet ist, er sympathisiert offen mit den Identitären, er spricht von der Konservativen Revolution und von der Separation der Völkerschaften, die man mit aller Härte durchzuführen habe. Er begreife sich als ein Soldat ohne Uniform, ich solle bittesehr nachdenken, statt ihn scharf anzublicken, ich solle nachdenken über die folgende Frage: «Ist Heimat ein bloßes Territorium? Eine neutrale Gegend? Ist deine Heimat auch meine Heimat? Kann es die Heimat überhaupt in der Mehrzahl geben? Kannst du dich komplett als deutsch beheimatet erklären? Oder ist Heimatfindung verzichtbar?» Ich will keinen Streit, ich will einfach nur Brot, Früchte und Aufschnitt in den Korb packen und wieder nach Hause eilen. Er verstellt mir den Weg, er spricht fanatisch schäumend von den neuen Zeiten, der Wind, das wolle er mir mitteilen, wehe von rechts, es sei eine abgemachte Sache, daß es zu einer nationalen Erhebung komme, es gehe längst nicht mehr darum, ob man dafür oder dagegen votiere, mit einer freien Wahl habe es nichts zu tun, auch das wolle er mir mitteilen, sondern um eine einzige Tatsache: Volksgenosse, wenn ja, dann zugehörig. Wenn nicht, gute Heimreise. Ich wünsche ihm, daß er sich verschluckt und keuchend zu Boden geht, ich denke es nur, ich spreche es nicht aus. Ich mache einen jähen Ausfallschritt, er weicht erschrocken zur Seite, er reißt die Maske vom Mund und schreit mir Parolen hinterher. Ein Irrer. Kein Irrer. Ich weiß, woran er glaubt: Es soll ein jedes Volk, streng getrennt, allein selig werden. Keine Vermischung. Herkunft ist Schicksal, die Herkunft weist dem Menschen die Heimat zu. Da kann ich noch so beharrlich von meinem deutschen Leben sprechen, er wird böse lächeln und den Kopf schütteln. Ein Wirrwarr von Worten in meinem Kopf: Sippschaft, Gaskammer, Grundgesetz, Blut und Boden, Tatsachen. Es häufen sich die Anschläge auf Geist und Vernunft, es mehren sich die Einwände gegen die Freiheit der anderen im Namen der eigenen Freiheit. Es sprechen die Falschen in nüchternen Worten, und es sind wiederum die Falschen, die der Verschwommenheit der Begriffe das Wort reden. Mir ist, nur manchmal, bänglich zumute. Die Zahl der Menschenschweine übertrifft die der Tierschweine um ein Vielfaches. Für einige Tage ziehe ich mich aus allem zurück, ich lese zwei dicke Bücher, und es gelingt mir, nicht an die retuschierten Wörter zu denken, keine Mücken, die mich stechen, keine Männer, die sich mir in den Weg stellen, keine heftigen Streitgespräche. Es schreibt mir keiner vor, womit ich mich zu befassen habe. Es setzt sich keiner mit übermäßigen Empfindungen in Szene. Ich fühle mich wie eine verheerte Seele auf dem Wege der Gesundung. Ich begreife: An den Fehlstellen kommt es unter Druck zum Bruch. Ich begreife: Gefährliche Zeiten, viele verzweifelte Subjekte, die sich radikalisieren. Ich will mich vorsehen.

Artikel 4
Glaubensfreiheit

(1) Die Freiheit des Glaubens, des Gewissens und die Freiheit des religiösen und weltanschaulichen Bekenntnisses sind unverletzlich.
(2) Die ungestörte Religionsausübung wird gewährleistet.
(3) Niemand darf gegen sein Gewissen zum Kriegsdienst mit der Waffe gezwungen werden. Das Nähere regelt ein Bundesgesetz.

Martin Mosebach

Eine uralte Institution in der Nachkriegsdemokratie

Eine Verfassung ist so lange in Kraft, wie ihre Bestimmungen sich von selbst verstehen – natürlich nicht die Artikel, die sich mit dem Prozedere der Machtausübung im einzelnen befassen, aber doch die Grundsätze des Verhältnisses zwischen Staatsgewalt und dem einzelnen. Ob die Gesetze, die das Parlament beschließt, und die Hoheitsakte der Exekutive, die tief in Leben und Vermögen der Bürger einschneiden können, als legitim empfunden und ohne Widerstand hingenommen werden, das folgt nicht aus vorangegangenem Studium des Grundgesetzes, sondern aus dem Gefühl, daß es damit schon seine Ordnung hat; teilte die Mehrheit des Volkes dies Gefühl nicht mehr, dann wäre es mit der Verfassung schnell vorbei. Diese empfundene

Selbstverständlichkeit unseres Grundgesetzes beruht auch darauf, daß der wichtigste Teil seiner Bestimmungen nicht einfach von einer unter alliierter Aufsicht einberufenen verfassungsgebenden Versammlung auf Schloß Herrenchiemsee erlassen – man könnte auch sagen: erfunden – worden, sondern alt und sogar sehr alt ist, das heißt, daß diese Bestimmungen lange vor Gründung der Demokratie schon als Rechte betrachtet wurden, lange auch vor den Rechtsreformen der von Napoleon nach Deutschland getragenen Französischen Revolution und der nordamerikanischen Verkündung der Menschenrechte. Zu solchen tief in der Vergangenheit wurzelnden Rechten, die zu festen Bestandteilen der europäischen Mentalität, aber auch der von Arabern, Indern und Afrikanern geworden sind, gehört die staatliche Zurückhaltung gegenüber den Rechten der Familie und des Eigentums. Kaum eine alte Kultur dürfte zu finden sein, die diese Rechtsräume nicht kennte, sei sie feudal, ständisch, despotisch oder demokratisch verfaßt. Daß solche Freiräume mitunter schwer durchzusetzen sind, wissen auch Bürger von Demokratien, daß sie im Bewußtsein aller dennoch bestehen, bedarf keiner Begründung, sondern ist ein Axiom, ein wahrhaftes «Grundgesetz» staatlichen und gesellschaftlichen Zusammenlebens, aus vorstaatlichen Verhältnissen in die alten und neuen Staaten der Geschichte hineingewachsen.

Die Gleichheit vor dem Gesetz ist neueren Datums und stammt aus der Französischen Revolution, wurde von dort von deutschen Monarchien als Revolution von oben mehr oder weniger unwillig übernommen und auch nach dem Sturz Napoleons beibehalten – weil es eben nicht anders ging; eine echte Restauration war in kurzer Zeit unmöglich geworden. Die Mentalität der Deutschen hatte sich gewandelt, das, was jedem grundsätzlichen Gesetzesakt vorausgehen muß, weil ihm anders kein Erfolg und keine Dauer beschieden ist. Im übrigen dauerte es auch in Staaten mit längerer demokratischer Tradition viele Jahrzehnte, bis aus diesem Gleichheitsgebot auch die rechtliche Gleichstellung von Mann und Frau abgeleitet wurde. Sie wurde möglich und zwingend nicht durch Gesetze, sondern durch das Faktum des gesellschaftlichen Wandels, der die Arbeit der Frauen in der Industrie forderte und sie dadurch aus patriarchalischen Familienverhältnissen herausführte. Kurz gesagt: Eine erfolgreiche, und das heißt eine die Empfindung der Legitimität vermittelnde Verfassung drückt aus, was alle denken, ohne daß sie darüber hätten abstimmen müssen.

Hier wird ein Widerspruch innerhalb dessen sichtbar, was man in der neueren Geschichte «Verfassung» genannt hat. Einerseits sollte sie Rechte des einzelnen Bürgers gegen den Staat definieren, die Machtausübung des Staates ordnen und hierin Verbindlichkeit herstellen; die Macht wollte sich selbst binden und gebunden sein, indem sie sich Regeln unterwarf, die nicht beständig überprüft und dem vermeintlichen Tagesbedürfnis angepaßt werden sollten. Selbst der Mehrheitswille in der Demokratie sollte hier an Grenzen stoßen.

Zum anderen durfte sie sich aber nicht gar zu weit vom Consensus omnium entfernen und dem, was die große Mehrheit für gut und richtig hielt, nicht gar zu schroff entgegengesetzt sein – und das hieß, sie konnte sich vom historischen Wandel der Werturteile nicht ausschließen. Welchen Wandlungen unterliegen kann, was hinter dem Grundgesetzartikel steht, läßt sich gerade auch am Artikel 4, dem Artikel der Religionsfreiheit, betrachten.

Die Väter und die wenigen Mütter des Grundgesetzes blickten, als es um die Formulierung von Artikel 4 ging, zurück auf zweitausend Jahre, in deren Verlauf sich das Verhältnis zwischen Staat und Religion mehrfach gewandelt hatte. Wenn sie von Religion sprachen, hatten sie ohne Zweifel zunächst die christliche Religion im Sinn, der nach dem Zweiten Weltkrieg noch die große Mehrheit des Volkes anhing, aufgeteilt in die beiden großen Konfessionen. In den ersten Jahrhunderten seines Bestehens im Römischen Reich war das Christentum verfolgt worden, denn es stand im Gegensatz zu der von den Kaisern verordneten Staatsreligion, die als Bindeglied des weit ausgebreiteten Imperiums mit seinen vielen Religionen unverzichtbar erschien. Kaiser Konstantin der Große beendete die Epoche der Verfolgung und machte die Bischöfe zu Staatsbeamten, leitete aber zugleich eine Ära vollständiger Toleranz ein, in welcher die alten Religionen der Mittelmeerischen Welt, das Christentum und das Judentum sich gleichermaßen der Freiheit erfreuten. Erst sein späterer Nachfolger Theodosius der Große etablierte das Christentum als Staatsreligion und verbot die heidnischen Kulte.

Von da an bestand ein enges Verhältnis zwischen Kirche und Staat, das zwar starke Spannungen kannte und im Westen sogar in Kämpfe zwischen Kirche und Staat ausarten konnte, im ganzen aber von dem gemeinsamen Interesse bestimmt war, die Homogenität der Religion zu wahren – die «Orthodoxie», die für die weltlichen Mächte mindestens dieselbe hohe Bedeutung besaß wie für die Kirche. Das zeigte sich in den nachreformatorischen Religionskriegen in Europa, die den staatlichen Zusammenhalt zu vernichten drohten. Im Interesse der staatlichen Macht entstand vor allem in den der Reformation folgenden Staaten die Doktrin einer vollständigen Unterwerfung der Kirche unter die Fürsten, während in den katholisch gebliebenen Ländern durch das Papsttum weiterhin die Möglichkeit bestand, gewisse Freiheiten der Kirche mit den Staaten quasi gleichberechtigt auszuhandeln: Auch wo die katholische Kirche Staatsreligion blieb, war sie dies nicht als staatliches Organ, sondern bestand aus eigenem Recht.

Erst die Französische Revolution löste die Interessengemeinschaft von Staat und Kirche, indem sie die Religion freigab. Damit war freilich keine machtpolitische Abstinenz in Bezug auf die Kirche gemeint, sondern nur der Abschied von der Staatsreligion. Die Kirche sollte aber unter der Aufsicht des Staates stehen; das ist es, was man bis heute in Frankreich unter «Laicisme» versteht. An der Aufrechterhaltung der Orthodoxie bestand nun kein staatliches Interesse mehr, an der Verhinderung religiöser Körperschaften eigenen Rechtes aber umso mehr.

Deutschland, das Land der Reformation, war religiös gespalten und hatte in seinen Grenzen durchaus kontroverse Konzepte des Verhältnisses von Staat und Religion, die im Zuge der deutschen Einigung notwendigerweise zusammenstießen. Großpreußen, in dem der König Summus Episcopus war, trachtete danach, preußisch-protestantisches

Staatskirchenrecht auch in den zusammeneroberten katholischen Provinzen durchzusetzen. Nach katholischer Lehre war die Ehe ein Sakrament, also eine rein religiöse Institution, einer der Stände der Kirche, ebenso unauflöslich, wie Taufe und Priesterweihe unauslöschliche Zustände ihres Empfängers begründen. Für die Protestanten im Gefolge Luthers hingegen war die Ehe «ein weltlich Ding», dem bürgerlichen Recht unterworfen und aufhebbar wie andere bürgerlich-rechtliche Verträge auch. Italien, das zwar keinen Protestantismus, dafür aber einen stark freimaurerisch geprägten Laizismus kannte, wählte bei solchem Dissens eine salomonische Lösung: Für die Katholiken erhielt die Kirche standesamtliche Vollmachten, die Nichtkatholiken haben sich zum staatlichen Standesamt zu begeben. Für Bismarck war das indiskutabel. Er forderte die Unterwerfung der katholischen Kirche unter den Staat, so wie ihm die protestantische unterworfen war. Die Definition, was eine Ehe sei, wurde für den öffentlichen Raum den Katholiken entzogen, die Religion fand sich in die private Sphäre verwiesen.

Das Grundgesetz der Bundesrepublik ist Preußen zum Teil gefolgt, in der Ausgestaltung des Verhältnisses von Kirche und Staat allerdings in einer wichtigen Hinsicht davon abgewichen. Preußen hatte den Religionen, die nicht protestantisch waren, «Freiheit», insbesondere «ungestörte Religionsausübung» garantiert, auch wenn der König dem Recht nach oberster Bischof blieb. Die Bundesrepublik etablierte nun gegenüber den Religionen eine Haltung «wohlwollender Neutralität». Die Religionen wurden zu Körperschaften des öffentlichen Rechts und mit den entsprechenden Privilegien ausgestattet. Sie waren nun nicht mehr einfach «frei», sondern in eine vielfältige Mitwirkung im staatlichen Ganzen eingebunden. Ihre Geistlichen wurden vom Staat wie Beamte bezahlt, ohne in geistlichen Belangen zum Gehorsam verpflichtet zu sein – eine einzigartige Position, die dem alten Staatskirchentum weit überlegen ist. Allein schon das Recht der Kirchen, in den staatlichen Schulen in der allgemeinen Unterrichtszeit Religionsunterricht zu erteilen, ebenso wie die an staatlichen Universitäten eingerichteten theologischen Fakultäten suchen auf der Welt ihresgleichen. Man könnte zu der überraschenden Einsicht gelangen, die Religion sei nach dem deutschen Grundgesetz ebenso frei und zugleich begünstigt wie zuletzt unter der Herrschaft Kaiser Konstantins des Großen. Kann es da für die Gläubigen noch einen Grund zur Klage geben?

Diese Frage soll hier nur aus katholischer Sicht erwogen werden. Die katholische Kirche ist ihrem Wesen nach ja selbst ein Staat, und zwar keineswegs nur deshalb, weil ihr Oberhaupt, der Bischof von Rom, tatsächlich im völkerrechtlichen Sinne Staatschef eines zwar winzigen, aber souveränen Territoriums ist. Dieser Vatikanstaat ist der verbliebene Nucleus des ältesten Staates Europas nach dem Untergang des Weströmischen Reiches, der erst 1871 erobert und aufgelöst wurde. Die Staatlichkeit der Kirche besteht nach ihrem Selbstverständnis aber unabhängig von einem Territorium. Sie hat jene politische Form angenommen, die bei ihrer Entstehung die vorherrschende war – die römische Kaiser-Monarchie, und sie betrachtet dies nicht als einen historischen Zufall, sondern als Wirken der göttlichen Vorsehung – war ihr Stifter doch «in der Fülle der Zeiten» erschienen und hatte eben nicht nur Menschengestalt angenommen, sondern sich auch in die Kultur dieser Zeitenfülle hinein inkarniert. So bildete sich in der Nachfolge der Apostel alsbald eine Hierarchie, in ideeller Affiliation von ihnen ausgehend in «apostolischer Sukzession».

Ein Senat der Kirche entstand und ein Gesetzeswerk, das in wachsendem Maß souveräne Geltung für sich forderte.

Die römische Kirche hat immer einen Spiritualismus verworfen, wie er in der Rede von der Unsichtbaren Kirche anklingt. Sie ist vielmehr so unumschränkt materialistisch, wie es angesichts der Unsichtbarkeit Gottes nur möglich ist. An ihrer Spitze steht der sichtbare Vicarius Christi, gefolgt von den Bischöfen, die sakramental «in persona Christi» handeln. Diese Sakramente sind sämtlich an eine unaustauschbare Materie gebunden: Wasser und Wein, Öl und Brot, das männliche Geschlecht in der Priesterweihe, Mann und Frau in der Ehe – eine Ausfaltung des Geistes in die materielle Welt hinein, welche die Fleischwerdung Gottes in Jesus Christus unaufhörlich fortsetzt. Denn seit der Inkarnation ist die Materie der gefallenen Welt neugeschaffen und von neugeschaffener Würde. Es leuchtet ein, daß eine solche Auffassung nicht dazu bereit sein darf, sich von der Welt abzuwenden und sich in spirituelle Sphären zu verflüchtigen; eine Abstinenz von dem Willen, auf die Welt einzuwirken, ist ihr nicht möglich. Und diese Einwirkung ereignete sich eben nicht nur in den Künsten, der Literatur und Musik, der Architektur und der Philosophie, sondern auch in der Politik, in der Machtausübung. Vor der Französischen Revolution hätte die Kirche natürlich niemals von einer Freiheit des Glaubens gesprochen. Sie sah vielmehr die Pflicht jedes Menschen darin, den Glauben zu suchen, sich der Offenbarung nicht zu versperren und dem alleinigen Lebenssinn zu folgen, Gott zu loben und anzubeten. Eine politische Instanz, die diese Pflichterfüllung zu behindern oder einzudämmen gewagt hätte, wäre illegitim gewesen, was aber bis zur Reformation nur dort vorkam, wo christliches Land unter muslimische Herrschaft geriet. Aber auch in den Ländern der Reformation hatten Ketzer kein Lebensrecht, jene Christen, die sich der jeweils herrschenden Rechtgläubigkeit nicht unterwerfen. Tatsächlich ist die einzige nichtchristliche Religion, der ein grundsätzliches Lebensrecht zugestanden wurde, das Judentum gewesen – vielfach verfolgt, drangsaliert, ausgepreßt und immer wieder auch in der Existenz bedroht, blieb das Recht der Juden auf ihre Religionsausübung unbestritten; während Verfolgungen genossen sie oft bischöflichen Schutz. So wurde etwa auch die Vertreibung der Juden aus dem katholischen Spanien vom Papst ausdrücklich mißbilligt; zu tief war das Bewußtsein einer unlösbaren Verbindung zwischen Christentum und Judentum in das christliche Gedächtnis eingesenkt. Es war keineswegs Toleranz, was diesem besonderen Verhältnis zugrunde lag. Die Herkunft Jesu aus dem Judentum, seine Berufung auf die jüdischen Schriften und sein Anspruch, das jüdische Gesetz nicht abzuschaffen, sondern zu erfüllen, führte zu der christlichen Überzeugung, daß einst «ganz Israel erlöst» werde, wie Paulus geschrieben hatte, und daß überhaupt die Erlösung der Welt und die Wiederkunft des Christus von der Bekehrung des ganzen jüdischen Volkes abhänge. Das Überleben der Juden wurde damit zur Heilsnotwendigkeit.

Schon richtig – die Kirche lehnte in ihrer Doktrin zu allen Zeiten den Zwang in Glaubensdingen ab –, die Bekehrung der Heiden sollte freiwillig geschehen, niemand sollte die Taufe empfangen, der sie nicht ausdrücklich begehrte. Die Zurückweisung der Taufe aber verdiente keinerlei Respekt. Der Prozeß, in welchem die Völker Europas Christen wurden, bestand im wesentlichen in der Entscheidung einzelner Herrscher für das Christentum, der die Völker zu folgen hatten. Im Neuen Testament war das vorgezeichnet, wenn es von einem Heiden, der den Glauben an Christus annahm, heißt: Er ließ sich taufen mit seinem ganzen Haus – das waren Frauen und Kinder, jüngere Geschwister, Diener und Sklaven. Wer sich darüber moquiert, vergißt, daß in welthistorischer Dimension gesehen der heutige westliche Individualismus sehr jung ist, auch in Deutschland, in Afrika und Asien aber bis heute keineswegs durchgesetzt. Seit dem lateinischen Kirchenvater Augustinus im fünften Jahrhundert galt für die Kirche die Regel: Sie forderte für sich die vollständige Freiheit, da sie im Besitz der Wahrheit sei; weil der Irrtum aber nicht denselben Anspruch auf Rechtsschutz erheben dürfe wie die Wahrheit, sei es der Kirche erlaubt, den Arm des Staates herbeizurufen, um den Irrtum zu verhindern. Gegenüber dem Staat sind die Gewissen der Gläubigen frei, gegenüber der Kirche aber sind sie keineswegs die letzte Instanz, vielmehr müssen sie sich an den Doktrinen der Kirche ausrichten.

Daß dieser Standpunkt nicht unangefochten blieb, ist bekannt. Die Konflikte verliefen zum Teil stürmisch. Von keiner der beiden Seiten beabsichtigtes Ergebnis war eine sich allmählich herausbildende tatsächliche Gedankenfreiheit des einzelnen, der sich zwei gelegentlich gleich starken Mächten – der Kirche und dem Staat – gegenübersah, von denen keine die Übermacht gewann. Vom Standpunkt eines strikten Etatismus – etwa preußischer Prägung – war das ein Verhängnis. Der Staatsrechtler Carl Schmitt, der zwar Katholik war, politisch aber Etatist, empfand den Machtanspruch der Kirche, die befehlen konnte, ohne Schutz zu gewähren, ihre «potestas indirecta», als Instrument zur Aushöhlung des Staates.

Im zwanzigsten Jahrhundert, angesichts starker totalitärer Staaten, welche die Religionen unterdrückten, entdeckte die Kirche die Notwendigkeit, ihre Haltung zur Religionsfreiheit zu revidieren oder jedenfalls anders zu formulieren. Im II. Vatikanischen Konzil wurde erkannt, daß die jahrtausendealte Lehre zur Glaubensfreiheit in der nach-konstantinischen Epoche, in der es kaum mehr den religiös homogenen Staat gab, gegen die Kirche gewendet werden konnte: Freiheit der Religionsausübung in Staaten wie der Sowjetunion oder der Volksrepublik China zu fordern, konnte keinen Erfolg versprechen, wenn man auf einem eigenen Recht zur Unduldsamkeit beharrte. Die Existenz großer religionsfeindlicher Mächte und die wachsende religiöse Indifferenz der westlichen Demokratien zwangen die Kirche, eine neue Front zu etablieren. Nun sollte es darum gehen, gemeinsam mit allen Religionen Freiheitsrechte gegen den politischen Atheismus zu erkämpfen. Es wird – sogar innerhalb der Kirche – gern übersehen, daß dies nur nach außen gelten sollte. Keineswegs wollte die Kirche auch in geistlicher Hinsicht die Gewissen freigeben. Die grundsätzliche Pflicht jedes Menschen, Gott zu suchen und sich der Offenbarung Jesu Christi nicht zu verweigern, wurde ausdrücklich bestätigt – es sollte eben nur kein staatlicher Druck mehr dabei zu Hilfe gerufen werden, was den Gewissensdruck des einzelnen im Grunde noch verstärkt.

So hat sich denn die Kirche in ihrer Haltung zur politischen – nicht religiösen! – Freiheit der Religionen der Formulierung von Artikel 4 des Grundgesetzes angepaßt, die keine fünfzehn Jahre vor dem II. Vatikanischen Konzil beschlossen worden war. Dabei kann sie natürlich nicht akzeptieren, daß es sich in diesem Artikel um vom Staat gewährte Rechte handelt. Auch hat sie keinesfalls die Verkündung der Menschenrechte von 1778 in Nordamerika hierfür als Fundament angesehen. Grundlage religiöser Freiheit ist für sie allein die Forderung Gottes, von den Menschen, seinen Geschöpfen, die er nach seinem

Ebenbild geschaffen hat, erkannt und angebetet zu werden. Für die Kirche ist die Legitimität staatlicher Gewalt auf die Anerkennung dieses Rechtes gegründet, das seinen Ursprung in der Erschaffung des Menschen durch Gott hat. Festzuhalten bleibt: Die Gemeinschaft, in welche sich die Kirche mit den anderen Religionen begibt, gilt nur im Verhältnis zum Staat. Wenn Papst Franziskus gegenwärtig mit Formeln einer Gleichwertigkeit aller Religionen experimentiert, bewegt er sich am Rande der Häresie, ist theologisch jedenfalls nicht gedeckt.

Ein Teil der Grundgesetzautoren hat diese Vorgegebenheit der Freiheit der Religion gewiß ebenso gesehen, ein anderer mag sie als Recht höchsten Ranges anerkannt haben, aber eben doch als gesetztes positives Recht. In den mehr als siebzig Jahren seit Verkündung des Grundgesetzes dürfte die Zustimmung zu den Grundrechten in Volk und Politik immer noch hoch geblieben sein, aber doch nicht ohne jede Einschränkung. Die Vertreter des Staates, die sich zur Zeit der Gründung der Bundesrepublik überwiegend in einer freundlichen Distanz zur Religion befanden, sind ihr heute mehr oder weniger entfremdet. Sie blicken auf das Phänomen Religion nicht mehr unbedingt wie auf etwas, was sie unmittelbar angeht; die Rechte der Religion, die sie gewiß gern garantiert sehen möchten, sind für sie Rechte einer Gruppe, der sie nicht angehören. Die Religion wird im Bereich der Politik nicht mehr aus ihrem Inneren heraus gekannt, was an einzelnen Vorfällen gut abzulesen ist – man erinnere sich an den Tadel, den Kanzlerin Merkel Papst Benedikt XVI. in einer innerkirchlichen Angelegenheit erteilte. Diese Unkenntnis der Religion hängt auch mit dem beinahe vollständigen Verfall der Theologie nach dem II. Vaticanum zusammen und mit der wachsenden Unfähigkeit der Kirchen, ihr Proprium auch nur ihren Mitgliedern bekannt zu machen. Die katholische Religion jedenfalls ist unter ihren Anhängern seitdem weitgehend unbekannt geworden – umso weniger darf man Außenstehenden entsprechende Unkenntnis zum Vorwurf machen.

Es fällt aber auf, daß hin und wieder schon ganz grundsätzlich die Kompatibilität der katholischen Religion mit dem Grundgesetz in

Frage gestellt wird – zunächst nur in aggressiv antireligiösen Kreisen, die längst aber auch in der Mitte der Gesellschaft Gehör finden. So wird der Kirche etwa vorgehalten, daß ihre Lehre und Praxis, das Sakrament der Priesterweihe ausschließlich Männern zu spenden, mit dem Gleichheitsgebot des Grundgesetzes nicht vereinbar sei. Als ebenso befremdlich wird die Hierarchie der Kirche empfunden, die dezidiert nicht demokratisch ist noch demokratisch zustande kommt. Für eine Körperschaft öffentlichen Rechts sei das problematisch. Die kirchliche Ablehnung einer Aushöhlung des grundgesetzlich garantierten Lebensschutzes durch die Duldung der Abtreibung wird in nicht mehr kleinen Kreisen als Anmaßung angesehen; es werden inzwischen Forderungen vorgetragen, auch kirchliche Krankenhäuser und katholische Ärzte müßten zu Abtreibungen gezwungen werden. Es ist unter Politikern immer weniger bewußt, daß die Religion vollständig anderen Gesetzen untersteht als eine weltliche Korporation. Eine Religion ist keine politische Partei. Die Kirche insonderheit ist um ein vielfaches älter als die Institutionen des heutigen Europa, älter als der mittelalterliche Feudalismus und der antike Kaiserstaat, sondern reicht über das antike Judentum, aus dem sie unmittelbar hervorgegangen ist, in die Frühgeschichte der Menschheit. Sie hat so viele historische Epochen und politische Ordnungen überlebt – in den meisten war sie wichtigste gestaltende Kraft –, daß es nicht vermessen ist zu prophezeien, sie werde auch das Ende der Nachkriegsdemokratie überleben und noch existieren, wenn die gegenwärtigen Verhältnisse vergessen sind. Es stellt der modernen Demokratie keine gute Prognose, daß sie, obwohl völlig unangefochten und von keiner politischen Kraft ernsthaft bedroht, sich immer noch als etwas Werdendes begreift, als noch ungenügend und nicht in jedem erdenklichen Winkel verwirklicht – als sei sie eine religiöse Bewegung, die nicht ruhen darf, bis sie Geist und Phantasie aller ihr Anhangenden vollständig durchdrungen hat. Und die sich, einer wachsenden Tendenz nach, tatsächlich in einer Konkurrenz zur Religion zu befinden meint. Nicht umsonst spricht man immer häufiger von «Zivilreligion», die jedem Bürger das Bekenntnis zu einem den Religionen übergeordneten Wertekomplex abverlangt und die Verweigerung dieses Bekenntnisses mit öffentlicher Mißbilligung – vorläufig noch nicht mehr – ahndet. Es dürfte indessen keine Religion geben, die solcher Überordnung zustimmen könnte.

Wenn den Christen die Einfügung in das Grundgesetz gegenwärtig immer noch gelingt, dann deshalb, weil sie zu Recht darauf verweisen können, daß es in seinen grundlegenden Artikeln geistesgeschichtlich organisch aus dem Christentum hervorgegangen ist, also Ergebnis echter Säkularisation darstellt, das heißt einer Profanierung christlicher Glaubensartikel. Daß diese Säkularisation teilweise in Gegnerschaft zur Kirche geschah, vermag diesen historischen Zusammenhang nicht zu mindern. Was aber geschieht mit jenen Religionen, an welche die Autoren des Grundgesetzes gar nicht denken konnten – Religionen, die erst in jüngster Zeit in die Bundesrepublik aus anderen Kulturkreisen eingewandert sind und nicht in dem erwähnten engen Verhältnis zu den grundgesetzlichen Grundrechten stehen? Durch die bereits durch die Anwerbung türkischer Arbeitskräfte begonnene, durch die neuere Migration immer weiter getriebene Gründung einer großen islamischen Minorität in Deutschland hat eine Religion den Verfassungsschutz der Unverletzlichkeit erworben, in deren Geschichte es keinen Kampf zwischen Kaiser und Papst, keine Trennung der geistlichen und weltlichen Sphäre gab, sondern stattdessen eine Theologie der Gemeinschaft der Gläubigen, die zugleich die staatliche Gemeinschaft bildet. Seit dem neunzehnten Jahrhundert ist im islamischen Raum eine theologische Bewegung der Rückkehr zu den Ursprüngen entstanden, die sowohl den Realitäten des islamischen Mittelalters als auch christlichen Vorstellungen von einer Trennung geistlicher und weltlicher Gewalt entgegensteht – in durchaus unterschiedlichen Ausformungen entsprechend den großen Konfessionen von Sunna und Schia. Diese Bewegung hat die im ganzen islamischen Raum entstandenen laizistischen Staaten als eigentlichen Feind angesehen; sie hat durchaus auch im Sinn einer religiösen Erneuerung weite Kreise im modernen Islam durchdrungen.

Eine Unterordnung der Religion unter die staatliche Ordnung, wie sie sich immer mehr Politiker in Deutschland vorstellen, indem sie die Unverletzlichkeit der Religion zu relativieren beginnen, dürfte für kaum eine der vielen islamischen Denominationen akzeptabel sein.

Es besteht kein Zweifel daran, daß der Kampf für eine unumschränkte Geltung von Artikel 4 in Zukunft vor allem von Vertretern des Islam geführt werden wird, während sich die Kirchen weitgehend defensiv verhalten werden, weil sie die Teilhabe an Privilegien und staatlicher Macht nicht aufs Spiel setzen wollen. Diese berechnende Anpassungsbereitschaft – die während des ersten Seuchenjahres sogar zum freiwilligen Verzicht auf den Gottesdienst führte – wird den Kirchen aber nur so lange helfen, bis sie auf ihren harten Kern geschrumpft sind, ein Prozeß, der in vollem Gange ist. Dann wird es sich auch für die katholische Kirche zeigen, was die Verfassungsgarantie ihrer Unverletzlichkeit noch wert ist. Die kleine übriggebliebene Kirche wird sich vermutlich wieder in einem echten, durchaus auch feindseligen Gegensatz zum Staat wiederfinden, in welchem sie um ihre Integrität und ihren Anspruch wird kämpfen müssen, den Gläubigen die eigentlichen Maßstäbe für Gut und Böse, Wahrheit und Irrtum zu vermitteln – notfalls auch bis zum offenen Ungehorsam.

Artikel 5 Absatz 1 Satz 1
Meinungsfreiheit

Jeder hat das Recht, seine Meinung in Wort, Schrift und Bild frei zu äußern und zu verbreiten und sich aus allgemein zugänglichen Quellen ungehindert zu unterrichten.

Max Czollek und Lucy Wagner

Zivilcourage

In der Schweiz gibt es einen bekannten Autor, der Adolf Muschg heißt, und eine bekannte Fernsehsendung mit dem Namen *Sternstunden der Philosophie*. Am 25. April 2021 war Muschg bei den *Sternstunden* zu Gast und äußerte dabei auch einige Gedanken zur sogenannten Cancel Culture, die einen Prozess bezeichnet, bei dem bestimmte Menschen für bestimmte Meinungen und bestimmte Verhaltensweisen aus einem bestimmten Diskurs ausgeschlossen werden. Muschg formuliert das so:

> Die Canceling Culture, die wir heute haben, dass man also bei bestimmten Zeichen, die man setzt, abgeschrieben wird […] das ist bei feministischen, bei rassistischen [sic!] Diskursen so: ein falsches Wort und du hast den Stempel. Das ist im Grunde eine Form von Auschwitz. Man stempelt Leute ab und dann kommen sie als Gesprächspartner nicht infrage.

Wer kennt sie nicht, die Berichte der Menschen in den KZ-Transporten, die darunter litten, dass sie als Gesprächspartner*innen nicht mehr infrage kamen. Solche Vergleiche griffen um sich in den Jahren der Pandemie: Eine J. aus Kassel fühlt sich angesichts ihrer Kritik an den Corona-Maßnahmen ein wenig wie Sophie Scholl. Impfverweigerer heften sich einen gelben Stern ans Revers. Verwirrte Mediziner sprechen vom Immunisierungsprogramm als Politik, schlimmer als der Holocaust.

Es ist wirklich bedrückend, wie viel KZ privilegierte Menschen zu Beginn des einundzwanzigsten Jahrhunderts erleben müssen. Wenn Sie wollen, können Sie auch mitmachen, passen Sie auf: Ein Ferienlager ist eine Form von Auschwitz wegen Lager. Ein Tattooladen ist eine Form von Auschwitz wegen tätowieren. Und beim Berliner Technoclub Berghain steht man winters frierend in einer Schlange und einer entscheidet, ob man reinkommt oder nicht. Sven Marquardt als neuer Mengele. Selbst die für ihre Niveaulosigkeit berühmten israelischen Holocaust-Witze gehen selten so low. Und die Vergleichenden wollen nicht einmal witzig sein.

Zusammen mit einer linken Identitätspolitik ist eine vermeintliche oder reale Cancel Culture das zentrale Angstszenario, das der demokratischen Meinungsfreiheit gegenwärtig gegenübergestellt wird. Schaut man sich aber genauer an, welche Beispiele die Verteidiger*innen der Meinungsfreiheit anführen, handelt es sich eigentlich immer um Diskriminierungskritik, so dass am Ende die argumentative Gleichung herauskommt: Diskriminierungskritik widerspricht der Meinungsfreiheit. Eine steile These.

Der Kulturwissenschaftler und Unterstützer des Berliner Humboldt Forums Horst Bredekamp bringt das deutlich auf den Punkt, wenn er über eine postkoloniale Kritik an den ethnologischen Sammlungen Berlins schreibt, diese betrieben «dieselbe reaktionäre Politik, die von den Herrenreitern des Kaiserreiches und den Kulturvernichtern der Nationalsozialisten angestrengt wurde und welche die Schriften von Boas den Flammen übergab».[1] Am Ende, so Bredekamp, sei die Identitätspolitik die größere Bedrohung für die Demokratie als die Rückkehr der völkischen Rechten in den Bundestag. Noch so eine steile These.

Identitätspolitik ist gleich Cancel Culture ist Nationalsozialismus oder sogar noch schlimmer. Das ist die Argumentationskette, mit der Diskriminierungskritik zur Bedrohung der Meinungsfreiheit und damit der Demokratie erklärt wird. Die Pointe ist, dass dabei so getan wird, als wäre auch eine radikale Kritik an Diskriminierung nicht Teil der pluralen Demokratie, die ja nicht nur die Meinungsfreiheit, sondern auch die Würde des Menschen schützen muss. In diesem komplexen Geflecht aus Grundrechten wird Meinungsfreiheit nicht gewährt, weil es so unfassbar bereichernd wäre, noch die absurdeste Meinung über die letzte Nichtigkeit zu äußern und zu hören. Sondern weil sie einen bestimmten Zweck erfüllt. Das Verfassungsgericht erklärt dazu:

> Das Grundrecht auf freie Meinungsäußerung ist als unmittelbarster Ausdruck der menschlichen Persönlichkeit in der Gesellschaft eines der vornehmsten Menschenrechte überhaupt [...]. Für eine freiheitlich-demokratische Staatsordnung ist es schlechthin konstituierend, denn es ermöglicht erst die ständige geistige Auseinandersetzung, den Kampf der Meinungen, der ihr Lebenselement ist [...].[2]

Der Sinn der Meinungsfreiheit ist demnach die geistige Auseinandersetzung, der Kampf der Meinungen, eine Debatte mit Rede und Gegenrede, die das Bundesverfassungsgericht als Lebenselement der freiheitlich demokratischen Staatsordnung bezeichnet.

Das Grundrecht auf Meinungsfreiheit ist also einerseits ein Abwehrrecht, weil es garantiert, dass man seine Meinung sagen kann und dabei vor den Übergriffen des Staates und seiner Apparate geschützt ist. Dass man also nicht in den Knast geworfen wird für Dinge, die man denkt und sagt. Der deutschen demokratischen Rechtsordnung liegt aber andererseits auch ein bestimmtes Menschenbild zugrunde: das einer besonnenen, reflektierten und zur Selbstbehauptung fähigen Person. Auch an diesem Anspruch müssen sich die Bürger*innen messen lassen. Wer sich der unter Umständen auch heftigen Kritik an einer Aussage durch einen pauschalen Verweis auf die Meinungsfreiheit entzieht, entzieht sich dieser Verantwortung. Und auch umgekehrt ist es richtig: Wer demokratiefeindlichen Ansichten ein Podium bietet und keinen Widerspruch erhebt, handelt nicht im Sinne der Meinungsfreiheit.

Als wir in den neunziger Jahren in Berlin aufwuchsen, existierte eine Vorstellung davon, was eine Demokratie ausmacht und was es braucht, sie zu verteidigen. Pöbelte ein Nazi in einer S-Bahn oder machte ein Typ eine Frau an, sollte man sich diesen Menschen in den Weg stellen. Niemand wäre auf die Idee gekommen, solcherlei Intervention als einen Eingriff in die Meinungs- und Redefreiheit der Gegenseite zu bezeichnen. Weil man wusste, dass die eigene Freiheit da endet, wo die körperliche und psychische Integrität bedroht wird. Und zwar unabhängig davon, ob es mein Körper ist, der Gewalt erfährt, oder der Körper eines Gegenübers.

Wir möchten diesen Gedanken aufgreifen und die These formulieren, dass Meinungsfreiheit und Zivilcourage in einer Demokratie im Doppelpack kommen müssen wie Döner und Ayran. Darum ist es so frappierend zu beobachten, wie öffentliche Personen bisweilen oberflächlichen Unsinn von sich geben, während ihr Gegenüber sich zurücklehnt und das Publikum am Ende vielleicht sogar denkt: «Endlich mal wieder ’n richtig guter Austausch», ohne dass hier irgendwer dazwischenruft oder uns gar vorwirft, wir relativierten den Holocaust. Dieser Wunsch nach Ruhe aber ist in einer pluralen, postnationalsozialistischen und postkolonialen Demokratie nicht erfüllbar. Er sollte es auch nicht sein.

Der Literat Adolf Muschg befand sich nicht alleine im Studio, als er den Holocaust relativierte. Ihm gegenüber saß ein gut gekleideter Moderator, hörte aufmerksam zu und nickte. An keiner Stelle erhob er Einspruch, an keiner zuckte er mit der Augenbraue oder fuhr sich nervös durchs Haar, so als würden zumindest seine Gesten sagen: Moment, Auschwitz bedeutet doch Enteignung, Zwangsarbeit und Vernichtung. Nicht das Gefühl, ein bisschen weniger sagen zu dürfen als vorher. Ein solcher direkter Widerspruch, den der Moderator wenig später in den sozialen Medien auch formulierte, wäre keine Einschränkung von Meinungsfreiheit gewesen, sondern im Gegenteil: Er hätte das umgesetzt, worauf die Meinungsfreiheit in der pluralen Demokratie zielt.

Während die Meinungsfreiheit (nahezu) jede Meinung(säußerung) schützt, sollte jenen, die Demokratie, Rechtsstaat und Grundrechte verteidigen wollen, klar sein, dass Meinungsfreiheit auch den Widerspruch meint. Denn nur so kann der Diskurs stattfinden, den dieses Grundrecht zum Ziel hat. Und falls Sie sich jetzt fragen, welche Meinungen denn nun Widerspruch herausfordern und wer das überhaupt entscheiden darf: Wir alle entscheiden darüber – im Diskurs in der Öffentlichkeit, aber auch im kleineren Kreis mit Freunden und Bekannten und schließlich auch im Diskurs mit uns selbst. Ein guter Maßstab dürfte sein, wie gut oder schlecht sich eine Meinung mit Demokratie, Rechtsstaat und Grundrechten in Übereinstimmung bringen lässt.

Moderne Brücken werden in der Regel aus Beton errichtet, die mit Stahlträgern durchzogen sind, sogenanntem Stahlbeton. Ist dieses Tragwerk überlastet, zeigt sich diese Überlastung in kleinen Rissen an der Oberfläche des Baustoffes. Diese kleinen Risse wirken auf den ersten Blick ungefährlich, aber sie kündigen dennoch eine Katastrophe an, denn die Tragkraft der Brücke kann schlagartig nachlassen und das Bauwerk in sich zusammenbrechen. Die Erniedrigung von Menschen, die Rechtfertigung und Bagatellisierung von Gewalt und die Relativierungen der Shoah sind ebensolche feinen Risse im Mauerwerk der Demokratie. Und es ist wichtig, dass sie frühzeitig erkannt werden, indem wir widersprechen und so das größere Unglück verhindern. Zurücklehnen und die Show genießen ist einfach nicht genug.

Anmerkungen

1 Horst Bredekamp, Warum der identitäre Wahn unsere größte Bedrohung ist, FAZ 8. 3. 2021, https://www.faz.net/aktuell/feuilleton/debatten/post-kolonialismus-schaedigt-antikoloniale-vernunft-17232018.html?GEPC=s9&premium=0x8d5a12453df5ac8bcdadbb039ac423a8.

2 Lüth-Urteil, BVerfGE 7, 198, 208.

Artikel 5 Absatz 1 Satz 2 und 3
Pressefreiheit

Die Pressefreiheit und die Freiheit der Berichterstattung durch Rundfunk und Film werden gewährleistet. Eine Zensur findet nicht statt.

Andrian Kreye

Neues Dilemma

Es fällt einem sehr viel leichter, an einem Schreibtisch in München über die Pressefreiheit zu schreiben als etwa in Manila, Moskau oder auch in Menlo Park. Dort, am Ufer der San Francisco Bay, liegt das Hauptquartier von Facebook. Seit Jahren drückt sich der Konzern vor der Verantwortung, die Wahrheit und nichts als die Wahrheit zu verbreiten. Für alle anderen, die im Verlagswesen, Journalismus oder eben auch in den elektronischen Medien Inhalte veröffentlichen, die keine Literatur oder Satire sind, ist das – zumindest in demokratischen Weltgegenden – eine Selbstverständlichkeit. Gründerchef Mark Zuckerberg beruft sich bei seinem Starrsinn ausgerechnet auf jenen ersten Verfassungszusatz zur US Constitution, der auch den Artikel 5 des Grundgesetzes prägte. Artikel 5 garantiert in Deutschland die Meinungs- und Pressefreiheit. Die aber stoßen im digitalen Zeitalter an Grenzen, von denen wir vor wenigen Jahren noch gar nicht wussten, dass es sie gibt. Weil es nicht mehr nur die Menschen sind, die miteinander kommunizieren, sondern auch Roboter, jene von Algorithmen getriebenen Programme, die Sprache und Inhalt sortieren, gewichten und auch erzeugen. Und die richten viel Schaden an, der mit Presse und Freiheit nur wenig zu tun hat, weil sie in der Regel so programmiert sind, dass es die Radikalen sind, die auf den Plattformen die größte Öffentlichkeit bekommen. Roboter funktionieren da nicht anders als Pawlow'sche Hunde. Wenn Hass, Angst und Lügen die meisten Klicks bringen, werden die Algorithmen das befördern.

Mark Zuckerberg wirkt mit seinem Topfschnitt, den immer gleichen T-Shirts und der wachsfarbenen Haut selbst wie ein Roboter, wenn er immer wieder vor die Untersuchungsausschüsse des amerikanischen Senats oder Kongresses zitiert wird und dann immer wieder aufs Neue beteuert, ihm und seinem Konzern liege einzig und allein daran, die Menschen miteinander zu verbinden und so einander näherzubringen, als sei Facebook ein Blümchendienst für Internetnutzer. Er ist kein Sympathieträger, aber mit seinem bubihaften Auftreten auch kein Archetyp des Bösewichts. So ganz ist der Welt noch nicht klar, warum er eine solche Bedrohung sein soll. Steht er nicht für die Meinungsfreiheit ein?

Das ist nicht falsch. Allerdings ist die «false balance» noch nicht als Problem im Bewusstsein, die falsche Ausgewogenheit, die vor allem im radikalisierten Umfeld der sozialen Medien greift. Dabei sollte die Presse- und Meinungsfreiheit dringend ergänzt werden. Jeder hat das Recht auf eine eigene Meinung. Niemand hat ein Recht auf eigene Fakten.

Es war im Spätsommer des Jahres 2021, als uns bei der *Süddeutschen Zeitung* die Nachricht erreichte, ein Whistleblower habe Unterlagen aus der Firmenzentrale von Facebook geschmuggelt. Er suche eine Zeitung, die es mit Quellenschutz und Geheimhaltung ernst meine, die Süddeutsche habe das mit den Panama und Paradise Papers und in der Ibiza-Affäre mehrmals unter Beweis gestellt. Sean McCabe sei sein Name, hieß es aus Washington. Erste Treffen mit «Sean» und seinem Team aus Aktivistinnen und Anwälten fanden mit dem verschlüsselten Kurznachrichtendienst Signal statt.

Bei der ersten Videoschalte aber saß dann im Fenster mit der

Namenszeile «Sean» eine Frau auf einem grauen Sofa, einen Kopfhörer mit großen silbernen Ohrmuscheln übergestülpt. Frances Haugen hieß sie. Sie hatte sich entschlossen, ihre Identität doch preiszugeben. Es wirke sehr viel glaubwürdiger, wenn sie dazu stehe, dass sie Dateien aus dem Konzern abgezogen habe.

Der Sprung war es wert. Auf Amerikaner wirkt Frances Haugen mit ihrem flachsblonden Haar und dem tatendurstigen Blick wie der Inbegriff jener Haltung aus Hoffnung und Leistung, mit der die Nation groß geworden ist. Ihre Biographie deckte das. Aufgewachsen in Iowa City, Eltern Akademiker, Studium an der Ingenieur-Uni, Karriere bei Google, Pinterest, dann Facebook. Chance genutzt, hart gearbeitet, nach oben gekommen. Und es dann mit dem eigenen Gewissen zu tun bekommen. Ohne Wut und ohne politische Agenda enthüllte sie mithilfe von Journalisten, Anwälten, Lobbyisten und Abgeordneten, was sich hinter Facebook verbirgt. Ein Konzern, dem die Reichweiten und damit der Profit und die Aktienkurse wichtiger sind als alles andere. Das führe immer zu Entscheidungen im Sinne der Bilanz und nicht der Nutzerinnen und Nutzer.

Die Fälle, die sie aufzählte, eröffneten Abgründe. Weil Teenager und vor allem Mädchen auf Instagram von Promis und Influencerinnen ein vollkommen falsches Körper- und Lebensbild vorgeführt bekämen, steige die Zahl derer, die an Depressionen erkranken. Die Radikalisierung großer Gruppen in sehr vielen Gesellschaften werde durch die Einstellung der Algorithmen befördert. Der Sturm von Trump-Anhängern auf das Kapitol am 6. Januar 2021, so zeigen die Unterlagen, war nichts anderes als ein Putschversuch, der mithilfe von Facebook und Twitter organisiert und angestachelt wurde.

Ganz schlimm sei der Missbrauch der Plattformen in der nicht-englischsprachigen Welt. In Myanmar, aber auch in Äthiopien und Indien diente Facebook der Hetze gegen Minderheiten, die in Myanmar bis zum Völkermord eskalierte. In Mexiko nutzten die Kartelle Facebook und Instagram, um Auftragsmörder anzuwerben und Todesschwadronen zu organisieren. Im asiatischen Raum organisierten

Schlepper über die sozialen Medien des Konzerns Menschenhandel. All das wisse man im Konzern vom einfachen Moderator bis hinauf zu Mark Zuckerberg und Sheryl Sandberg. Aber niemand tue was, und wenn einer etwas unternehme, werde er ausgebremst. Die Chatprotokolle, Mailwechsel und internen Präsentationen lieferten einen tiefen Einblick in die dysfunktionale Arbeitsweise im Inneren der Firma. Da bestätigte sich vieles, was man bisher nur ahnte. Eine Erkenntnis aber, die aus all den Papieren spricht, ist besonders beunruhigend: Der Konzern ist nicht nur radikal profitorientiert. Er ist auch radikal überfordert. Niemand kann die Kommunikation von drei Milliarden Menschen, die auf den Plattformen des Konzerns registriert sind, so überwachen, dass Lügen und Hetze nicht ausufern, und gleichzeitig dafür sorgen, dass Zensur nicht stattfindet. Nicht einmal die Automatisierungsprozesse der Sprach- und Bilderkennung mit ihrer künstlichen Intelligenz.

«Hey!» Die Videogespräche mit Frances waren – egal zu welchem Thema – so freundlich wie sachlich. Und doch blieb da eine Distanz, flankiert von ihrem Team aus den Anwalts- und Lobby-Kanzleien, das hin und wieder dazwischenging. Weil die Presse- und Meinungsfreiheit so klare Grenzen hat. Keine Verfassung, kein Grundgesetz der Welt kann eine Kämpferin für unbequeme Wahrheiten vor der Macht eines Konzerns schützen, der eine Billion Dollar wert ist, drei Milliarden Menschen als Nutzer registriert hat und auf so vielen Gebieten mächtiger ist als jeder Nationalstaat.

Bald nachdem sie an die Öffentlichkeit getreten war, erkannte die Börsenaufsichtsbehörde SEC Frances Haugen als Whistleblowerin an. Diesen Schutz gibt es nur in wenigen Ländern. Und doch ist dieser Schutz der Kern der Pressefreiheit im digitalen Zeitalter. Denn der investigative Journalismus kann zwar mit genau jenen digitalen Technologien, die in den sozialen Medien für so viel Ärger sorgen, Materialmengen auswerten, die früher kein Mensch bewältigt hätte. Wie viele Dateien Frances Haugen von Facebook mitnahm, will sie nicht veröffentlichen. Ein anderes Beispiel zeigt das noch viel besser. Die

Enthüllungen der Panama Papers basierten auf einer Datenmenge von 2,6 Terabyte. Darin waren 11,2 Millionen Dokumente gespeichert. 214 000 Briefkastenfirmen flogen damit auf, mit denen die Reichen und Mächtigen Milliardensummen an der Steuer und an den Gesetzen vorbeischleusten. Programmierer, die sogenannte «Scraper» konstruieren können, also Programme, mit denen man solche Datensätze durchschürfen kann, sind bei vielen Zeitungen und Agenturen inzwischen auf Augenhöhe mit den klassischen Reportern und Redakteuren. Da stellt sich die Frage, ob ein Grundgesetz, das garantiert, dass jeder das Recht hat, «sich aus allgemein zugänglichen Quellen ungehindert zu unterrichten», dieser Zeit noch gerecht wird. Erschwerend kommt hinzu, dass es in Deutschland keinen Whistleblower-Schutz gibt. In der EU gibt es Richtlinien, aber noch sind die nicht im deutschen Recht umgesetzt. Dabei wären sie gerade für Deutschland so wichtig.

Es war im Winter, wenige Wochen vor dem Beginn der Pandemie, als Maria Ressa nach München kam, um auf der Digitalkonferenz DLD aufzutreten. Daheim in den Philippinen kämpft sie seit Jahren um eine Gegenöffentlichkeit, die weder der Autokrat Rodrigo Duterte noch die Realität des Internets in diesem Land zulassen wollen. *Rappler* heißt ihr Portal, das in den Philippinen als alternative Nachrichtenquelle viel Unrecht im Land aufgedeckt hat. «Gegen mich gibt es gerade den zehnten Haftbefehl», sagte sie, als sie ankam. Und lachte.

Man übersah sie in der Menge zwischen den Chefs mit Tross und den Stars mit Anhang. Mit ihrem Bubikopf und der randlosen Brille wirkte sie noch zierlicher. Doch dann betrat sie die Bühne des alten Kongresszentrums auf der Anhöhe über der Stadt. Als sie ihre Rede vor dem Publikum aus Medien- und Wirtschaftsgrößen hielt, standen vielen im Publikum die Tränen in den Augen. Sie erzählte von ihrem Kampf gegen die Lüge, gegen die Kräfte der Unterdrückung und eine mörderische Macht. Und dann warnte sie auch hier im Herzen der digitalen Wirtschaft mit einem Zitat: «Daten sind nicht das neue Öl. Daten sind das neue Plutonium.»

Eineinhalb Jahre später verlieh ihr das Preiskomitee in Oslo zusammen mit dem Chefredakteur der russischen *Nowaja Gaseta* Dmitri Muratov den Friedensnobelpreis. Es war ein Preis, der die Pressefreiheit schützen sollte. Die beiden waren Stellvertreter für einen Kampf, der immer härter wird. 130 Länder behindern oder blockieren den Journalismus, vermeldete die Organisation «Reporter ohne Grenzen», als sie ihren Pressefreiheits-Index 2021 veröffentlichte. Deutschland fand sich auf Platz 13 der Liste. Nicht schlecht, aber auch schon in der zweiten Kategorie der Länder mit «einigermaßen guter» Pressefreiheit. Das lag vor allem an den Übergriffen der Rechten und der Querdenker gegen die Presse.

Maria Ressa nutzte ihren neuen Ruhm gleich nach der Verkündung des Preises und sprach nicht gegen den Autokraten in ihrer Heimat, sondern gegen Facebook. Die Plattform sei «faktenfeindlich», sagte sie. «Die Algorithmen geben der Verbreitung von Lügen, die mit Wut und Hass gespickt sind, Vorrang vor Fakten», fuhr sie fort. «Facebook hat sich zum weltweit größten Verbreiter von Nachrichten entwickelt und ist dennoch gegen Fakten und Journalismus voreingenommen», sagte sie. «Doch ohne Fakten gibt es keine Wahrheit und kein Vertrauen. Ohne all das aber gibt es keine Demokratie.» Das aber stellt den Artikel 5 infrage. Denn der schützt in Deutschland kritische Journalisten wie sie und Muratov genauso wie Facebook und Twitter. Das bleibt ein neues Dilemma, das auf neue Antworten wartet.

Artikel 5 Absatz 3 Satz 1
Kunstfreiheit

Kunst und Wissenschaft, Forschung und Lehre sind frei.

Lena Gorelik

Ein Flöckchen ohne Punkt

Hier beginnt die Freiheit, jetzt.

Beim ersten Wort, vor dem ersten Satz, bereits im Gedanken. Die Freiheit zu denken, die Freiheit zu sprechen, zu schreiben, Worte zu wählen, die Freiheit, sich zwischen Kunstformen zu entscheiden, überhaupt sich anzumaßen: Kunst erschaffen zu wollen. Einen gesellschaftlichen Raum zu wissen, in dem sie existieren, gesehen, hinterfragt werden darf. Inhaltlich und ästhetisch denken zu dürfen, keinen Zaun zu sehen. Die Freiheit der Kunst: Das sind so schöne Worte, vielleicht wie alles, was mit «Freiheit» beginnt. Vielleicht klingen sie schöner für mich wie für all jene, die das Gegenteil kennen: die Unfreiheit. Die geknechtete Kunst kennen, von Zaunstäben umgeben, die jemand gezogen hat, Regelwerke, wie sie zu sein hat, die Kunst, die ihrer Freiheit beraubt wurde. Die Angst ist der Unfreiheit ständige Begleitung, die Grenzen sind sichtbar wie spürbar. Es kostet Kraft, sie zu überwinden, häufig Mut, häufig Schmerz.

Wir vergessen das manchmal, wir sind privilegiert genug, es vergessen zu dürfen: Die Freiheit ist fragil, so zart, so kostbar. Die Freiheit der Kunst: Diese Worte ein Versprechen, eine Absicherung auch, der Anbeginn von allem. Von da aus beginnt der Prozess: zu denken, zu dichten, zu schreiben. Von da aus entsteht alles, was später berühren, beängstigen, hinterfragen, amüsieren, verwirren, beglücken, abstoßen darf. Ich wähle aus, treffe Entscheidungen, greife mir Wörter heraus, verwerfe sie wieder, enttäuscht, unsicher möglicherweise; lösche, probiere neue aus wie einen Schuh: Passen diese Wörter? Nein, tun sie nicht. Und die Freiheit, weiter suchen zu dürfen.

Wähle Wörter aus, um aus ihnen Sätze zu bauen, um sie miteinander zu verknüpfen und neue Zusammenhänge zu schaffen, um Figuren atmen zu lassen, sie in Räume, Städte, Welten zu schicken, um sie stolpern zu lassen, um Beziehungen zu erzählen, Konflikte, Ängste, Gesellschaften, mich, uns, Träume, Alpträume auch. Treffe Entscheidungen, später entlasse ich die Wörter in die Welt: entlasse sie ins Leben, überlasse sie anderen, die sie wahrnehmen, lesen, bezweifeln, schnell wieder vergessen, interpretieren, missverstehen vielleicht. Die vielleicht die subjektivste und subversivste Frage von allen stellen: Ist das überhaupt Kunst? Zur Freiheit, aus der die Kunst entsteht, gehört auch immer die Freiheit, diese hinterfragen zu dürfen.

Stelle mir Kunst fliegend vor, aber nicht als einen Vogel, vielleicht wie etwas, das von einer Wolke übrig bleibt, ein formloses Flöckchen ohne Ziel. Wer würde Grenzen ziehen wollen, wer würde sich anmaßen wollen zu sagen: Aber nur bis da? Autoritäten sind das, jene, die sich als solche behaupten, häufig autoritäre Staaten, Systeme. Ziehen Grenzen, wollen Kunst anpassen, pressen sie in Dogmen hinein, unterdrücken, verbieten, bis nur noch das Abbild der Unfreiheit ausgestellt, gehört, gesehen, gelesen werden kann. «Entartete Kunst», Begriffe wie dieser entstehen, weil jemand meint, definieren zu dürfen, der Kunstbegriff den politischen Gezeiten ausgeliefert: Wer (die politische, die finanzielle, die institutionelle) Macht hat, hat auch die Macht, zu umzäunen, einzugrenzen, zu beengen. Künstler:innen werden zu Handlangern erniedrigt, gejagt, hinter Gitter gebracht, leben in ständiger Gefahr. Wer sich seiner Macht sicher ist, Diktatoren beispielsweise, verkündet die Grenzen mit gebieterischer Geste, woanders, man könnte sagen: zu Anfang, suchen sich jene, die Diktatoren werden wollen, und vielleicht erst Autokraten sind, leisere, hinterhältige Wege. Über die Besetzung künstlerischer Leitungspositionen zum Beispiel, über die Verteilung öffentlicher Fördergelder an bestimmte Institutionen und Einzelpersonen, über parlamentarische Anfragen gar, um einzelne Kunstprojekte zu diskreditieren, wie das zuletzt durch die AfD in Sachsen geschah.

Der Diskurs um eine mögliche Begrenzung der Freiheit wird immer ein emotionaler, ein Manipulationen ausgesetzter, ein polemischer sein. Wer darf mitreden, wer entscheiden? Wann verletzt Kunst, und wann verletzt sie zu sehr, wann hat sie eine Grenze überschritten, die zu einem anderen Gesetz zum Beispiel, zum Persönlichkeitsrecht? Wer darf urteilen, wessen Urteil wiegt mehr, wer entscheidet, was angebracht ist und was zu viel, sind es Institutionen, sind es Gerichte, einzelne Personen, ist es die Gesellschaftsstruktur, der aktuelle Zeitgeist gar? Das liegt in der Natur der Sache: Wenn die Kunst frei ist, wenn sie das kann, was ich mir vorstelle, vage: fliegen, dann wird es ihre Perzeption, ihre Interpretation auch immerzu sein. Was Kunst ausmacht, was schön, berührend, konzeptionell, mahnend, inspirierend oder gefährlich ist, wird immer im Auge der – von ihren Zielen, Ansichten, Umgebungen, Erfahrungen beeinflussten – Betrachter:innen liegen. Das ist die Crux und möglicherweise das Glück der Kunst.

Denn der Diskurs um mögliche Grenzen, den diese Fragen ans Licht, in die Öffentlichkeit und in die Köpfe der Menschen befördern, hat eine demonstrative und damit eine gesellschaftlich-politische Kraft: Er zeigt die Stolperfallen, die Themen, die neuralgischen Punkte einer Zeit, unseres Zusammenlebens auf, er zeigt, was später in den Geschichtsbüchern zu lesen sein wird, worauf wir heute und jetzt Einfluss haben. Wenn diskutiert wird, ob und in welcher Form Gender-Sternchen und -Doppelpunkte verwendet werden sollten, ob sie einen (literarischen) Text brechen, ob sie die Sprache «verunstalten», ob sie das Gesagte unaussprechlicher, ob sie das Geschriebene schwerer verständlich machen, ob sie stolpern lassen, ob sie der Literatur das Literarische, vielleicht sogar die Kunst am Geschriebenen nehmen, dann ist diese Diskussion ein Hinweis darauf, dass in unserer Gesellschaft etwas geschieht. Dann zeigen diese Fragen, dass das binäre Denken im Hinblick auf Geschlechteridentitäten sich in einem Erosionsprozess befindet, dass diverse Identitätsverständnisse laut nach einer Existenzberechtigung verlangen und dass es Kräfte gibt, denen diese Entwicklung widerstrebt. Dann ist der Punkt, an dem sich das in der Kunstdebatte zeigt («Ist es dann noch Literatur?»), ein Moment der Spiegelung, in dem wir uns selbst erkennen: Da stehen wir also. Dasselbe gilt auch für die Debatten rund um die sogenannte kulturelle Aneignung, die ebenfalls eine Spiegelung der Fragen nach den erzählten Geschichten sind, nach Stimmen, die sich Raum nehmen dürfen, nach Sichtbarkeit, struktureller Unterdrückung und Repräsentanz: Soll die (weiße) Künstlerin Dana Schutz ihr Bild «Open Cascet» auf der Whitney Biennial in New York ausstellen dürfen, mit dem sie das Thema rassistischer Lynchjustiz in den USA aufgreift und das an ein ikonisches Foto des 1995 brutal ermordeten Jungen Emmett Till angelehnt ist, das wiederum als Symbol der Proteste gegen das Kastensystem der amerikanischen Südstaaten gilt? Sollten Gedichte von PoC vor allem von anderen PoC übersetzt werden? Darf ein Gedicht von Eugen Gomringer, das von vielen als antifeministisch und frauenfeindlich gelesen wird, auf einer Hochschulfassade stehenbleiben? Diese Fragen (und die Antworten auf sie), die an einzelnen Kunstwerken aufgehängt werden, zeigen, wo wir uns als Gesellschaft befinden, zeigen die Schmerzstellen auf, die Scheidepunkte, die, an denen wir Entscheidungen treffen können. Die Debatten müssen laut, öffentlich, vielschichtig geführt werden, weil sie eine Erinnerung daran sind, dass wir in der Freiheit leben, Entscheidungen treffen zu können, dass wir bilden, was Gesellschaft genannt werden darf. Der Diskurs ist in seiner Vereinfachung die simple, aber bedeutsame Frage: In welcher Welt leben wir?, die immer die andere, die normative Frage hinter sich herzieht: In welcher Welt wollen wir leben?

Heinrich Böll sagte einmal: «Kunst muss zu weit gehen, um herauszufinden, wie weit sie gehen darf.» Zur Freiheit der Fragen, des

Tastens (so weit? bis hierher? und was ist der eine Schritt zu weit?) gehört auch die Freiheit der Antwort. Wenn die Kunst dieses Flöckchen ist, das ich da oben im Himmel flattern, fliegen, flüchten sehe, so darf die Kunst, dürfen andere Künstler:innen, dürfen Betrachter:innen, darf die Gesellschaft der Wind sein, wir dürfen pfeifen, dürfen blasen, dürfen schreien, wehen, streicheln, verwüsten, wir dürfen reagieren, uns Worte dafür erwählen, andere Kunstformen, sind frei. Weil die Freiheit so groß ist und der Ruf nach ihr auch immer ideologisch, wird es nie ausbleiben, dass das Argument der Kunstfreiheit regelmäßig missbraucht werden wird. Unter dem Deckmantel des Begriffs werden Gruppen von Menschen ausgegrenzt, rassistisch und antisemitisch diffamiert, in ihrem Namen wird die Grenze von Kritik zu Beleidigung überschritten. Die Freiheit der Kunst: Die Kunst darf – und kann und soll und muss – diskutiert, hinterfragt und angezweifelt werden, die Freiheit der Meinungsäußerung ist es, die uns das erlaubt, dazu einlädt. In was für einem Luxus wir leben, Freiheit im Plural denken zu dürfen; wir dürfen Grenzen aushandeln, verschieben, argumentieren. Wir dürfen Kunst hinterfragen und mitentscheiden, wie Räume, in denen Kunst gezeigt, gelesen, gesehen wird, verteilt werden, wir dürfen Aufmerksamkeit schenken und laut protestieren, wir dürfen Grenzen mit ausloten, wir dürfen die Freiheit als solche begreifen und reagieren, laut und mutig und deutlich, wir dürfen Entscheidungen treffen. Ich wähle Worte aus, vorsichtig, bedacht, aus Überzeugung.

Hier beginnt die Freiheit, jetzt. Wenn ich mich entscheide, ob ich einen Punkt oder ein Ausrufungszeichen setze:

Artikel 5 Absatz 3
Wissenschaftsfreiheit

Kunst und Wissenschaft, Forschung und Lehre sind frei. Die Freiheit der Lehre entbindet nicht von der Treue zur Verfassung.

Ulrich Woelk

Wenn vier gleich fünf sind

In einer Schlüsselszene seines berühmten Romans *1984* beschreibt George Orwell eine Gehirnwäsche. Ein Mann soll durch Folter dazu gebracht werden, statt der vier Finger, die sein Peiniger vor ihm hochstreckt, fünf Finger zu sehen. Trotz der Schmerzen weigert er sich lange, die Tatsache, vier und nicht fünf Finger vor Augen zu haben, zu leugnen. Doch dann gibt es den Moment, in dem sein Widerstand zusammenbricht. Erschöpft und innerlich zerstört, glaubt er auf einmal selbst daran, fünf statt der erhobenen vier Finger zu sehen.

Der dritte Absatz von Artikel 5 des Grundgesetzes lautet: «Kunst und Wissenschaft, Forschung und Lehre sind frei. Die Freiheit der Lehre entbindet nicht von der Treue zur Verfassung.»

Der erste Satz davon ist unmissverständlich: Niemand hat das Recht, Wissenschaft, Forschung und Lehre zu behindern oder durch inhaltliche Vorgaben einzuschränken. So weit, so eindeutig. Allerdings scheint der zweite Satz ebenso eindeutig eine Einschränkung zu formulieren: Gelehrt werden darf nur, was der Verfassung nicht widerspricht. Das klingt fast ein wenig so, als dürfe man zwar denken, was man will – es uneingeschränkt sagen aber nicht.

Sollte also ein bestimmtes, mit allgemein anerkannten wissenschaftlichen Mitteln erzieltes Forschungsresultat dem Grundgesetz widersprechen, dann dürfte es gemäß der Verpflichtung der Lehre zur Verfassungstreue in einem Hörsaal nicht weitervermittelt werden, obwohl es ja letztlich nicht weniger wäre als die wissenschaftliche Wahrheit.

Was ist Wissenschaft? Die Verfasser des Grundgesetzes äußern sich dazu nicht näher, sondern setzen den Begriff Wissenschaft – ebenso wie den der im selben Artikel geschützten Kunst – als offenbar hinreichend eindeutig voraus. Darüber stolpert man als Schriftsteller. In einer literarischen Erzählung wäre eine Figur «der Wissenschaftler» sehr diffus und hätte ohne jede weitere Spezifizierung eine surreale Aura. Schon Faust hat mit heißem Bemühn vier Fakultäten studiert: Philosophie, Juristerei, Medizin und Theologie. Und im vergangenen Jahrhundert ist die Vielfalt der Wissenschaften noch weit über diesen Kanon hinausgewachsen.

Meyers Großes Taschenlexikon in der Ausgabe von 1990 definiert Wissenschaft als «die Tätigkeit, die das wissenschaftliche Wissen hervorbringt». Das klingt ein wenig zirkulär, die Wissenschaft bringt die Wissenschaft hervor. Die Fügung vom «wissenschaftlichen Wissen» wirkt eigenartig tautologisch. Im Weiteren heißt es: «Gegenüber dem unabgesicherten, häufig subjektiven Meinen muss das wissenschaftliche Wissen – seinem Anspruch nach – begründet werden, es muss in jeder kompetent und rational geführten Argumentation Zustimmung finden können.»

Die Philosophie gilt als älteste, als Keimzelle aller Wissenschaften. In der Philosophie gehört der Diskurs, die Uneinigkeit seit jeher zum Prinzip des Fortschritts im Denken. Sollte das philosophische Wissen eines Tages «in jeder kompetent und rational geführten Argumentation Zustimmung finden können», wäre die Philosophie am Ende.

Und natürlich können philosophische und ganz allgemein geisteswissenschaftliche Diskurse auch das Grundgesetz infrage stellen oder sogar den Boden der Verfassung verlassen, was sie in der Geschichte der frühen Bundesrepublik insbesondere in den Neunzehnhundertsechziger- und -siebzigerjahren auch getan haben. Die Verfasser des Grundgesetzes waren wohl bereit, sehr viel zur Lehre zuzulassen, nicht aber die Revolution.

«Freiheit ist die Freiheit zu sagen, dass zwei und zwei vier ist.» Das ist die Überzeugung von Winston, dem unglücklichen Helden in *1984*. Winston glaubt an die Verlässlichkeit und Eindeutigkeit der Fakten, er glaubt an die Existenz einer objektiven Wahrheit, die sich benennen lässt. Und er glaubt, dass es möglich ist, in rational geführten Argumentationen Zustimmung finden zu können, wenn alle die Wahrheit der Fakten anerkennen. Der totalitäre Staat, der ihn quält, widerspricht dem. Nichts sei so, wie es scheint, erklärt ihm sein Peiniger, nicht einmal Zahlen. Die Institution, die ihn foltert, heißt «Ministerium der Liebe».

Das naturwissenschaftliche Prinzip, Aussagen nur auf der Basis von Fakten zu machen, deren Plausibilität man zuvor überprüft hat, scheint ein sehr vernünftiger Weg zu sein, zu allgemein zustimmungsfähigen Forschungsergebnissen zu kommen. Wie katastrophal sich aber auch Naturwissenschaftler irren können, zeigt sich am Beispiel des Rassismus. Dieser war seit der Mitte des neunzehnten Jahrhunderts keineswegs ausschließlich das Ergebnis einer vom kolonialistischen Denken geprägten Vox populi, sondern eine aus dem Darwinismus abgeleitete und über Jahrzehnte ganz allgemein als wissenschaftlich anerkannte Theorie, die die Lehre von der allmählichen Höherentwicklung des Lebens durch evolutionäre Selektion fatalerweise auf Menschen unterschiedlichen Aussehens übertrug. Gestützt auf ein aus heutiger Sicht absurdes Faktenwissen wie Schädelgrößen, Gehirngewicht oder Zivilisationskompatibilität, gab es in allen abendländischen Nationen Zwangssterilisationen und Gesetzgebungen gegen sogenannte Mischehen.

Revolution und Rassismus. Wahrscheinlich wollten die Verfasser des Grundgesetzes mit der Verpflichtung der Lehre zur Verfassungstreue verhindern, dass Klassenzimmer und Hörsäle nach der nationalsozialistischen Diktatur erneut zur Verbreitung politischer und rassistisch-völkischer Propaganda genutzt werden könnten. Das ist nur zu verständlich. Man könnte sogar argumentieren, dass die Verpflichtung zur Verfassungstreue noch nicht einmal eine besonders restriktive Einschränkung ist. Jedenfalls schließt sie das Verkünden von «subjektivem Meinen» unter dem Deckmantel der wissenschaftlichen Lehre keineswegs sicher aus. Nicht jede subjektive Meinung steht im Widerspruch zur Verfassung.

Faktizität ist eine zwar notwendige, aber keineswegs hinreichende Voraussetzung für abgesichertes Wissen. Inzwischen gibt es kaum noch eine Theorie bzw. Meinung, die nicht für sich in Anspruch nähme, auf Fakten gegründet zu sein. Und man muss darüber hinaus feststellen, dass der vermeintlich feste Boden der Fakten selbst zunehmend schwankend wird. Es ist sogar zu befürchten, dass es gar keiner brutalen Folter bedarf, um die Macht der Fakten zu brechen. Dies, so scheint es, ist auch in einer Demokratie möglich. In den sozialen Medien kursieren so viele «Fakten», dass sich deren Eindeutigkeit in einer bereits als postfaktisch bezeichneten Unübersichtlichkeit auflöst und von selbst zu neutralisieren droht. Damit wird den faktenbasierten Wissenschaften zunehmend der Boden entzogen, oder umgekehrt ausgedrückt – auf einmal wird alles, jede unabgesicherte Meinung zur «Wissenschaft».

Die Amerikaner waren nicht auf dem Mond, die Evolution wird durch göttliche Eingriffe gesteuert, Covid-19 existiert überhaupt nicht, und die Pandemie ist «nur» eine Grippewelle. – Jede dieser Behauptungen stützt sich auf «Fakten». Und bemerkenswert daran ist, dass keine davon im Widerspruch zur Verfassung steht, als Lehre wären sie allein durch die Verpflichtung zur Verfassungstreue im Hörsaal nicht untersagt.

Die größte Gefahr für die Wissenschaft in unserer Gegenwart liegt nicht in deren Instrumentalisierung, Uminterpretation oder Abschaffung durch einen totalitären, Orwell'schen Staat – wenngleich diese nie gebannt sein wird –, sondern in ihrem allmählichen Verschwinden in einem Meer aus vollkommen beliebigen Pseudolehren, Privattheorien und Scheinwissenschaften. Die Grenze zwischen Meinungsfreiheit und Wissenschaftsfreiheit droht zunehmend zu verschwimmen.

Allerdings hätte jede inhaltliche, über die Verpflichtung zur Verfassungstreue hinausgehende Einschränkung der Lehre den Gesetzgeber quasi zum Schiedsrichter darüber gemacht, ob eine Theorie oder ein Diskursbeitrag als wissenschaftlich fundiert anzusehen ist oder als bloße Meinungsäußerung. Das kann kein Gesetzgeber leisten. Dafür muss niemand anders sorgen als wir selbst, die Zivilgesellschaft. Sie muss immer wieder ein waches Auge darauf haben, was in Klassenzimmern und Hörsälen vermittelt wird.

Im Moment scheint es so, als müssten wir uns in Deutschland über Schulen und Universitäten als Brutstätten irrationalen oder postfaktischen Denkens keine allzu großen Sorgen machen, aber das wachsende Bestreben außerwissenschaftlicher Kräfte – ideologischer, religiöser, kommerzieller –, die Deutungshoheit über die Wirklichkeit zu erlangen, ist unübersehbar.

Die Freiheit der Wissenschaft hat der Menschheit ein immenses Maß an Erkenntnissen über sich selbst und die Welt, in der wir leben, beschert. Man könnte meinen, die Wissenschaft sei unangreifbar, aber das ist sie nicht. Sie bedarf des andauernden, bewussten und entschiedenen Rückhalts in der Gesellschaft.

«Was denken Sie, Winston? Warum bringen wir Menschen hierher?»

«Damit sie ein Geständnis ablegen.»

«Nein, deswegen nicht. Versuchen Sie es nochmal.»

«Um sie zu bestrafen.»

«Nein! Weder damit Sie gestehen, noch um Sie zu bestrafen. Soll ich Ihnen sagen, warum wir Sie hierher gebracht haben? Um Sie zu heilen.»

Artikel 6
Ehe und Familie

(1) Ehe und Familie stehen unter dem besonderen Schutze der staatlichen Ordnung.
(2) Pflege und Erziehung der Kinder sind das natürliche Recht der Eltern und die zuvörderst ihnen obliegende Pflicht. Über ihre Betätigung wacht die staatliche Gemeinschaft.
(3) Gegen den Willen der Erziehungsberechtigten dürfen Kinder nur auf Grund eines Gesetzes von der Familie getrennt werden, wenn die Erziehungsberechtigten versagen oder wenn die Kinder aus anderen Gründen zu verwahrlosen drohen.
(4) Jede Mutter hat Anspruch auf den Schutz und die Fürsorge der Gemeinschaft.
(5) Den unehelichen Kindern sind durch die Gesetzgebung die gleichen Bedingungen für ihre leibliche und seelische Entwicklung und ihre Stellung in der Gesellschaft zu schaffen wie den ehelichen Kindern.

Terézia Mora

Innerhalb und außerhalb der Ordnung

Ehe». «Familie». «Besonderer Schutz». «Natürliches Recht». «Gleiche Bedingungen». – Was bedeuten all diese Worte? Was bedeuteten sie 1949, als das Grundgesetz formuliert wurde, und was bedeuten sie heute, im Jahr 2022, da dieser Kommentar dazu verfasst wird? Dieser Frage will ich im Folgenden nachgehen. Dazu ist es notwendig, erst einmal einen Blick zurück zu werfen, auf jene Texte, die dem deutschen Grundgesetz von 1949 als Vorbilder dienten: die Weimarer Verfassung von 1919 und die Allgemeine Erklärung der Menschenrechte von 1948.

In Artikel 119 der Weimarer Verfassung stand noch:

«Die Ehe steht als Grundlage des Familienlebens und *der Erhaltung und Vermehrung der Nation* unter dem besonderen Schutz der Verfassung.»

In Artikel 16 der Allgemeinen Erklärung der Menschenrechte, der 1948, also knapp dreißig Jahre später, formuliert wurde, stand Folgendes:

«1. Heiratsfähige Männer und Frauen haben ohne jede Beschränkung auf Grund der Rasse, der Staatsangehörigkeit oder der Religion das Recht, zu heiraten und eine Familie zu gründen. Sie haben bei der Eheschließung, während der Ehe und bei deren Auflösung gleiche Rechte.

2. Eine Ehe darf nur bei freier und uneingeschränkter Willenseinigung der künftigen Ehegatten geschlossen werden.

3. Die Familie ist die natürliche Grundeinheit der Gesellschaft und hat Anspruch auf Schutz durch Gesellschaft und Staat.»

(Nicht uninteressant ist es, zu vergleichen, wie Punkt 1 heute in der deutschen Übertragung formuliert ist, Achtung: «1. Heiratsfähige *Menschen* haben ohne Beschränkung aufgrund von *rassistischen Zuschreibungen*, Staatsangehörigkeit oder Religion das Recht zu heiraten und eine Familie zu gründen» usw.)

Die Weimarer Verfassung verknüpfte demnach Ehe und Familie, also die Fortpflanzung, enger miteinander, siehe: «Erhaltung und Vermehrung der Nation», während in der Allgemeinen Erklärung der Menschenrechte steht, Männer und Frauen (heute: Menschen) hätten das Recht zu heiraten <u>und</u> eine Familie zu gründen – aber das bedeutet nicht, dass Ehe und Familie *das Gleiche* sind.

Letzterer Gedanke war es, der sich nach mehreren zähen Diskussionen im Parlamentarischen Rat auch im Grundgesetz der Bundesrepublik Deutschland durchsetzte, und der bis heute einer der wesentlichen Angelpunkte bei der Interpretation dieses Artikels ist. Ehe und Familie sind *nicht* das Gleiche.

In der 21. Sitzung des Hauptausschusses am 7. Dezember 1948 wurde noch über folgenden Wortlaut diskutiert: «Die Ehe als die *rechtmäßige* Form der *fortdauernden* Lebensgemeinschaft von *Mann und Frau* und die *mit ihr gegebene Familie* sowie die aus der Ehe und der Zugehörigkeit zur Familie erwachsenden Rechte und Pflichten stehen unter dem besonderen Schutz der Verfassung.»

Davon blieb in der 43. Sitzung vom 18. Januar 1949 schließlich folgende endgültige Formulierung übrig: «~~Die~~ **Ehe** ~~als die rechtmässige Form der fortdauernden Lebensgemeinschaft von Mann und Frau~~ **und** ~~die mit ihr gegebene~~ **Familie** ~~sowie die aus der Ehe und der Zugehörigkeit zur Familie erwachsenden Rechten und Pflichten~~ **stehen unter dem besonderen Schutz** ~~der Verfassung~~/**der staatlichen Ordnung**.»

Dadurch gewährleistet Artikel 6 Absatz 1 GG die Ehe als eigenständiges, von der Familie unabhängiges Institut, und das gilt natürlich auch umgekehrt: Auch die Familie existiert unabhängig von der Ehe. Das sollte in späterer Zeit noch sehr wichtig werden.

Interessant ist des Weiteren: Keine der drei oben zitierten Formulierungen aus den Jahren 1919, 1948 und 1949 behauptet, eine Ehe sei *exklusiv* eine Verbindung zwischen einem Mann und einer Frau, denn selbst die Formulierung «Männer und Frauen … haben das Recht zu heiraten» sagt aus heutiger Sicht nicht aus, dass sie *einander* heiraten müssen. 1919, 1948, 1949 bedeutete es das natürlich, und dass aus dem deutschen Grundgesetz die Formulierung «fortdauernde Lebensgemeinschaft von Mann und Frau» gestrichen worden ist, geschah nur aus Platzgründen. Der Allgemeine Redaktionsausschuss hatte den Hauptausschuss darum gebeten, sich kürzer zu fassen. Da Homosexualität noch unter Strafe stand, konnte man unter einer Ehe nichts anderes als eine rechtmäßige Verbindung zweier Menschen *unterschiedlichen* Geschlechts verstehen. Die WHO strich Homosexualität erst

1990 aus der Liste der Krankheiten, erst danach, nämlich 1994, wurde der berüchtigte Paragraph 175 aus den Zeiten des Nationalsozialismus – «widernatürliche Unzucht zwischen Personen männlichen Geschlechts» bzw. «mit Tieren» – auch aus dem Strafgesetzbuch ersatzlos gestrichen.

Weitere 27 Jahre später (konkret: im Oktober 2017) beschied der Gesetzgeber, dass nicht mehr ausschließlich verschiedengeschlechtliche Erwachsene eine Ehe miteinander eingehen dürfen. Bereits seit dem August 2001 konnten gleichgeschlechtliche Menschen eine «Eingetragene Lebenspartnerschaft» eingehen, die mit den gleichen Pflichten, aber mit weniger Rechten als eine Ehe ausgestattet war. Dieses Weniger an Rechten gründete auf den Gedanken, Ehe und Familie seien zwar nicht ganz, aber im Wesentlichen das Gleiche, und des Weiteren, dass nur eine Ehe, aus der zumindest theoretisch biologische Kinder der beiden Partner hervorgehen könnten, eine richtige Ehe sei. Art 6 GG gibt das aber nicht her und spricht gerade deswegen von Ehe UND Familie – ursprünglich, um kinderlose Paare nicht zu benachteiligen. Wenn man genauer hinschaut, fällt natürlich auf, dass Artikel 6 GG sich überwiegend dem Thema Familie und weniger dem Thema Ehe widmet, dennoch, dieses kleine UND macht den entscheidenden Unterschied. Dementsprechend urteilte 2002 das Bundesverfassungsgericht: «Der besondere Schutz der Ehe in Artikel 6 Absatz 1 GG hindert den Gesetzgeber nicht, für die gleichgeschlechtliche Lebenspartnerschaft Rechte und Pflichten vorzusehen, die denen der Ehe gleich oder nahe kommen.»

Mit anderen Worten: Die Ehe zwischen Mann und Frau wird nicht weniger geschützt (siehe oben: was ist ein besonderer Schutz?), wenn auch gleichgeschlechtliche Paare das Recht haben, eine Ehe einzugehen. Seinen Ehepartner frei wählen zu können bedeutet nicht nur, dass eine erwachsene Person nicht die Erlaubnis ihrer Eltern (des Vormunds, des Vorgesetzten, des Lehnsherrn etc.) braucht und es keine Zwangsehen geben darf, sondern auch, dass man den Lebenspartner frei, also auch unabhängig vom Geschlecht, wählen darf. Gründe für nicht bestehende Ehefähigkeit sind in Deutschland nun ausschließlich:

- Minderjährigkeit,
- mangelnde Geschäftsfähigkeit,
- Verwandtschaft ersten Grades,
- oder dass einer der Partner bereits verheiratet ist. Eine Mehrehe ist also nicht möglich.

Die Ehe darf nach der ersatzlosen Streichung von § 8 Absatz 1 Nr. 2 des Transsexuellengesetzes auch dann ungeschmälert fortgeführt werden, wenn einer der Partner während der Ehe sein Geschlecht ändert.

Die Ehe als ein Exklusivrecht verschiedengeschlechtlicher Partner zu erhalten, fällt somit nicht unter «Schutz».

Wie schützt also der Staat die Ehe?

Zum einen, indem er das Rechtsinstitut der Ehe nicht abschaffen darf. Ehen können gerichtlich für geschieden, aufgehoben oder für nichtig erklärt werden, aber das Institut als solches darf nicht abgeschafft werden.

Zum anderen, indem der Gesetzgeber dafür sorgt, dass die Ehe gegenüber anderen Formen des Zusammenlebens nicht benachteiligt wird. In der Praxis wird die Ehe gegenüber anderen Formen des Zusammenlebens bevorzugt, indem es Erleichterungen für Eheleute gibt, wie die allseits bekannten und beliebten steuerlichen Vorteile.

In Artikel 119 der Weimarer Verfassung steht im Übrigen auch noch der Satz: «Sie (die Ehe) beruht auf der Gleichberechtigung beider Geschlechter», auch in der Allgemeinen Erklärung der Menschenrechte wird dies ausdrücklich erwähnt. In Artikel 6 des Grundgesetzes steht das nicht, und zwar (siehe: der Hauptausschuss möge sich kurzfassen!) weil es eine Wiederholung des Satzes «Männer und Frauen sind gleichberechtigt» wäre, der – nach ebenfalls zähem Ringen – bereits in Artikel 3 des Grundgesetzes steht, und das gilt natürlich auch für Artikel 6. Das bedeutet aber gleichzeitig, dass die Gesetze, die

Artikel 6 Geltung verschaffen sollten, erst in Kraft treten konnten, sobald das durch Artikel 3 geforderte Gesetz über die Gleichberechtigung in Kraft getreten war. Dieses wurde erst 1957 ins BGB aufgenommen, dementsprechend konnte es vorher auch keine Reform des Ehe-, des Erziehungs- oder des Scheidungsrechts geben. Denn, merke: Sind die Ehepartner nicht gleichberechtigt, können Ungerechtigkeiten wie diese gelten: Der Mann hat das Bestimmungsrecht, die Frau hat die Folgepflicht, das Kind wird vom Vater vertreten, und nur dann von der Mutter, wenn sie «die elterliche Gewalt allein ausübt» usw. Da all dies dem Prinzip der Gleichheit widerspricht, wurden die entsprechenden Paragraphen für nichtig erklärt.

Das Grundgesetz gab vor, die Gesetzbücher folgten nach. Während die gesellschaftliche Praxis dazu neigt, in chaotischen Bewegungen beides links und rechts zu überholen bzw. hinterherzuhinken. In den Fünfziger- und auch noch in den sechziger Jahren konnte man zum Beispiel in der Praxis keine gemeinsame Wohnung beziehen, wenn man nicht verheiratet war. Wir wollen nicht unterstellen, dass das auf einem unangemessenen Interesse der Vermieter an der Sittlichkeit anderer fußte, es war vielmehr so, dass sich ein Vermieter, der an ein unverheiratetes Paar vermietete, der Kuppelei strafbar machte (§§ 180, 181 a.F. StGB).

Der Vermieter hatte natürlich auch unabhängig davon ein Interesse an einem verlässlichen und beständigen Vertragspartner, und jemand, der in einer stabilen Lebensgemeinschaft lebt, ist wahrscheinlich auch in anderen Bereichen verlässlich. Wenn zwei heiraten und insbesondere wenn sie Kinder gemeinsam erziehen, werden sie berechenbarer, weniger risikofreudig, sie werden mehr Wert auf Kontinuität legen – all das ist nicht nur im Interesse des fiktiven Vermieters, sondern, weitergehend, im Interesse einer jeden staatlichen Gemeinschaft. Personen innerhalb einer langfristigen Lebensgemeinschaft sind zudem motivierter, sich umeinander zu kümmern, was der Gesellschaft ebenfalls eine Menge Arbeit und Kosten spart. Wenn die

Leute gut aufgehoben sind in Ehe und Familie, ist das für alle ein Vorteil.

Glücklicherweise neigen Menschen dazu, sich zu Paaren zusammenzufinden. Obwohl es auf diesem Gebiet größere Freiheiten gibt als jemals zuvor in der Geschichte, zeigen die Statistiken, dass die meisten eine Paarbeziehung der Polygamie oder dem Alleinleben vorziehen. Als ebenso beständig hat sich die Mutter- und Vaterrolle erwiesen. Die Mehrheit der Menschen wünscht diese Rollen zu erfüllen, und wenn sie Kinder bekommen, kümmern sie sich freiwillig und gerne um sie. Dabei spielt die «Natur», auf die in der Formulierung «natürliches Recht» in Punkt 2 Bezug genommen wird, eine wesentliche Rolle. Die Tatsache, dass wir als Menschen natürliche Wesen sind, hilft unserem sozialen Wesen dabei, zum Wohle der Gemeinschaft zu wirken. Natürlich bekommen wir die Kinder nicht für die anderen, jedenfalls nicht willentlich. Wir versuchen nicht deswegen, sie so gesund, glücklich und gut zu machen, wie es uns nur möglich ist, weil das allen nützt, aber am Ende nützt es allen.

All das ist im Interesse des Staates, also tut er gut daran, es zu schützen und zu fördern. Die Erfahrungen in der Vergangenheit (konkret und unmittelbar: der Nazizeit) haben im bundesdeutschen Grundgesetz zu betont neutralen Formulierungen geführt, die Erhaltung der Nation findet keine Erwähnung mehr, wobei das durchaus noch das Ziel ist, anders als der «Schutz der Artgleichheit» oder die «Herausbildung einer sozialistischen Persönlichkeit». (Woran merkst du, dass du in einer Diktatur lebst? Daran, dass solche Ziele formuliert werden.)

Was ist also Familie, wie wir sie heute verstehen?

Familie ist «das Zusammenleben von Eltern und Kindern in einer tatsächlichen Lebensgemeinschaft». Eltern sind laut Gesetz auch Adoptiv- oder Pflegeeltern, Kinder sind auch Adoptiv- und Pflegekinder. Am 19. Februar 2013 stellte das Bundesverfassungsgericht im Rahmen seines Urteils zum Sukzessivadoptionsrecht (dem Recht, das adoptierte Kind eines Lebenspartners ebenfalls zu adoptieren) zudem klar, dass auch gleichgeschlechtliche Lebenspartner mit Kindern eine Familie darstellen. Ihr Zusammenleben in kleinen Gemeinschaften im «Schutze der Wohnung» soll laut Verfassung geschützt werden. Sollte also jemand auf die Idee kommen, dass ab jetzt alle Kinder in Heimen erzogen werden sollen, wo sie besser ernährt, besser ausgebildet, besser medizinisch versorgt usw. werden, als das zu Hause möglich wäre, wäre das verfassungswidrig, und der Staat müsste alles daransetzen, die Familien dagegen zu beschützen.

Grundsätzlich sieht die deutsche Gesetzgebung heute nur maximal zwei Elternteile vor, je nachdem die biologischen oder die sozialen Eltern, aber niemals mehr als zwei von ihnen. Wenn also ein lesbisches Paar mit einem alleinstehenden Mann zusammen Kinder gezeugt hat, sind nur der biologische Vater und die biologische Mutter «Eltern», auch wenn alle drei Elternpflichten übernehmen und auch, wenn der Vater unbekannt ist. Laut deutschem Abstammungsrecht kann ein Kind nicht zwei Mütter (eine biologische und eine soziale) oder zwei Väter zur gleichen Zeit haben, auch nicht, wenn diese miteinander verheiratet sind und das Kind in die Ehe hineingeboren wird. An den Widersprüchen wird gearbeitet, es ist halt kompliziert.

Als das Grundgesetz entstand, gab es viele Möglichkeiten des ehelichen Zusammenlebens und des Elternseins nicht, die es heute gibt. Es gab noch nicht einmal einen verlässlichen Vaterschaftstest. So konnte es dazu kommen, dass ein unehelich geborenes Kind vor dem Gesetz nicht als mit seinem «mutmaßlichen» Vater verwandt galt. Es galt als ausschließlich mit seiner Mutter verwandt, aber auch diese hatte bis 1970 nicht die volle Vormundschaft über ihr eigenes Kind.

Die Formulierung, mit der der Parlamentarische Rat 1949 für Punkt 5 des Artikels 6 zu arbeiten anfing, war diese: «Uneheliche Kinder haben das gleiche Recht auf Förderung durch die Gemeinschaft wie eheliche Kinder.» Heute ist der Wortlaut: «Den unehelichen Kindern sind durch die Gesetzgebung die gleichen Bedingungen für ihre leibliche und seelische Entwicklung und ihre Stellung in der Gesellschaft zu schaffen wie den ehelichen Kindern.»

«Haben das gleiche Recht auf Förderung» und «sind durch die Gesetzgeber … die gleichen Bedingungen für … ihre Stellung in der Gesellschaft zu schaffen» – ist das so ein großer Unterschied? Das zähe Ringen, das der Formulierung dieses Punktes im Parlamentarischen Rat voranging, lässt es vermuten. Zusammengefasst waren die konservativen Kräfte CDU/CSU, FDP und Zentrumspartei zwar (dank der Vorarbeit der Weimarer Verfassung) stets dafür, dass alle Mütter unterstützt werden und dass jedes Kind gleichermaßen ein Recht auf Förderung durch die Gemeinschaft haben soll. «Wir haben aber eine Gleichstellung der unehelichen Kinder mit den ehelichen Kindern abgelehnt.» (Helene Weber von der CDU in der 21. Sitzung des Hauptausschusses.) Was bedeutet das im Klartext? Im Klartext bedeutet das: Erbberechtigung. Wie die konservativen Kräfte betonten, wollten sie damit kein «wertmäßiges Urteil» fällen, es ging ihnen also nicht um die Moral, sondern in erster Linie ums Fressen.

Die linken Kräfte, SPD und KPD, waren für die rechtliche Gleichstellung. Friederike Nadig von der SPD schlug folgenden Wortlaut vor: «Das uneheliche Kind steht dem ehelichen gleich. Es gilt mit seinem natürlichen Vater als verwandt … Das Recht der gesetzlichen Vertretung liegt bei der Mutter.»

Die letzten beiden Sätze wurden nicht ins Grundgesetz aufgenommen, und im BGB wurde erst 1970 die verpflichtende Amtsvormundschaft für die Kinder unverheirateter Mütter abgeschafft.

Die Argumentation der Konservativen war wie die von Helene Wessel von der Zentrumspartei:

«Wenn wir von diesem Ordnungsbegriff ausgehen, dass Ehe und Familie die Träger des Staates sind, können wir auf der anderen Seite nicht etwas, was diesem Ordnungsbegriff widerspricht … in die gleiche Rangordnung stellen … Das uneheliche Kind als solches fällt aus dem Ordnungsbegriff heraus.»

Was ist dieser «Ordnungsbegriff», auf den sich hier bezogen wird?

Ist das etwas Natürliches oder etwas Juristisches? Ist er die oben erwähnte «staatliche Ordnung»? Weder – noch. Ordnungsbegriff bedeutet hier lediglich: Wir ordnen etwas nach einem Prinzip, dieses Prinzip beruht auf einer Vereinbarung, da sind wir jetzt sowieso dabei, eine neue Vereinbarung zu treffen, dann treffen wir sie doch und legen schriftlich nieder, inwiefern eine ledige Mutter und ihre Kinder nicht Träger des Staates sind und inwiefern der in Artikel 3 Absatz 1 GG formulierte Gleichheitssatz für sie nicht gilt! Dass wesentlich Gleiches gleich und wesentlich Ungleiches ungleich behandelt werden soll, ist sinnvoll, wenn es zum Beispiel um den Mutterschutz geht, denn hier sind Männer (Väter, die vieles können, aber schwanger sein und gebären nicht) und Frauen (Mütter) wesentlich ungleich. Äpfel und Birnen, sozusagen. Aber kann behauptet werden, ehelich geborene Kinder seien Äpfel und unehelich geborene Birnen?

Nein, das kann man nicht. Zu diesem Schluss kam man auch im Parlamentarischen Rat. Man kam zu dem Schluss, dass die Behauptung «Eine absolute Gleichheit zwischen dem ehelichen und dem unehelichen Kind besteht nun einmal von Natur aus nicht …» (Adolf Süsterhenn von der CDU) eben nicht stimme bzw. sich selbst widerlege, denn *gerade* von Natur aus gibt es diese Gleichheit, auch wenn der leibliche Vater nicht ermittelt werden kann.

Carlo Schmid von der SPD: «Die Rechtsfolgen, die wir an die Tatsache einer Blutsverwandtschaft knüpfen, sind nicht von Natur aus …, [sie] sind Produkte der Rechtsordnung, und diese schaffen die Menschen. Die Familie ist ein Produkt der Rechtsordnung. Wir sind die Gesetzgeber, die bestimmen werden, was hier und jetzt die Auswirkungen der vom Gesetz anerkannten ‹natürlichen› Ordnung sein sollen.»

Womit man der gesellschaftlichen Realität mit etwas Verzögerung hinterhergeeilt war. Nach zwei Weltkriegen war mit einem Überschuss von 7 Millionen Frauen, im Wesentlichen in der Altersgruppe von 22 bis 45 Jahren, eine «veränderte Form der Lebensgemeinschaft» (Friederike Nadig) programmiert, Mütter und Alleinerziehende spielten eine große Rolle. Man sprach mit einigem Recht von einem aufziehenden Zeitalter «der Frau und des Kindes».

Nicht unwichtig ist in diesem Zusammenhang, dass man dem Vorschlag des SPD-Abgesandten Ludwig Bergsträsser, den ersten Satz von Artikel 6 so zu formulieren: «Ehe, Familie *und Kind* genießen den besonderen Schutz der Verfassung», nicht folgte. Man ging lediglich so weit, die unehelichen und die ehelichen Kinder gesetzlich gleichzustellen; das war schon nicht leicht. Bis 1949 geborene uneheliche Kinder haben bis heute keine uneingeschränkte Erbberechtigung. Man weiß ja, was alles «passieren» kann, besonders in Kriegszeiten. Dass die daraus entstandenen Kinder nun auch noch erben sollten, das wäre zu viel. Wem wäre es zu viel? Nun, den Verursachern und deren Kernfamilie, aber wir sagen nicht das, sondern reden von sozialem Frieden. Wir nehmen gerne Rücksicht auf den sozialen Frieden. Und da wir schon so weit gekommen sind, kommen wir auch noch weiter. Die meisten dieser Väter sind bereits tot, und man muss nun auch nicht mehr lange warten, bis auch die betroffenen Kinder nicht mehr unter uns weilen werden. Danach ist hoffentlich Ruhe. Der Gesetzgeber kann sich nicht allumfassend um den dumpfen oder auch mal bohrenden Schmerz, mit dem Geschichte in den Körpern und Seelen der Individuen zurückbleibt, kümmern. Dafür sind, wenn alles gut läuft, die Familien da. Alle Arten von Familien. Hauptsache, jemand kümmert sich.

Vor allem um die jeweils Verletzlichsten: die Kinder. Allerdings geht es in den Absätzen 2 und 3 von Artikel 6 nicht um die Kinder selbst, sondern um die Rechte von Eltern. Zum einen, indem es heißt, Pflege und Erziehung seien ihr natürliches Recht und ihre wichtigste Pflicht, und die staatliche Gemeinschaft wache über diese Rechte und Pflichten. Zum anderen, indem die Kinder gegen den Willen der Erziehungsberechtigten nur dann von ihnen getrennt werden dürfen, wenn die Erziehungsberechtigten versagen. (Wer versagt wann, wie? Das ist ein sehr weites Feld. Es gibt so viele Möglichkeiten. So, so viele Möglichkeiten. Bevor das Jugendamt eingreift, müssen durchaus einige davon ausgeschöpft sein.)

Immerhin, die Kinder werden nicht mehr für die Nation oder gar den Führer geboren, sie werden für niemanden geboren außer für sich selbst, und die Familie ist der Ort, an dem zuvörderst dem Kindeswohl gedient werden soll. Ausführende sind die Eltern, immer zuerst sie. Der Staat bietet Unterstützung vor allem in Form von gesetzlichem Schutz, Infrastruktur und Zuwendungen (Mutterschutz, Kindergeld, Betreuungsgeld, Steuererleichterungen etc. etc.). Der Versuch, ein Gesetz vorzubereiten, das helfen sollte, Kinderrechte ins Grundgesetz zu bringen, war Mitte 2021 vorerst erneut gescheitert. Ende des Jahres hat die neu gewählte Ampel-Regierung in ihrem Koalitionsvertrag (erneut) das Ziel formuliert, Kinderrechte im Grundgesetz zu verankern. Noch ist es nicht so weit. Noch heißt es weiterhin: «Ehe und Familie ~~und Kind~~ stehen unter dem besonderen Schutz der staatlichen Ordnung.» Aber der nächste kleine Schritt, den wir in die Richtung des Satzes gehen, den Ludwig Bergsträsser bereits 1949 zum ersten Mal zur Diskussion stellte, ist zumindest angekündigt. Eins nach dem anderen. Eins nach dem anderen.

Den Kindern geht es so weit gut?

Den Kindern geht es gut.

Artikel 7
Schulwesen

(1) Das gesamte Schulwesen steht unter der Aufsicht des Staates.
(2) Die Erziehungsberechtigten haben das Recht, über die Teilnahme des Kindes am Religionsunterricht zu bestimmen.
(3) Der Religionsunterricht ist in den öffentlichen Schulen mit Ausnahme der bekenntnisfreien Schulen ordentliches Lehrfach. Unbeschadet des staatlichen Aufsichtsrechtes wird der Religionsunterricht in Übereinstimmung mit den Grundsätzen der Religionsgemeinschaften erteilt. Kein Lehrer darf gegen seinen Willen verpflichtet werden, Religionsunterricht zu erteilen.
(4) Das Recht zur Errichtung von privaten Schulen wird gewährleistet. Private Schulen als Ersatz für öffentliche Schulen bedürfen der Genehmigung des Staates und unterstehen den Landesgesetzen. Die Genehmigung ist zu erteilen, wenn die privaten Schulen in ihren Lehrzielen und Einrichtungen sowie in der wissenschaftlichen Ausbildung ihrer Lehrkräfte nicht hinter den öffentlichen Schulen zurückstehen und eine Sonderung der Schüler nach den Besitzverhältnissen der Eltern nicht gefördert wird. Die Genehmigung ist zu versagen, wenn die wirtschaftliche und rechtliche Stellung der Lehrkräfte nicht genügend gesichert ist.
(5) Eine private Volksschule ist nur zuzulassen, wenn die Unterrichtsverwaltung ein besonderes pädagogisches Interesse anerkennt oder, auf Antrag von Erziehungsberechtigten, wenn sie als Gemeinschaftsschule, als Bekenntnis- oder Weltanschauungsschule errichtet werden soll und eine öffentliche Volksschule dieser Art in der Gemeinde nicht besteht.
(6) Vorschulen bleiben aufgehoben.

Anna Katharina Hahn

Utopie und uneingelöste Versprechen

Zuerst Überraschung, danach Unglauben, schließlich Ärger – die Abfolge dieser Gefühle ist während der Schulzeit meiner beiden Kinder (Jahrgang 2001 und 2004) für mich zur Gewohnheit geworden.

Überraschung darüber, wie vertraut sich Schule anfühlte, obwohl äußerlich alles anders aussah: die kleinen Hausschuhe in den Fluren, der klassenübergreifende Unterricht, dazu Rätselwörter wie «MeNuK» – in Baden-Württemberg die Abkürzung für den Fächerverbund «Mensch, Natur und Kultur», der Sachkunde, Kunst und Musik zusammenfasst.

Ungläubigkeit, weil ich schlicht nicht fassen konnte, wie sich Organisationsabläufe, Strukturen und Gewohnheiten aus den 70er und 80er Jahren des vergangenen Jahrhunderts, meiner eigenen Schulzeit, nicht einmal leicht verändert, sondern eins zu eins im Schulalltag von Menschen wiederfanden, die im 21. Jahrhundert zurechtkommen sollten. Kinder, die heute zur Schule gehen, finden sich in einer Gegenwart wieder, in der die Menschheit vor großen Herausforderungen steht: Globalisierung, digitale Revolution, Klimawandel, Strukturwandel in der Gesellschaft und vielen Schlüsselindustrien. Das Schulwesen, von dem in Artikel 7 die Rede ist, soll sie dafür ausrüsten.

«GFS» steht in Baden-Württemberg für die «gleichwertige Feststellung von Schülerleistungen» und wird unter Schülern und Eltern häufig mit ‹ganze Familie schafft› übersetzt. Diese verzweifelt ironische Auflösung des Akronyms steht stellvertretend für die längst geleistete Erkenntnis dessen, was unser in Artikel 7 unter die Aufsicht, Fürsorge und Finanzierung des Staates gestelltes Schulwesen nicht leistet. Mein Ärger über diese Zustände hält bis heute an und speist sich aus einer Binsenweisheit, einer inzwischen allgemein bekannten und immer wieder bestätigten Tatsache: In deutschen Schulen können nur Kinder erfolgreich sein, die Eltern mit einer bestimmten Eigenschaft an ihrer Seite haben – Eltern mit Zeit. In den meisten Fällen bedeutet dies – Eltern mit Geld. Den Schulerfolg für ein oder mehrere Kinder zu organisieren, funktioniert im Deutschland des 21. Jahrhunderts am besten, wenn ein erwachsener Mensch zu Hause auf diese Kinder wartet, der sich mit den Anforderungen des Schulsystems auskennt. Der die Kinder abholt, wenn mal wieder Unterricht ausfällt. Nicht zu überfordert ist, um bei Internet- und Bibliotheksrecherchen für die zahlreichen Referate zu helfen, Vokabeln abhört, Bücher nicht nur kauft oder ausleiht, sondern auch vorliest oder erklärt, Lernlücken feststellt und, falls sie nicht in Eigenregie zu schließen sind, eine gute Nachhilfe organisiert und bezahlt.

Die Gründung von Privatschulen unterliegt nach Artikel 7 strengen Auflagen. Gleichzeitig boomt ein riesiger Nachhilfemarkt – ein weiteres Symptom dafür, dass ein Großteil derer, die das staatlich organisierte Schulsystem durchlaufen, die Lücken, die es an vielen Stellen aufweist, auf eine andere Weise ausgleichen müssen.

Der Wandel innerhalb der deutschen Gesellschaft nimmt den Staat, der in Artikel 7 die Verantwortung für das Schulwesen übernommen hat, ganz anders in die Pflicht als vor zwanzig oder gar vierzig Jahren. Immer mehr Mütter und Väter arbeiten in Vollzeit, immer mehr Menschen leben in Deutschland, für die Deutsch nicht die Muttersprache ist. Viele Berufe verschwinden, dafür entstehen neue Branchen, in denen andere, zumeist digitale Kenntnisse gefordert sind. Auf all diese Herausforderungen müsste der Staat seine Kinder vorbereiten. Ein flexibles und leistungsfähiges Schulwesen wäre dafür erste Voraussetzung. Doch dort hakt es – noch immer.

Ein wirklich großer Wurf ist Artikel 7 nicht. Die junge Bundesrepublik brauchte ein gut funktionierendes Ausbildungssystem und musste gleichzeitig das Erbe des Nationalsozialismus bekämpfen, unter dem das Schulwesen eingeebnet, verkürzt und zentralisiert worden war. Nach der Diktatur wurde das Bildungssystem auf seinen

Zustand vor 1933 zurückgesetzt und nur in wenigen Punkten reformiert. Konservative Widerstände verhinderten einschneidende Reformen, die teilweise bereits in der Weimarer Zeit versucht worden waren. Auch die Alliierten verloren bald das Interesse an einer grundsätzlichen Umstrukturierung der deutschen Schulen.

Aber Artikel 7 zeigt nicht nur die Geschichte, in der sich das von den Nationalsozialisten demolierte, entwertete Schulsystem wieder aufrappelte. Artikel 7 steht auch für ein Versprechen, das der deutsche Staat seinen jüngsten Bürgerinnen und Bürgern gegeben hat. Wie das gesamte Grundgesetz besitzt auch er ein utopisches Potential – den Traum von einem Land, in dem jeder und jede in unangetasteter Würde leben darf. Zu dieser Würde gehört das Recht auf Bildung, die wiederum einen auskömmlichen Arbeitsplatz und somit gesellschaftliche Teilnahme garantiert.

In den 1890er Jahren verzeichnete Deutschland eine Analphabetenrate von unter 10 Prozent. Im 21. Jahrhundert beträgt die Zahl derer, die nicht lesen und schreiben können, nicht etwa null, sondern immer noch etwa 6,5 Millionen.

Artikel 7 bleibt janusköpfig: Er spiegelt den Wunsch nach der Einübung, Verteidigung und Bewahrung der Demokratie vor dem pechschwarzen Hintergrund der Shoah und dem Scheitern der Weimarer Republik. Das Schulwesen bleibt unter der Hoheit des Staates, von Anfang an. Artikel 7 ist alles andere als innovativ. Die allgemeine Schulpflicht ist keine Errungenschaft demokratischer Staaten oder der Moderne. Bereits absolutistische Herrscher waren höchst interessiert an gebildeten Untertanen, die das Staatsvermögen mehrten. Man sollte auch nicht vergessen, dass die Bundesrepublik Deutschland sich in großen Teilen bis heute einem dreigliedrigen Schulsystem verpflichtet fühlt, das nicht die Verwirklichung einer pädagogischen Utopie darstellt, sondern den Spiegel der Ständegesellschaft jener Zeit, in der es von protestantischen Reformern des 16. Jahrhunderts erfunden wurde. Doch auch das Gegenmodell, die Gesamtschule, hat sich nicht als Allheilmittel erwiesen.

Die Folge ist ein Schulsystem, das, trotz vieler Chancen zu Reformen, im weltweiten Vergleich nur Mittelmaß leistet. Schüler und Schülerinnen, Lehrerinnen und Lehrer, Mütter und Väter haben Besseres verdient. Dabei wissen wir im Grunde, wie es funktioniert. Schließlich gehören die Zeiten, in denen hier schulische Spitzenleistungen hervorgebracht wurden, noch nicht der fernen Vergangenheit an. Die Kulturhoheit der Länder über ihre Schulen gehört zum Erbe unseres Landes, das schon im Mittelalter ein Flickenteppich unterschiedlicher Königreiche, Fürstentümer, Bischofssitze und Städte gewesen ist. Solche historischen Prägungen lassen sich nicht gewaltsam abschütteln. Die föderalen Strukturen schützen vor einem im Zweifelsfall allzu machtgierigen Zentralstaat. Zugleich bewahren sie jene über Jahrhunderte gewachsenen Unterschiede zwischen Ländern, die sich ihrer eigenen Individualität oft fast so stark bewusst sind wie die einzelnen Nationalstaaten innerhalb der Europäischen Union.

Während der jüngsten Pandemie haben sich sämtliche Mängel des Schulsystems in unserem Land auf bittere Weise offenbart. Die Wunden liegen bloß und warten auf Heilung. Niemand kann den Kindern und Jugendlichen die verlorenen Stunden, das versäumte Wissen zurückgeben. Der Staat hat das Bildungsmonopol mit Artikel 7 gekapert. Er handelte damit höchst verantwortungsvoll und im gleichen Augenblick höchst fahrlässig. Auf Bundes- wie auf Länderebene sollte endlich klar sein, wie schwer diese Verantwortung wiegt und wie weit der Weg ist, der noch zu gehen ist, um die Utopie in eine gerechte Wirklichkeit zu verwandeln.

Immer wieder beweisen vorbildliche Schulen, wie Lernerfolg gelingen kann. Sie und ihre tägliche harte Arbeit müssten für die Kultusministerkonferenz Ansporn sein, ihre konkreten Erfahrungen gilt es in die Curricula, die Lehrpläne, das tägliche Miteinander aufzunehmen.

Mehr Verantwortung für die einzelnen Schulen, mehr Freiheit, mehr Geld. Es wird Zeit, den Rohstoff Bildung nicht nur punktuell mit der Spitzhacke abzubauen, sondern auf intelligente Weise mit diesem kostbarsten aller Materialien zu verfahren. Der Slogan «Leave no one behind» – lasst niemanden zurück – sollte endlich als Verpflichtung begriffen werden.

Verwendete Literatur

Hans-Georg Herlitz et al., Deutsche Schulgeschichte von 1800 bis zur Gegenwart. Eine Einführung, Weinheim und München 2001.

Franz-Michael Konrad, Geschichte der Schule. Von der Antike bis zur Gegenwart, München 2007.

Artikel 8
Versammlungsfreiheit

(1) Alle Deutschen haben das Recht, sich ohne Anmeldung oder Erlaubnis friedlich und ohne Waffen zu versammeln.
(2) Für Versammlungen unter freiem Himmel kann dieses Recht durch Gesetz oder auf Grund eines Gesetzes beschränkt werden.

Michael Krüger

Nachts kann man das Gesetz stöhnen hören

Richtiges Auffassen einer Sache und Missverstehen der gleichen Sache schließen einander nicht vollständig aus.»

Mit dem Gesetz möchte man normalerweise eigentlich nichts zu tun haben. Wenn man es vermeiden kann, mit ihm in Konflikt zu geraten, sollte man selbst längere Wege in Kauf nehmen. Denn wenn man mit dem Gesetz in Konflikt gerät, steht man schon mit einem Bein im Gefängnis. Natürlich gibt es einige Menschen, die testen wollen, wie weit man gehen kann, bis das Gesetz auf einen aufmerksam wird, aber das sind Ausnahmen. Sie heißen zum Beispiel Michael Kohlhaas und wollen mit dem Kopf durch die Wand. Aber wer sich unauffällig verhält, den lässt das Gesetz in der Regel links liegen. Kann man sich eine Gesellschaft vorstellen, die sich von morgens bis abends unauffällig verhält? Davon träumt das Gesetz. Es träumt von einer Gesellschaft, die sich an die Regeln hält: Bei Rot bleibt man stehen, bei Grün darf man loslaufen, bei Gelb ist Vorsicht geboten. Das Gesetz ist vernünftig, unvernünftig ist der, der es nicht befolgt. Woher hat das Gesetz die Vernunft? Es hat sie aus Erfahrung gelernt. Der oberste Grundsatz der Gesetze lautet: Wenn es uns nicht gäbe, würden sich die Menschen belügen, beklauen, hintergehen und im schlimmsten Fall vor der Zeit umbringen. Das weiß das Gesetz aus Erfahrung. Heißt das, dass das Gesetz nicht viel von den Menschen hält? Ja, das heißt es. Gibt es andere Arten und Weisen, den Menschen davon abzuhalten, zu lügen, zu klauen, zu hintergehen und andere totzuschlagen? Ja, die soll es geben oder gegeben haben, oder sie sind noch in Planung. Aber sie sind schwer zu fassen. Sie werden in der Familie vorbereitet, in der Schule vertieft, im Erwachsenenalter sollten sie sich eigentlich entfalten. Aber die Familien haben zu viel anderes zu tun, die Schulen sind überfordert, und das Erwachsenenalter hält so viele Unwägbarkeiten bereit, dass man nicht dauernd an das Gesetz denken kann. Wie heißen die anderen Weisen? Sie heißen Kinderstube, Höflichkeit, Manieren, Form, Ethik, Herzensbildung, Schamgefühl, Moral und Moralvorstellungen, um nur einige wenige zu nennen, alle zusammen heißen Kultur. Und seit wann gibt es Kultur? Seit es Gesetze gibt. Aber warum belügen, beklauen, hintergehen und töten Menschen andere Menschen, wenn es so viel Kultur und so viele Gesetze gibt? An der Beantwortung dieser Frage arbeiten wir. Heißt das, dass neue und mehr Gesetze notwendig sind, um die alten und älteren Gesetze zu verbessern? Ja, täglich kommen neue Gesetze hinzu.

Im Moment haben wir in der Bundesrepublik Deutschland 2197 Bundesgesetze mit 47 000 Einzelvorschriften und 3131 Verordnungen mit 40 000 Einzelvorschriften, hinzu kommen noch Landesgesetze und EU-Gesetze, so dass wir auf rund 150 000 Gesetze kommen, die uns daran erinnern sollen, dass wir nicht allein auf der Welt sind und uns um des lieben Friedens willen nicht beklauen, belügen, hintergehen und töten sollen. Wenn nämlich alle Bürger und Gäste eines Staates sich an diese 150 000 Gesetze und Verordnungen halten, können alle in Frieden leben. Könnte es sein, dass das Gesetz zu groß ist für den Menschen? Gute Frage! Ja, zugegeben, es ist relativ groß. Wenn man zum Beispiel links unten steht, kann man nicht sehen, was rechts oben passiert. Kitzelt man das Gesetz in der Mitte, fangen alle Teile des Gesetzes an zu zucken, das führt zu Gleichgewichtsstörungen und bei längerer Belastung auch zum Verfall des Gesetzes. Und dann hilft die Kultur, die Kinderstube und die Herzensbildung? So war es gedacht. Leider lässt, wie schon angedeutet, die Kinderstube zu wünschen übrig, auch die Herzensbildung wird in manchen Kreisen vernachlässigt, die Ethik wird nicht mehr so recht ernst genommen, das gute Benehmen franst aus, das Schamgefühl zerfällt, die Höflichkeit hat sich weitgehend aufgelöst, die Moral insgesamt hat Schaden genommen.

Und die Kultur, die alles zusammengehalten hat? Die Kultur hat sich, national gesehen, in viele Einzelkulturen aufgeteilt, die keiner mehr so richtig überschauen kann, schon gar nicht das Gesetz. Dadurch ist sie paradoxerweise insgesamt größer, im Einzelfall aber kleiner geworden. Esskultur, Impfkultur, Internetkultur – Sie verstehen, was ich meine, jeden Tag kommen neue kleine Kulturen hinzu, so dass das Gesetz immer neue Triebe entwickeln muss, um der vielen Kulturen Herr zu werden. Während also die Kultur zerfällt, wächst das Gesetz. Das ist ungesund. Nehmen Sie nur die Internetkultur! Was einmal klein begann und gesetzmäßig leicht zu bearbeiten war, hat sich nun in wenigen Jahren in hundert Einzelkulturen aufgespalten, die alle dringend einer gesetzmäßigen Begleitung bedürfen. Oder betrachten Sie die Entwicklung des Geschlechts, wenn ich so sagen darf! Wo eben noch Mann, Frau und Kind war, gibt es nun hundert Zwischenformen, die auf eigenen Gesetzen bestehen, die wir dann in das große Gesetz aufnehmen müssen. Das führt zu Aufregung, Krach, Unzufriedenheit, weil jeder sein Gesetz sofort haben will. Das Gesetz ist nämlich von seiner eigentlichen Bestimmung und Beschaffenheit her langsam, um nicht zu sagen: bedächtig, es ruht gewissermaßen in sich selbst. Jetzt aber soll es sich ständig erneuern, häuten, eine neue Form annehmen, anders aussehen, leichter zugänglich sein, schneller reagieren usw., Sie können sich vorstellen, was das für das Wohlbefinden des Gesetzes bedeutet. Wenn Sie nachts an Gerichtsgebäuden entlanggehen, können Sie das Gesetz stöhnen hören! Es kann nicht mehr schlafen und demzufolge sich nicht mehr generieren. Es wird nervös, und am Ende wird es ungerecht. Wenn alle schreien: Ich will, wir haben die Pflicht und Schuldigkeit, man sollte, müsste, und zwar sofort und ohne Umschweife, warum ist dies noch nicht passiert und das nicht konsequent umgesetzt, es ist ein Skandal, eine Schande, eine entsetzliche Schlamperei, dann stellt sich das Gesetz tot.

Und was kann man dagegen tun?

Wer macht eigentlich die Gesetze?

Nach dem letzten großen Krieg war es relativ einfach, das Gesetz noch einmal richtig aufzustellen. Es gab, nach all dem Töten, Morden, Brandschatzen, nach Diebstahl, Lüge, Zerstörung, nach aller Entwertung der Werte, eine Stunde Null. Eine Stunde Null? Ja, vielleicht nicht richtig Null, aber eine gefühlte Null, man wollte – obwohl jeder Einzelne besudelt, befleckt oder zumindest bekleckert war – so tun, als könne man noch einmal von vorne, bei null gewissermaßen, anfangen, um es besser, schöner und zukunftsweisender zu machen. Man wollte überarbeiten, korrigieren, modernisieren, und natürlich verbessern, rationalisieren, umkrempeln, also einerseits alles über den Haufen werfen, andererseits an das alte Wahre anknüpfen, wenn Sie wissen, was ich meine. Man konnte ja das Gesetz als solches nicht neu erfinden, wie man ja auch den Menschen nicht wirklich neu erfinden konnte, leider. Er war eben so, wie er nun einmal war und ist, immer zu allem Unfug, aber auch zu allen Scheußlichkeiten bereit. Er neigt nun einmal zum Übermut. Kurzum, es sollte sein die Stunde Null, und eine Gruppe von Menschen, viele Männer und ein paar Frauen, wurde ausgewählt, ein Grundgesetz zu formulieren, das zunächst nur für die westlichen Gebiete, nach 1989 auch für die östlichen Gebiete verbindlich war und immer noch sein soll. Der Artikel 8 dieses Grundgesetzes (GG) lautet wie oben angegeben.

Ich stelle mir immer vor, wie die Väter (?) des Grundgesetzes bei schlechtem Kaffee in nicht besonders gut geheizten Räumen beisammensaßen, um eine neue deutsche Verfassung zu formulieren. Nach dem Desaster des Dritten Reiches und mit Millionen Toten vor Augen, nach dem totalen Zusammenbruch der Rechtsordnung und dem legitimierten Mord an Millionen Menschen sollte nun in wenigen, allen verständlichen Worten eine für alle verbindliche Rechtsnorm aufgestellt werden, an die sich bei gutem Willen auch alle halten konnten – auch die Sachbearbeiter, Beamten, Richter und Staatsanwälte, die eben noch nach einer anderen Melodie getanzt hatten –, egal, ob freiwillig oder gezwungenermaßen. Auch wenn es nur ein Grundgesetz war und keine Verfassung – wie mir mein Vater, Jurist, Jahrgang 1904, immer wieder erklärte –, so enthielten Formulierungen wie «Alle Menschen sind gleich» nicht nur die prinzipielle Unschärfe, weil alle Menschen eben in der Vergangenheit nicht und niemals gleich gewesen waren und es auch in Zukunft nie und nimmer sein würden, sondern weil mit diesen vier harmlosen Worten natürlich eine ideale, aber alles in allem unrealistische Weltanschauung ausgedrückt werden sollte. Alle Menschen sind gleich. Wer's glaubt, wird selig, wie man in Berlin sagte. In einem Grundgesetz mochte so etwas durchgehen, aber in einer Verfassung? Also sagte man: Männer und Frauen sind gleichberechtigt, was noch weniger der Realität entsprach, andererseits aber nicht so apodiktisch klang.

Bei Artikel 8 des Grundgesetzes war die Situation besonders heikel: Alle Deutschen haben das Recht, sich ohne Anmeldung oder Erlaubnis friedlich und ohne Waffen zu versammeln. Gewiss waren die Autoren des Grundgesetzes in friedlicher Absicht und höchstwahrscheinlich ohne Waffen zusammengekommen, aber mit diesem kurzen Satz musste die durch die Nazis von der demokratischen Tafel gewischte Rechtsordnung wiederhergestellt werden: Immerhin war die Verordnung zum Schutz von Volk und Staat, die sogenannte Reichstagsbrandverordnung vom 28. Februar 1933, einstimmig vom Kabinett beschlossen und am Tag darauf von Reichspräsident Paul von Hindenburg unterzeichnet worden. Und das hieß: Die Versammlungs-, die Meinungs- und die Pressefreiheit, das Post- und Fernmeldegeheimnis waren mehr oder weniger aufgehoben, die Mandate der Kommunisten im Parlament waren annulliert worden. Diese Vorgänge und Sachverhalte, die den Autoren des neuen Grundgesetzes in allen Konsequenzen ja durchwegs präsent gewesen sein müssen, wurden nun durch den einen harmlosen Satz ersetzt: Alle Deutschen haben das Recht, sich ohne Anmeldung oder Erlaubnis friedlich und ohne Waffen zu versammeln. Diese Treffen konnten in Wohnungen, Gaststätten mit oder ohne Hinterzimmern oder sonst wo stattfinden. Nur wenn sie unter freiem Himmel stattfinden – «unter freiem Himmel», meine Lieblingsformulierung im ganzen GG –, «kann dies Recht durch Gesetz oder auf Grund eines Gesetzes beschränkt werden».

Auf welchen Plätzen und zu welchem Zeitpunkt und zu welchem Zweck, das regeln die Gesetze. Ist es eine Demonstration (oder gar eine Massendemonstration), ein Marsch, eine Kundgebung oder nur ein Aufzug? (Unter einem Aufzug versteht man eine sich fortbewegende Versammlung.) Ist es eine Spontan- oder eine Eilversammlung? Maßgebliche Voraussetzung muss sein, dass die Personen nicht zufällig, sondern bewusst zu diesem Zwecke zusammentreten. Ist es eine Veranstaltung, die der bloßen Zurschaustellung eines Lebensgefühls dient (wie etwa die Love Parade), dann fällt sie nicht unter den Begriff der Versammlung. Denn eine Versammlung ist eine örtliche Zusammenkunft mehrerer Personen zu einer gemeinschaftlichen, auf die Teilhabe an der öffentlichen Meinungsbildung gerichteten Erörterung oder Kundgebung. (Der bayerische Gesetzgeber hat darüber hinaus festgestellt, dass bereits zwei Personen eine Versammlung bilden können.) Und wenn sie in einem Stadion ohne Dach stattfindet, ist es dann der «freie Himmel», der sie beschützt? Eine Versammlung oder eine Demonstration «unter freiem Himmel» muss 48 Stunden vorher bekanntgegeben werden. Was darf man auf einer Demonstration anziehen, darf man «Gegenstände mit sich führen, die geeignet sind, Vollstreckungsmaßnahmen der Träger von Hoheitsbefugnissen abzuwehren»? Und die Träger von Hoheitsbefugnissen müssen dafür sorgen, dass die Demonstranten unter freiem Himmel geschützt werden vor anderen Demonstranten, die die Demonstration stören wollen. Also sollte die Demonstration tunlichst tagsüber stattfinden. Im Netz kann man jede Menge nützliche Tipps und Tricks für eines der schönsten demokratischen Erlebnisse finden: die erste eigene Demo! Man lernt viel über Demokratie, heißt es da gut gelaunt, und hat am Ende meistens viel Spaß gehabt.

Wir haben mit einem Zitat aus Franz Kafkas berühmtem Prosastück *Vor dem Gesetz* begonnen. Es wird darin erzählt, wie ein Mann vom Land Tage und Jahre, sein ganzes Leben lang, vor dem Tor zum Gesetz darauf wartet, eingelassen zu werden. Kurz bevor er entkräftet stirbt, fragt er den Türhüter, der ihn am Eintreten gehindert hat, warum in all den Jahren niemand außer ihm Einlass verlangt hat. Der Türhüter antwortet, dieser Eingang sei nur für ihn, den Mann vom Land, bestimmt gewesen. Er werde ihn jetzt schließen.

Kafkas Parabel hat, wie jedes Gesetz, tausendundeine Interpretation gefunden. Der Leser hat das Recht, die tausendundzweite zu formulieren.

Artikel 9
Vereinigungs- und Koalitionsfreiheit

(1) Alle Deutschen haben das Recht, Vereine und Gesellschaften zu bilden.
(2) Vereinigungen, deren Zwecke oder deren Tätigkeit den Strafgesetzen zuwiderlaufen oder die sich gegen die verfassungsmäßige Ordnung oder gegen den Gedanken der Völkerverständigung richten, sind verboten.
(3) Das Recht, zur Wahrung und Förderung der Arbeits- und Wirtschaftsbedingungen Vereinigungen zu bilden, ist für jedermann und für alle Berufe gewährleistet. Abreden, die dieses Recht einschränken oder zu behindern suchen, sind nichtig, hierauf gerichtete Maßnahmen sind rechtswidrig. Maßnahmen nach den Artikeln 12a, 35 Abs. 2 und 3, Artikel 87a Abs. 4 und Artikel 91 dürfen sich nicht gegen Arbeitskämpfe richten, die zur Wahrung und Förderung der Arbeits- und Wirtschaftsbedingungen von Vereinigungen im Sinne des Satzes 1 geführt werden.

Wolfgang Matz

Von Webern, Schlachthöfen und Küchenstudios

So ist's ja besser zu zweien als allein; denn sie haben guten Lohn für ihre Mühe. Fällt einer von ihnen, so hilft ihm sein Gesell auf. Weh dem, der allein ist, wenn er fällt! Dann ist kein anderer da, der ihm aufhilft. Auch, wenn zwei beieinander liegen, wärmen sie sich; wie kann ein Einzelner warm werden? Einer mag überwältigt werden, aber zwei können widerstehen, und eine dreifache Schnur reißt nicht leicht entzwei. *Prediger 4,9–12*

Eins: Eine Geschichte aus dem neunzehnten Jahrhundert

In der Villa sitzt der Fabrikant, im Kontor warten die elenden Arbeiter, mit der Hoffnung auf ein bisschen mehr Lohn oder auch nur einen kleinen Vorschuss. Die armen, hungrigen Leute produzieren Stoff in Heimarbeit, und Heimarbeit, das weiß jeder, macht aus einer Gruppe von Menschen einzelne Individuen. Rechtlos ist nicht nur das Individuum, sondern auch die Gruppe, aber trotzdem, wenn überhaupt, dann ist sie es, die etwas bewegt, und sei's, dass sie am Anfang einfach nur singt, das «Lied vom Blutgericht». Und der Einzelne? Einer von ihnen hat seinen Hund geschlachtet, doch geschwächt, wie er ist, verdaut er nicht einmal den schauerlichen Braten. Es muss etwas geschehen. In der Villa diskutiert man an der Abendtafel über soziale Gerechtigkeit, draußen vor der Tür sind die revoltierenden Arbeiter im Anmarsch. Wenn man den Rädelsführer packt, bricht ein Aufstand meist zusammen, aber hier nicht; die Arbeiter befreien ihren Mann, die Polizei wird verprügelt, der Fabrikant flieht, und seine Villa wird verwüstet – sinnloser Akt einer hoffnungslosen Wut, doch der Aufstand ist jetzt allgemein. Da hilft nur noch Gewalt, das Militär greift ein, die Soldaten schießen den Protest nieder, und im allerletzten Augenblick trifft eine Kugel auch noch den alten, frommen Webermeister Hilse, obwohl der sich dem Aufstand gar nicht anschließen will. Es ist vorbei.

Wenn rasch der Vorhang fällt, weiß das Publikum wieder einmal, dass Rechte nicht vom Himmel fallen. Die Literatur tut sich meist schwer mit der Wirtschaft, und Gerhart Hauptmanns Drama *Die Weber* aus dem Jahr 1892 gehört zu den Ausnahmen. Sein Stück ist nicht nur eines über Wirtschaft, sondern auch eines über das Recht. Hauptmann führt den Theaterbesucher zurück zur Geschichte des schlesischen Weberaufstandes 1844, also in eine Zeit, da das Wort Arbeitnehmerrechte ein Fremdwort ist. Heimarbeit hin oder her, die Weber haben kein Recht, gemeinsam zu handeln, und wenn sie es dennoch tun, dann «rotten sie sich zusammen», und dagegen hat der Fabrikant Polizei, Soldaten und Gewehre. Die Weberaufstände sind nicht der Beginn der Arbeitskämpfe im neunzehnten Jahrhundert, Hauptmanns *Die Weber* aber ist das erste weithin beachtete Werk der deutschen Literatur, das Arbeitskämpfe zum Gegenstand der Kunst macht. Die Weber werden niedergeschossen, das Theaterstück bringt es immerhin noch zu einem ungeheuren Literaturskandal; seine Wirkung wird nie wieder verschwinden.

Zwei: Eine Geschichte aus dem zwanzigsten Jahrhundert

Die Zeit vergeht, die Literatur verändert sich, vor allem aber die Wirtschaft. Und das Recht? In Chicagos Schlachthöfen herrschen furchtbare Zustände. Der Umgang mit den Tieren ist viehisch, den Arbeitern geht es schlecht, den Arbeitslosen in der Wirtschaftskrise noch schlechter, es ist viel zu viel Fleisch auf dem Markt, und die Bosse der Fleischindustrie bekämpfen einander wie die von kriminellen Clans. Hilfe für die Arbeitslosen verspricht die Heilsarmee, mit Suppe und frommen Liedern, vorneweg die idealistische Pazifistin Johanna Dark. Spät begreift sie das Spiel der Monopole, der Bosse, der Spekulanten – zu spät. Zu lange hat sie geglaubt, dass es auch dort ums Gute geht und nicht nur um den Ruin des Konkurrenten und den eigenen Profit. Als es zum Generalstreik kommt, steht sie, ohne es zu wollen, idealistisch verblendet, auf der falschen Seite, und obwohl sie nun den Kommunisten ihre Unterstützung verspricht, kommt sie von der falschen Seite nicht mehr los: Der Generalstreik scheitert, Johanna stirbt, und die Bosse verwandeln sie in die medientaugliche Heiligenfigur, die sie nicht war und nicht sein wollte. Ihre letzten Aufrufe zur Veränderung der Gesellschaft hört niemand mehr, weder die Bosse noch die geschlagenen Arbeiter.

Wieder fällt der Vorhang, wieder ist die fromme Idealistin das letzte Opfer. Als Bertolt Brecht 1929 seine *Heilige Johanna der Schlachthöfe* schreibt, hat sich sehr viel verändert, auch in der Literatur. Brecht hatte sich vor allem von einem Roman inspirieren lassen, von Upton Sinclairs *The Jungle*, einem der wirkungsvollsten Bücher der Geschichte. Sinclair hatte eines der ersten Exemplare an den Präsidenten Theodore Roosevelt geschickt, und seine schonungslose Beschreibung der blutigen Schlachthof-Industrie in Chicago führte sogar zu einer neuen Bundesgesetzgebung zur Fleischverarbeitung. Aber sonst? Sinclair sah seine Sache eher resigniert: «Auf die Herzen der Menschen hatte ich gezielt, getroffen habe ich nur ihre Mägen.» Er hatte den Roman politisch gewollt, gelesen wurde er als Werbung für besseres Fleisch. Die politische Intention ist Brechts Anknüpfungspunkt: Das bessere Fleisch ist für die, die es sich leisten können. Der Generalstreik der Arbeiter jedoch richtet sich auf etwas anderes: menschenwürdige Arbeitsbedingungen, menschenwürdige Bezahlung, das Recht der Arbeiter auf gemeinsamen Kampf für die gemeinsame Sache. Das alles, so wusste Brecht, würden die Bosse und ihre Monopole, ihre Regierungen und ihre Soldaten niemals zugestehen, dafür brauchte es nur «das Einfache / Das schwer zu machen ist»: den Kommunismus.

Drei: Rechtsbelehrung

1949 wird das Grundgesetz für die Bundesrepublik Deutschland beschlossen. Artikel 9 zählt zu den Grundrechten, also zur Basis des Verfassungsrechts in 19 Artikeln. «Alle Deutschen haben das Recht, Vereine und Gesellschaften zu bilden.» Dieses elementare Recht für jeden Bürger kennt nur eine einzige verfassungsgemäße Einschränkung: «Vereinigungen, deren Zwecke oder deren Tätigkeit den Strafgesetzen zuwiderlaufen oder die sich gegen die verfassungsmäßige Ordnung oder gegen den Gedanken der Völkerverständigung richten, sind verboten.» Eigentlich wäre damit alles gesagt, denn «Alle Deutschen haben das Recht, Vereine und Gesellschaften zu bilden», das umfasst in seiner kategorischen Allgemeinheit tatsächlich alle denkbaren Formen von Zusammenschlüssen, Vereins-, Gesellschafts-, Gruppenbildungen. Dennoch haben die Väter und Mütter des Grundgesetzes es für notwendig gehalten, diesem doch eigentlich alles einschließenden Grundsatz noch ausdrücklich einen letzten Absatz 3 hinzuzufügen: «Das Recht, zur Wahrung und Förderung der Arbeits- und Wirtschaftsbedingungen Vereinigungen zu bilden, ist für jedermann und für alle Berufe gewährleistet. Abreden, die dieses Recht einschränken oder zu behindern suchen, sind nichtig, hierauf gerichtete Maßnahmen sind rechtswidrig. Maßnahmen nach den Artikeln 12a, 35 Abs. 2 und 3, Artikel 87a Abs. 4 und Artikel 91 dürfen sich nicht gegen Arbeitskämpfe richten, die zur Wahrung und Förderung der Arbeits- und Wirtschaftsbedingungen von Vereinigungen im Sinne des Satzes 1 geführt werden.» Dieser Absatz 3 fixiert also die sogenannte Koalitionsfreiheit, nämlich das Recht, auch im Bereich der Wirtschaft Vereinigungen zur Durchsetzung eigener Interessen zu bilden.

Auf den ersten Blick mag es erstaunlich klingen, dass über das allgemeine Grundrecht auf Vereinsbildung hinaus die Präzisierung und ausdrückliche Nennung der Wirtschaft überhaupt notwendig war, doch der Blick in *Die Weber*, in *The Jungle*, in *Die heilige Johanna der Schlachthöfe* belehrt einen sofort. Die Wirtschaft ist durchaus kein rechtsfreier Raum, war es nie, doch mit der Behandlung der Arbeitskräfte sah es lange ganz anders aus. «Privatwirtschaft» lautet das Zauberwort, Privatwirtschaft auch in dem Sinne, dass die Verhältnisse innerhalb eines Betriebes, solange sie nicht Straftatbestände darstellten, interne Angelegenheit des Unternehmens blieben, sprich des Unternehmers. Und mehr als das: War seine Fabrik auch Privateigentum und die inneren Angelegenheiten deshalb Privatsache, so machte der Staat diese Privatsache doch rasch wieder zum schützenswerten öffentlichen Gut: Es sind reguläre Soldaten, die den Fabrikanten vor seinen Webern beschützen. Es sind reguläre Polizisten, die so manchem Generalstreik ein Ende gemacht haben. Privatsache, das bedeutet Macht. Und die Macht, die ist in der Privatwirtschaft nun erst einmal sehr ungleich verteilt. Und indem die öffentliche Ordnung das Prinzip Privatsache und Privateigentum schützt, schützt sie auch die höchst ungleich verteilte Macht. Damit war die Wirtschaft eben doch ein Sonderfall im gesellschaftlichen Ganzen, ein kleines oder größeres schwarzes Loch in dem großen, komplexen, feingesponnenen Netz der sozialen Existenz.

Das Grundrecht auf Koalitionsfreiheit setzt eine definitive Zäsur. Die Arbeiter haben nicht nur das Recht auf gemeinsamen Gasthausbesuch, auf einen kleinen Verein außerhalb des Betriebs für den Feierabend, auf eine Theatergruppe oder auf Brieftaubenzucht, sie haben das fundamentale Recht, *innerhalb* des Unternehmens sich zusammenzuschließen, ihre Interessen zu vertreten «zur Wahrung und Förderung der Arbeits- und Wirtschaftsbedingungen». Was das Grundgesetz in Artikel 9 Absatz 3 formuliert, ist als lebendiges Grundrecht schlechterdings nicht zu überschätzen: Ein für alle Mal legt es fest, dass die Zeit der Weber, der Schlachthöfe, die Zeit des kapitalistischen

Dschungels vorüber ist; die Weber und die Arbeiter im Schlachthof brauchen keine Heilsarmee, sie können sich selber zusammenschließen zu einer kleinen Armee, und wenn es gut geht, wird es auch eine große. Das Recht schützt sie.

Vier: Geschichtsstunde

Das Recht schützt sie davor, Privatsache des Unternehmens zu sein. Das Recht aber schützt auch weiterhin das Privateigentum. So steht das Recht auf Koalitionsfreiheit an zentraler Stelle einer ganzen Reihe von Rechtsvorschriften, die das Privateigentum zwar keinesfalls antasten, es aber klar fixierten Bedingungen unterwerfen – und damit de iure und de facto einschränken. Das ungleiche Machtgefüge existiert zwar weiter, aber es schlägt nicht mehr unkontrolliert aus für nur eine Seite; das Unternehmen gehört zwar seinem Eigentümer, doch trotzdem kann er nicht mehr tun und lassen, was er will.

Zur Regelung all dieser Verhältnisse innerhalb der Wirtschaft gibt es eine Unzahl von Gesetzen, von der Gewerbeordnung bis zum Betriebsverfassungsgesetz. Der Blick in die Geschichtsbücher lehrt die alte Weisheit: Kein Recht wurde je gewährt, ohne dass es erkämpft wurde, und das gilt nirgends mehr als in der Wirtschaft. Die ersten Schritte zu dem, was jetzt das Grundgesetz garantiert, waren meist durchaus rechtswidrig – deshalb marschiert das Militär gegen die Weber. Das Recht auf Streik – abgeleitet vom englischen «to strike», also schlagen, treffen – steht zum ersten Mal in der Gewerbeordnung des Norddeutschen Bundes von 1869. Es gab aber auch die Gegenbewegung: 1878 erließ Bismarck die sogenannten Sozialistengesetze, mit denen Arbeiterparteien und Gewerkschaften verboten wurden, in der Hoffnung, Streiks und Lohnforderungen staatlich in den Griff zu bekommen, und wenn gleichzeitig erste Maßnahmen einer Sozialgesetzgebung ins Werk gesetzt wurden, dann nicht zuletzt zu dem gleichen Zweck: die Bildung von eigenständigen Interessenvertretungen zu verhindern.

Die Autoren des Grundgesetzes haben auch hier – was stets leichter gesagt ist als getan – aus der Geschichte gelernt. Denn der Nationalsozialismus machte mit diesen Rechten ohnehin Schluss, Gewerkschaften, aber auch Arbeitgeberverbände waren verboten, sozusagen ersetzt durch die «Deutsche Arbeitsfront». Auch in den sozialistischen Staaten gab es keine Koalitionsfreiheit, die ideologische Behauptung, es sei alles ohnehin im Eigentum des Volkes, machte freie Gewerkschaften natürlich überflüssig. Wie die Wirklichkeit aussah, zeigen noch die Jahre vor 1989, als zum Beispiel die Arbeiter der Danziger Leninwerft sich das Recht auf freie Vereinigung und Interessenvertretung einfach nahmen – als der Arbeiterstaat es ihnen mit seinem Militär nicht anders verweigerte als einst den Webern oder den Männern vom Schlachthof. Dort wie hier behaupteten die Staatsideologien, ihre Gesellschaftsordnung habe den Antagonismus zwischen Kapital und Arbeit aufgehoben, und hier wie dort war es eine ideologische Lüge. Gelernt haben die Autoren des Grundgesetzes daraus das Wesentliche: In einer freiheitlichen Gesellschaft darf die Wirtschaft kein schwarzes Loch sein. Eigentum gibt keine unbegrenzte Verfügungsmacht. In einer demokratischen Gesellschaft kann auch die Privatwirtschaft kein Bezirk bleiben, der alle Regeln und internen Abläufe als Privatsache betrachtet. Und wenn der Staat etwas schützt, dann nicht mehr die Macht, sondern die demokratischen Regeln auch in der Wirtschaft.

Zu Recht steht die Koalitionsfreiheit ganz vorne unter den Grundrechten, denn sie ist der Grundpfeiler dieser Idee. Den Antagonismus zwischen Kapital und Arbeit, die widerstreitenden Interessen und das ungleiche Machtverhältnis hat noch niemand abgeschafft, und deshalb geht es um etwas viel Fundamentaleres: um Regeln, wie der Streit zu führen ist. Und Artikel 9 Absatz 3 GG besagt: Ohne das verbriefte Recht, sich zusammenzuschließen, gibt es keine Interessenvertretung und keine Demokratie. Doch apropos: Das Gleiche steht auch der Gegenpartei zu und begründet das Recht auf Bildung von Arbeitgeberverbänden. Das Grundgesetz besteht auf dem Prinzip der Waffengleichheit.

Fünf: Eine Geschichte aus dem einundzwanzigsten Jahrhundert

An der Straßenecke ist ein Laden, und wenn irgendwo im Viertel ein Mieter einzieht, kann er sich hier für seine neue Küche beraten, sie entwerfen und einrichten lassen; ein kleines Unternehmen, drei Filialen in der Stadt, in jeder arbeiten zwei, drei Leute, der Eigentümer ist zugleich der Chef. Die Leute werden nicht besonders gut bezahlt, das liegt auf der Hand; es gibt ein Grundgehalt und dazu Provisionen für erfolgreich abgeschlossene Verträge, denn nicht jeder, der den Laden betritt, lässt sich auch überzeugen; dafür braucht es auch einen guten, einen überzeugenden Entwurf. Die junge Frau am Zeichentisch arbeitet schon seit ein paar Jahren in der Firma, doch sie ist nicht zufrieden. Der Chef spielt falsch. Und gerade jetzt spielt er besonders falsch: Der Käufer einer großen Eigentumswohnung ums Eck hat sich überzeugen lassen, die entworfene Küche mit allen Geräten ist aufwendig und teuer, die Provision wird sich lohnen. Der Chef sieht das anders; in der letzten halben Stunde setzt er sich mit an den Tisch, sagt dies und das, und am Ende hat laut den Unterlagen nicht die junge Frau die teuersten Geräte verkauft, sondern er, der Chef; von der Provision sind zwei Drittel weg, entsprechend groß die Wut. All das ist natürlich rechtswidrig, erwidert ein Freund, Betriebsrat in einem mittelständischen Unternehmen, dem sie ihre Wut geklagt hat; da muss man was machen und kann es auch. Die Wut ist schon älter, der Chef macht das nicht zum ersten Mal, und auch sonst geht es nicht mit rechten Dingen zu, bei Wochenendarbeit, bei Messen, bei Dienstreisen, denn nicht alle Kunden wohnen in der Nebenstraße. Und warum tut ihr nichts?, will der Freund wissen. Wenn man was sagt, fliegt man raus. Aber ist euch nicht klar, dass sowas einfach nicht geht? Jedes Arbeitsgericht gibt euch recht! Schon, aber wie soll man sich da wehren, das schafft man nicht.

Hier fällt kein Vorhang, denn diese Geschichte stammt nicht aus der Literatur, sondern ist alltägliche Wirklichkeit. Das Recht ist ganz auf der Seite der jungen Frau und ihrer Kollegen, doch es gibt Rechte, die lassen sich nur schlecht durchsetzen, dazu gehören Kenntnis der Rechtslage, Entschlossenheit, Mut und ebenso mutige Kollegen, also eine kleine Koalition, die sich gemeinsam an die Sache wagt. *Einer mag überwältigt werden, aber zwei können widerstehen, und eine dreifache Schnur reißt nicht leicht entzwei.* Ja, und genau deshalb kommt es anders, die junge Frau sieht sich um, kündigt und geht zu einer besseren Firma. Für sie ist die Sache erledigt, doch ihrer Nachfolgerin wird es nicht besser gehen.

Die Grundrechte sind vor allem Schutzrechte, das heißt, sie schützen die Betroffenen vor willkürlichem Zugriff des Staates und anderer Mächtiger. Artikel 9 Absatz 3 GG schützt das Recht auf Bildung einer Interessenvertretung im Betrieb, er stellt aber diese Interessenvertretung nicht selber her. Darum hat der Gesetzgeber im Lauf der Geschichte noch andere Regeln erlassen, so vor allem das Betriebsverfassungsgesetz, mit dem die Mitbestimmung und Interessenvertretung nicht nur geschützt, sondern aktiv gestaltet wird. In größeren Unternehmen ist die Bildung von Betriebsräten nicht nur eine Selbstverständlichkeit, sie ist tatsächlich die wesentliche Grundlage für einen korrekten Arbeitsablauf und damit für den Betriebsfrieden; in diesen Unternehmen muss die Angst vor dem Chef keinen daran hindern, sein Recht auf korrekte Bezahlung, auf Urlaub und gesetzeskonforme Arbeitszeiten einzufordern. Die institutionalisierte Vertretung durch den Betriebsrat kann auch auffangen, was es womöglich trotzdem noch gibt an persönlichem Druck, an persönlicher Willkür durch Vorgesetzte, an Repressalien im Kleinen wie im Großen, denn der Einzelne steht nicht allein. In kleinen Unternehmen ist das häufig noch sehr anders, und das Beispiel illustriert das grundlegende Dilemma, wie es nicht selten ist in der Arbeitswelt, das Dilemma zwischen einem garantierten Recht und der realen, alltäglichen Möglichkeit, es einzufordern. Das Militär wird sicher nicht aufmarschieren bei dem Kücheneinrichter an der Ecke, wie damals bei den Webern, aber die junge Frau, der ihr Chef die Provision vorenthält, findet sich, dem Recht zum Trotz, noch immer in einer ziemlich schwachen Position. Denn wo die Koalitionsfreiheit, also das Recht auf eine freie Vereinigung in der Wirtschaft, an den äußeren Umständen scheitert, gerade da wird für jeden sichtbar, warum sie zu den ersten Grundrechten einer freiheitlichen Gesellschaft zählt.

Artikel 10
Brief-, Post- und Fernmeldegeheimnis

(1) Das Briefgeheimnis sowie das Post- und Fernmeldegeheimnis sind unverletzlich.
(2) Beschränkungen dürfen nur auf Grund eines Gesetzes angeordnet werden. Dient die Beschränkung dem Schutze der freiheitlichen demokratischen Grundordnung oder des Bestandes oder der Sicherung des Bundes oder eines Landes, so kann das Gesetz bestimmen, daß sie dem Betroffenen nicht mitgeteilt wird und daß an die Stelle des Rechtsweges die Nachprüfung durch von der Volksvertretung bestellte Organe und Hilfsorgane tritt.

Eva Menasse

Dissidenten der Digitalmoderne

Prag ist heiß, verdorrt, schwül und welk. Mein Telefon führt nirgends hin. Im Café Bellevue sitzt Doppler. Peroutka ist weggefahren, und Richter ist weggefahren, und ich muß mich um die ganze Přítomnost kümmern. Und ich kann nicht arbeiten. Wahrscheinlich werde ich nie mehr arbeiten können. Ich habe dir damals gesagt, ich kann mir eher vorstellen, zu sterben, als daß du wegfährst. Es ist allerdings das Schlimmste geschehen, wie immer das Schlimmste geschieht. Du bist weggefahren, und ich bin nicht gestorben.» Dies, einen der schönsten Liebesbriefe, den ich kenne, schrieb im August 1938 die tschechische Journalistin Milena Jesenská, damals Redakteurin der

Přítomnost («Gegenwart»), an ihren Kollegen Willi Schlamm, der bereits emigriert war.

Ein Liebesbrief, das Privateste, was sich denken lässt – abgedruckt in einem Buch, den Augen der Welt preisgegeben. Und es sind ja unzählige andere Briefkorrespondenzen veröffentlicht, aus historischen oder literarischen Gründen. Aber in welcher Beziehung steht das eigentlich zum gesetzlich geschützten Briefgeheimnis? Natürlich, bevor Briefe veröffentlicht werden können, müssen sie freigegeben oder ihre Verfasser tot sein. Aber dass uns Brief-Editionen so besonders faszinieren, weil sie den Voyeur und Schnüffler in uns kitzeln, wie ich es jedes Mal deutlich empfinde, wenn ich solche fremden Briefe öffne, seien es die herrlich ungezogenen von Virginia Woolf oder die tragischverdrucksten innerhalb der Familie Mann – das verdeutlicht nur auf andere Weise ihre Besonderheit. Briefe sind notierte Zwiegespräche, sie sind auf Papier gebannte, verstofflichte Privatsphäre.

Ein vertrauliches Gespräch kann immer so organisiert werden, dass man nicht belauscht wird. Man kann den richtigen Zeitpunkt abwarten, den anderen in eine stille Ecke oder einen dichten Wald ziehen, Dritte können Wache halten. Aber auch wenn die Kommunikation vermittelt stattfinden muss, indem einer etwas aufschreibt und aus der Hand geben muss, damit es dem Adressaten oder der Adressatin gebracht werde – selbst für diesen heiklen, ausgelieferten Fall will die Gesellschaft Privatheit garantieren. Das ist «von allen Kulturvölkern als Princip anerkannt worden», wie es in einer alten Brockhaus-Definition heißt. Und das ist eigentlich ziemlich erstaunlich. Ohne jedwede historische Forschung betrieben zu haben, kann ich mir den ideellen Ursprung dieser Regel nur aus der ohnehin überzeugendsten aller Rechtsgrundlagen denken: «Was du nicht willst, dass man dir tu, das füg' auch keinem anderen zu.»

Wahrscheinlich ließe sich die moralische Spannweite der Menschheit sowieso gut zwischen diesem, höflich die Distanz wahrenden, und dem anderen, dem riskant-expeditiven, Prinzip beschreiben: «Was machbar ist, wird auch gemacht werden» – das beginnt beim Eindringen in die Privatsphäre anderer und endet bei Auschwitz und der Atombombe.

Aber wir waren erst beim Brief.

«Zum Wesen des Briefes», so heißt es in dem alten Brockhaus vom Ende des 19. Jahrhunderts weiter, «gehört der Verschluß, durch welchen der Briefabsender seinen Willen bekundet, daß die unter dem Schutze des Siegels befindliche Botschaft jedem unbefugten Auge entzogen werden soll.» Längst braucht man Lack und Siegel nicht mehr (die ich als Kind besaß und liebte), es reicht, den Brief zuzukleben, und es ist sogar verboten, offene Postkarten zu lesen.

Zu Kafkas Zeiten, in der österreichisch-ungarischen Monarchie, gab es dreimal Post, morgens, mittags und abends. Damit war, selbst wenn man sich gerade, wie Kafka ja oft, in hysterischen Liebeshändeln befand, der Überhitzung eine scharfe Grenze gesetzt. Wie sehr uns das heute doch fehlt! Inzwischen gibt es, von Kindern und Schwerkranken abgesehen, auf der ganzen Welt wohl kaum jemanden mehr, der am Tag nur dreimal Nachrichten absetzt.

Dass die Schönheit des Briefschreibens, seine Umständlichkeit und die Unberechenbarkeit der Zustellung verloren gegangen sind, könnte man nun einfach sentimental betrauern wie das Aussterben von Kürschnern, Melkern, Setzern. Aber das Problem reicht viel tiefer, und damit auch die Frage, was das Briefgeheimnis heute überhaupt noch bedeuten kann. Ein Bild desjenigen, der es bricht, hat wohl jeder vor sich. In fast jeder Familie gibt es einen, der angesichts von Handschriftlichem Stielaugen bekommt, der alles hochhebt, was privat sein könnte, und zur Verteidigung immer sagt, er wollte nur schauen, an wen es gerichtet sei. Und wenn wir es in Filmen sehen, die Arbeit von Zensoren in Diktaturen oder das berühmte Öffnen von Kuverts über Dampf, haben solche Szenen etwas Brachiales, Handgreifliches. Die Überschreitung, der Regelbruch geht einem unter die Haut. Aber unseren Kindern möglicherweise nicht mehr.

Nun unterscheidet sich digitale Kommunikation, egal ob über E-Mails, Messenger-Dienste, Twitter, Facebook oder SMS, kategorial vom alten Brief. Hier ist nicht einfach nur eine begrüßenswerte Erleichterung und Beschleunigung durch Maschinisierung erzielt worden, vergleichbar dem dürren, einen hölzernen Pflug ziehenden Ackergaul, der von einem breiten Metallfahrzeug ersetzt wurde, das viel schneller und gerader die Ackerfurchen zieht, dabei noch düngt und niemals lahmt, bockt oder in der Mittagshitze stirbt. Nein, all die digitalen Formen, die wir bisher kennengelernt haben (und wer kann schon sagen, was als Nächstes kommt – implantierte Devices, die man mit Zwinkern oder gar mit dem Willen steuern kann, werden längst erforscht), verhalten sich grundlegend anders als Briefe. Sie sind weit mehr als bloßer technischer Fortschritt, denn sie haben auf dramatische Weise unser Verhalten, unsere Gefühle und Reaktionen, unsere ganze Wahrnehmung verändert, pathetisch gesagt: Sie verändern unser Menschsein.

Die Hauptgründe dafür sind schnell aufgezählt und sind bedeutsamer als ihre «Unstofflichkeit», dass sie also bloß auf Bildschirmen erscheinen: Geschwindigkeit, Unmittelbarkeit trotz räumlicher Distanz, unendliche Vervielfältigung, Unlöschbarkeit.

Digitalisierte Kommunikation erzeugt fatale Illusionen von Gleichzeitigkeit und Nähe. Durch klassische Sinnestäuschung rückt uns die große, furchtbar komplizierte und gewalttätige Welt dauernd ganz enorm auf den Pelz. Können wir, ständig an unseren Geräten hängend, die Informationen überhaupt noch in die Reihenfolge ihrer Wichtigkeit bringen, wenn die beruflichen Projekte, die Diskussionen in Familien-, Nachbarschafts- und Mietergruppen, allgemeine Twitter-Erregungen und *breaking news* von Kriegen, Naturkatastrophen und Flugzeugabstürzen mehr oder weniger gleichzeitig und abwechselnd eintreffen? Geschehen nicht automatisch kommunikative Übersprungshandlungen nach dem Watzlawick'schen Muster («Behalten Sie Ihren Hammer, Sie Rüpel!»), einfach, weil man jederzeit zurückfeuern kann? Auf Twitter gibt es täglich Beispiele für solche osmotischen Schwappungen, wenn ganz unterschiedliche Themen einfach qua überschießender Emotionalität vernäht werden: «Gerade sind wieder 34 Menschen vor Malta ertrunken: Und Sie haben nichts Besseres zu tun, als ...»

Dagegen der gute alte Brief: Ich setze mich, womöglich äußerst erregt, hin, beginne, mit scharfen Worten zu schreiben, aber schon nach einer halben Seite und einem ermüdenden Handgelenk wird mir klar, dass das alles wenig lohnt und ich mich vielmehr lächerlich mache. Oder: Ich habe diesen Brief wie ein Laserschwert zwar heißblütig zu Ende geschrieben und nachdrücklich zugeklebt, aber jetzt fehlt mir die Briefmarke. Also fange ich doch an, nachzudenken ... War es richtig, mit «Sie unbelehrbares Arschloch» zu enden? Soll ich wirklich den ganzen Brief noch einmal schreiben, nur um diese überzogene Schlussformel zu eliminieren? Oder einfach zerreißen, und Schwamm drüber? Jeder von uns Älteren kennt außerdem eine Geschichte, wo – aus welchen Gründen auch immer – jemand demütig neben einem Briefkasten ausgeharrt hat, bis endlich der Entleerer kam, den man flehentlich bat, einen bereits eingeworfenen Brief heraussuchen und wieder an sich nehmen zu dürfen? Rührende Begebenheiten, von heute aus klingen sie historisch, wie aus Doderers Zeit, als er mit achtzehn Jahren und eigenem Pferd beim Ulanenregiment einrückte ...

Aber die Zeit spielt eine bedeutende Rolle, die Zeit ist der entscheidende Faktor. Geschwindigkeit ist nämlich kein Wert an sich, beinahe im Gegenteil. Das könnten wir inzwischen begriffen haben, der Vergleich zwischen dem alten Brief einerseits, der Mail und ihren Unterformen andererseits macht es deutlich. Zeit zu haben, sie zu verschwenden und zu verlieren ist möglicherweise gerade, was den sterblichen Menschen von seiner Technik unterscheidet. Der unbezähmbare menschliche Trieb, Neues zu erfinden, kommt ja wahrscheinlich daher, dass wir uns seit jeher in die Zukunft verlängern wollen, über unsere individuell erreichbare Lebenszeit hinaus. Dass die Menschheit seit jeher die Zeit und den Tod besiegen will. Und obwohl es eigentlich nicht unmittelbar zusammenhängt, haben viele unserer Erfindungen im Laufe der Jahrhunderte alles kontinuierlich beschleunigt, bei gleichzeitiger deutlicher Verlängerung der Lebenszeit. Ist nun der Punkt erreicht, wo wir uns – nicht nur kommunikativ – selbst überholen und damit vernichten?

Im Falle des altmodischen Briefeschreibens wirkte die Zeit zweifellos als eine Art Airbag, der eine Menge Fehler und Katastrophen verhinderte. Niemand wird widersprechen, wenn ich behaupte, dass die Anzahl der zerrissenen, vernichteten, niemals abgeschickten Briefe die der zugestellten um ein Vielfaches überschreitet. Und die der aufbewahrten und erhaltenen, somit publizierbaren, sowieso. Aber dieser Airbag aus Zeit ist restlos vernichtet, nicht einmal etwas von der Dicke eines Bremsbelags ist übrig geblieben. Online-Kommunikation funktioniert rein affektiv, tippen, senden, weg – uneinholbar, nie wieder einzufangen. Dazu kommt noch, dass die unnatürliche Kombination ihrer Eigenschaften – zeitlich unmittelbar, aber räumlich distant – hochproblematisch ist. Denn eine solche Kombination neigt nicht nur zur Gewalt, sondern multipliziert sie sogar. Strukturell ist das vergleichbar mit der Erfindung des Schwarzpulvers und der Handfeuerwaffen. Vorher musste man dem Gegner noch nahetreten, um ihn zu erschlagen oder zu erstechen, einschließlich aller damit verbundenen Sinneseindrücke. Seither geht das auf Entfernung, bloß ein Punkt, auf den man zielt, dann macht man den Finger krumm. Das ist unpersönlicher, kälter, kommt ohne Blut an den Händen aus. Irgendwo ins Blaue schießen, und weit weg hinter den Linien, unsichtbar, fällt vielleicht einer um – das taugt auch als Metapher für den verbalen Wahnsinn im Netz.

Für das Potential zur totalen Enthemmung gibt es längst einen Fachbegriff – *online disinhibition effect*. Ich bin zutiefst davon überzeugt, dass all das eine weitreichende Erklärung für die Erosion und Brutalisierung des öffentlichen Diskurses ist, für die weitreichende Vernichtung von Anstand, Takt und Großmut zwischen den Menschen. Das alles ist messbar und hat unser Leben auch im Analogen verändert.

Früher gab es also nur zwei, voneinander streng geschiedene Möglichkeiten, sozusagen Aggregatzustände der Kommunikation, nämlich gesprochene Sprache (dazu zählt auch das Telefongespräch) mit der ihr immanenten Gnade von Flüchtigkeit, Vergänglich- und Vergesslichkeit, die alle stattgehabten Affekte und Übertreibungen mindert und ausgleicht. Und auf der anderen Seite die geschriebene Sprache, der etwas Überlegteres, Gültigeres, Gewichtigeres innewohnte, weil man viel mehr Zeit und Mühe darauf verwenden musste. Das Ergebnis (der Brief, das Flugblatt, das Buch) trug die Art seiner Entstehung als zusätzliche Qualität in sich. Es war haltbarer und bedeutsamer.

Heute haben wir einen verstörenden Hybrid aus beidem. Der Unterschied zwischen Gesprochenem und Geschriebenem ist aufgehoben, denn auch alles, was man irgendwo murmelt, wird wahrscheinlich aufgezeichnet. Digitale Kommunikation feuert so schnell und affektiv wie gesprochene Sprache, obwohl der Adressat im nebligen Irgendwo ist – sie erreicht ihn trotzdem. Niemand kann sich vor seinem Mail- oder seinem Twitter-Account verstecken, aber ohne sie leben kann man auch nicht mehr. Gleichzeitig wirkt diese Kommunikation – trotz aller Tippfehler, albernen Emojis und verwackelten Videos – schon wegen ihrer Haltbarkeit gültiger, kann immer wieder hervorgeholt und als Beweisstück präsentiert werden. Und dazu treten dann noch, wie in einem Fluch, die oben erwähnten Eigenschaften von Vervielfältig- und Unlöschbarkeit.

Überall, auch in meinem Freundeskreis, gibt es Menschen, die völlig unkritisch E-Mails oder Messenger-Nachrichten an Dritte weiterleiten, die gar nicht darauf achten, dass eine Sammel-Mail viele weitere, nicht öffentliche Adressen enthält oder dass an einer E-Mail noch ein langer Schwanz an alter, sensibler Korrespondenz hängt. Einfach klick und weiter, und wenn das alle machen, dann erscheinen all unsere erregten Diskussionen und komplizierten Gesetze zu den Themen Datenschutz und Ausspähung naiv und rührend. Aber auch das ist wiederum typisch Mensch: Er beschuldigt immer erst die anderen, bevor er einen Fehler bei sich sucht. Dabei handelt es sich um zwei ganz verschiedene Themen. Während wir politisch unbedingt Sorge dafür tragen müssen, dass uns weder staatliche Institutionen noch Kapitalismusriesen wie Google oder Facebook ausspähen oder mit unseren Daten Geschäfte treiben, müssen wir unser eigenes Verhalten im Netz einer mindestens ebenso kritischen Revision unterziehen. Diskretion auch im Netz gehört endlich gelernt. Es reicht bei Weitem nicht, unsere Kinder auf diese Gefahren aufmerksam zu machen («Poste mal nicht so viele Fotos von dir!»). Als Erstes müssten wir selbst aufhören, uns zu verhalten wie *digital naïves*, die glücklich mit den bunten Perlen, äh, Apps spielen, ohne Sinn dafür, warum man sie uns geschenkt hat. Niemand würde Pillen schlucken, die umsonst auf der Straße verteilt werden, im Gegenteil steigen generelle Medikamenten- und Impfskepsis seit Jahren an, wahrscheinlich ungefähr in dem Ausmaß, in dem die wissenschaftliche Qualitätssicherung präziser wird. Aber wenn es um Gratis-Apps geht oder um das Kleingedruckte der Datenverarbeitung in den geliebten sozialen Medien (die ich viel lieber die «asozialen» nenne), ist man hemmungslos und zu allem bereit.

Ich würde also so weit gehen zu sagen, dass das gute alte Briefgeheimnis in der digitalen Welt längst weitgehend außer Kraft gesetzt ist. Und zwar noch ohne die komplexen technischen Möglichkeiten der Böswilligen (hacken, Trojaner einschleusen, überwachen). Ganz freiwillig machen wir uns nackt, und alle Gesetze und Regularien (wie etwa die EU-Datenschutzgrundverordnung, vielgehasst und -kritisiert, aber bestimmt eine der beeindruckendsten Errungenschaften der Europäischen Union überhaupt) hinken den technischen Möglichkeiten naturgemäß immer um Jahre hinterher. Summa: Wer ausschließen will, gehackt oder belauscht zu werden, muss sich hinsetzen und einen analogen Brief schreiben. Briefschreiber sind die Dissidenten der Digitalmoderne.

Derweil steht der Briefgeheimnis-Artikel weiterhin ehrwürdig im Grundgesetz wie ein Relikt aus alter Zeit, vergleichbar dem Kölner Dom, dem die Datenströme, die ihn *wireless* umtosen, gar nichts anzuhaben scheinen. Das sind schon wirklich beeindruckende Synchronizitäten.

Milena Jesenská übrigens, um zum Anfang zurückzukommen,

wurde vierzig Jahre nach Kafkas Tod überhaupt nur berühmt, weil sie alle seine Briefe an sie nicht nur sorgfältig aufbewahrt, sondern mit Glück auch den richtigen Menschen übergeben hat, als sich die Schlinge der Nazis zuzog. Als Kommunistin und Widerstandskämpferin starb sie im Mai 1944 im Konzentrationslager Ravensbrück. Auch für die Literaturgeschichte bleibt eine große, schmerzhafte Leerstelle, denn ihre Briefe an Kafka bleiben verschwunden. Dass sie eine literarisch begabte, ungemein lebendige und originelle Briefschreiberin war, wissen wir aus anderen Korrespondenzen, die sich erhalten haben. Aber ausgerechnet ihr Austausch mit Kafka, das Briefgespräch zweier intellektuell ebenbürtiger, voneinander jahrelang faszinierter Persönlichkeiten bleibt ein Torso. Milenas Briefe sind unauffindbar, möglicherweise auf ihr Geheiß von irgendjemandem verbrannt oder den Zeitläuften zum Opfer gefallen. Zuletzt scheinen sie sich im Besitz von Kafkas Eltern befunden zu haben. Hier wurde also das Briefgeheimnis via Verlust gewahrt. Aber genau dieses Fehlen, diese Wunde erinnert uns andererseits an das Geheimnis des Menschseins, an seine ergreifende Mischung aus Einzigartigkeit und Vergänglichkeit.

Artikel 11
Freizügigkeit

(1) Alle Deutschen genießen Freizügigkeit im ganzen Bundesgebiet.
(2) Dieses Recht darf nur durch Gesetz oder auf Grund eines Gesetzes und nur für die Fälle eingeschränkt werden, in denen eine ausreichende Lebensgrundlage nicht vorhanden ist und der Allgemeinheit daraus besondere Lasten entstehen würden oder in denen es zur Abwehr einer drohenden Gefahr für den Bestand oder die freiheitliche demokratische Grundordnung des Bundes oder eines Landes, zur Bekämpfung von Seuchengefahr, Naturkatastrophen oder besonders schweren Unglücksfällen, zum Schutze der Jugend vor Verwahrlosung oder um strafbaren Handlungen vorzubeugen, erforderlich ist.

Sibylle Lewitscharoff

Ein alter Traum

Freizügigkeit ist ein herrliches Wort. Wer ist nicht gern frei? Oder sehnte sich nach Kräften danach, wenn er alles, was mit dem Wort Freiheit an Schönem verbunden ist, nicht genießen kann oder darf? Wo wiederum das Wörtlein *zügig* ins Spiel kommt, denkt man allerdings nicht nur an Gutes. Man kann dazu aufgefordert werden, etwas möglichst rasch zu erledigen. Wenn man mit einer zu bewältigenden Aufgabe betraut ist, kann *zügig* drohend wirken, denn dann serviert uns das Unbewusste sogleich ein *sonst*, will heißen, es droht uns damit, dass etwas sehr Unangenehmes passieren könnte.

Die Nachsilbe *keit* wiederum lässt das Wort wie einen unabänderlichen Begriff wirken, den man nicht allzu locker nehmen sollte. An sich ist die Silbe natürlich bedeutungsoffen, sie kann der Wortabschluss von etwas Gutem und Schönem sein, ebenso wie auf etwas Schlechtes, gar Grausames weisen.

Zügig ist immer auch ein wenig mit dem Hin oder Her, also einer Bewegung, verbunden. Züge fahren hin und her, die Schweizer haben das nette Wort *zügeln* nicht nur für Pferde und aufbrausendes Benehmen parat, das man besser einschränken sollte, sie verwenden es auch fürs *Umziehen*, will heißen für den Umzug von einer Wohnung in die andere. (Kleidungsstücke werden dabei allenfalls in einen Karton gesteckt und *umgezügelt*, aber natürlich nicht angezogen.)

Gefangensein ist natürlich der absolute Gegensatz zur Freiheit. Und das bedeutet nicht nur, im Gefängnis zu sitzen, sondern in einer Kultur, einer Familie, einem Beruf freudlos gefangen zu sein, es bedeutet auch, den Ort nicht verlassen zu können, an dem man lebt, obwohl man sich dringend danach sehnt.

Eingeschränkte Freizügigkeit herrschte in allen europäischen Ländern für große Bevölkerungsteile über Jahrhunderte hinweg. Das Wort *frei* in *vogelfrei* ist allerdings das einzig mir bekannte, wo die Freiheit eine große Gefahr darstellt. Wer im Mittelalter für vogelfrei erklärt wurde, hatte nichts zu lachen, obwohl der Begriff hübsch klingt. Ein Vogelfreier besaß keinerlei Rechte mehr, man durfte ihn sogar töten, ohne dafür zur Rechenschaft gezogen zu werden.

Im Grundgesetz ist gemeint, dass unsere Staatsbürger ihre Wohn- und Aufenthaltsorte frei wechseln können. Streng genommen gilt das nur innerhalb der deutschen Staatsgrenzen, und für Straftäter, die vorzeitig mit der Auflage aus dem Gefängnis kommen, an ihrem Wohnort einen bestimmten Radius nicht zu verlassen, ist die Freizügigkeit natürlich eingeschränkt.

Weshalb ist die Freizügigkeit ein modernes Grundrecht in den Demokratien? Sie hat nicht immer für alle Teile der Bevölkerung gegolten. Leibeigenen Bauern war es verwehrt, herumzureisen und damit den Ort zu verlassen, wo sie die Felder für ihre Grundherren bearbeiten mussten. Gleichzeitig sind das Mittelalter und die frühe Neuzeit aber durchaus auch reisebewegte Zeiten. Fahrende Gesellen durchstreiften die Gegenden auf der Suche nach Arbeit. Meist junge Handwerker gingen «auf die Walz», wie deren Wanderschaft damals hieß. Solche Gesellen waren bisweilen noch Ende des 19. Jahrhunderts anzutreffen. Man kann es nachlesen in der Erzählung von Gottfried Keller *Die drei gerechten Kammacher*, einer hinreißend gewitzten Geschichte in Sachen Freizügigkeit – beziehungsweise einer ausgekochten Verhinderung derselben.

Die drei jungen Handwerker sind fahrende Gesellen, denen ein Handwerksmeister Hoffnung macht, sein Nachfolger werden zu können. Statt weiterzuziehen, bleiben sie dort und lassen sich von dem Meister und einer trickreichen Frau nach Strich und Faden ausnutzen. Sie trägt den kuriosen Namen *Züs Bünzli*, auch genannt *Züssi*, und bringt es fertig, die drei Wanderburschen auf erzkomische Weise zu gängeln und sie – zumindest vorübergehend – fest an sich zu binden. Züssi hat den religiösen Rechtschaffenheitstick als Masche auf Lager und kommt damit eine ganze Weile durch, während sie dem freiheitlichen Streben der jungen Männer ein Ende setzt. Unentwegt stellt sie alle drei Kammmacher auf die Probe und macht sie geschickt zu Konkurrenten, indem sie ihnen Hoffnung auf die Ehe mit ihr und damit auf ihr kleines ererbtes Vermögen macht, ohne das sie die Werkstatt des Meisters nicht übernehmen können.

Die Komik blüht wie in kaum einem anderen Buch der modernen Zeit, sobald Züssi den jungen Männern unentwegt Proben ihrer Liebe und Anhänglichkeit abringt. Von Freizügigkeit kann über weite Strecken der Erzählung nicht die Rede sein, von Liebe natürlich ebenso wenig. Es kommt zu einem irrsinnigen und zugleich erzkomischen Wettlauf mit dem Ziel, sich die Gunst Züssis zu erwerben und die Werkstatt des Meisters zu übernehmen, dem verrücktesten, den die Literaturgeschichte zu bieten hat. Die Gesellen sind einfach nur arm und suchen einen behaglichen Unterschlupf. Aber bitte: Lesen Sie selbst, wie bitter das Dramolett ausgeht (bei hochtouriger Komik vom ersten bis zum letzten Satz)!

Da heutzutage viele Bewohner der reichen, demokratisch regierten Länder der Erde unentwegt herumreisen und dabei auf allen Kontinenten unterwegs sind, kann man natürlich von einem Paradies der Freizügigkeit sprechen. Doch sie hat ihren Preis. Wer alle wichtigen Städte kennengelernt hat und schon an vielen verschiedenen Meeresstränden zum Sonnenbaden herumlag, erliegt der unaufhörlichen Qual der Wahl. Nichts wirklich Neues unter der Sonne. Da macht die Freiheit, sich in der Welt zu tummeln, einen Strich durch die Rechnung der Genusssucht.

Freizügigkeit ist allerdings ein hohes Gut, von dem viele Menschen jahrhundertelang nur träumen konnten. Ein heute vergessener, aber zu seiner Zeit bedeutender Schriftsteller und Musiker träumte diesen Traum besonders intensiv, und so wurde er ihm zum Verhängnis. Der schwäbische Dichter Christian Friedrich Schubart war viel zu intelligent für seine Umgebung, die ihn Lehrer werden ließ. 1739 in Obersontheim geboren, war er ein begnadeter Dichter und Musiker, im Grunde ein unruhiger Vogel, den es nie lange an einem Ort hielt. Schubart war ein Schwätzer vor dem Herrn, eine höchst vergnügliche Plaudertasche von quirliger Intelligenz, eine Wirtshauskanone, die die Leute ringsum zum Lachen bringen konnte, bis ihnen die Bäuche schmerzten.

Als Musiker war er mit Sicherheit einer der begabtesten seiner Zeit. Sein Improvisationstalent muss außerordentlich gewesen sein. Man lese und staune: Der muntere Kerl war ein begnadeter Cembalospieler, spielte aber auch mühelos die Orgel, sogar Waldhorn und Geige, er schrieb wie der Teufel, schwatzte wie der Teufel, vor allem aber soff er wie ein Teufel. In seiner Selbstbeschreibung heißt es: «Frei, ungebunden, durchstreift ich tobender Wildfang Hörsäle, Wirtshäuser, Konzertsäle, Saufgelage – studierte, rumorte, ritt, tanzte, liebte und schlug mich herum.» Rotzfrech, wie er im Grunde war, gab er sich immer wieder einer theatralisch aufgeblasenen Reue hin, der Gefühlsüberschwang ließ seine alkoholisch befeuchtete Seele hin und her schwappen. Jesusmariaundjosef, ausgerechnet dieser tolldreiste, schwer zu bändigende Bursche wurde – zumindest vorübergehend – Lehrer!

Als Applausmensch seiner selbst riss ihn die Begeisterung fort und fort. Wenn die Leute an seinen Lippen hingen oder seinem Orgelspiel lauschten, kam er erst recht in Schwung, dann ließen ihn die Wörter, die in ihm rumorten, oder die Tasten, in die er griff, flattern und segeln und schwadronieren und musizieren wie ein kleiner Gott, der in die Weite des Himmels gehörte, aber nicht auf die winzigen Erdenflecken, auf denen er notgedrungen siedelte. Wer will schon als geistig ausfahrendes Genie in Göppingen oder Ludwigsburg landen? Ruhelos in Heilbronn, Mannheim, Schwetzingen herumgeistern? Später sogar auf dem Hohenasperg landen, in dessen Gefängnis er einige Jahre einsaß? Dort schrieb er ein Gedicht über die Aussicht vom Kerkerfenster:

> Schön ist's, von des Thränenberges Höhen
> Gott auf seiner Erde wandeln sehen,
> Wo sein Odem die Geschöpfe küßt.
> Auen sehen, drauf Natur, die treue,
> Eingekleidet in des Himmels Bläue
> Schreitet, und wo Milch und Honig fließt.

Wie kaum ein anderer litt Schubart an den Beschränkungen seiner Zeit. Zig Mal überquerte er in heimlichen Nächten Landesgrenzen, die er eigentlich nicht hätte überschreiten dürfen, weil er dafür keine Papiere besaß. Mit seinem Brausecharakter, seiner Neugier und seiner Intelligenz hatte er sich in der weiten Welt umsehen wollen, der schwäbische Landstrich war ihm zu klein, die Engherzigkeit der Fürsten ihm zuwider. Und er rebellierte unaufhörlich dagegen. Vier schlaffe Jahre blieben ihm noch in Freiheit, Jahre des friedlichen Unglücks, verbracht in Stuttgarter Wirtshäusern. 1811 starb der wilde Mann.

Freizügigkeit gehört zur Demokratie, jeder unbescholtene Staatsbürger kann reisen, wohin er will, er kann auch ohne Weiteres sein Heimatland für immer verlassen, ohne jemandem außerhalb seiner

Familie Rechenschaft schuldig zu sein, und die Art solcher Rechenschaft ist eine reine Privatangelegenheit. Innerhalb des eigenen Landes des Öfteren umzuziehen, daran kann ihn ebenfalls niemand hindern. Für schwere Straftäter, die zur Bewährung aus dem Gefängnis kommen und eine elektronische Fußfessel am Körper tragen müssen, gilt dieses Recht aus guten Gründen allerdings nicht.

Im ersten Moment könnte man auf die Idee kommen, dass sich deshalb noch nie so viele Menschen reisend durch die Gegend bewegt hätten wie heutzutage, da die Flüge extrem billig geworden sind und es viele Auslandsdomizile gibt, die ebenfalls wenig kosten. Das stimmt natürlich im Großen und Ganzen. Aber ich denke, wenn wir belastbare Statistiken über den Reiseverkehr früherer Jahrhunderte in die Hand bekämen, wären wir erstaunt, wie viele junge Männer sich ständig auf lange Reisewege quer durch Europa begaben. Wenn sie nicht zu den erstgeborenen Söhnen zählten, hatten sie da, wo sie aufgewachsen waren, oftmals keine auskömmlichen Verdienstmöglichkeiten gefunden; deshalb waren sie vom Wunsch getrieben, woanders bessere Verhältnisse vorzufinden als in ihrer Heimat.

Vermutlich waren oft auch erotische Sehnsüchte im Spiel. Als die europafernen Seefahrer andere Kontinente entdeckt hatten, war so mancher tatendurstige Bursche, der zu Hause kein Auskommen finden konnte, nicht mehr in der Heimat zu halten. Lange Zeit kursierten phantastisch aufgeladene und munter daherschwadronierende Erzählungen über fabelhaft freiheitliche Sexgenüsse, die sich insbesondere die Männer in so manchen als exotisch geltenden fernen Landstrichen gönnten. Es wimmelte von Darstellungen in Flugschriften und Büchern über nackte Menschen in weiter Ferne, die es sich in jeder Hinsicht wohl ergehen ließen. So manche Bilder erinnern ein bisschen an die mittelalterliche Darstellung von Badehäusern, in denen die Menschen auch nackt waren. Was die abenteuerlustigen jungen Menschen erwartete, war oftmals jedoch alles andere als vergnüglich. Harte Arbeit war auf den Schiffen zu leisten, kamen sie einigermaßen wohlbehalten in der Ferne an, hatten sie meist kein Geld mehr, um sich in den bereits vorhandenen Kolonien niederzulassen und etwas Land zu kaufen.

Auch die späteren, im 19. Jahrhundert beginnenden Auswanderungswellen per Schiff, in denen meist jüngere Menschen, sehr selten allerdings alleinreisende Frauen, auf der Suche nach einem auskömmlicheren Leben und mehr Freiheit Fahrt in Richtung fremder Kontinente aufnahmen, waren erstaunlich zahlreich. Die Fahrtziele waren größtenteils Nord- und Südamerika, etwas seltener Indien und China oder der sehr viel näher gelegene afrikanische Kontinent.

Kommen wir zum Schluss noch auf etwas anderes zu sprechen – auf meine eigene Familie. Unser Vater war Bulgare, der ab 1936 in Wien und Tübingen Medizin studiert hatte. Er war durch und durch ein Feind der Diktatoren, hasste Hitler und Stalin mit derselben Inbrunst. Eigentlich wäre er besser in Paris oder London aufgehoben gewesen, aber die Familie war deutschsprachig orientiert, und es gab eine Tradition, dass die ältesten Söhne in Deutschland oder Österreich studierten, meistens in Wien. Der Vater war auch auf einem deutschsprachigen Gymnasium unterrichtet worden; deshalb stand ihm diese Sprachregion näher als die französische oder englische.

Unsere Eltern hatten sich in Tübingen kennengelernt. Der Mann, der später unser Vater werden sollte, ging nach Kriegsende zurück nach Sofia, um nach seiner Familie zu sehen. Dort wohnte er bei seiner Tante, die einen jungen deutschen Soldaten aufgenommen hatte, den sie schwer verletzt im Hausflur gefunden hatte. Ihr eigener Sohn war im Krieg gefallen, deshalb sah sie es als ihre Pflicht an, den jungen Menschen gesund zu pflegen. Hitler- oder stalinfreundlich war die gesamte mir bekannte bulgarische Familie nie gewesen. Sie waren Kriegsgegner, ihre Mitglieder neigten einer dezent konservativ gefärbten sozialdemokratischen Politik zu. So auch die Tante. Unser Vater wohnte nach der Ankunft in Sofia bei ihr.

Dann geschah etwas Furchtbares. Ein Nachbar hatte den neuen Machthabern einen Tipp gegeben, dass die Tante einen feindlichen Soldaten beherberge. Bewaffnete Männer stürmten die Wohnung, erschossen den jungen Mann im Bett, verhafteten die Tante und unseren Vater. Sie blieb etliche Jahre im Gefängnis, der Vater landete in einer Zelle, in der ein Zuhälter einsaß, der äußerst mutig und gerieben war. Der listige Mann schaffte es, die Wärter zu bestechen, so dass er mit unserem Vater ausbrechen und fliehen konnte. Auf einer abenteuerlichen Reise quer durch Südosteuropa, zu Fuß und auf Lastwagen, schaffte es das Ausbrecherduo schließlich bis nach Stuttgart. Der Mann, dem unser Vater viel verdankte, war eigentlich Analphabet, aber mit einem erstklassigen Geschäftssinn begabt. Er baute das größte Hurenimperium in Baden-Württemberg auf, verdiente einen Haufen Geld – Geld, das er selten zur Bank trug. Er kaufte davon Edelsteine, die er in kleine Säckchen eingeschnürt im Tresor aufbewahrte (aber das ist eine andere Geschichte).

Solange sie lebten, war es beiden Männern verwehrt, in ihr Heimatland zurückzukehren. Wie schwer das Exil auf unserem Vater lastete, merkten mein Bruder und ich, sobald wir in die Sommerferien fuhren und eine Grenze passieren mussten. Unser Vater fuhr einen großen Citroën, mindestens eine Stunde vor der Grenze wurde er schweigsam. Sein Inneres versteifte sich. Weil ihm die Staatsbürgerschaft aufgrund seiner Flucht entzogen worden war, wurde die gesamte Familie zu staatenlosen Ausländern erklärt, auch unsere Mutter verlor ihre Staatsbürgerschaft, ausgerechnet sie, eine Erzschwäbin, deren mütterliche und väterliche Familien bis tief ins 19. Jahrhundert hinein nachvollziehbar deutsch gewesen waren.

Ein staatenloser Ausländer zu sein, brachte erhebliche Nachteile mit sich. Eine Beamtenlaufbahn war verwehrt. Wir durften nicht wählen und konnten keine Landesgrenze überqueren, ohne mindestens zwei Stunden lang «gefilzt» zu werden, inklusive Abschrauben der Radkappen und genauester Untersuchung des Wageninneren. Es war beklemmend. Wir hockten meistens in irgendeiner Wachstube herum. Unser Vater sprach kein Wort mehr. Dass man ihn, einen angesehenen Arzt in Stuttgart, der nie kriminell gewesen war, wie einen suspekten Verbrecher behandelte, setzte ihm enorm zu. Seine heitere Verfassung kehrte erst wieder, wenn wir in die Nähe der italienischen oder französischen Strände kamen.

Einige Jahre nach dem Tod unseres Vaters wurden meine Mutter, mein Bruder und ich wieder zu deutschen Staatsbürgern. Aber das kostete viel Geld. Wenn ich mich recht erinnere, musste unsere Mutter dafür fünftausend Mark bezahlen, was damals eine ordentliche Summe war. Aber es lohnte sich, denn dafür hatten wir die Freizügigkeit an vielen europäischen Grenzen mit eingekauft und durften uns als normale Staatsbürger fühlen.

Artikel 12
Berufsfreiheit

(1) Alle Deutschen haben das Recht, Beruf, Arbeitsplatz und Ausbildungsstätte frei zu wählen. Die Berufsausübung kann durch Gesetz oder auf Grund eines Gesetzes geregelt werden.
(2) Niemand darf zu einer bestimmten Arbeit gezwungen werden, außer im Rahmen einer herkömmlichen allgemeinen, für alle gleichen öffentlichen Dienstleistungspflicht.
(3) Zwangsarbeit ist nur bei einer gerichtlich angeordneten Freiheitsentziehung zulässig.

Julia Franck

Ein weiter Horizont, trotz Schatten der Vergangenheit und Gegenwart

Welch grandiose Aussicht liegt in dem Recht auf freie Berufswahl: Ein jeder darf seinen Beruf frei wählen und weder zu dieser und jener Arbeit noch zur Ausübung eines Berufes gezwungen oder davon abgehalten werden. Die gewählte Betätigung selbst darf nur rechtlich beschränkt werden, soweit dies wirklich erforderlich ist und der Schutz anderer Rechtsgüter nicht anderweitig besser erreicht werden kann.

So nüchtern und anscheinend einfach der Artikel 12 des Grundgesetzes auch formuliert ist, eröffnet er doch großen Freiraum für Spekulation und Interpretation. Was möchte und kann er uns zusichern? Seine Auslegung hat ihn über die Jahrzehnte geprägt und verändert.

Was gibt ein Freiheitsrecht dem Einzelnen, wenn er die Freiheit nicht praktisch nutzen kann, da ihm die Vorbildung fehlt, seine besonderen Fähigkeiten nicht geschätzt und eine entsprechende Tätigkeit ihm nicht angeboten wird? Die Freiheit zur Wahl überwindet nicht zugleich praktische Hürden für den Zugang zum Beruf, besonders nicht das Fehlen von Qualifikationen. Es leitet sich kein Anspruch auf eine Berufsausübung von diesem Artikel ab.

Im Recht auf freie Berufswahl in Artikel 12 leuchtet noch immer das ferne Licht der Grundsätze von Gleichheit und Freiheit, wie sie in Europa schon 1789 in der Französischen Revolution ausgerufen wurden, und der Gewerbefreiheit des Liberalismus im 19. Jahrhundert. Nach dem Zweiten Weltkrieg galt es in Deutschland, ein Grundgesetz zu schaffen, das Verbrechen am Menschen, seinem Recht, seiner Würde und seiner Freiheit nie wieder zulassen würde. Insbesondere der dritte Absatz bringt deutlich die Abkehr von der furchtbaren Geschichte, von Zwangsarbeit und Konzentrationslagern zum Ausdruck.

Die Freiheit der Berufsausübung ist auch ein Gegenbild zu den Berufsverboten für Juden, Kommunisten und Homosexuelle, denen während des Nationalsozialismus Bildungs- und Berufsverbote auferlegt wurden und die aus Kammern und Verbänden ausgeschlossen wurden.

Während ein Großteil der Deutschen das Recht auf Berufsfreiheit schon nach dem Zweiten Weltkrieg und mit Gründung der Bundesrepublik Deutschland genießen durfte, konnten viele Deutsche, die in der DDR aufwuchsen und lebten, erst nach dem Mauerfall Ausbildung und Beruf frei wählen. In der DDR standen die gesellschaftlichen Bedürfnisse per Gesetz vor den individuellen. Die Berufsfreiheit bestand «entsprechend den gesellschaftlichen Erfordernissen», wie es in Artikel 24 der DDR-Verfassung heißt. Es gab eine staatliche Regulierung, die allein und aus politischen Interessen über den Zugang zur staatlichen Schulausbildung, zu Studium und Berufsausübung des Einzelnen entschied. Wer politisch auffällig oder anderweitig unliebsam geworden war, konnte seiner Tätigkeit nicht mehr nachgehen.

Träumen

Zum Träumen braucht kein Kind das Recht. Da wollte ich an einem Tag als Kosmonautin ins All fliegen und am nächsten mit Löwen spielen. Ein anderes Kind im Ost-Berliner Kindergarten wollte gern Polizist werden wie sein Vater und ein drittes König, wenn es groß ist. Im West-Berlin der frühen achtziger Jahre träumten die dreizehnjährigen Mitschüler von Berufen wie Detektiv, Dönerverkäufer und Geheimagent, am liebsten ein amerikanischer. Andere wollten Fußballer, Sänger oder Schauspieler werden, Reitlehrerin oder Kosmetikerin. Niemand wollte in die Altenpflege, zur Stadtreinigung oder eines Tages Putzfrau sein.

Die Berufsfreiheit ist allerdings im Gegensatz zum kindlichen Verständnis weder ein heiteres Spiel noch ein Gut, das wir uns wie Waren im Geschäft in die Tasche stecken oder wie ein Kostüm beim Fasching überziehen können. Vielmehr ist sie eine Einladung zur klugen und häufig mühsamen Gestaltung, ein Anreiz, für sich selbst und andere Verantwortung zu übernehmen, eine aktive Wahl zu treffen und somit die Reichweite dieses Freiheitsrechts zu vermessen.

Ohne entsprechende Ausbildung und Prüfung darf niemand einfach den Beruf des Arztes, Architekten oder Busfahrers ausüben. Wer bürgte für die Qualität von Ausbildung und Arbeit eines Tischlers oder Friseurs, wenn es keine Interessenvertretung wie eine Innung gäbe, die Berufsbezeichnung und Ehre von Lehrling, Geselle und Meister im Handwerk schützt und die Qualität der fachlichen Ausbildung und Arbeit gewährleistet?

Würde und Arbeit eines Menschen können eng miteinander verbunden sein. Im Idealfall möchte es Artikel 12 ermöglichen, dass Neigungen, Interessen und Fähigkeiten die Wahl einer beruflichen Ausbildung bestimmen. Die Ausbildung, sei es im Handwerk, in der praktischen Lehre einer besonderen Tätigkeit oder im Studium, ist die Voraussetzung für die Entfaltung der Persönlichkeit im Beruf, für die gesellschaftliche Anerkennung sowie für die ökonomische Teilhabe während der Berufsausübung.

Aber die Wirklichkeit weist dieses Ideal oft genug in seine Schranken: Wer soziale Arbeit mit Menschen verrichten möchte, braucht häufig keinen Befähigungsnachweis, aber ein polizeiliches Führungszeugnis. Auch physische Voraussetzungen können relevant sein: Geschlecht, Größe, Muskelkraft, Sehfähigkeit, handwerkliche Übung und Geschick, hinzu kommen empathische, kognitive und intellektuelle Fähigkeiten. Wer in der DDR Geschichtslehrer oder Spion, wer im Iran Jurist oder Soldat war, wird diesen Beruf trotz seiner Ausbildung in der Bundesrepublik Deutschland nicht ohne Weiteres ausüben können oder eine Ausbildung in seinem Wunschberuf erhalten.

In vielen Fällen wird die bloße Existenzsicherung, der sogenannte Broterwerb, mit einer ganz anderen Tätigkeit erzielt, als es eine bestimmte Ausbildung, der erlernte wie auch der ausgeübte Beruf vermuten lassen. Deutlich wird das in geisteswissenschaftlichen, künstlerischen und medizinischen Berufen. Wie viele Dr. phil. und Meisterschüler von Kunsthochschulen verdienen ihr Einkommen als Taxifahrer, Museumswächter und Küchenhilfe, veröffentlichen daneben Essays und Gedichte in Fachzeitschriften, stellen ihre Kunst in Galerien aus? Trotz akademischer Ausbildung, geistiger wie künstlerischer Berufstätigkeit arbeiten sie jahrzehntelang als Dienstleister in gering bezahlten Jobs, um ihren Lebensunterhalt zu sichern und Zeit für ihre geistige oder künstlerische Berufstätigkeit zu haben. Pflegekräfte verdienen trotz Höchstleistungen und 12-Stunden-Schichtdiensten weniger als Büroangestellte der öffentlichen Verwaltung. Die Ärztin im Schichtdienst im Krankenhaus erhält als Berufsanfängerin ein ähnlich geringes Einkommen. Und nur wenige Ärzte und Pfleger können ihrem eigenen beruflichen Ethos am Bett eines Kranken zeitlich gerecht werden.

Freiheitsgebrauch ermöglichen

Auch wenn die Berufsfreiheit in erster Linie Freiräume schafft und erhält, frage ich mich, ob die Gesellschaft nicht auch eine Verantwortung dafür trägt, grundlegende Voraussetzungen für den Freiheitsgebrauch zu schaffen. Was nützt dem träumenden Kind seine Phantasie, wenn es einen bestimmten Beruf nie wird wählen, erlernen und ausüben können, weil es bestimmte Fertigkeiten und Qualifikationen nicht besitzt, die Voraussetzung der Ausbildung oder der Berufstätigkeit sind? Was ist, wenn das Kind gar nicht weiß, was alles möglich wäre, wenn es in einer Umgebung aufwächst, die den Ehrgeiz bremst oder gar nicht kennt, wenn es schnell auf das Erträumte verzichtet, gar darauf verzichtet zu träumen?

Schaut man sich die Pisa-Studien der letzten Jahrzehnte und Deutschland im weltweiten Vergleich an, so scheint die entscheidende Einschränkung der praktischen Verwirklichung der Berufsfreiheit erstaunlicherweise durch den sozialen Stand und den Wohlstand der Eltern gegeben zu sein. In wenigen Ländern Europas sind soziale Herkunft und Schulerfolg sowie die Berufswahl so eng miteinander verknüpft wie in Deutschland. Das mehrgliedrige Schulsystem sortiert die Menschen schon früh in Schulformen, die eine auffallende Korrelation zum Einkommen der Eltern aufweisen. Kaum ein Kind von Arbeitern, Transferleistungsempfängern und Immigranten besucht das Gymnasium. Seit Jahren werden mit Sorge die Zusammenhänge zwischen Kinderarmut und Schulerfolg beobachtet. Der Mangel an Lehrlingen und ausgebildeten Facharbeitern wächst. Im Jahr 2021 blieben fast 40 Prozent der Lehrstellen in Deutschland unbesetzt.

Die Attraktivität des Artikels 12 liegt in der Einladung, eine Berufsausbildung frei zu wählen. Gleichzeitig setzt er eine gewisse Kenntnis von Berufsbildern, die Wertschätzung, ja die Erkenntnis des Wertes einer Ausbildung voraus. Lernen dürfen ist ein Privileg unserer deutschen Gesellschaft, das kaum noch als solches bekannt ist und geachtet wird.

Dass laut den Forschungsstudien der vergangenen Jahre die Qualität der Bildung und der schulische Erfolg junger Menschen von ihrem sozialen Milieu abhängig sind, wirft einen langen Schatten auf unser Grundrecht der freien Berufswahl, denn wer keine gleichberechtigten Bildungschancen erhält, hat praktisch keinen Zugang zur freien Berufswahl.

Artikel 12 ist kein Garant und keine Verpflichtung für eine freie Berufswahl. Im besten Fall kann er als Ansporn wirken: Beruf, Arbeitsplatz und Ausbildungsstätte sind nur frei wählbar, wenn jemand herausragende Schulleistungen vorweisen und sich gegen andere Bewerber durchsetzen kann, die andere Qualitäten mitbringen. Nur wer sich für einen Beruf profiliert und qualifiziert, wird ihn eines Tages erfolgreich ausüben können. Das Fundament, die Teilhabe an Bildung und Ausbildung, muss die Gesellschaft legen. Sonst bleibt der Traum ein Hirngespinst.

Artikel 12a
Wehrdienst, Ersatzdienst u. a.

(1) Männer können vom vollendeten achtzehnten Lebensjahr an zum Dienst in den Streitkräften, im Bundesgrenzschutz oder in einem Zivilschutzverband verpflichtet werden.
(2) Wer aus Gewissensgründen den Kriegsdienst mit der Waffe verweigert, kann zu einem Ersatzdienst verpflichtet werden. Die Dauer des Ersatzdienstes darf die Dauer des Wehrdienstes nicht übersteigen. Das Nähere regelt ein Gesetz, das die Freiheit der Gewissensentscheidung nicht beeinträchtigen darf und auch eine Möglichkeit des Ersatzdienstes vorsehen muß, die in keinem Zusammenhang mit den Verbänden der Streitkräfte und des Bundesgrenzschutzes steht.
(3) Wehrpflichtige, die nicht zu einem Dienst nach Absatz 1 oder 2 herangezogen sind, können im Verteidigungsfalle durch Gesetz oder auf Grund eines Gesetzes zu zivilen Dienstleistungen für Zwecke der Verteidigung einschließlich des Schutzes der Zivilbevölkerung in Arbeitsverhältnisse verpflichtet werden; Verpflichtungen in öffentlich-rechtliche Dienstverhältnisse sind nur zur Wahrnehmung polizeilicher Aufgaben oder solcher hoheitlichen Aufgaben der öffentlichen Verwaltung, die nur in einem öffentlich-rechtlichen Dienstverhältnis erfüllt werden können, zulässig. Arbeitsverhältnisse nach Satz 1 können bei den Streitkräften, im Bereich ihrer Versorgung sowie bei der öffentlichen Verwaltung begründet werden; Verpflichtungen in Arbeitsverhältnisse im Bereiche der Versorgung der Zivilbevölkerung sind nur zulässig, um ihren lebensnotwendigen Bedarf zu decken oder ihren Schutz sicherzustellen.
(4) Kann im Verteidigungsfalle der Bedarf an zivilen Dienstleistungen im zivilen Sanitäts- und Heilwesen sowie in der ortsfesten militärischen Lazarettorganisation nicht auf freiwilliger

Grundlage gedeckt werden, so können Frauen vom vollendeten achtzehnten bis zum vollendeten fünfundfünfzigsten Lebensjahr durch Gesetz oder auf Grund eines Gesetzes zu derartigen Dienstleistungen herangezogen werden. Sie dürfen auf keinen Fall zum Dienst mit der Waffe verpflichtet werden.
(5) Für die Zeit vor dem Verteidigungsfalle können Verpflichtungen nach Absatz 3 nur nach Maßgabe des Artikels 80a Abs. 1 begründet werden. Zur Vorbereitung auf Dienstleistungen nach Absatz 3, für die besondere Kenntnisse oder Fertigkeiten erforderlich sind, kann durch Gesetz oder auf Grund eines Gesetzes die Teilnahme an Ausbildungsveranstaltungen zur Pflicht gemacht werden. Satz 1 findet insoweit keine Anwendung.
(6) Kann im Verteidigungsfalle der Bedarf an Arbeitskräften für die in Absatz 3 Satz 2 genannten Bereiche auf freiwilliger Grundlage nicht gedeckt werden, so kann zur Sicherung dieses Bedarfs die Freiheit der Deutschen, die Ausübung eines Berufs oder den Arbeitsplatz aufzugeben, durch Gesetz oder auf Grund eines Gesetzes eingeschränkt werden. Vor Eintritt des Verteidigungsfalles gilt Absatz 5 Satz 1 entsprechend.

Grit Poppe

Vom Dienen und Sichverweigern

Als ich einmal zu DDR-Zeiten, einige Jahre vor dem Mauerfall, mit einem Kumpel nach Leipzig trampen wollte, hielten wir auf dem Parkplatz an der Transitraststätte Michendorf Ausschau nach einer Mitfahrgelegenheit. Wir hatten Glück: Ein Autofahrer, den wir ansprachen, fuhr in die richtige Richtung und bot an, uns mitzunehmen. Wir stiegen ein, freuten uns auf die Reise mit einem komfortablen «Westauto» und machten uns keine Gedanken. Doch schon nach ein paar Metern, noch bevor wir überhaupt von der Ausfahrt auf die Autobahn gelangen konnten, wurden wir gestoppt. Die beiden Uniformierten winkten uns und den Fahrer aus dem Wagen zur Ausweiskontrolle. Ich stieg aus, klappte den Personalausweis auf, als wollte ich es den Vopos besonders leicht machen. Und es funktionierte: Der Polizist nahm den Ausweis zwar in die Hand und notierte sich meine Personalien, gab ihn mir aber genauso aufgeschlagen zurück. Ich hielt ihn noch einen Moment so, dass der nette Westdeutsche bemerkte, was unter der Klarsichtfolie steckte: das Zeichen *Schwerter zu Pflugscharen*. Natürlich verboten in der DDR, das Friedenssymbol galt als pazifistisch und damit als staatsfeindlich. Das hatte sich wohl auch im Westen herumgesprochen; jedenfalls bemerkte ich das Erschrecken, das sich in seinem Gesicht deutlich zeigte, und wunderte mich. Er kam doch von «drüben» – wieso hatte er denn Angst?

Grund zur Furcht hätten wohl allenfalls die Jugendlichen gehabt, die dieses Zeichen angenäht auf Taschen oder Jacken oder eben als Bild im Ausweis bei sich trugen. Denn wenn man Pech hatte, wurde man dafür schikaniert; nicht selten wurden die Aufnäher von der Kleidung abgerissen; es drohten Sanktionen oder zumindest unangenehme «Aussprachen», wenn man sich der gleichgeschalteten Meinung verweigerte. Doch eben diese Angst ging in den 1980er Jahren nach und nach verloren. Der Wunsch, über sich selbst zu bestimmen oder sich in die eigenen Angelegenheiten einzumischen, wie es dann später, im Herbst 1989, hieß, war vielen wichtiger.

Das irrsinnige Wettrüsten zwischen Ost und West empörte auch viele junge Leute in der DDR. Die Furcht vor einem Atomkrieg überwog die Angst vor Repressalien. Der Wunsch, sich zu engagieren, wuchs mit der Bedrohung durch eine mögliche militärische Eskalation und mit der immer sturer werdenden Haltung der SED und der DDR-Regierung gegen Reformen im Land.

Zu Hause hing in meinem Zimmer Gandhi an der Wand, als wäre er ein Popstar. Und wie einen Popstar bewunderte ich ihn und seinen gewaltlosen Widerstand. Eine Biographie über ihn hatte ich selbstverständlich gelesen. Auch auf einer Friedenswerkstatt der Kirche in Berlin war ich gewesen und besaß nun ein selbstgestaltetes T-Shirt, auf dem ein Gewehr, das vor einer Weltkugel zerbrochen wurde, zu sehen war, und einige verbotene pazifistische Anstecker, die ich manchmal trotzig am Kragen meiner Jeansjacke befestigte.

Sicher war auch die Literatur «schuld» an meiner Haltung. Als ich zwölf oder dreizehn war, kam ich das erste Mal mit den Erzählungen von Wolfgang Borchert in Berührung. Im Babelsberger «Klub der jüngsten Poeten» las uns Herr Klingler, ein Hörspielautor, der uns junge Schreibende mit viel Empathie und gutem Literaturgeschmack betreute, *Nachts schlafen die Ratten doch* vor. Ich war fasziniert von diesem literarischen Ton und tief berührt von dieser Wahnsinnsgeschichte. Wir lasen im Babelsberger Klubhaus noch viele Erzählungen von Wolfgang Borchert.

Als ich später in der Schule den Wehrkundeunterricht absolvieren musste, ging mir das so gegen den Strich, dass ich mit den Mädchen und Jungen der 9. Klasse einen Boykott verabredete. Leider hielten sich viele nicht an diese Verabredung. Doch einige Jungen und zwei Mädchen (darunter ich) erschienen tatsächlich nicht zur ersten Wehrkunde-Stunde. Die Jungen bekamen einen Tadel, wir Mädchen nur eine Verwarnung. Alle mussten vor der restlichen Klasse stehen wie Angeklagte. Ich war sauer darüber, dass ich nicht genauso bestraft wurde wie die Jungen.

Wie viele kritische Jugendliche in der DDR, die mit dem Agitprop-Zirkus der FDJ nichts am Hut hatten, verstand ich mich als Pazifistin. Dass die Gefahr nicht nur von den NATO-Atomwaffen ausging, war wohl den meisten von uns ohnehin klar. Die Kritik der Friedensaktivisten richtete sich natürlich auch gegen die atomare Aufrüstung in der DDR. Immer mehr junge Männer, die zur Armee eingezogen werden sollten, erklärten, dass sie nicht bereit seien, einen Wehrdienst mit der Waffe zu leisten.

Doch wer von ihnen den «Ehrendienst» bei der NVA verweigerte, kam in den Knast. Manchmal gab es dann Mahnwachen für die Inhaftierten – natürlich unter dem schützenden Dach der evangelischen Kirche.

Ein ziviler Ersatzdienst existierte nicht im Osten, und ein Bausoldat war eben auch ein Soldat, wenn auch einer mit dem Spaten. Diejenigen, die sich der NVA komplett entzogen, hießen dann *Totalverweigerer*. Mit diesem Kainsmal, dem von der SED aufgedrückten Stempel, war an ein Studium oder eine Karriere in der DDR nicht mehr zu denken. Nicht wenige von ihnen landeten nach der Haft im Westen.

Pazifist zu sein in der DDR bedeutete also, Widerstand zu leisten gegen den Staat – auch wenn es einiges kostete; für die jungen Verweigerer mitunter eben auch die Freiheit und die anschließende Ausweisung.

Ein Grundgesetz, das die Rechte der Bürger und Bürgerinnen schützte oder überhaupt erst ermöglichte, existierte nicht in der DDR. Dafür gab es eine sozialistische Verfassung, die im Grunde den Staat und seine Ideologie vor den Bürgern und Bürgerinnen schützte.

Lauteten die ersten Sätze im Grundgesetz der Bundesrepublik in Artikel 1 «Die Würde des Menschen ist unantastbar, sie zu achten und zu schützen ist Verpflichtung aller staatlichen Gewalt», hieß es im ersten Artikel der DDR-Verfassung: «Die Deutsche Demokratische Republik ist ein sozialistischer Staat der Arbeiter und Bauern. Sie ist die politische Organisation der Werktätigen in Stadt und Land unter Führung der Arbeiterklasse und ihrer marxistisch-leninistischen Partei.» Der Führungsanspruch der staatstragenden Partei, der SED, war also dort festgeschrieben.

Auch wenn die Verfassung der DDR den Bürgern und Bürgerinnen durchaus Freiheitsrechte – wie das in Artikel 27 formulierte Recht, die «Meinung frei und öffentlich zu äußern» – einräumte, beschränkte sie diese im Strafgesetzbuch durch die umgangssprachlich so genannten (politischen) «Gummiparagraphen» – wie zum Beispiel § 99 «Landesverräterische Nachrichtenübermittlung», § 106 «Staatsfeindliche Hetze», § 214 «Beeinträchtigung staatlicher oder gesellschaftlicher Tätigkeit» oder auch § 220 «Öffentliche Herabwürdigung» –, die die Kritik am Sozialismus und am SED-Staat letztlich unter Strafe stellten.

Trotz dieser Drohkulisse, Zuführungen durch das Ministerium für Staatssicherheit zur «Klärung eines Sachverhalts», Verhöre und auch Verhaftungen, bildeten sich immer mehr *Friedenskreise* – oft in den Jungen Gemeinden. Aber auch «privat» und kirchenunabhängig gründeten sich Gruppen, in besetzten Wohnungen von Abrisshäusern zum Beispiel – besonders die Jugendlichen beschäftigten sich mit Friedenserhaltung, Menschenrechten, Abrüstung und Umweltschutz, führten ernsthafte Gespräche, planten Aktionen und verteilten Flugblätter gegen die Stationierung der sowjetischen und amerikanischen Atomraketen in Ost und West, übten den zivilen Ungehorsam. Nicht selten sahen sie auf dem Nachhauseweg die auffällig «unauffälligen Herren» von *Horch und Guck* an der Ecke stehen. Auch dass es Inoffizielle Mitarbeiter des MfS in den eigenen Reihen gab, war wohl den meisten der jungen Friedensbewegten klar. (Wie weit die Überwachungs- und Zersetzungsmaßnahmen mitunter jedoch tatsächlich gingen, ahnte damals vermutlich niemand der Observierten.)

Zunehmend forderten kirchliche Repräsentanten die Einführung eines «sozialen Friedensdienstes» – ähnlich dem Zivildienst, wie er in der Bundesrepublik existierte und im Grundgesetz verankert war. Doch vor allem auch in diesem Punkt blieb die DDR-Regierung stur. Frieden und Sozialismus sollten mit der Waffe in der Hand verteidigt werden.

Im März 1982 erließ die DDR sogar ein neues Wehrdienstgesetz, das vorsah, «weibliche Bürger» im Falle der «Vorbereitung auf die Mobilmachung und den Verteidigungszustand» in die NVA einzuberufen.[1]

Doch hier regte sich der Widerstand oppositioneller Frauen aus Ost-Berlin und anderen Städten. Die «Frauen für den Frieden» gründeten sich, schrieben zunächst einzelne Eingaben gegen das Gesetz, erweiterten ihren Protest mit einer gemeinsamen Eingabe und einer Unterschriftensammlung, organisierten Aktionen und ließen sich auch nicht von Überwachung, Drangsalierung und Verhaftungen durch die Stasi einschüchtern.

«Wir Frauen sehen den Armeedienst für Frauen nicht als Ausdruck ihrer Gleichberechtigung, sondern als Widersinn zu ihrem Frau-Sein. Wir sehen unsere Gleichberechtigung dem Mann gegenüber nicht darin, daß wir neben den Männern stehen, die die Waffe in die Hand nehmen, sondern neben denen, die wie wir erkannt haben, daß die Abstraktion ‹Feind› und ‹Gegner› eigentlich Menschenvernichtung bedeuten, die wir ablehnen.»[2] So hieß es in der Eingabe vom Oktober 1982 an den Staatsratsvorsitzenden Erich Honecker, die von etwa 130 Frauen unterschrieben wurde. Statt einer Antwort erhielten viele der Beteiligten Vorladungen und wurden unter Druck gesetzt. Als es im Lauf der Zeit immer mehr auch zu Kontakten mit friedensbewegten Frauengruppen aus der Bundesrepublik und anderen westlichen Ländern kam, schlug die Staatsmacht zu und verhaftete Bärbel Bohley und Ulrike Poppe, die damalige Ehefrau meines Vaters, Gerd Poppe, im Dezember 1983. Anlass der Verhaftung war ein Treffen mit Barbara Einhorn, die der britischen Friedensbewegung angehörte und die «Frauen für den Frieden» der DDR bei einem Buchprojekt unterstützen wollte. Auch die Friedensfrau aus Großbritannien wurde an der Grenze verhaftet und für fünf Tage in der MfS-Untersuchungshaftanstalt in Berlin-Hohenschönhausen festgesetzt. Aufgrund der Proteste aus Ost und West wurden die beiden oppositionellen Friedens-Frauen nach sechs Wochen aus der Stasi-Haft entlassen. Der Schock über die willkürliche Inhaftierung saß dennoch tief, und dies nicht nur bei den Betroffenen selbst, sondern auch bei deren Familien.

Über ihre Festnahme schrieb Ulrike Poppe später: «Meine Verhaftung erfolgte praktisch auf der Straße. Meine Kinder waren krank, und ich war mit ihnen in der Poliklinik gewesen. Als ich aus dem Gebäude kam, wurde ich umringt von Stasi-Leuten …»[3]

Mein DDR-Bild veränderte sich in diesen Tagen erheblich; ich sah diese Verhaftung als unglaubliche Ungerechtigkeit an. Da ich zu Hause kein Telefon besaß, rief ich täglich von meiner damaligen Arbeitsstelle, der Kostümabteilung der Deutschen Film AG (DEFA), meinen Vater an, um mich nach der Lage der Dinge zu erkundigen. Die Telefongespräche konnte ich im Dezember 1992 in meiner Stasi-Akte nachlesen. Auch registrierte das MfS eine engere Verbindung zum staatsfeindlichen Vater, weshalb die Genossen von *Horch und Guck* eine Zersetzungsmaßnahme mit dem Ziel, Vater und Tochter zu entfremden, einleiteten. (Diese führte jedoch nicht zu dem vom MfS gewünschten Erfolg.)

In einem Stasi-Bericht über mich hieß es: «… ihre eigentliche Haltung kommt jedoch erst im Gespräch zum Ausdruck. Sie lehnt die Erscheinungsformen der FDJ ab (Demos, Blauhemd, Parolen). (…) Ferner unterliegt sie pazifistischen Einflüssen, lehnt jedwede militärische Formierung und Bewaffnung ab.»

Als die Demonstrationen im Herbst 1989 begannen und ich mich – mit Freundinnen und Freunden einer Potsdamer «Basisgruppe» – der Bürgerbewegung *Demokratie Jetzt* anschloss, bekam ich das Gefühl, dass sich in dem erstarrten Land endlich etwas bewegte, genauer gesagt, dass eine Lawine ins Rollen geriet. Dass die Revolution friedlich blieb, hatte dabei sicherlich auch mit der Schwerter-zu-Pflugscharen-Bewegung aus den Vorjahren zu tun, also mit der eingeübten pazifistischen, «staatsfeindlichen» Grundeinstellung und Ablehnung jeder Gewalt.

Tatsächlich befassten wir uns als *Demokratie Jetzt* im Jahr 1990 auch mit Verfassungsfragen. Das heißt konkret, zwei oder drei Leute der Potsdamer DJ-Gruppe lasen das Grundgesetz, wir diskutierten intensiv und tagelang darüber und glaubten noch an eine neue Verfassung der DDR. Diese wurde tatsächlich auch noch im Auftrag des Zentralen Runden Tisches erarbeitet, kam aber nicht mehr zum Tragen.

Enge Kontakte knüpften wir zu einer Gruppe aus Bonn, der *IDEE* – Initiative Demokratie Entwickeln e. V. –, die als einzige westdeutsche Gruppe der ostdeutschen Bürgerbewegung *Demokratie Jetzt* beitrat. Wir statteten uns gegenseitig Besuche ab und lernten einiges voneinander. Die Bonner setzten sich vor allem für die Einführung von Volksbegehren und Volksentscheiden auf Bundesebene ein und sahen in einer möglichen neuen gesamtdeutschen Verfassung gute Chancen für dieses Ziel. Unsere Gemeinsamkeit war vor allem, dass wir frei und selbstbestimmt leben wollten.

Für die DDR-Bürgerinnen und -Bürger galt jedoch ab dem Tag der Wiedervereinigung am 3. Oktober 1990 das Grundgesetz der Bundesrepublik. Im Vergleich zur alten Verfassung der DDR war das natürlich kein schlechter Tausch. Auch der Entwurf der Arbeitsgruppe «Neue Verfassung der DDR» des Runden Tisches vom April 1990 orientierte sich im Wesentlichen am Grundgesetz, doch es gab einige Unterschiede. So lautete der letzte Satz in dem Artikel zu den Arbeits- und Dienstpflichten kurz und schmerzlos: «Die Wehrpflicht ist abgeschafft.»

Aber wie sieht es nun im Grundgesetz der Bundesrepublik mit den Bestimmungen zur Wehrpflicht und den Verweigerungsmöglichkeiten aus? Wie steht es mit den Frauen in der Armee? Was passiert im sogenannten «Verteidigungsfall»?

Schon in der Urfassung des Grundgesetzes im Jahr 1949 wurde unter dem Artikel 4 zur Religionsfreiheit festgesetzt: «Niemand darf gegen sein Gewissen zum Kriegsdienst mit der Waffe gezwungen werden.» Diese Aussage ist eindeutig und klar, dieser Satz wirkt bis heute wie eine weise Entscheidung. Nach den furchtbaren Erfahrungen der beiden Weltkriege, nach der Gewaltherrschaft der Nationalsozialisten war und ist vor allem eines wichtig: *Nie wieder Krieg!*

In Artikel 12a des Grundgesetzes werden nun die Dienstverpflichtungen, dazu gehört der Wehrdienst, geregelt. Wie das Wort schon verrät, geht es hier weniger um die Rechte der Bürgerinnen und Bürger, sondern um ihre Pflichten. Dennoch gehört der Artikel zum Abschnitt Grundrechte, denn er ist eine Ergänzung zum Artikel 12, der den Deutschen garantiert, dass sie ihre Arbeit, die Ausbildung und ihren Arbeitsplatz frei wählen können und dass Zwangsarbeit – außer in Haft – nicht erlaubt ist. Allerdings heißt es auch hier schon im Absatz 2: «Niemand darf zu einer bestimmten Arbeit gezwungen werden, außer im Rahmen einer herkömmlichen allgemeinen, für alle gleichen öffentlichen Dienstleistungspflicht.»

Der Artikel 12a wurde auf Beschluss von Bundestag und Bundesrat im Mai 1968 ins Grundgesetz im Rahmen der «Notstandsgesetze» eingefügt und konkretisierte diese eher allgemeine Aussage. Es ging in der «Notstandsverfassung» darum, den Staat in Notlagen – im «Verteidigungsfall», aber auch bei «inneren Unruhen» und Naturkatastrophen – handlungsfähig zu halten, indem Grundrechte der Bürgerinnen und Bürger notfalls eingeschränkt werden sollten.

In Absatz 1 von Artikel 12a wurde festgelegt, dass Männer ab 18 Jahren «zum Dienst in den Streitkräften, im Bundesgrenzschutz oder in einem Zivilschutzverband verpflichtet werden» können.

Absatz 2 regelt die Verweigerungsmöglichkeit, die nach Artikel 4 GG gegeben sein muss: «Wer aus Gewissensgründen den Kriegsdienst mit der Waffe verweigert, kann zu einem Ersatzdienst verpflichtet werden.»

Erstaunlich ist zum einen, dass die «Gewissensgründe» nicht definiert werden, und zum anderen, dass bis heute der Begriff «Kriegsdienst» im Grundgesetz verwendet wird statt «Wehrdienst». Auch wenn hier das Gleiche gemeint sein mag, ist es doch ein Unterschied, ob der Soldat «einem Krieg» oder bei der Bundeswehr (doch hoffentlich dem Frieden) «dient».

Insgesamt wirkt Artikel 12a im Vergleich zu den ursprünglichen Grundrechte-Formulierungen von 1949 in seinen Formulierungen konservativ, umständlich und bürokratisch. Statt der klaren Sprache der Ursprungs-Verfassung verwendete man nun Juristendeutsch. So ist der erste Satz von Absatz 3 folgendermaßen formuliert:

«Wehrpflichtige, die nicht zu einem Dienst nach Absatz 1 oder 2 herangezogen sind, können im Verteidigungsfalle durch Gesetz oder auf Grund eines Gesetzes zu zivilen Dienstleistungen für Zwecke der Verteidigung einschließlich des Schutzes der Zivilbevölkerung in Arbeitsverhältnisse verpflichtet werden; Verpflichtungen in öffentlich-rechtliche Dienstverhältnisse sind nur zur Wahrnehmung polizeilicher Aufgaben oder solcher hoheitlichen Aufgaben der öffentlichen Verwaltung, die nur in einem öffentlich-rechtlichen Dienstverhältnis erfüllt werden können, zulässig.»

Geregelt werden sollen hier also die «Dienstverpflichtungen» im «Verteidigungsfall». (Das hätte man auch einfacher und verständlicher formulieren können. Die Vermutung liegt nahe, dass man hier juristisch korrekt sein wollte und dass es weniger um die Lesbarkeit ging.)

Auch Absatz 4 beschäftigt sich mit dieser Situation, in der, sollte sie eintreten, das Land gegen einen Angriff verteidigt und die Bevölkerung geschützt werden müsse. Doch diesmal geht es um die Frauen. Auch sie können im Alter von 18 bis 55 Jahren zu zivilen Dienstleistungen herangezogen werden. Bis zum Jahr 2000 war es Frauen untersagt, den Dienst mit der Waffe zu leisten. Nach einem Urteil des Europäischen Gerichtshofes und dem darauf folgenden Beschluss des Bundestages wurde die Bestimmung im Dezember 2000 geändert. Nun heißt es, dass die Frauen «auf keinen Fall zum Dienst mit der Waffe verpflichtet werden» dürfen. Untersagt ist er ihnen jedoch nicht mehr.

Der Artikel 12a ist dabei keineswegs unumstritten. Bei der Kritik geht es darum, ob er überhaupt verfassungskonform ist, da ja laut GG niemand zu einer Arbeit gezwungen werden darf, weil bei einem solchen Zwang die Menschenwürde verletzt wird. Aber Ausnahmen bestätigen die Regel – und in diesem Fall offenbar die angehängte Ergänzung, die Menschen unter bestimmten Voraussetzungen zu Diensten verpflichtet, die sie (vielleicht) nicht ausüben möchten.

Seit Juli 2011 ist die Bundeswehr eine «Freiwilligenarmee». Die Wehrpflicht wurde «ausgesetzt», was bedeutet, dass es keine Verpflichtung mehr gibt, den «Streitkräften» zu dienen. Eine Änderung des Grundgesetzes war hierfür nicht nötig, da in Artikel 12a Absatz 1 formuliert wurde, dass Männer zur Armee eingezogen werden *können*. Dadurch, dass es keine veränderte Version gibt, ist es auch möglich, die Wehrpflicht bei Bedarf wieder einzuführen.

In jedem Fall besteht diese «Dienstverpflichtung», wenn der sogenannte «Verteidigungsfall» eintritt, sowohl für Männer als auch für Frauen – ob sie wollen oder nicht.

Die Frage, die sich hier auch stellt, ist: Wie nötig ist ein *verpflichtender* Dienst überhaupt?

Für Erwachsene gibt es die Möglichkeit, sich im *Bundesfreiwilligendienst* für soziale, ökologische und kulturelle Belange für eine gewisse Zeit (meist 12 Monate) zu engagieren. Viele junge Menschen absolvieren nach Beendigung der Schule heute ein *freiwilliges* soziales Jahr. Das ist eine tolle Möglichkeit, sich auszuprobieren, für andere da zu sein, zu lernen, wie man mit hilfsbedürftigen Menschen umgeht, und Lebenserfahrungen zu sammeln. Die Freiwilligkeit heißt für die junge Frau oder den jungen Mann: Ich kann das! Eine Pflicht würde bedeuten, dass der Staat sagt: Du musst.

Wäre das besser?

Nachtrag: Der oben stehende Text entstand im Frühjahr/Sommer 2021. Indessen hat sich mit dem Einmarsch der russischen Armee in die Ukraine am 24. Februar 2022 die Lage in Europa, aber auch in der gesamten Welt grundlegend verändert.

Dieser von Putin angeordnete Angriffskrieg richtet sich vor allem gegen die Zivilbevölkerung der Ukraine, aber auch gegen Europa und den Westen, gegen Demokratie und das Selbstbestimmungsrecht der Völker, gegen Menschenrechte, Menschlichkeit und ein friedliches Miteinander. Jeden Tag seit Beginn des Krieges werden von Putins Militär

Bomben auf Unschuldige geworfen – auf Wohnhäuser, Schulen, Kindergärten, Krankenhäuser, Einkaufszentren, Theater und andere Kulturstätten. Der Bombenabwurf auf eine Entbindungsklinik in der Hafenstadt Mariupol im Süden des Landes, auf Schwangere und ihre noch ungeborenen Kinder, auf junge Mütter mit Neugeborenen löste weltweit Entsetzen aus. Auch Bilder in den Nachrichten von getöteten Zivilisten, zum Teil mit auf dem Rücken gebundenen Händen, in Butscha nahe Kiew zeigten die Brutalität der russischen Truppen. Geschossen wird von den russischen Soldaten sogar auf Menschen, die innerhalb von sogenannten Fluchtkorridoren aus den belagerten Städten fliehen wollen, darunter viele Familien mit Kindern. All das ist völkerrechtswidrig, all das sind Kriegsverbrechen.

Eine Weltordnung, die auf Werte und Regeln setzt, wurde durch Wladimir Putin und seine Regierung erschüttert. Von einer «Zeitenwende» ist in der Politik des Deutschen Bundestages die Rede, auch vom Ende der Nachkriegsordnung in Europa. Wie dieser Krieg enden wird und was die Folgen sein werden, weiß zum jetzigen Zeitpunkt (10. April 2022) noch niemand.

Zwar schloss die NATO ein militärisches Eingreifen in der Ukraine aus, doch werden das bedrängte Land mit Waffen- und Hilfsgüter-Lieferungen aus den NATO-Ländern unterstützt sowie weitreichende Sanktionen gegen Russland verhängt. Millionen von Flüchtlingen aus der angegriffenen Ukraine werden derzeit von den Ländern der EU aufgenommen. Deutlich zeigte sich, dass Europa dringend einen stärkeren Schutz vor militärischen Angriffen benötigt. Für die Bundeswehr ist geplant, ein Sondervermögen in Höhe von 100 Milliarden Euro für die Ausrüstung zur Verfügung zu stellen. Die Wiedereinführung des Wehrdienstes steht zur Debatte. Allerdings hält sowohl das Verteidigungsministerium als auch die Bundeswehr eine «Reaktivierung der Wehrpflicht» zurzeit für nicht erforderlich. Benötigt werde «gut ausgebildetes, in Teilen sogar hoch spezialisiertes Personal».[4] Auch stünden weder die Infrastruktur noch die Ausbilder für einen Grundwehrdienst zur Verfügung. Artikel 12a des GG regelt in den einzelnen

Absätzen, wozu die Männer und Frauen im «Verteidigungsfall» verpflichtet werden können. Es bleibt nur zu hoffen, dass dieser Fall nicht eintritt.

Anmerkungen

1 Almut Ilsen/Ruth Leiserowitz (Hg.), Seid doch laut! – Die Frauen für den Frieden in Ost-Berlin, Bonn 2019, S. 260.

2 Vgl. ebd., S. 262.

3 Vgl. ebd., S. 57.

4 https://www.bundeswehr.de/de/aktuelles/meldungen/reaktivierung-wehrpflicht-steht-nicht-auf-agenda-5365320.

Artikel 13
Unverletzlichkeit der Wohnung

(1) Die Wohnung ist unverletzlich.
(2) Durchsuchungen dürfen nur durch den Richter, bei Gefahr im Verzuge auch durch die in den Gesetzen vorgesehenen anderen Organe angeordnet und nur in der dort vorgeschriebenen Form durchgeführt werden.
(3) Begründen bestimmte Tatsachen den Verdacht, daß jemand eine durch Gesetz einzeln bestimmte besonders schwere Straftat begangen hat, so dürfen zur Verfolgung der Tat auf Grund richterlicher Anordnung technische Mittel zur akustischen Überwachung von Wohnungen, in denen der Beschuldigte sich vermutlich aufhält, eingesetzt werden, wenn die Erforschung des Sachverhalts auf andere Weise unverhältnismäßig erschwert oder aussichtslos wäre. Die Maßnahme ist zu befristen. Die Anordnung erfolgt durch einen mit drei Richtern besetzten Spruchkörper. Bei Gefahr im Verzuge kann sie auch durch einen einzelnen Richter getroffen werden.
(4) Zur Abwehr dringender Gefahren für die öffentliche Sicherheit, insbesondere einer gemeinen Gefahr oder einer Lebensgefahr, dürfen technische Mittel zur Überwachung von Wohnungen nur auf Grund richterlicher Anordnung eingesetzt werden. Bei Gefahr im Verzuge kann die Maßnahme auch durch eine andere gesetzlich bestimmte Stelle angeordnet werden; eine richterliche Entscheidung ist unverzüglich nachzuholen.
(5) Sind technische Mittel ausschließlich zum Schutze der bei einem Einsatz in Wohnungen tätigen Personen vorgesehen, kann die Maßnahme durch eine gesetzlich bestimmte Stelle angeordnet werden. Eine anderweitige Verwertung der hierbei erlangten Erkenntnisse ist nur zum Zwecke der Strafverfolgung oder der Gefahrenabwehr und nur zulässig, wenn zuvor die

Rechtmäßigkeit der Maßnahme richterlich festgestellt ist; bei Gefahr im Verzuge ist die richterliche Entscheidung unverzüglich nachzuholen.

(6) Die Bundesregierung unterrichtet den Bundestag jährlich über den nach Absatz 3 sowie über den im Zuständigkeitsbereich des Bundes nach Absatz 4 und, soweit richterlich überprüfungsbedürftig, nach Absatz 5 erfolgten Einsatz technischer Mittel. Ein vom Bundestag gewähltes Gremium übt auf der Grundlage dieses Berichts die parlamentarische Kontrolle aus. Die Länder gewährleisten eine gleichwertige parlamentarische Kontrolle.

(7) Eingriffe und Beschränkungen dürfen im übrigen nur zur Abwehr einer gemeinen Gefahr oder einer Lebensgefahr für einzelne Personen, auf Grund eines Gesetzes auch zur Verhütung dringender Gefahren für die öffentliche Sicherheit und Ordnung, insbesondere zur Behebung der Raumnot, zur Bekämpfung von Seuchengefahr oder zum Schutze gefährdeter Jugendlicher vorgenommen werden.

Annette Pehnt

Die Verletzlichkeit der Wohnung: Abends poltert es an der Tür Acht Anmerkungen

1 Minsk, 12.01.2020

Zu Gast in einer der Wohnungen am Platz des Wandels.
Fünfzehn Personen, die sich nicht kennen.
Von draußen hören wir Glas zerbrechen.
Wir sind alle leise,
keiner guckt hinaus,
weil die mit Taschenlampen in die Fenster leuchten,
nach Schatten suchen, nach Anzeichen dafür,
dass Menschen da sind.
Der Platz selbst ist eingekesselt.
Leise sprechen wir miteinander,
denken darüber nach,
wie wir in ein paar Stunden nach Hause kommen sollen.
In diesem Augenblick
erreicht uns die Nachricht,
dass sie die Wohnungen begehen,
an die Tür klopfen,
den Anwohnern damit drohen, die Türen aufzubrechen.
Sie verlangen Pässe, prüfen, wer gemeldet ist,
und führen widerrechtliche Hausdurchsuchungen durch.
Wir schalten das Licht aus, sitzen leise.
Dann klopft es an der Tür.
Wir sind nicht da.

Artikel 13 – Unverletzlichkeit der Wohnung

Es klopft wieder, heftiger.
An der Türklinke wird gerüttelt.
Dann sehr laut geklopft, vermutlich mit einem Schlagstock.
Die in der anderen Wohnung
waren nicht leise genug.
Sie müssen die Tür öffnen.
Wir haben Glück, uns haben sie es geglaubt.
Sie gehen wieder.

Mit den Fahrstühlen fahren sie bis nach ganz oben.
Wir denken darüber nach, wie wir hier rauskommen.
In diesem Moment erfahren wir,
dass an den Hauseingängen die Pässe kontrolliert werden.
Wenn die Angaben nicht mit der Hausadresse übereinstimmen,
nehmen die einen fest.
Die Leute aus der anderen Wohnung haben versucht,
sich als Hausbewohner auszugeben. Das ging nicht durch.
Alle wurden verhaftet.
Der Parkplatz ist umzingelt,
Autos werden durchsucht, sogar der Kofferraum,
damit keine Menschen darin entkommen.
Sie gehen durch das Haus,
klopfen mit den Knüppeln aufs Treppengeländer,
damit alle wissen, dass sie da sind.
Dann machen sie eine zweite Runde
und klopfen an die Tür der Nachbarwohnung.
Alle schweigen und sitzen im Dunkeln.
Irgendwie haben wir etwas geschlafen,
haben uns recht komfortabel
in einem Zimmer
eingerichtet.
In dieser Wohnung ist es nicht mehr
sicher, wir verabreden uns mit der Wohnung gegenüber.

Da sind bereits zwanzig von uns,
und wir laufen barfuß, mit den Sachen unter dem Arm,
rüber.
Ich rufe alle an, die helfen könnten.
Das Recht ist zusammengebrochen,
Gesetze funktionieren nicht, niemand beachtet irgendwelche Rechte,
und alle sind ohnmächtig.

Sitzt es aus.

https://www.boell.de/de/2020/12/01/belarus-versteckt-am-platz-des-wandels

2 Istanbul, Ankara, 18.06.2013

Wegen der heftigen Proteste
gegen die türkische Regierung
haben Anti-Terror-Einheiten Dienstagfrüh
damit begonnen,
Wohnungen in Istanbul und Ankara zu
durchsuchen.

Die Polizei habe etwa 90
Mitglieder der Sozialistischen Partei der Unterdrückten (ESP),
einer bei den Protesten aktiven Gruppierung,
in ihren Wohnungen festgenommen,
teilte die Istanbuler Staatsanwaltschaft am Dienstag mit.

https://orf.at/v2/stories/2187634/2187639/

3 New York, 24.09.2020

Breonna Taylor
ist in der Nacht zum 13. März
in ihrer Wohnung in Louisville von der Polizei
getötet worden.
Sie lag schlafend mit ihrem Freund im Bett,
als Polizisten in Zivil die Tür aufbrachen und
in die Wohnung eindrangen.
Ihr Freund, der legal eine Schusswaffe besitzt,
dachte, es wäre ein Einbruch,
zückte seine Pistole
und gab einen Schuss ab.
Dann rief er den polizeilichen Notruf an,
um sowohl den Einbruch
als auch die schweren Verletzungen seiner Freundin
zu melden.
Die Polizisten wollen
Polizei
gerufen haben,
bevor sie die Türe aufbrachen.
Aber Taylors Freund, Kenneth Walker, hat davon nichts gehört.
Bei seiner Pressekonferenz am Mittwoch
sagte Kentuckys Justizminister Cameron,
die Schüsse der Polizisten, die Taylor töteten,
seien gerechtfertigt gewesen,
um sich selbst zu schützen.

https://taz.de/Rassistische-Polizeigewalt-in-den-USA/!5716383/

4 Freiburg, 17.03.2021

In einem Pilotprozess haben vier Männer
eine Normenkontrolle mit Eilantrag
beim Verwaltungsgerichtshof Mannheim eingereicht.
Drei der Männer kommen aus Ghana,
ein vierter aus dem Senegal.
Sie wohnen in der Landeserstaufnahmeeinrichtung (LEA) in Freiburg,
gegen deren Hausordnung sie gemeinsam klagen.
Es geht dabei um eine
grundsätzliche Klärung der Rechte von Flüchtlingen.
Wenn die Flüchtlinge das LEA-Gelände betreten,
werden sie jedes Mal am Eingang durchsucht.
Die Hausordnung erlaubt anlasslose Kontrollen.
Eine Vielzahl von Gegenständen
dürfen die Bewohner nicht
mit auf das Gelände bringen,
etwa Taschenmesser oder verderbliche Lebensmittel,
auch wenn sie diese bald essen wollen.
Elektronische Geräte sind verboten,
sogar ein Akku-Haarschneider.
Eigene Möbel verbietet die Hausordnung,
selbst ein kleines Regal.
Die Security darf laut Hausordnung jederzeit
für Routinekontrollen
die Zimmer betreten.
Immerhin klopft sie vorher an.
Gleichzeitig können die Flüchtlinge ihr eigenes Zimmer
nicht abschließen,
sie bekommen keine entsprechende Schlüssel-Chipkarte
und müssen deshalb immer damit rechnen,
dass ihnen etwas gestohlen wird.

Artikel 13 – Unverletzlichkeit der Wohnung

Die vier Kläger berufen sich
auf ihre Grundrechte,
vor allem die Unverletzlichkeit der Wohnung,
aber auch auf das
Allgemeine Persönlichkeitsrecht
sowie Religions- und Meinungsfreiheit.

> https://www.badische-zeitung.de/freiburger-fluechtlinge-klagen-gegen-hausordnungen-in-asylheimen–print– 200663293.html

5 Moskau, 28.02.2017

Bei der russischen Journalistin und Menschenrechtsaktivistin
Soja Swetowa
in Moskau
hat am Dienstag
eine stundenlange Wohnungsdurchsuchung
stattgefunden.
Das ist ein Akt der Einschüchterung,
sagte Swetowa nach dem Ende der Razzia vor Journalisten.
Die 57-jährige Swetowa
gehört zu Russlands bekanntesten oppositionellen Journalisten.
Sie befasst sich vor allem mit dem russischen Justiz- und Gefängnissystem
und führte dazu zahlreiche Interviews mit Häftlingen.

Das Ermittlungskomitee teilte
nach dem Ende der Durchsuchung
mit, seine Mitarbeiter hätten Informationen, wonach Swetowa
im Besitz von Unterlagen über illegale Gelder Chodorkowskis sei.
Die Durchsuchung habe nichts mit Swetowas
beruflichen oder Menschenrechtsaktivitäten zu tun.

Swetowa zufolge
machten die Ermittler eine Kopie ihrer Festplatte
und beschlagnahmten die Computer ihrer Kinder
sowie das Handy ihres Ehemannes.

https://www.welt.de/newsticker/news1/article162471488/Stundenlange-Wohnungsdurchsuchung-bei-russischer-Menschenrechtsjournalistin.html

6 Paris, 31.05.2017

Frankreich hatte den Ausnahmezustand
nach den Pariser Anschlägen vom 13. November 2015
verhängt und seither
fünfmal verlängert.
Erst vergangene Woche hatte Macron eine weitere Verlängerung
bis zum 1. November angekündigt.
Die Maßnahme stattet die Sicherheitsbehörden mit
Sonderbefugnissen aus:
Neben Versammlungsverboten ermöglicht sie unter anderem
Ausgangssperren,
Wohnungsdurchsuchungen ohne richterlichen Beschluss
und Hausarrest für Menschen, die
eine Gefahr für die Sicherheit
und die öffentliche Ordnung
sein können.

https://www.zeit.de/politik/ausland/2017–05/frankreich-amnesty-international-bericht-missbrauch-ausnahmezustand?utm_referrer=https%3A%2F% 2Fwww.google.com%2F

7 Miskolc, 29.06.2015

In der ungarischen Stadt Miskolc
droht etwa 100 Familien
die rechtswidrige Zwangsräumung.
Die Familien gehören
zum größten Teil
der Roma-Gemeinschaft an.
Die meisten Familien, deren Häuser bisher geräumt wurden,
haben keine angemessenen Alternativunterkünfte
oder Entschädigungsleistungen erhalten.

https://www.amnesty.de/urgent-action/ua-083–2015–1/drohende-zwangsraeumung

8 Überall

Immer mehr Geräte im Haushalt
haben Mikrofone
oder Kameras, sind vernetzt.
Wer Zugriff auf die jeweiligen Server bekommt,
kann mithören
oder sich anschauen,
was in den Wohnungen anderer passiert,
worüber getratscht und gezankt wird
oder wie die PIN-Nummer der Kreditkarte lautet,
sollte diese in einem Gespräch erwähnt werden.
Längst geht es bei den Sicherheitslücken nicht mehr
nur um Rechner, Laptops oder Smartphones.
Saugroboter, Überwachungskameras, Sprachassistenten
oder Spielzeug

können für ein gläsernes Eigenheim sorgen.
Der hilfreiche Staubentferner erstellt
beim Saugen
einen Grundriss der Wohnung,
Sprachassistenten nehmen mehr auf, als sie sollen.
Kombiniert mit Wecker und Kamera
könnten sie auch Einblicke ins Schlafzimmer gewähren.
Überwachungssysteme filmen nicht nur
Ganoven, sondern
spionieren im Zweifelsfall
auch die Wohnung
aus.

https://www.internetworld.de/marketing-trends/smart-home/geraete-im-haushalt-zu-spionen-2403320.html

Anmerkung

Für diesen Beitrag wurden Texte aus den angegebenen Quellen ausgewählt, leicht gekürzt und neu arrangiert.

Artikel 14 und 15
Eigentumsgarantie und Gemeinwirtschaft

Artikel 14

(1) Das Eigentum und das Erbrecht werden gewährleistet. Inhalt und Schranken werden durch die Gesetze bestimmt.
(2) Eigentum verpflichtet. Sein Gebrauch soll zugleich dem Wohle der Allgemeinheit dienen.
(3) Eine Enteignung ist nur zum Wohle der Allgemeinheit zulässig. Sie darf nur durch Gesetz oder auf Grund eines Gesetzes erfolgen, das Art und Ausmaß der Entschädigung regelt. Die Entschädigung ist unter gerechter Abwägung der Interessen der Allgemeinheit und der Beteiligten zu bestimmen. Wegen der Höhe der Entschädigung steht im Streitfalle der Rechtsweg vor den ordentlichen Gerichten offen.

Artikel 15

Grund und Boden, Naturschätze und Produktionsmittel können zum Zwecke der Vergesellschaftung durch ein Gesetz, das Art und Ausmaß der Entschädigung regelt, in Gemeineigentum oder in andere Formen der Gemeinwirtschaft überführt werden. Für die Entschädigung gilt Artikel 14 Abs. 3 Satz 3 und 4 entsprechend.

Ijoma Mangold

Keine vorauseilende Schlichtung

Gesetzestexte sind ein eigenes Genre, das mich als Literaturkritiker naturgemäß interessiert. Sie sind aus Worten gemacht wie alle Texte, also Schall und Rauch, und doch ist ihr Zugriff auf die Wirklichkeit handgreiflich: Der Buchstabe des Gesetzes kann die Schlinge sein, mit der ein Sheriff mich festsetzt. Wie alle Texte haben auch Gesetzestexte einen unabschließbaren Bedeutungsüberschuss, und doch sollen sie, anders als Herbstgedichte, dazu dienen, im Zweifelsfall, wenn es hart auf hart kommt, zu Entscheidungen anzuleiten.

Noch etwas teilen sie, in herausgehobener Weise sogar, mit dem Wesen von Begriffen – und bis auf Eigennamen, den Non-Fungible Tokens unter den Vokabeln, sind in diesem Sinne alle Wörter Begriffe: Um mehr als eine Singularität unter sich subsumieren zu können, brauchen sie einen hohen Grad der Allgemeinheit und Abstraktion vom konkreten Einzelfall, um das Gemeinsame von vielem Verschiedenen und Mannigfaltigen abdecken und erfassen zu können. Was allerdings dann im Einzelfall genau als unter diesen oder jenen Begriff zu subsumieren anzunehmen ist, das ist unendlicher Interpretation unterworfen. Für alle Texte gilt die Einsicht des Geistlichen aus Franz Kafkas *Prozess:* «Richtiges Auffassen einer Sache und Missverstehen der gleichen Sache schließen einander nicht vollständig aus.» Das gilt auch für die Lektüre von Gesetzestexten, insbesondere wenn ein tollwütiger Laie wie ich sie liest, nicht jedoch, wenn es sich bei deren Lesern um Richter handelt – so reime ich mir das jedenfalls als juristischer Laie zusammen: Anders als alle anderen Exegeten sprechen die Richter in letzter Instanz: Roma locuta, causa finita. (Und wer sich ihrer Lesart nicht anschließen möchte, dem können sie sogar mit Vollstreckung drohen.)

Es gibt noch einen weiteren Aspekt, der für Literaturkritiker interessant ist: Gesetzestexte und insbesondere solche im Verfassungsrang gehören zu den kanonischen Texten. Sie werden gehegt und gepflegt wie ein Renaissance-Gemälde oder eine antike Säule, damit ihre ursprüngliche Textgestalt rein erhalten bleibt, und trotzdem sprechen kanonische Texte zu jeder Epoche wieder neu und anders. Man könnte regelrecht von einer negativen Korrelation sprechen: Je größer das Bemühen um die Bewahrung der ursprünglichen Textgestalt ist, desto stärker die Volatilität der Deutungen. Es ist die interpretative Offenheit von kanonischen Texten, die sie die Zeiten überdauern lässt.

Eine weitere Eigenschaft von kanonischen Texten: Man meint sie zu kennen, ohne sie unbedingt gelesen haben zu müssen. Vertrautheit und Lektüre sind nur locker korreliert, diese Sorte Texte gehört dem kulturellen Gedächtnis an, das sie jederzeit an- und abruft, ohne sie zu überprüfen, sie sind Teil einer kommunikativen Referenz-Praxis und unterliegen deshalb in besonders starkem Maße dem Stille-Post-Prinzip.

So geht es mir auch mit dem Grundgesetz. Ich habe es nie von vorne bis hinten gelesen, trotzdem sind mir viele seiner Stellen vertraut, namentlich den Gassenhauer mit der Würde des Menschen, die unantastbar ist, habe ich so oft gehört, dass ich ihn, um ihn zu zitieren, nicht extra noch einmal nachschlagen würde – eine gefährliche Fehlerquelle!

So ging es mir auch mit Artikel 14 GG. Ich meinte, ihn genau zu kennen. Ich weiß, Juristen pflegen zu scherzen: «Ein Blick ins Gesetz vertieft die Rechtskenntnis.» Ich möchte trotzdem erst einmal von dem Phantombild ausgehen, das ich mir von diesem Artikel gemacht habe. In einer entsprechenden Stammtisch-Diskussion hätte ich zum Beispiel davon gesprochen, dass das Grundgesetz den Schutz des Eigentums garantiere. Gleichzeitig weise es auf mahnende Art darauf hin, dass sein Gebrauch zum Allgemeinwohl verpflichte.

Wie bei allen weisen Weltbeschreibungsversuchen wird also eine Spannung zwischen zwei Polen geschaffen – das ist immer ein probates

Mittel, um nicht schon beim ersten Schritt nach draußen über die Ambiguität der Wirklichkeit zu stolpern. Es gibt die Eigentumsgarantie, aber sie ist gebunden an eine sozialverträgliche Ausübung dieses Rechts.

In meiner Blindflug-Exegese hätte ich weiter behauptet, dass Artikel 14 GG eine bestimmte Rezeptionsgeschichte durchlaufen habe. Der Akzent sei über die Jahrzehnte zwischen den beiden Polen verschoben worden, immer mehr weg vom Schutz des Eigentums hin zu seiner Gemeinwohlverpflichtung. So ticken Menschen wie ich, die überall Sozialisten am Werk sehen. (Wenn ich vor Sozialismus warne, glauben die Leute in meiner Bubble immer, es handle sich um ironische Rede – was zumindest die gute Stimmung rettet.) Und das ist ja auch keine Paranoia: Als Berliner durfte ich fassungslos beobachten, wie via Bürgerentscheid die Enteignung von Immobilienbesitz durch Mehrheitsbeschluss in die Wege geleitet werden sollte, nachdem zuvor bereits vom rot-rot-grünen Senat ein sogenannter Mietendeckel beschlossen worden war, der Mieten, anders als der Ausdruck suggeriert, nicht deckelte, sondern planwirtschaftlich auf ein Niveau herunterdrückte, das weit entfernt von allen Marktpreisen war. Dieser unverfrorene Eingriff in die Eigentumsordnung scheiterte dann nicht etwa an empörten Berliner Bürgern, sondern am Bundesverfassungsgericht. Wie heißt es bei George Bernard Shaw: «A government which robs Peter to pay Paul can always depend on the support of Paul.»

Jedenfalls ist meinem Eindruck nach in der Öffentlichkeit immer und auch viel emphatischer von der Gemeinwohlverpflichtung des Eigentums die Rede als von seinem grundsätzlichen Schutz. Das finde ich schade. Es klingt immer so, als wäre die gute Seite dieser GG-Passage die Gemeinwohlverpflichtung, während man die Schutzgarantie nur so mit knirschenden Zähnen, als einen Tribut an eine einstweilen noch unvollkommene Welt, hinnehmen müsse. Dabei halte ich den Schutz des Eigentums verglichen mit seiner Gemeinwohlverpflichtung für den primären Vorgang im Rahmen einer Geschichte der menschlichen Freiheit.

Dass es ein Recht auf Eigentum gibt, ist für mich die zwingende Grundlage, um ein modernes, freies Subjekt überhaupt denken zu können. Der Eigentumsbegriff hat weniger mit gehorteten Gütern zu tun als mit Selbstbestimmung. Die Menschen assoziieren Eigentum immer mit Geld, und Geld ist für vornehm-alteuropäische Gemüter etwas Schmutziges (obwohl das ein römischer Kaiser schon einmal anders gesehen hat: *pecunia non olet*), es hat mit Geldgier zu tun, mit niedrigen Instinkten, mit Dollarzeichen in den Augen wie bei Donald Duck.

Ja, das alles gehört auch zum Eigentum, aber im Wesentlichen ist Eigentum eine Art der Veräußerung meines inneren Selbst, meiner inneren Energie in die Dinge der Welt, die ich erschaffe. Ich bringe etwas aus mir hervor, in das ich meine endliche Lebenszeit investiert habe, meinen Witz, meine Risikobereitschaft, meinen Einfallsreichtum, meine Hingabe, deren Transformationen oder Metamorphosen in die gegenständliche oder geistige Welt (im Falle von Patenten oder urhebergeschützten Werken) weiter Teil von mir sind. Eigentum ist eine Möglichkeit, sich selbst zu verwirklichen, etwas für sich aufzubauen, Pläne zu fassen, sie umzusetzen, aus deren Früchten neuen Elan zu schöpfen, um den Plan zu erweitern und die Sache, an die man glaubt, weiterzutreiben. Spieltheoretisch gesprochen ist das Recht auf Eigentum der Anreiz dafür, dass der *elan vital* nicht erlahmt. Eigentum ist Selbstausdruck. Ohne Recht auf Eigentum ist es unsinnig, von den Möglichkeiten der Freiheit Gebrauch zu machen, weil alles, was ich aus meiner Subjektivität hervorbringe, mir jederzeit wieder weggenommen werden kann. Wie die daraus hervorgehende Form von Phlegma konkret aussieht, davon haben die sozialistischen Staaten im 20. Jahrhundert ein anschauliches Bild gezeichnet.

Nach John Locke, dem Schutzpatron der bürgerlichen Eigentumsordnung, erwirbt der Mensch Eigentum, indem er die Natur bearbeitet und sie sich auf diese Weise aneignet. Zugespitzt gesagt, hat er Eigentum an seinen Handlungen: «Die Arbeit seines Körpers und das Werk seiner Hände sind, so können wir sagen, im eigentlichen Sinne sein Eigentum. Was immer er also dem Zustand entrückt, den die Natur vorgesehen und in dem sie es belassen hat, hat er mit seiner Arbeit gemischt und ihm etwas eigenes hinzugefügt. Er hat es somit zu seinem Eigentum gemacht.»

Etwas von mir ist in die Dinge übergegangen, hat diese verwandelt und veredelt, ich habe mich wie der Schnitzer in seine Holzskulptur mit meinem Ich-Sein in mein Eigentum veräußert. Eigentum ist deshalb nicht einfach eine monetäre Kategorie, sondern eine psychisch-ontologische, die den Vorgang gutheißt, dass der Mensch sich in der Welt verwirklicht. Eigentum ist deshalb nicht nur das Eigene, sondern auch das Eigentümliche, Teil meiner Identität, die nicht durch Kollektivbeschluss zur Konfiszierung freigegeben werden darf. Die Würde des Menschen ist unantastbar, und es ist, völlig jenseits vom materiellen Verlust, entwürdigend, wenn mir das Meine zwangsweise genommen wird.

In der deutschen Öffentlichkeit hingegen, so scheint mir, neigt man immer mehr Pierre-Joseph Proudhons berühmter Sentenz zu, wonach Eigentum Diebstahl sei. Am Ursprung der Eigentumsordnung steht demnach ein Akt der Gewalt. Das große Narrativ dazu hat Rousseau – lange vor Karl Marx' Begriff der «ursprünglichen Akkumulation» als der Enteignung der Commons durch einige wenige dann eben Kapitalbesitzer – ausformuliert:

«Der erste, der ein Stück Land eingezäunt hatte und dreist sagte: ‹Das ist mein› und so einfältige Leute fand, die das glaubten, wurde zum wahren Gründer der bürgerlichen Gesellschaft. Wie viele Verbrechen, Kriege, Morde, Leiden und Schrecken würde einer dem Menschengeschlecht erspart haben, hätte er die Pfähle herausgerissen oder den Graben zugeschüttet und seinesgleichen zugerufen: ‹Hört ja nicht auf diesen Betrüger. Ihr seid alle verloren, wenn ihr vergeßt, daß die Früchte allen gehören und die Erde keinem.›» Das ist wie immer bei Rousseau brillant formuliert, aber ich glaube nicht, dass es so war. Rousseau geht von der Prämisse aus, dass die Leute so einfältig gewesen seien, nicht aufzumucken, als einer der Ihren auf die Idee mit dem

Zaun kam. Ich halte das für unwahrscheinlich. Die Erfahrung lehrt, dass Menschen sogar besonders empfindlich reagieren, wenn sich einer unter ihnen Extrawürste auf Kosten der anderen genehmigt.

Ich glaube, man muss sich diese heuristische Fiktion ein bisschen anders vorstellen. Nachdem man lange das Land gemeinschaftlich bewirtschaftet hatte und der eine mehr Fleiß an den Tag legte als der andere, kam man – gewissermaßen im Anblick des Berges von dreckigem Geschirr in der WG-Küche – überein, dass es produktiver und fairer wäre, wenn jeder die Früchte seiner Arbeit genießen kann. Also teilte man das Land, das man bisher gemeinschaftlich bewirtschaftet hatte, untereinander auf – und zwar fair, nämlich zu gleichen Teilen.

Recht schnell zeigte sich – was im Übrigen vorher schon klar war und die ganze Geschichte ja allererst ins Rollen gebracht hatte –, dass manche tüchtiger waren als andere. Während die einen aus ihrem Land ausreichend Früchte ernteten, sah es bei anderen nicht ganz so rosig aus. Und als der nächste kalte Winter kam, fehlte es Letzteren an Vorräten, und es blieb ihnen nichts anderes übrig, als sich von ihren erfolgreicheren Nachbarn Getreide zu leihen, mit dem Versprechen, es im nächsten Jahr zurückzuzahlen. Als Sicherheit stellten sie ihr Stück Land als Hypothek. Im Insolvenzfall würde es an den Gläubiger fallen, was von Mal zu Mal eintraf. So rum, lieber Jean-Jacques Rousseau, wird ein Schuh draus!

Die politische Haltung zur Eigentumsordnung hängt offensichtlich stark davon ab, ob man in ihr die Legitimierung eines ursprünglichen Gewaltakts oder die rechtliche Absicherung einer ursprünglichen Tüchtigkeit sieht. Beide Fraktionen pflegen ihre entsprechenden Mythen. Ich habe den Zusammenhang zwischen Eigentum und individuellem Wagnis und Risikobereitschaft starkgemacht. Wer eine glänzende Geschäftsidee hat, deren Zeit noch nicht gekommen ist, geht mit seinem eingesetzten Kapital baden; wem Fortuna günstig ist, dem wird sein Wagemut vergoldet. Neun von zehn Start-ups gehen pleite, das zehnte aber erobert die Märkte.

Spätestens seit der Finanzkrise von 2008 gilt diese Lesart indes als grotesk: Die Banken und Hedgefonds wären enorme Wetten an den Kapitalmärkten eingegangen, weil sie wussten, dass sie *too big to fail* waren. So wurden Gewinne privatisiert, Verluste in der Krise sozialisiert. Das ist richtig. Der Bailout der Finanzinstitute durch die Zentralbanken hat den Zusammenhang von Risiko und Haftung aufgelöst. Das ist ein bleibender Skandal. Hat aber gerade nichts mit einer wettbewerblichen Marktordnung und dem emphatischen Eigentumsbegriff, der dieser zugrunde liegt, zu tun, sondern mit einer unheiligen Allianz aus Zentralbanken und Wallstreet. Die große Finanzkrise und was zu ihr geführt hat, eine Politik des Niedrigzinses, sind das Gegenteil von freier Marktwirtschaft, welche den Konkurs, die kreative Zerstörung und Marktbereinigung, liebt. Im Falle des Subprime-Kasinos wurden Wetten ohne Insolvenzrisiko eingegangen – die Pfänder wurden nie kassiert.

Und wie sieht nun Artikel 14 GG tatsächlich aus? «Das Eigentum und das Erbrecht werden gewährleistet», steht da. Dann: «Eigentum verpflichtet. Sein Gebrauch soll zugleich dem Wohle der Allgemeinheit dienen.» Und schließlich: «Eine Enteignung ist nur zum Wohle der Allgemeinheit zulässig.»

Ehrlich gesagt bin ich ein wenig enttäuscht von den Vätern und Müttern des Grundgesetzes. Ich hatte immer angenommen, dass Eigentum unter dem Schutz des Grundgesetzes stünde, was für mich eine Form starker Garantie darstellt, und bin deshalb enttäuscht von dem schwachen Wort, das im Gesetzestext verwendet wird: «Das Eigentum und das Erbrecht werden gewährleistet.» Ginge das nicht ein bisschen erhabener? Die korrekte Abwicklung eines komplexen Vorgangs gewährleistet man – pedantisch, aber ohne Feuer. Ich hatte wenigstens auf ein so engagiertes Wort gehofft wie: Schutz. Das Eigentum steht unter dem Schutz des Grundgesetzes. Das wäre nach meinem Geschmack gewesen. Auch indem ihm nicht die Ehre widerfährt, alleine auftreten zu dürfen, sondern es sich eingereiht findet in die Doppelnennung «Eigentum und Erbrecht» wird seine, wie ich meine, herausragende Bedeutung für den Bestand der bürgerlichen

Gesellschaft geschmälert. Ein bisschen mehr Leidenschaft hätte ich mir schon erwartet.

Andererseits, wie ich merke, wenn ich mich jetzt ein bisschen mehr ins Grundgesetz einlese, vermeidet dieser Text auch sonst Pathos und Pomp. Was Stilbewusstsein verrät: Gerade wenn man weiß, dass es ums Ganze geht, empfiehlt es sich immer, nicht rumzuorgeln, sondern durch Lakonie Autorität zu gewinnen. Und außerdem korrespondieren diese beiden Pole, Gewährung des Eigentumsrechts und seine Gemeinwohlbindung, ja sehr geschmeidig mit der Sozialen Marktwirtschaft, in der wir leben, die ja die gleiche Spannung entfaltet. Und ob einer der beiden Pole zu dominant ist und welcher das gerade ist, darüber soll politischer Streit herrschen, ich nehme an, die Mütter und Väter des Grundgesetzes wollten diesen Streit im Interesse eines lebendigen Ringens nicht vorausgreifend schlichten.

Artikel 16
Schutz vor Ausbürgerung und Auslieferung

(1) Die deutsche Staatsangehörigkeit darf nicht entzogen werden. Der Verlust der Staatsangehörigkeit darf nur auf Grund eines Gesetzes und gegen den Willen des Betroffenen nur dann eintreten, wenn der Betroffene dadurch nicht staatenlos wird.
(2) Kein Deutscher darf an das Ausland ausgeliefert werden. Durch Gesetz kann eine abweichende Regelung für Auslieferungen an einen Mitgliedstaat der Europäischen Union oder an einen internationalen Gerichtshof getroffen werden, soweit rechtsstaatliche Grundsätze gewahrt sind.

Ronen Steinke

Der Club der Deutschen

Guten Tag, bitte nehmen Sie sich einen Stift. Zusammenleben ist Sache beider Seiten, der Neuankömmlinge wie der Einheimischen, also ist es Zeit für einen Integrationstest.

1. Sie treffen einen türkischen Bekannten – über welche Begrüßung wird er sich wahrscheinlich freuen?
   a. Ey Alder, was geht?
   b. Merhaba, nasilsin?
   c. Grüß Gott!
   d. Sie haben gar keinen türkischen Bekannten.
2. Was heißt «Scharia»?
   a. Hand ab!

   b. Das Gesetz
   c. Der Weg zur Tränke
   d. Das Steinigen
3. Welcher aus Westafrika stammende und in Deutschland aufgewachsene Philosoph verfasste im 18. Jahrhundert an der Universität Wittenberg die Streitschrift *De iure maurorum in europa* («Vom Recht der Mohren in Europa»)?
   a. Kevin-Prince Boateng
   b. Anton Wilhelm Amo
   c. Kwame Nkrumah
   d. Patrice Lumumba
4. Warum sollten Sie Ihrer chinesischen Freundin keinen Schirm schenken?
   a. Weil der Schirmkauf in China als reine Frauensache angesehen wird
   b. Weil «Schirm» im Chinesischen mit denselben Zeichen geschrieben wird wie «Schluss machen»
   c. Weil Mao Schirme gehasst hat
   d. Weil Schirme nur in der Familie weitergegeben werden – das Geschenk würde als Einmischung in Familienangelegenheiten aufgefasst
5. Was erhielt der millionste Gastarbeiter als Geschenk?
   a. Eine Rückfahrkarte in die Heimat
   b. Eine Knoblauchpresse
   c. Ein Moped
   d. Das Grundgesetz

Heute ist es so: Die einen müssen dafür pauken, in die Gemeinschaft der deutschen Passinhaber aufgenommen zu werden, müssen Fakten über deutsche Geschichte lernen («Wie viele Besatzungszonen gab es in Deutschland nach dem Zweiten Weltkrieg?»), sich gefälligst zur Emanzipation Homosexueller bekennen («Was halten Sie davon, dass Schwule in Deutschland öffentliche Ämter bekleiden?»). Die anderen bekommen den Pass automatisch durch den Zufall ihrer Geburt geschenkt (und dürfen über Schwule und Besatzungszonen natürlich denken, was sie mögen, ohne dass ihnen der Pass aberkannt würde).

Darauf weist diese Integrationstest-Satire der *Zeit*-Redakteurinnen Khuê Pham und Özlem Topçu hin,[1] die sie sich mit Blick auf die von Baden-Württemberg ausgehenden, inzwischen bundesweit praktizierten Wissens- und Gesinnungsabfragen für Einbürgerungskandidatinnen und -kandidaten ausgedacht haben: auf das immer wieder Lotteriehafte des Staatsbürgerschaftsrechts. Das Schicksal würfelt. So wichtig es ist, wer Bürgerin oder Bürger ist, so zufällig ist es auch.

«Accident of birth», so nannte ein Vorsitzender Richter des amerikanischen Supreme Court einst ziemlich abschätzig den Umstand, dass asiatischstämmige Amerikanerinnen und Amerikaner über einen Pass der USA verfügten.[2] Das sei halt bloß Zufall, fand der Richter. Also sei das egal. Das Gerichtsurteil, mit dem die Mehrheit der Richter ihm beipflichtete – Hirabayashi v. United States, 1943 –, war eine der dunkelsten Stunden des Supreme Court, durch und durch rassistisch. Mit ihm wurde die Internierung der *Japanese Americans* im Zweiten Weltkrieg gerechtfertigt, denen die Regierung der USA pauschal eine gespaltene Loyalität unterstellte.[3]

Aber diese Idee des «accident of birth» kann man natürlich auch andersherum aufgreifen, emanzipatorisch. Was der Supreme Court mit diesem Wort auf den Punkt gebracht hat, lässt sich ja schwer von der Hand weisen. Nämlich: Es ist fraglich, wie viel ethisches Gewicht der simplen Tatsache der Geburt in einer bestimmten Staatsbürgerschaft zukommt, diesem Unfall beziehungsweise Geschenk des Schicksals.[4] Die Staatsangehörigkeit ist ein Privileg, das man sich jedenfalls in aller Regel nicht durch irgendein Verhalten «verdient» hat. Was sollte, was darf dieses Privileg dann, bitte, wert sein? (Dies in emanzipatorischer Absicht zu fragen, bedeutet freilich im Gegensatz zum Supreme Court von 1943, für mehr Rechte zu streiten, nicht für weniger.)

Auf diese Frage versucht in Deutschland der Artikel 16 des Grundgesetzes eine Antwort zu geben. In diesem Land, das von 1933 bis 1945 mehr als 39 000 seiner jüdischen und/oder politisch unliebsamen Bürgerinnen und Bürger wie Kurt Tucholsky, Bertolt Brecht oder Oskar Maria Graf zwangsweise ausgebürgert hat,[5] gibt die Verfassung heute zwei Versprechen ab.

Erstens: Wer einmal im Club der Passinhaber drin ist, der wird nie wieder aus diesem Club hinausgeworfen. Zweitens: Wer einmal im Club der Passinhaber drin ist, der wird auch aus dem Gebiet Deutschlands nie wieder hinausgeworfen. (Zumindest im Prinzip gilt das. Es gibt kleine, aber bedeutende Einschränkungen.)

Was ein Pass wert ist

«Ich bin ein berühmter Schriftsteller, ein richtiger Kerl. Sehr beliebt bei schönen Frauen, Roula al-Hussein ist mit mir befreundet und Rami al-Amin gibt mir immer Likes.»

«Meinen Namen kennt jeder Intellektuelle und jede Striptease-Tänzerin.»

«Das deutsche Fernsehen kommt zu mir, um einen Beitrag über mich zu machen, Zeitungen schreiben über mich … ziemlich berühmt also.»

«Ich habe 14 Liebhaberinnen, die ich übers Internet kennengelernt habe, und meine Freunde ziehen mich auf wegen der riesigen Löffel, die es bei uns zu Hause gibt.»

«Ein Schriftsteller. Ich verkaufe meine Bücher auf den Straßen Deutschlands, und wenn ich am Ende des Tages müde werde und noch ein paar der Bücher, die ich am Gehweg vor mir ausgebreitet habe, übrig sind, lege ich sie alle in einen Karton und schreie: ‹Alles zusammen für 10!›»

«Am Abend sitze ich vor dem Bildschirm meines Laptops und suche mit der Hilfe von Internetsuchmaschinen nach mir selbst. Und Schwester Google findet mich immer, oh Wunder!»

«Ich lebe in Berlin. Vor zwei Monaten habe ich diesen heißen Wein namens ‹Glühwein› getrunken und ich bin allen Hundesorten begegnet, die ich bisher nur aus Zeichentrickfilmen kannte.»[6]

Aboud Saeed, der diese Zeilen geschrieben hat, ist einer der vielen irakischen und syrischen Exilschriftsteller, die heute in Berlin leben und deren Texte oft sehr selbstbewusst klingen, manchmal geradezu breitbeinig. Eine seiner Lesungen in Berlin nannte Saeed, 1983 in der Provinz Aleppo geboren, «Eins zu null für mich gegen alle».

«Es war in der kalten Jahreszeit, genauer gesagt im Januar, als ich meinen Asylantrag in Deutschland stellte», schreibt Rasha Abbas, die 1984 im syrischen Latakia geboren wurde. Selbst sie, nachdenklicher als Aboud Saeed, eine manchmal auch an sich selbst zweifelnde Autorin, ist in ihrem Zufluchtsland doch so frei, die deutschen Ausländerbehördenmitarbeiter, die ihr Schutz und Unterstützung geben, in eine Reihe mit Nazischergen zu stellen: «Ich hatte keine Ahnung, was auf mich zukommen würde. Ohnehin stand ich der ganzen Prozedur misstrauisch gegenüber. Vielleicht weil ich den Fehler begangen hatte, ausgerechnet zu jener Zeit den Comic ‹Maus – Die Geschichte eines Überlebenden› zu lesen.»

Es sind mal trotzige, mal traurige Geschichten. Liest man sie, erkennt man aber doch einen großen Unterschied zu der völligen Rechtlosigkeit, in der sich einst die Menschen befanden, die hundert Jahre zuvor Flüchtlinge waren. Vladimir Nabokov, der russische Schriftsteller, kam 1922 nach Berlin. Die gerade gegründete Sowjetunion hatte ihn ausgebürgert. Er war einsam und hilflos, das Flüchtlingspapier, das ihm der Völkerbund ausgestellt hatte (der «Nansen-Pass», benannt nach dem damaligen Hochkommissar für Flüchtlinge, dem norwegischen Diplomaten Fridtjof Nansen), nur ein «höchst minderwertiges Dokument von kränklich grüner Farbe».[7]

Was die deutschen Bürokraten anging, hatte Nabokov mehr Grund zur Beschwerde: Der Inhaber eines Nansen-Passes «war wenig mehr als ein auf Bewährung entlassener Verbrecher», schrieb er, «und hatte die größten Strapazen auf sich zu nehmen, wenn er etwa ins Ausland reisen wollte – je kleiner die Länder, desto mehr Umstände machten sie».[8] Wer keinen Staat im Rücken hatte, der im Notfall für ihn oder sie einstehen würde, der war damals Freiwild.

Die Idee von globalen Menschenrechten war noch nicht viel mehr als ein Tagtraum. Die Vorstellung also, dass man gegenüber allen Staaten der Welt bestimmte Mindestrechte haben sollte, nur weil man ein Mensch ist – diese Idee nahm noch keine Regierung ernst. Auch nicht die deutsche.

Das ist heute zumindest in westlichen Demokratien nicht mehr ganz so. Die Grundrechte werden vom Bundesverfassungsgericht auch Ausländerinnen und Ausländern gegönnt, selbst in den Fällen, in denen im Grundgesetz steht, dass sie nur Deutschen vorbehalten sind. Die Berufsfreiheit, Artikel 12 des Grundgesetzes, oder auch die Versammlungsfreiheit, Artikel 8: Dies sind offiziell «Deutschengrundrechte». Sie beginnen mit den Worten «Alle Deutschen haben das Recht, …» – anders als etwa die Religionsfreiheit, Artikel 4, oder die Meinungsfreiheit, Artikel 5, bei denen diese Einschränkung nicht besteht. Aber die Karlsruher Richterinnen und Richter wenden heute freundlicherweise einen kleinen Kniff an, damit auch Ausländerinnen und Ausländer (ganz gleich, ob aus der EU oder von außerhalb) sich auf diese Deutschengrundrechte berufen können. Sie ziehen die denkbar vage «allgemeine Handlungsfreiheit» aus Artikel 2 Absatz 1 des Grundgesetzes heran und argumentieren: Diese «Handlungsfreiheit» umfasse ja vieles. Eigentlich alles. Also auch das, was in den Deutschengrundrechten stehe.

Voilà, so gilt alles für alle. Auch für Rasha Abbas. Und für Aboud Saeed. Niemand muss heute in Deutschland ganz ohne Versammlungs- oder Berufsfreiheit leben. Niemand bleibt nackt. Die Richterinnen und Richter vollführen diese kleine Operation schon seit 1973,[9] und durch diesen Kniff ist der relative Wert des deutschen Passes, dieses große Plus an Grundrechten nur für Inländer, das den Verfasserinnen und Verfassern des Grundgesetzes wohl vorschwebte, heute nicht mehr ganz so groß. Anders gesagt: Das eiskalte juristische Vakuum, in dem sich einst Vladimir Nabokov mit seinem grünlichen Flüchtlingspass wiederfand, das gibt es hierzulande gar nicht mehr.

Zumindest, soweit es um die bürgerlichen Freiheiten geht. Demonstrieren, publizieren, geschäftig sein und so weiter. Wünsche also, die man an das Leben haben kann, solange man fit ist, können sich In- und Ausländer theoretisch in ähnlicher Weise erfüllen. Soweit es dagegen um die sozialen Grundrechte geht, ist das anders. Dort herrscht bis heute ein klarer Unterschied, den auch das Bundesverfassungsgericht über die Jahrzehnte nicht sehr stark abgemildert hat. Wenn man arm oder krank ist, kann die Frage, ob man einen deutschen Pass besitzt, weiter einen existenziellen Unterschied ausmachen. Wer nicht wirtschaftlich aktiv und deshalb auf staatliche Grundsicherung angewiesen ist, kann aus Deutschland hinausgeworfen werden, selbst als EU-Bürgerin oder EU-Bürger. Wer keinen Aufenthaltstitel hat, kann außerdem praktisch nur zum Preis der Abschiebung einen Arzt aufsuchen.

Deshalb sind es heute auch eher die syrischen Exilanten, die in Berlin Bücher und Gedichte schreiben, auf sich aufmerksam machen, Interviews geben, Lesungen veranstalten. Sie können das. Ihr Status in Deutschland ist relativ sicher. Ihnen droht keine Abschiebung. Die Exilanten aus Tunesien oder Algerien dagegen, die mehr vor dem Elend geflohen sind als vor einem Regime, riskieren hierzulande seltener, mit provozierender Prosa aufzufallen.

Ausgebürgert wird nicht. (Es sei denn …)

Dies ist die Geschichte eines Mannes aus Nigeria, dem es gelang, die deutschen Behörden an der Nase herumzuführen. «Im November 1999 beantragte er seine Einbürgerung in den deutschen Staatsverband», so schreibt das Bundesverfassungsgericht. «Dabei gab er an, bei einer Gerüstbaufirma in Hanau beschäftigt zu sein, und legte eine auf seinen Namen ausgestellte Bescheinigung der Firma über das Bestehen des Arbeitsverhältnisses sowie eine Lohnabrechnung vor.»

«Am 17. Januar 2000 wurde ihm eine Einbürgerungszusicherung unter dem Vorbehalt der Aufgabe der nigerianischen Staatsangehörigkeit erteilt. Die Botschaft der Bundesrepublik Nigeria bestätigte mit Schreiben vom 25. Januar 2000 unter dem Betreff ‹Verzicht auf die nigerianische Staatsangehörigkeit› den Erhalt des Reisepasses (...) und erhob keine Einwände gegen den Erwerb der deutschen Staatsangehörigkeit. Am 9. Februar 2000 wurde (der Mann) auf der Grundlage der §§ 8, 9 Staatsangehörigkeitsgesetz (StAG) eingebürgert.»

«In einem in der Folgezeit gegen (ihn) eingeleiteten Ermittlungsverfahren stellte sich heraus, dass (er) bei der Firma, bei der er angeblich arbeitete, nicht bekannt, sondern eine andere Person, deren Identität nicht geklärt werden konnte, dort unter seinem Namen beschäftigt war.»

Tja: «Durch Urteil des Amtsgerichts Pforzheim wurde (der Mann) am 31. Juli 2001 wegen unerlaubten gewerbsmäßigen Handeltreibens mit Betäubungsmitteln in 120 Fällen zu einer Gesamtfreiheitsstrafe von vier Jahren verurteilt, die auf seine Berufung hin durch Urteil des Landgerichts Karlsruhe vom 20. Februar 2002 auf drei Jahre herabgesetzt wurde», so schreibt das Bundesverfassungsgericht.

Die Folge: «Mit Bescheid vom 27. Februar 2002 nahm die Stadt Pforzheim (...) die Einbürgerung rückwirkend (...) zurück, erklärte die Einbürgerungsurkunde sowie den Reisepass und den Personalausweis, die dem (Mann) ausgestellt worden waren, für ungültig und ordnete die Rückgabe der genannten Dokumente sowie die sofortige Vollziehung des Bescheids an.»[10] Das heißt: Gute zwei Jahre nach der Einbürgerung wollte man ihn doch wieder hinauswerfen aus dem Club der deutschen Passinhaber.

Wer das Grundgesetz liest und dort in Artikel 16 Absatz 1 den sehr klaren Satz findet, dass die deutsche Staatsangehörigkeit «nicht entzogen» werden darf, schon gar nicht, wenn der Betroffene dadurch staatenlos wird, der wird nicht unbedingt darauf kommen, aber: Das Bundesverfassungsgericht hat diesen Fall im Jahr 2006 genutzt, um diese Grundgesetz-Garantie zu durchbrechen. (Allerdings war es ein heftiges Ringen in Karlsruhe. Hinsichtlich der Frage, ob eine erforderliche gesetzliche Grundlage für den Rauswurf aus dem Club vorliege, bestand sogar ein Patt.)

Hier der Wortlaut der Verfassung, dort die neue Realität: Die Garantie, dass man als deutscher Staatsbürger nie wieder ausgebürgert werden kann, gilt somit nicht mehr in Fällen, in denen sich jemand in diesen Club hineingetrickst haben soll. Die Wut des Staates darüber, dass man ihn hereingelegt hat, ist dann heute größer als die Treue zum Grundgesetz-Wortlaut.

Das Bundesverfassungsgericht legt den Artikel 16 dazu «originalistisch» aus – nämlich allein als eine historische Reaktion auf die Ausbürgerungspraxis der NS-Diktatur. Nur für diese besondere damalige Situation sei dieser besondere Schutz ganz ausnahmsweise gedacht gewesen. Nicht aber für Eingebürgerte aus Nigeria, die bei einer Gerüstbaufirma in Hanau arbeiten. Es ist nicht das erste Mal, dass die angeblich mustergültige Vergangenheitsbewältigung in eine Beschneidung von Rechten ausartet, und hier in eine letztlich rassistisch konnotierte Überlegenheit: Eingebürgerte sind einfach nicht so viel wert wie durch Geburt Erkorene.

Ausgeliefert wird nicht. Right or wrong – my countryman

«Als General Mälzer die schwere Last der Repressalie schließlich ihm aufbürdete, hielt es Kappler für seine Pflicht, den verlangten Gehorsam an den Tag zu legen und den Befehl auszuführen, ohne mit der Wimper zu zucken.»

«Gegen Mittag kehrte Kappler aus dem Büro General Mälzers zurück und versammelte uns Offiziere in der Kantine. Sein Gesichtsausdruck sagte schon alles. Er teilte uns die Nachricht mit und unterrichtete uns über die Hintergründe. Uns überkam nacktes Entsetzen. Es kam uns unglaublich vor, dass ausgerechnet wir kaltblütig unschuldige Menschen erschießen mussten. Wir protestierten – auf jene zurückhaltende Weise natürlich, auf die man zu jener Zeit und unter jenen Umständen überhaupt protestieren konnte. Der älteste von uns, Major Domizlaff, legte in der ihm vertrauten gewählten Juristensprache dar, dass viele von uns niemals zu kriegerischen Zwecken Schusswaffen getragen hatten. Er und seine Männer von der Abteilung III beispielsweise waren mit der Sammlung von Informationen beauftragt, so wie viele andere in unserem Kommando schlicht und einfach Dolmetscher waren.»

«Doch fruchteten seine Einwände nichts; Kappler blieb unnachgiebig: Der Befehl stamme von Hitler und wir müssten ihn ausführen. Er fügte noch hinzu, das Kommando verfüge nur über wenige Leute, und wir Offiziere müssten uns in die Erschießungskommandos einreihen, um unseren Untergebenen mit gutem Beispiel vorauszugehen.»

«Ich darf mit ruhigem Gewissen sagen, dass niemand von uns auch nur den geringsten Zweifel an der Legitimität des Befehls hegte. Wir protestierten lediglich aus einem Gefühl des instinktiven Widerwillens heraus, den wir als Menschen vor der uns bevorstehenden Aufgabe empfanden.»

So ähnlich geht diese Rechtfertigungsschrift noch viele Seiten lang weiter. So klingt es, wenn einer der führenden deutschen Kriegsverbrecher im besetzten Italien viele Jahre später sein reines Gewissen zur Schau stellt: *«Vae victis». (Wehe den Besiegten)* heißt das Buch, das der einstige SS-Hauptsturmführer Erich Priebke 2003 veröffentlichte (zuerst auf Italienisch, *no less*)[11] und das etwa bei Amazon heute signiert für 1600 Euro zu haben ist.

Was er da beschreibt, ist der geschäftsmäßige Mord an 335 Zivilisten. Eine «Repressalie», das heißt Strafmaßnahme, für einen Anschlag der Resistenza auf 33 deutsche Besatzungssoldaten. Eins zu zehn: Dieses Zahlenverhältnis war Absicht. Unter den Zivilisten, die in Fünfergruppen gezwungen wurden, sich hinzuknien und sich ins Genick schießen zu lassen, waren 77 Arbeiter, 17 Straßenhändler, zwölf Bauern, neun Studenten, vier Metzger, drei Ärzte, ein Priester. Der Jüngste war 15 Jahre alt, der Älteste 74. Weil man den deutschen Soldaten irrtümlich fünf Zivilisten mehr geliefert hatte als bestellt, wurden diese auch noch mit ermordet. Als die Leichenberge zu hoch wurden, mussten die neuen Opfer sich auf die bereits Getöteten legen. Es ist einer jener Gräuel, die erst sehr spät, erst in den 1990er Jahren überhaupt angeklagt worden sind.

Italien ist ein Rechtsstaat, Mitbegründer der Europäischen Union, ausgestattet mit einer unabhängigen, auch international sehr respektierten Staatsanwaltschaft und Richterschaft. Und Italiens Justiz hat nun wirklich nicht leichtfertig Vorwürfe gegen mutmaßliche deutsche NS-Verbrecher erhoben. Eher noch zurückhaltend. Der italienische Rechtsstaat hat, als nach Ende des Kalten Krieges einige lang verschlossene Archive zugänglich wurden, handfeste neue Beweise dazu an die Hand bekommen.

Massaker wie jenes der SS an den Bewohnern des toskanischen Dorfs Sant'Anna di Stazzema am 12. August 1944 zum Beispiel, oder etwa das Massaker der SS und der Wehrmacht an Hunderten Bewohnern des norditalienischen Marzabotto vom 29. September bis zum 1. Oktober 1944: Sie konnten jetzt präzis ihren deutschen Befehlshabern zugeordnet werden, auch etwa einem Herrn Gerhard Sommer und einem Herrn Dr. Friedrich Engel, beide wohnhaft in Hamburg.

Italiens Justiz hat diese Männer dann trotzdem nie vor Gericht bringen dürfen. Die deutsche Regierung hat sich quergestellt mit Verweis auf Artikel 16 Absatz 2 Grundgesetz: Man liefere Deutsche nie aus. Da gebe es keine Ausnahmen. Das ist der alte, ein bisschen archaische Kern dieses Auslieferungsverbots: Es ist kein Streben nach Gerechtigkeit oder Aufklärung, sondern erst einmal ein pauschaler Schutz vor unberechtigten genauso wie auch vor berechtigten Vorwürfen aus dem Ausland. Wenn sie aus dem Ausland kommen, dann lautet die Antwort stereotyp immer: Ausgeliefert wird nicht. *Right or wrong – my countryman.*

Im Fall der von Italien gesuchten NS-Verbrecher hat der deutsche Staat dann durchaus Bemühungen gezeigt, die Vorwürfe nicht ganz zu ignorieren. (Dazu ist er nach einem völkerrechtlichen Grundsatz auch verpflichtet gewesen. *Aut dedere aut judicare*, entweder man liefert aus oder man ermittelt selbst.) Der deutsche Staat hat immerhin noch selbst Ermittlungen eingeleitet, diese dann aber rasch wieder zu den Akten gelegt.

Und sosehr die Bundesrepublik auch heute, zwei Jahrzehnte später, ehrenwert engagiert ist im Aufklären und Verfolgen von Menschheitsverbrechen etwa des syrischen Assad-Regimes, zum Beispiel indem hierzulande unter Berufung auf die hohen Ideale des «Weltrechtsprinzips» untergetauchte Folterknechte Assads oder auch ruandische oder kongolesische Täter aufgespürt und vor Gericht gestellt werden für ihre Untaten, so gemütlich leben dennoch weiter deutsche Menschheitsverbrecher ihr Leben zum Beispiel in: Krefeld.

Ja, richtig gelesen: In Krefeld leben Verantwortliche der einstigen deutschen Faschistenkolonie «Colonia Dignidad», die in Chile in der Zeit des Diktators Augusto Pinochet, 1973–1990, Geheimdienstaufträge übernahmen, Menschen folterten, Menschen verschwinden ließen. Eine abgeschottete Deutschensiedlung in Chiles Anden war es, mit Zäunen, Stacheldraht, Kameras und Hunden. Heute leben noch Menschen wie der Arzt Hartmut Hopp, in Chile rechtskräftig wegen Beihilfe zum Kindesmissbrauch zu einer fünfjährigen Haftstrafe verurteilt. Er hat sich nach Krefeld absetzen können.

Deutschland, rettendes Ufer.

Dr. Hopp bleibt straffrei, so wie auch andere Deutsche straffrei bleiben, denen der chilenische Rechtsstaat, der italienische Rechtsstaat oder auch andere ernst zu nehmende, seriöse Justizsysteme schwere Straftaten anlasten. Man könnte durch «originalistischen» Rekurs auf die Geschichte des Artikels 16 des Grundgesetzes durchaus argumentieren, dass er nicht die Verfolgung von NS-Tätern im Ausland verhindern soll. Wenn angeblich laut dem Bundesverfassungsgericht das «Nie wieder!» ganz im Vordergrund dieser Norm steht, dann verkehrt der Schutz von NS-Tätern und anderen Schwerstverbrechern diesen Zweck in sein glattes Gegenteil.

Anmerkungen

1 *Die Zeit*, 22. 12. 2010.

2 Dissenting Opinion von Chief Justice Melville Fuller in United States v. Wong Kim Ark, 169 U. S. 649 (1898).

3 Hirabayashi v. United States, 320 U. S. 81 (1943), «There is support for the view that social, economic and political conditions which have prevailed since the close of the last century, when the Japanese began to come to this country in substantial numbers, have intensified their solidarity and have in large measure prevented their assimilation as an integral part of the white population.» (Page 320 U. S. 96).

4 Justice Murphy sprach in seiner Concurring Opinion eher in diesem emanzipatorischen Sinn von dem Zufall der Geburt: «Today is the first time, so far as I am aware, that we have sustained a substantial restriction of the personal liberty of citizens of the United States based upon the accident of race or ancestry. Under the curfew order here challenged, no less than 70 000 American citizens have been placed under a special ban and deprived of their liberty because of their particular racial inheritance. In this sense, it bears a melancholy resemblance to the treatment accorded to members of the Jewish race in Germany and in other parts of Europe. The result is the creation in this country of two classes of citizens for the purposes of a critical and perilous hour – to sanction discrimination between groups of United States citizens on the basis of ancestry. In my opinion, this goes to the very brink of constitutional power.» (Page 320 U. S. 111.) Das hat Justice Murphy aber nicht davon abgehalten, die rassistische Diskriminierung wegen der Bedrohung der nationalen Sicherheit für gerechtfertigt zu halten …

5 Vgl. Michael Hepp, Wer Deutscher ist, bestimmen wir …, in: derselbe (Hg.), Die Ausbürgerung deutscher Staatsangehöriger 1933–45 nach den im Reichsanzeiger veröffentlichten Listen, Band 1, 1985, S. XXV. Hepp stützt sich ausschließlich auf die Veröffentlichungen des Reichsanzeigers (vgl. S. V), die wohl am zuverlässigsten sind. Gemäß Paragraph 2 Absatz 5 des Gesetzes über den Widerruf von Einbürgerungen und die Aberkennung der deutschen Staatsangehörigkeit vom 14. Juli 1933 wurde die «Aberkennung der Staatsangehörigkeit mit der Verkündung der Entscheidung im Reichsanzeiger wirksam».

6 Aboud Saeed, Lebensgroße Newsticker (aus dem Arabischen von Sandra Hetzl), 2015, S. 78.

7 Vladimir Nabokov, Erinnerung sprich. Gesammelte Werke, Band 22, 4. Aufl., 1999, S. 375 ff.

8 Ebd.

9 BVerfGE 35, 382, 399, Beschluss vom 18. Juli 1973, 1 BvR 23/73, 1 BvR 155/73. In dem Beschluss stellte das Bundesverfassungsgericht zum ersten Mal klar: «Die Beschränkung des Grundrechts der Freizügigkeit auf Deutsche und auf das Bundesgebiet (Art. 11 GG) schließt nicht aus, auf den Aufenthalt von Menschen in der Bundesrepublik auch Art. 2 Abs. 1 GG anzuwenden.»

10 BVerfGE 116, 24, 25, Urteil vom 24. Mai 2006, 2 BvR 669/04.

11 Erich Priebke mit Paolo Giachini, Autobiographie: «Vae victis» (Wehe den Besiegten), Rom, Associazione Uomo e Libertà, 2003.

Der Autor dankt Eva Maria Bredler für wertvolle Anregungen und Einwände.

Artikel 16a
Asylrecht

(1) Politisch Verfolgte genießen Asylrecht.

(2) Auf Absatz 1 kann sich nicht berufen, wer aus einem Mitgliedstaat der Europäischen Gemeinschaften oder aus einem anderen Drittstaat einreist, in dem die Anwendung des Abkommens über die Rechtsstellung der Flüchtlinge und der Konvention zum Schutze der Menschenrechte und Grundfreiheiten sichergestellt ist. Die Staaten außerhalb der Europäischen Gemeinschaften, auf die die Voraussetzungen des Satzes 1 zutreffen, werden durch Gesetz, das der Zustimmung des Bundesrates bedarf, bestimmt. In den Fällen des Satzes 1 können aufenthaltsbeendende Maßnahmen unabhängig von einem hiergegen eingelegten Rechtsbehelf vollzogen werden.

(3) Durch Gesetz, das der Zustimmung des Bundesrates bedarf, können Staaten bestimmt werden, bei denen auf Grund der Rechtslage, der Rechtsanwendung und der allgemeinen politischen Verhältnisse gewährleistet erscheint, daß dort weder politische Verfolgung noch unmenschliche oder erniedrigende Bestrafung oder Behandlung stattfindet. Es wird vermutet, daß ein Ausländer aus einem solchen Staat nicht verfolgt wird, solange er nicht Tatsachen vorträgt, die die Annahme begründen, daß er entgegen dieser Vermutung politisch verfolgt wird.

(4) Die Vollziehung aufenthaltsbeendender Maßnahmen wird in den Fällen des Absatzes 3 und in anderen Fällen, die offensichtlich unbegründet sind oder als offensichtlich unbegründet gelten, durch das Gericht nur ausgesetzt, wenn ernstliche Zweifel an der Rechtmäßigkeit der Maßnahme bestehen; der Prüfungsumfang kann eingeschränkt werden und verspätetes Vorbringen unberücksichtigt bleiben. Das Nähere ist durch Gesetz zu bestimmen.

(5) Die Absätze 1 bis 4 stehen völkerrechtlichen Verträgen von Mitgliedstaaten der Europäischen Gemeinschaften untereinander und mit dritten Staaten nicht entgegen, die unter Beachtung der Verpflichtungen aus dem Abkommen über die Rechtsstellung der Flüchtlinge und der Konvention zum Schutze der Menschenrechte und Grundfreiheiten, deren Anwendung in den Vertragsstaaten sichergestellt sein muß, Zuständigkeitsregelungen für die Prüfung von Asylbegehren einschließlich der gegenseitigen Anerkennung von Asylentscheidungen treffen.

Dana Grigorcea

Dem Pfeil hinterher

Märchen, die ich als Kind in Schleife hören wollte, fingen oft mit der Abenteuerlust des Prinzen an: Kaum erwachsen, greift der Prinz zum Bogen und zielt kühn zur blendenden Sonne hin, schießt mit aller Kraft, ganz weit weg. Sodann verabschiedet er sich von den weinenden Eltern, den Geschwistern und dem ganzen Hofstaat und macht sich auf die Suche nach seinem Pfeil. Hoffnungsfroh dem Pfeil hinterher, wächst der Prinz an allen Gefahren, die ihm unterwegs begegnen, lernt das Mitgefühl und selbstlos zu sein, findet Freunde fürs Leben – und schließlich seine Bestimmung.

Wie konnten solche Märchen von der mannigfachen Grenzüberschreitung bloß an der Zensur der damaligen kommunistischen Diktatur in Rumänien vorbeikommen? Der Prinz überspannte seinen Bogen doch ganz gewiss. Denn die Sehnsucht der Bevölkerung nach Freiheit, also die Hoffnung, nicht mehr nur Teil einer gleichgeschalteten Masse, sondern ein Individuum zu sein, unverwechselbar und mit persönlicher Bestimmung, fand in dem Märchen beredten Ausdruck.

An einem glanzvollen Sommertag 2015 reiste ich mit dem Bernina-Express, einem Panoramazug der Rhätischen Bahn in der Schweiz, über die Albulalinie zu einer Lesung nach St. Moritz. Es roch nach rezentem Käse, *surchoix*, und nach gewürztem Hobelfleisch. Wenn sich der Zug neigte, mit ihm die vollen Gläser, wurde gejauchzt und gelacht. Wir fuhren über spektakuläre Schluchten hinweg, über Viadukte und derart kurvenreiche Brücken, dass wir durch die Fenster den Gästen aus den Zugabteilen ganz vorn und ganz hinten, in banger Begeisterung, zuwinken konnten.

Die Schmalspurbahn ist UNESCO-Weltkulturerbe, was auf Aufklebern und Flyern im Zug zu lesen steht und auch niemanden verwundern kann. Ganz nah blitzen Wasserfälle auf, Klippen und da und dort eine Hochgrasflur, bevor man wieder durch schmucke Galerien fährt und durch enge, kurze Tunnels, an Waldhängen vorbei und blühendem Gestrüpp. Auf den Hügeln das Gras wie getrimmt, vereinzelt ein Chalet, eine Kinderschaukel am Baum, Wildblumenwiesen und Heckenstreifen für Hasen und Rehe, blaue Weiher, dichtes Schilf, immerzu wechselnde Vegetation, alles in Fülle, und sogar gutgenährte Mammuts. Mammuts? Ich schaute genauer hin: schottische Hochlandrinder mit langen orangefarbenen Haaren und weit abstehenden Hörnern. Man hat sie hier ansässig gemacht, wie zur Zierde.

Eine singende Frauenstimme kündigte die Bahnstationen an: Thusis, Solis, Filisur, Stuls, Muot, Preda, Samedan. Namen, wie erfunden, ich schrieb sie auf – wie von mir erfunden! Ja, die ganze Reise versetzte mich in Hochstimmung, denn alles Gesehene überraschte mich und war mir dennoch so vertraut; wie nach langem Sehnen wiedergefunden. Die singende Frauenstimme wiederholte ihre Ankündigungen in vier Sprachen, immerzu verständlich. Ich nickte nach jeder Ansage, in vollem Einverständnis.

Diese Reise hat einst auch mein Urgroßvater, Anibal Teodorescu, unternommen: Als frischer Doktorand der Rechtswissenschaften an der Sorbonne trat er mit dem gesparten Stipendium eine kleine Lustreise an, die ihn 1905 auch über die damals gerade eröffnete Albulalinie führte. In geschwungener Schrift vermerkte er einige Stationen in seinem Tagebuch, notierte dann aus Bukarest aber, er habe zu viel gesehen, um es noch aufzuschreiben, daher nur dies: Die Reise sei so wichtig für die Seelenbildung gewesen wie sein gesamtes Jurastudium, das ihn immerhin befähige, im Guten zu wirken, stets nach dem Recht.

Reisen bilde und sei somit eine Notwendigkeit, soll er gesagt haben, auch später als Anwalt, Professor, Bürgermeister von Bukarest, Rektor der Rechtsuniversität Bukarest, Pionier des rumänischen Verwaltungsrechts und Mitglied der rumänischen Akademie, und schließlich als begeisterter Kunst-Mäzen und Besucher von Vernissagen in ganz Rumänien. Sein Reisekoffer soll voller Aufkleber gewesen sein – er hatte stets denselben, auch immer denselben Spazierstock, der intakt blieb, weil er ihn nur zur Zierde führte.

Als der rumänische König Mihai I. von der kommunistischen Diktatur zur Abdankung gezwungen wurde und mit einer ganzen Zugkombination ins Exil in die Schweiz fahren durfte, bot er sich an, meinen Urgroßvater, den die Königsmutter für seine weltoffene Art schätzte, samt seiner Familie mitzunehmen. Die Schweiz gewährte ihnen politisches Asyl, sie würden in der französischsprachigen Schweiz, der Romandie, würdig leben können. Mein Urgroßvater aber lehnte dankend ab; und soll zu seiner Frau gesagt haben, es wäre ja gelacht, wenn sie jetzt weggingen, mit eingezogenem Schwanz, statt dass die primitiven Kommunisten gehen, die ja keine Ahnung von Staatsführung und Verwaltung haben und sich bald ihr Unvermögen eingestehen müssten. Beharrlichkeit und Bildung sowie Anstand würden am Ende über die Radikalen jeder Couleur obsiegen, und überhaupt: Was sollte aus dem Land werden, wenn es in der Not alle verlassen?

Er blieb also – und er soll das Land auch nie mehr verlassen haben.

Versucht man die Sicht eines im Rechtsstaat aufgewachsenen Menschen einzunehmen, war sein Entschluss zu bleiben plausibel, anständig sogar. Es braucht schließlich Kämpfer für den Rechtsstaat vor Ort. Wann, wenn nicht unter extremen Umständen, lässt sich unter Beweis stellen, dass man die im Diskurs propagierten Credos und Tugenden auch wirklich zu leben versteht?

Mein Urgroßvater wurde enteignet und kam für mehrere Jahre ins Gefängnis, von wo er, wenn nicht im Sinne der Diktatur zum «neuen Menschen» umerzogen, so doch als sehr stiller Mensch zurückkehrte.

Zurückhaltender wurden alle, zu äußerlich angepassten Genossen: Die Schweigsamkeit als Wesensmerkmal war bald wie angeboren – man nannte es euphemistisch Inneres Exil. Größte Teile der Bevölkerung begaben sich ins Innere Exil oder wurden im Inneren Exil geboren; zurück ließ die kommunistische Diktatur nur die leeren Hüllen einer genehmen Erscheinung.

Ob man aus diesem Inneren Exil unversehrt zurückkehren kann? Ohne dass sich in der Einsamkeit die Echos der eigenen Gedanken verstärkt, sich zu radikalen Ansichten verstiegen haben? Blickt man nach Rumänien, nach Ungarn, Bulgarien oder Polen, wo populistische Parteien eine immerzu große Wählerschaft haben, mag man gelegentlich daran zweifeln. Man wähnt sich als Anhängerin von Zivilgesellschaften in diesen Staaten wie in lange ungelüfteten Zimmern. Nicht zufällig kommen da die politischen Hoffnungsträger aus dem Ausland, haben in England, Deutschland, Frankreich oder Amerika studiert, bedienen sich eines anderen, freundlicheren Tonfalls, haben den Dialog erprobt, Demokratie mitgelebt. Osteuropäische Exil-Bürger wählen meist die fortschrittlichen Parteien in ihren Herkunftsländern, können, wie in Rumänien in den vergangenen Jahren geschehen, die vom populistischen Diskurs im Land geprägten Wahlausgänge doch noch positiv beeinflussen.

Ob man daher eine ethische Pflicht hat, rechtzeitig zu flüchten, bevor man gebrochen wird – oder zum Verbiegen gezwungen? Und ist es nicht zur Förderung des Allgemeinwohls, politisch Exponierte zu retten, ihnen am sicheren Ort eine gute Lage zu bieten, von wo aus sie wirken können?

Zurück zum Prinzen mit seinem Bogen und dem enteilten Pfeil. Auch ich ging in die Welt hinaus, fürs Studium, das war zehn Jahre nach dem Fall der Eisernen Mauer. Wie einfach war es nun für meine Generation zu reisen! Als Stipendiatin von Universitäten, als Theaterfrau und Autorin flanierte ich wie selbstverständlich in den Metropolen Europas. Der Liebe wegen kam ich aus Deutschland in die Schweiz, die Sprache meiner Kinder ist das Schwiizertüütsch.

Für eines der frühen Zeitungsinterviews, die ich als rumänisch-schweizerische Schriftstellerin gab, wählte man den Titel: «Ich bin keine Migrantin». Wieso dies so wichtig sei und in den Titel müsse, fragte ich die Journalistin. Damit die Leute sich in meiner Literatur gleich zurechtfinden könnten, sagte sie; eine Literatur, die eben «ganz hiesig und frei von Zwangsthemen» sei.

Ganz hiesig zu sein, wo immer man lebt, gedanklich nicht eingesperrt an einem anderen Ort oder in einer anderen Zeit, weder fremd zu sein noch gebrochen oder verbittert … das ist tatsächlich eine Gnade. Glücklich, wer sich als Künstler seine Zwangsthemen wählen kann! – und keine Geisel einer einzigen Geschichtsdarstellung ist.

Meine Lesung in St. Moritz habe ich in guter Erinnerung, das Publikum war in Ferienlaune und offen für gedankliche Abenteuer. Mein Hotelzimmer – fast so groß wie unsere Familienwohnung in Zürich – war ausgestattet mit üppigem Blumenstrauß, bequemen Sesseln und einem Fenster-Triptychon auf den St. Moritzersee und die Berge.

Vor dem Einschlafen schaute ich die Nachrichten: Sie zeigten Flüchtlingsboote, die bei griechischen Inseln ankamen; die unauslöschlichen Bilder jenes Jahres. Weinende Kinder wurden aus den Booten gehoben, Menschen sanken klatschnass zu Boden, zum Gebet.

In den bequemen Kissen meines St. Moritzer Hotels sah ich in den Nachrichten diesen Schweizer aus Bern, den freiwilligen Helfer, der im Wasser stand und mit vom Weinen festgezurrter Stimme rief: «Schauen Sie sich das an! Schauen Sie sich das an! Europa hat hier versagt! Die ganze Menschheit hat versagt!»

Vier Jahre später traf ich diesen Mann aus Bern, er kam zu einer der Benefizlesungen, die ich monatlich in Zürich organisiere. Er erzählte, dass er weiterhin regelmäßig nach Griechenland fahre, um in den Flüchtlingslagern zu helfen. Nur tue er es insgeheim, denn seine Frau, die da auch mitgeholfen hatte, sei traumatisiert und in psychologischer Behandlung. Sie sei Zeugin von zu großem menschlichem Elend geworden. Vor allem aber die Tatsache, dass die zivilisierte Welt das Leid von Schutzsuchenden ausblende, könne sie nicht mehr ertragen. Sie sei ein gebrochener Mensch.

Artikel 17
Petitionsrecht

Jedermann hat das Recht, sich einzeln oder in Gemeinschaft mit anderen schriftlich mit Bitten oder Beschwerden an die zuständigen Stellen und an die Volksvertretung zu wenden.

Friedemann Karig

Vom Logenplatz in die Arena

Glauben Sie mir, ich hatte niemals vor, eine Petition zu starten. Wieso musste ich es im März 2021 doch tun? Ich bin ein Schriftsteller, und zwar ein junger, für unseren Berufsstand fast noch ein Kind. Was erlaubte ich mir, den Staat um etwas zu bitten? Ich komme von ToysRUs, ich komme von Homer Simpson, ich komme von Cerveza, lasst mich in Frieden und stellt mir nicht solche Fragen. Fragt das Virus, das schuld ist an allem, auch an mir und meiner Veränderung vom Privatier zum Petent. Ja, der oder die Einreichende wird «Petent:in» genannt, ein Wort, das an Penetranz erinnert oder Schlimmeres. Und so ähnlich fühlt man sich, nach einigem Gram und Unbill, nach erbosten Nachrichten an Freund:innen, die zu den flammenden Reden werden, welche man halten würde, würde einem nur jemand zuhören und gäbe es überhaupt noch Menschenaufläufe, in dieser Paralleldimension der Pandemie, Jahr zwei nach Corona. Damit all der Unfug und die Unordnung wieder möglich werden, die Enge und

Reibung an Menschen, das produktive Chaos, das wir Kultur nennen, mussten wir einmal die Zähne zusammenbeißen, und zwar alle, nicht nur diejenigen, die es sich in ihrer weitläufigen Altbauwohnung oder dem Garten ihres Eigenheims leisten können und wollen, sondern auch die, die bisher keine Möglichkeit zu (oder Lust auf) Verzicht hatten, auch um wiederum diejenigen zu schützen, deren Recht auf körperliche Unversehrtheit (Grundgesetz Artikel 2, gerne vorne nachlesen) in einer Pandemie erstaunlich wenig zählt: das sogenannte «medizinische Personal» des sogenannten «Gesundheitssystems», die Frontarbeiter des Konsumkapitalismus in Geschäften, Gastronomien, Verkehrsmitteln, die Lehrerinnen und Erzieher, die unsere Kinder für die Dauer des heiligen Arbeitstags davon abhalten, der marschierenden Marktwirtschaft zwischen die Füße zu stolpern, und vor allen anderen die Armen und Schwachen, die sich selbst nicht schützen können. Zieht man dem ganzen Land den Stecker, kommt alles zur Ruhe, und davon profitieren die sonst Beunruhigten am meisten. Auch deshalb wird ein Künstler zum Aktivisten. Ich möchte Sie nicht weiter mit den epidemiologischen Details langweilen: Wir forderten also einen sofortigen Lockdown per Petition, so wie man einen Autofahrer, der auf eine Wand zurast, darum bittet, lieber früher als später zu bremsen.

Nach 24 Stunden hatten wir 40 000 Stimmen.

Am nächsten Tag hatten wir die magischen 50 000 geknackt. Das sogenannte Quorum, die Hürde, die eine Petition, wenn sie sich denn ans Parlament richtet (unsere nicht, denn unser Adressat war die Exekutive), nehmen muss, um im dortigen Petitionsausschuss besprochen werden zu müssen. Rekord, riefen manch altgediente Petitionsprofis, so schnell war noch kaum jemals jemand. Das Geheimnis dieser Rasanz? Sicher nicht die Sprache der Bittstellung. Ein solcher Gebrauchstext entfaltet literarisch keinerlei Sog, er will nur den Spagat schaffen zwischen Fehlervermeidung und Unterschriftenverführung. Wie der sprichwörtliche Staubsaugervertreter steht er vor der digitalen Tür der Genervten und bettelt um fünf Minuten Geduld, und alle wissen, dass jedes noch so edle seiner Anliegen den Weg zu den Adressaten nur über das ungleich banalere Anliegen dreier Klicks der Bürger:innen findet. Die wiederum einzeln kaum zu erreichen sind, also braucht es Multiplikator:innen, Menschen mit hoher Reichweite, die eine Petition verbreiten. Und hier lag unsere einzige Chance. Wir manifestierten, was in der Aufmerksamkeitsökonomie fast so wichtig ist wie politische Macht: ein «Konnektiv» (Bernhard Pörksen). Wir waren wütend genug, uns durch eine Petition zu klicken, wir waren viele. Aufmerksamkeit, schrieb Georg Franck schon 1998, ist wie Kapital. Es zieht sich magisch an, es gibt Zinsen. Man nennt es auch den Matthäus-Effekt: «Denn wer da hat, dem wird gegeben werden.» (Mt 25,29) Die Mechanismen der digitalen Medienöffentlichkeit griffen, wir gaben Interviews, wir wurden berichtet. Und wenn ich wir schreibe, dann meine ich nicht mich und das Kollektiv Majestatis, sondern meine treue Gefährtin namens Samira El Ouassil, eine hervorragende Publizistin und Schauspielerin, mit der ich gemeinsam ein wöchentliches Gespräch veröffentliche und ein Buch geschrieben habe *(Erzählende Affen. Mythen, Lügen, Utopien – wie Geschichten unser Leben bestimmen).* Allein, und damit meine ich Gespräch wie Buch wie Petition, hätte ich es niemals getan. Gemeinsam sind Menschen töricht genug.

Nach vier Tagen hatten wir 80 000 Stimmen.

Nach einer Woche war klar: Die Petition ist gescheitert.

Das meint: Ihre Forderung wurde nicht umgesetzt. Der Lockdown kam nicht, stattdessen eine «Notbremse», abhängig von ausgedachten Grenzzahlen der Inzidenzen, ab denen die Gesundheitsämter nicht mehr per Fax Kontakte nachverfolgen konnten. Aber auch mit den Abgründen des bürokratischen Stellungskrieges gegen das Virus will ich Sie nicht weiter langweilen. Deutschland schleppte sich durch die dritte Welle wie ein morscher Seelenverkäufer durch einen Orkan, viele starben, viele erkrankten, und in diesen Tagen, da ich mich erinnere, sind wir mitten in einer vierten Welle, die man noch im Sommer wiederum nicht für möglich gehalten hätte in ihrer himmelschreienden Unnötigkeit, in ihrem Absturz zwischen präziser Vorhersage und unterlassener Hilfeleistung, und das alles, während eine fünfte Welle sich schon am Horizont abzeichnet, auf die wir konsequent mangelhaft vorbereitet sind – immerhin bleiben wir uns treu. Ich halte mich heute zurück mit offensiven Forderungen, ich will lieber verstehen, wie ein angeblich so weit entwickeltes Land, das sich gerne als besonders ordentlich, wohlorganisiert, gar effizient empfindet, das über weltweit führende Technologien und Köpfe auf dem Spezialgebiet der Mikroben und ihrer Gegenmittel verfügt, wie ein reiches, sattes, gebildetes Land wie unseres so an den eigenen Lebenslügen zerschellen kann. Als Schriftsteller kenne ich diese Kämpfe zwischen dem, was man sein sollte, und dem, was man ist. Im besten Falle werden Bücher draus.

Aber mein ganz persönlicher, akuter Konflikt zwischen Selbstbild und Fremdbild, er wurde damals schärfer mit jeder Stimme, die unsere Petition sammelte. Ausgerechnet ich, ein Liberaler, ein (schlimmes Wort) Freigeist, jemand der Regeln grundsätzlich skeptisch beäugte, mit Autoritäten so schlecht klarkam, dass er lieber das brotlose Dasein als Schreiberling fristete, der in allen Bildungsinstitutionen eher Kasper als Klassensprecher war, maßte sich nun an, der Nation ein Korsett anzulegen? Tragisch. Ich gebe der Politik die Schuld, dass Bürgerschrecke wie ich auf einmal zu «Penitenten» werden. Wir füllten nur die gaffenden Lücken, die opportunistische Führung ließ. So ist also jede Petition nur ein Kieselstein, den man ins löchrige Mauerwerk der Demokratie steckt, ein Becher Salzwasser, das man aus dem Rumpf des Seelenverkäufers schöpft, ein Zahnstocher für das gefrorene Meer in uns. Sie ist manchmal kaum mehr als die Rede des manischen Straßenpredigers auf seiner Bierkiste in der Schmuddelecke des Stadtparks, aber genau darin erfüllt sie eine wichtige Funktion: Sie existiert. Man kann sie zeigen, wenn auch nur virtuell, verspotten und bewerben, verfluchen und vergessen. Aber sie existiert. Sie darf existieren. Sie ist, wenn sie auch nichts und niemanden erreicht, immer doch mindestens: der Beweis, dass wir im am wenigsten schlechten System leben, das die Menschheit kennt.

«Jedermann hat das Recht, sich einzeln oder in Gemeinschaft mit anderen schriftlich mit Bitten oder Beschwerden an die zuständigen Stellen und an die Volksvertretung zu wenden.» So karg und schlicht steht es in unserer Verfassung. Dieses vornehme, edle, fast spirituelle Privileg, um etwas bitten zu dürfen, es klingt, so bescheiden formuliert, nach Demut, nach Unterwürfigkeit. Nicht nach den Trommeln und Chören der Demonstrationen, nicht nach der bindenden Macht der geheimen Wahl, nicht nach Gewalten oder Gerichten. Sondern nach etwas Zarterem und doch ungleich Kräftigerem. Denn wer glaubt, ein Bittsteller sei immer schwach und klein, die Gebetenen dagegen stark und mächtig, der irrt. Man bittet nur, wenn man sich nicht nur erhofft, erhört zu werden. Sondern wenn man weiß, dass das Gegenüber mit der Bitte umgehen muss, sie nicht gegen einen wenden wird, die Notlage oder den Mangel, den man damit verrät, nicht ausnutzt. Das französische Wort für bitten, *demander*, stammt vom lateinischen *demandare* ab: jemandem etwas anvertrauen. Wer um Essen bittet oder ein Dach über dem Kopf, macht sich zwar erst klein und schwach und verletzlich, durchaus. Er ist auf die Hilfe der Starken angewiesen. Aber mehr noch zählt er auf ihre Fairness, spielt ihnen eine niedrige Karte zu und bereitet damit eine Bühne für die Reaktion des Mächtigen. Ein Bittsteller ist also auch stark, denn er oder sie verzichtet auf einen Handel, auf einen Deal. Er bietet nichts an, er will sein Gegenüber nicht überzeugen oder kaufen, sondern verführen. Eine Bitte ist wie ein gesungenes Lied, sie verhallt und bleibt doch hängen, kann zum Ohrwurm werden, der einem nicht mehr aus dem Kopf geht. Die Gebetenen haben nur zwei Optionen: folgen oder ablehnen. Und damit sind sie in Wirklichkeit in der schwächeren Position. Sie haben sehr wohl etwas zu verlieren, nämlich ihr Gesicht. Es ist eine der vielen paradoxen Schönheiten dieser verrückten Idee namens Demokratie, dass stark ist, wer bittet, und schwach, wer die Bitte abschlägt. Und wenn ich heute auch ungern erinnert werde an diese Zeit, in der wir die bequemen Logenplätze der Künstler:innen und sonstigen Besserwisser verließen und in das makabre Schauspiel auf dem Platz einzugreifen versuchten, hallt doch etwas Großes nach. Man wies uns ab. Aber man nahm uns wahr. Wir konnten bitten.

Das ist viel.

Artikel 17a, 18, 19
Grundrechtseinschränkungen

Artikel 17a

(1) Gesetze über Wehrdienst und Ersatzdienst können bestimmen, daß für die Angehörigen der Streitkräfte und des Ersatzdienstes während der Zeit des Wehr- oder Ersatzdienstes das Grundrecht, seine Meinung in Wort, Schrift und Bild frei zu äußern und zu verbreiten (Artikel 5 Abs. 1 Satz 1 erster Halbsatz), das Grundrecht der Versammlungsfreiheit (Artikel 8) und das Petitionsrecht (Artikel 17), soweit es das Recht gewährt, Bitten oder Beschwerden in Gemeinschaft mit anderen vorzubringen, eingeschränkt werden.

(2) Gesetze, die der Verteidigung einschließlich des Schutzes der Zivilbevölkerung dienen, können bestimmen, daß die Grundrechte der Freizügigkeit (Artikel 11) und der Unverletzlichkeit der Wohnung (Artikel 13) eingeschränkt werden.

Artikel 18

Wer die Freiheit der Meinungsäußerung, insbesondere die Pressefreiheit (Artikel 5 Abs. 1), die Lehrfreiheit (Artikel 5 Abs. 3), die Versammlungsfreiheit (Artikel 8), die Vereinigungsfreiheit (Artikel 9), das Brief-, Post- und Fernmeldegeheimnis (Artikel 10), das Eigentum (Artikel 14) oder das Asylrecht (Artikel 16a) zum Kampfe gegen die freiheitliche demokratische Grundordnung mißbraucht, verwirkt diese Grundrechte. Die Verwirkung und ihr Ausmaß werden durch das Bundesverfassungsgericht ausgesprochen.

Artikel 19

(1) Soweit nach diesem Grundgesetz ein Grundrecht durch Gesetz oder auf Grund eines Gesetzes eingeschränkt werden

kann, muß das Gesetz allgemein und nicht nur für den Einzelfall gelten. Außerdem muß das Gesetz das Grundrecht unter Angabe des Artikels nennen.
(2) In keinem Falle darf ein Grundrecht in seinem Wesensgehalt angetastet werden.
(3) Die Grundrechte gelten auch für inländische juristische Personen, soweit sie ihrem Wesen nach auf diese anwendbar sind.
(4) Wird jemand durch die öffentliche Gewalt in seinen Rechten verletzt, so steht ihm der Rechtsweg offen. Soweit eine andere Zuständigkeit nicht begründet ist, ist der ordentliche Rechtsweg gegeben. Artikel 10 Abs. 2 Satz 2 bleibt unberührt.

Angelika Nußberger

Ohne Zauberformel

Freiheit und Grenzen

Freiheit kann nicht grenzenlos sein. Sinnvoll fordern lässt sich nur, «alles tun zu können, was einem anderen nicht schadet» – so die zunächst Politik und später Recht gewordene philosophische Erkenntnis der Aufklärungszeit. Die Grenzen der Freiheit sind in der Freiheit selbst angelegt; ohne Grenzen wäre die Freiheit des einen die Unfreiheit des anderen. Zugleich aber dürfen Grenzziehungen die Versprechen der Freiheit nicht zu inhaltsleeren Illusionen werden lassen. So erklärt der berühmte Artikel 4 der französischen Menschenrechtserklärung von 1789, die Ausübung der natürlichen Rechte eines jeden Menschen habe «nur die Grenzen, die den anderen Gliedern der Gesellschaft den Genuss der gleichen Rechte sichern». Und fügt hinzu: «Diese Grenzen können allein durch Gesetz festgelegt werden.»

Dieser schlichte Gedanke unterscheidet verfassungsrechtlich normierte Freiheitsrechte einerseits von unhaltbaren Versprechen, andererseits von Anarchie. Es geht, wie so oft, um das rechte Maß, um nicht zu viel und nicht zu wenig Freiheit für das Zusammenleben in der Gesellschaft. Es geht um ein So-viel-wie-möglich.

Wie viel Freiheit möglich ist, ist immer wieder neu zu bestimmen. Im Grundgesetz ist jedem Grundrecht eine Schranke beigegeben. Für das Recht auf die freie Entfaltung der Persönlichkeit etwa wurde die berühmte «Schrankentrias» erfunden, bestehend aus den «Rechten anderer», der «verfassungsmäßigen Ordnung» und dem «Sittengesetz». Die Meinungsfreiheit findet ihre Schranken «in den Vorschriften der allgemeinen Gesetze, den gesetzlichen Bestimmungen zum Schutze der Jugend und in dem Recht der persönlichen Ehre». Nur die Würde des Menschen ist «unantastbar» und unbeschränkbar.

Nun mag man, wie in der Algebra, das, was sich wiederholt, vor die Klammer ziehen. Ist jedes Recht beschränkt, so mag man die Schranken an den Anfang oder an das Ende des Grundrechtskatalogs schreiben. So ist es in vielen Verfassungen geregelt, auch in der Charta der Grundrechte der Europäischen Union. Das Grundgesetz dagegen hat eine sehr differenzierte Herangehensweise entwickelt, definiert die Schranken für jede grundrechtliche Garantie gesondert mit feinen Unterscheidungen und Nuancen, verzichtet aber auch manches Mal – wie etwa bei der Kunst-, der Religions- oder der Wissenschaftsfreiheit – auf nähere Erläuterungen und fasst dann am Ende des mit «Die Grundrechte» überschriebenen ersten Abschnitts in drei Artikeln das zusammen, was man als «Schrankenphilosophie» bezeichnen mag.

Zwei dieser drei Schlussartikel des ersten Abschnitts, der mit der Wehrverfassung eingefügte Artikel 17a GG zur Grundrechtsbeschränkung bei Dienstverpflichteten und der auf Gefährdungen der Weimarer Republik reagierende Artikel 18 GG zur Grundrechtsverwirkung, sind bisher Theorie geblieben; die Bestimmungen gleichen einem Warnschild, das man schulterzuckend und unbeeindruckt zur Kenntnis nehmen kann: Ja, nicht auf alle Freiheitsrechte können sich die

Feinde der Freiheit berufen, wenn sie sie missbrauchen; ja, nicht alle Freiheitsrechte gelten für jene, die den Staat zu schützen aufgerufen sind. Aber praktisch wurden diese Beschränkungen noch nie; dreiste Aussagen wie jene von Joseph Goebbels aus dem Jahr 1928: «Wenn die Demokratie so dumm ist, uns für diesen Bärendienst Freifahrkarten und Diäten zu geben, so ist das ihre Sache. Wir kommen als Feinde! Wie der Wolf in die Schafsherde einbricht, so kommen wir!», haben sich – zum Glück – nicht wiederholt und den Einsatz eines Instruments wie die Grundrechtsverwirkung nicht nötig gemacht. In den über siebzig Jahren der Geschichte des Grundgesetzes hat das Bundesverfassungsgericht den in Artikel 18 vorgesehenen «modernen Bann» noch nicht ein einziges Mal ausgesprochen; vier Verwirkungsverfahren dauerten lange und blieben doch im Ergebnis erfolglos.

Anders als diese aus dem Arsenal des wehrhaften Staates stammenden Artikel enthält aber der letzte Artikel des ersten Abschnitts, Artikel 19, in jedem seiner vier Absätze wichtige Botschaften für das Grundrechtsverständnis insgesamt. Hier gilt es, jedes Wort abzuwägen, sei es die Unterscheidung zwischen «durch Gesetz» und «aufgrund eines Gesetzes» (Artikel 19 Absatz 1), sei es das «Einzelfallgesetz» (Artikel 19 Absatz 1), die Idee des «Wesensgehalts» (Artikel 19 Absatz 2) oder die Anwendbarkeit «seinem Wesen nach» (Artikel 19 Absatz 3). Nur der vierte Absatz von Artikel 19 will dazu nicht so recht passen, regelt er doch nicht Grundrechtsschranken, sondern verbürgt den Zugang zum Gericht und normiert damit ein eigenständiges Grundrecht.

Freiheit und Gesetz

Der Refrain, die Einschränkung eines Freiheitsrechts könne nur «durch Gesetz oder auf Grund eines Gesetzes» erfolgen, findet sich bei vielen Bestimmungen zu den Grundrechten, etwa bei der Versammlungsfreiheit, bei der Freizügigkeit oder bei der Berufsfreiheit, manchmal auch leicht abgewandelt formuliert. Dahinter steht die aus dem

19. Jahrhundert stammende Grundidee des Rechtsstaats, Eingriffe in Freiheit und Eigentum dürften nur durch das Parlament erfolgen und nicht durch eine in ihrem Schalten und Walten unbegrenzte Exekutive. Wenn Rechte eingeschränkt werden, so soll dies in der Volksvertretung offen diskutiert und die Folgen sollen im Detail abgewogen werden, so die Idee. Dieser Ansatz wurde in der Rechtsprechung des Bundesverfassungsgerichts erweitert – nicht nur Eigentum und Freiheit sind in dieser Form besonders geschützt, sondern alle Rechte, auch moderne, neu «erfundene» Rechte wie das Recht auf informationelle Selbstbestimmung. Zudem ist die Vorstellung von einem «Eingriff» relativiert, so dass auch indirekte und mittelbare Auswirkungen staatlichen Tuns auf individuelle Rechte nur rechtmäßig sind, wenn sie auf gesetzlichen Regelungen beruhen. Der «Gesetzesvorbehalt» oder «Parlamentsvorbehalt» wird so sehr umfassend interpretiert. Ob man bereits von einem «Totalvorbehalt» sprechen kann oder ob es noch einen Freiraum gibt, in dem die Exekutive ohne gesetzliche Grundlage handeln kann, ist strittig.

Für die grundrechtsbeschränkenden Gesetze werden in Artikel 19 Absatz 1 GG bestimmte Vorgaben gemacht. Sie müssen «allgemein und nicht nur für den Einzelfall gelten», eine Idee, die einerseits eng mit dem Gleichheitsgebot verbunden ist – für niemanden gibt es Sonderrecht! –, die andererseits aber auch das Verständnis von Gewaltenteilung ausgestaltet – das Parlament soll nicht in den Aufgabenbereich der Exekutive, Einzelentscheidungen zu treffen, übergreifen. In der Rechtsprechung wurde die Bestimmung aber so eng ausgelegt, dass bisher noch keine Verletzungen moniert wurden. Insbesondere gelten «Maßnahmegesetze», mit denen auf konkrete Problemlagen reagiert wird, ebenso wenig wie «Anlassgesetze», die aus einem bestimmten Anlass erlassen werden, als verbotene Einzelfallgesetze. Und auch wenn es für bestimmte gesetzliche Einschränkungen in Wirklichkeit nur einen oder sehr wenige Adressaten gibt, ist dies jedenfalls dann keine Grundgesetzverletzung, wenn es für die besondere Regelung einen sachlichen Grund gibt. Dies hat das Bundesverfassungsgericht etwa beim Therapieunterbringungsgesetz entschieden, das eine Reaktion auf eine Entscheidung des Europäischen Gerichtshofs für Menschenrechte darstellte und eigentlich nur auf einen einzigen konkreten Fall passte.

Das gleichfalls in Artikel 19 Absatz 1 GG enthaltene sogenannte «Zitiergebot» soll eine den Gesetzgeber disziplinierende Wirkung haben – was immer er regelt, er soll sich dessen bewusst sein, in welche individuellen Freiheitsrechte er eingreift. Allerdings wird dies immer schwieriger, weil viele der modernen Freiheitsrechte sich gar nicht im Text des Grundgesetzes finden, sondern, wie etwa das Recht auf selbstbestimmtes Sterben oder das Recht auf Bestimmung der eigenen geschlechtlichen Identität, vom Bundesverfassungsgericht kreiert wurden; das Zitiergebot läuft dann ins Leere.

Wesensgehalt der Freiheit

Sehr streng klingt die Bestimmung des Artikels 19 Absatz 2 GG, nach der «in keinem Falle» «ein Grundrecht in seinem Wesensgehalt angetastet werden» dürfe. Im Grunde versteht sich das von selbst – was wäre eine Garantie wert, die sich selbst verneint? Der Begriff des «Wesensgehalts» ist allerdings juristisch schwer fassbar: Tastet das Verbot eines bestimmten religiösen Rituals oder Gebots, man denke an Schächten oder Verschleierung, bereits den Wesensgehalt der Religionsfreiheit an, wenn es für die Gläubigen herausragend wichtig ist? Wie steht es mit der Erlaubnis eines gezielten Todesschusses in bestimmten terroristischen Gefährdungslagen und dem Wesensgehalt des Rechts auf Leben? Ist eine lebenslange Gefängnisstrafe mit dem Wesensgehalt der Freiheit der Person vereinbar? – All dies lässt sich nicht abstrakt mit der Interpretation des Begriffs «Wesensgehalt», sondern nur mit Blick auf den jeweiligen Schutzbereich des betroffenen Grundrechts bestimmen. Damit ist auch Artikel 19 Absatz 2 GG trotz der grundsätzlichen Bedeutung keine die Rechtsprechung prägende Bestimmung. Prominent herangezogen wurde die Idee des Schutzes des Wesensgehalts nur in wenigen Fällen, etwa bei der Diskussion über die Verwertbarkeit von Tagebuchaufzeichnungen eines Beschuldigten im Strafverfahren. Nach Ansicht des Bundesverfassungsgerichts gibt es einen «letztlich unantastbaren Bereich privater Lebensgestaltung …, der der öffentlichen Gewalt schlechthin entzogen ist». Würden Strafbehörden auf intime Bekenntnisse, die jemand nur für sich selbst notiert hat und geheim halten wollte, zugreifen, würden sie den Wesensgehalt des allgemeinen Persönlichkeitsrechts verletzen.

Ungeschriebene Schranken der Freiheit

Erweisen sich die in Artikel 19 Absatz 1 und 2 GG definierten Regeln für die Beschränkung von Grundrechten in der Praxis nicht als so wirksam wie gedacht, so bedeutet dies aber nicht, dass der Gesetzgeber Grundrechte «einfach so» beschränken könnte, ohne dass das Bundesverfassungsgericht zum Schutz der Grundrechte Einspruch erheben würde. Ganz im Gegenteil: Das Karlsruher Gericht hat zu der in der französischen Erklärung der Menschenrechte gestellten Frage nach den «Grenzen, die den anderen Gliedern der Gesellschaft den Genuss der gleichen Rechte sichern», eine sehr feinsinnige Dogmatik ausgearbeitet. Goldstandards sind der Verhältnismäßigkeitsgrundsatz sowie die von dem Richter am Bundesverfassungsgericht und Rechtsgelehrten Konrad Hesse entwickelte Idee der «praktischen Konkordanz».

Die Prüfung der Verhältnismäßigkeit eines Eingriffs in ein Grundrecht ist im Grunde nichts anderes als ein in einzelne gedankliche Schritte untergliedertes, auf präzisen Argumenten aufbauendes Abwägen. Abzuwägen gilt es zwischen den Rechten des Individuums und dem Gemeinwohl oder zwischen verschiedenen einander entgegenstehenden Rechten verschiedener Individuen. Ist etwa Meinungsfreiheit begrenzt durch Gesetze zum Schutz der Ehre, so gilt es im Einzelfall zu prüfen, ob der Ehre oder der Meinungsfreiheit der Vorrang einzuräumen ist. Bei berechtigter Kritik würde eine erfolgreiche Beleidigungs- oder Verleumdungsklage zu einer grundgesetzwidrigen Einschränkung der Meinungsfreiheit führen; bei Hassrede dagegen wäre eine strafrechtliche Sanktion «verhältnismäßig» und damit grundrechtskonform.

Die Verhältnismäßigkeitsprüfung ist gelebte Rationalität. Vorfrage jeder Prüfung einer Grundrechtseinschränkung ist die Frage nach dem «Warum». «Tel est notre bon plaisir», hätte die Antwort im Absolutismus gelautet; das gilt nicht mehr. Wer die Geschwindigkeit auf Autobahnen beschränkt, muss als legitimen Zweck auf die Reduzierung der Unfälle verweisen, wer Sonntagsruhe verordnet, muss mit der Erholungsbedürftigkeit des Menschen argumentieren, wer in Pandemiezeiten eine Ausgangssperre verhängt, muss die Gesundheit der Bevölkerung als legitimes Ziel heranziehen. Die grundrechtsbeschränkende Maßnahme muss zur Erreichung des Ziels geeignet sein; ein Punkt, über den etwa bei den Ausgangssperren während der Corona-Pandemie heftig gestritten wurde. Geeignetheit allein reicht aber nicht aus; darüber hinaus muss die Grundrechtseinschränkung auch erforderlich sein – es darf kein milderes Mittel geben, das zum selben Ziel führen würde. Der letzte Prüfungsschritt ist die sogenannte «Verhältnismäßigkeit im engeren Sinn», gewissermaßen die Ermittlung des verfassungsrechtlichen Saldos der bei einer bestimmten Maßnahme negativ oder positiv zu verbuchenden Aspekte.

Sosehr sich dieses Prüfungsschema über die Jahrzehnte durchgesetzt und eingeprägt hat und sogar zum besonders geschätzten Exportartikel deutscher Rechtsdoktrin geworden ist, so sehr mag man es doch auch infrage stellen: Ist es nicht ein Vergleich von Unvergleichbarem? Ist das, was rational, begründbar und begründet erscheint, nicht letztlich doch nur eine subjektive Wertung? Gerade in der Pandemie wurde das Abwägen auf eine harte Probe gestellt – Leben und Gesundheit gegen die Bildungschancen einer ganzen Generation, Leben und Gesundheit gegen den potentiellen Bankrott ganzer Wirtschaftszweige, Leben und Gesundheit gegen die psychische und soziale

Verarmung von Teilen der Bevölkerung. Sind auf derartige Fragen verfassungsrechtliche Antworten möglich? Oder ist die Prüfung der Verhältnismäßigkeit doch nur eine andere Form von Politik?

Dies gilt auch für die Argumentation auf der Grundlage der «praktischen Konkordanz». Danach sind die im Grundgesetz schrankenlos garantierten Grundrechte wie etwa Religions-, Kunst- und Wissenschaftsfreiheit nur insoweit einschränkbar, als dies unerlässlich ist, um die Entfaltung anderer Grundrechte zu gewährleisten. Aber auch hier sind Konflikte schwer zu entscheiden. Wie ist bei den Mohammed-Karikaturen der künstlerische Ausdruck kritischer Ideen im Vergleich zu dem Recht, die eigene religiöse Überzeugung nicht beleidigt oder der Lächerlichkeit preisgegeben zu sehen, zu gewichten? Erlaubt die Wissenschaftsfreiheit auch Forschung zu Themen, die eine Minderheit als diskriminierend ansieht?

So sind letztlich all die Theorien und Argumentationsmuster nichts anderes als Bestätigungen der schlichten Weisheit der französischen Menschenrechtserklärung, dass die Freiheit des einen da aufhört, wo die Freiheit des anderen beginnt. Die Grenzziehung war im 18. Jahrhundert ebenso schwierig wie heute. Mit der Idee der Verhältnismäßigkeit, mit der praktischen Konkordanz und mit der Wesensgehaltsgarantie mag man sich an Lösungen annähern; eine verfassungsrechtliche Zauberformel sind auch sie nicht.

Freiheit von Menschen und Freiheit von juristischen Personen

Nun sind aber nicht nur Menschen Träger von Grundrechten. Nach Artikel 19 Absatz 3 GG gelten die Grundrechte «auch für inländische juristische Personen, soweit sie ihrem Wesen nach auf diese anwendbar sind». Das klingt zunächst abstrakt und technisch, und es überrascht: Bauen Menschenrechte nicht, wie es in der Allgemeinen Erklärung der Menschenrechte der Vereinten Nationen heißt, darauf auf, dass «alle

Menschen frei und gleich an Würde und Rechten geboren sind»? Wie lässt sich diese Idee auf «juristische Personen» übertragen?

Aber geschützt werden sollen nicht nur Einzelne, sondern auch diejenigen, die sich zusammenschließen, etwa gemeinsam ein Grundstück erwerben, ein Unternehmen gründen oder in einem Verein für einen gemeinsamen Zweck arbeiten. «Ihrem Wesen nach» sind die Grundrechte auf derartige Gemeinschaften anwendbar, wenn es etwa um Versammlungs- oder Vereinigungsfreiheit geht, dagegen nicht mit Blick auf den Schutz von Ehe und Familie oder beim Recht auf körperliche Unversehrtheit. Wird dagegen ein Frauenfußballverein gegenüber einem Männerfußballverein benachteiligt, so ist auch dies ein Grundrechtsproblem.

Allerdings hatte das Grundgesetz im Jahr 1949 nicht in jeder Hinsicht den gleichen Schutz aller im Sinn, denn manche Rechte hat es, wie die Berufsfreiheit oder die Versammlungsfreiheit, den Deutschen vorbehalten. Der Text der entsprechenden Bestimmungen wurde nicht geändert; die Unterscheidung zwischen Menschen- und Bürgerrechten findet sich noch immer im Grundgesetz, so auch in Artikel 19 Absatz 3 GG, der nur von den «inländischen» juristischen Personen spricht und ausländische ausschließt. Dieses Verständnis passt nicht mehr in die neue Zeit, in der die Grenzen in der EU offen sind, Bürgerinnen und Bürger aus allen EU-Staaten gleichgestellt werden und auch sonst die Einschränkungen der Rechte «der anderen» kritisch gesehen werden. Auch hier hat die Rechtsprechung des Bundesverfassungsgerichts über die engen Grenzziehungen hinweggeholfen und die in Artikel 2 Absatz 1 GG enthaltene allgemeine Handlungsfreiheit, die allen Menschen zukommt, als «Auffanggrundrecht» so ausgelegt, dass die Nichtdeutschen bei ihrem Tun in gleicher Weise geschützt werden wie die deutschen Staatsangehörigen, es sei denn, es gäbe, wie etwa beim Wahl- oder Aufenthaltsrecht, einen sachlichen Grund für eine Unterscheidung. So wurde auch das Wort «inländisch» in Artikel 19 Absatz 3 GG so gelesen, als würde es juristische Personen aus anderen EU-Staaten einbeziehen.

Grundsätzlich nicht eingeschlossen sind dagegen staatliche juristische Personen, da ein Grundrechtsschutz des Staates gegen sich selbst keinen Sinn macht. Geht es aber um Universitäten, Rundfunkanstalten oder Kirchen, so bedürfen auch sie eines effektiven Schutzes – auch ihnen werden so die Grundrechte zugeordnet. Bei der Verkürzung der Laufzeiten der Atomkraftwerke war mit Vattenfall auch eine Gesellschaft, deren Anteile vollständig in der Hand eines ausländischen Staates stehen, an einem Grundrechtsstreit beteiligt; auch ihr hat das Bundesverfassungsgericht – zumindest teilweise – Grundrechtsschutz zugebilligt. Und im Klimabeschluss des Bundesverfassungsgerichts wurde der Kreis derer, die vom deutschen Staat zu schützen sind, noch weiter ausgedehnt: Auch jene, die im fernen Bangladesch an den Folgen des Klimawandels leiden, können ihre Rechte in Karlsruhe geltend machen, auch wenn noch nicht geklärt ist, welchen Schutz genau ihnen der deutsche Gesetzgeber schuldet.

Freiheit vor Gericht

Nicht zu den Schrankenregelungen passt der wichtige vierte Absatz von Artikel 19 GG. Und doch ist er in gewisser Weise der Schlussstein in der Grundrechtsarchitektur im ersten Abschnitt des Grundgesetzes. Danach steht jedem, der durch die öffentliche Gewalt in seinen Rechten verletzt ist, der Rechtsweg offen. Erst damit bekommt die grundlegende Bestimmung des Artikels 1 Absatz 3 GG, nach der Gesetzgebung, vollziehende Gewalt und Rechtsprechung an die Grundrechte als unmittelbar geltendes Recht gebunden sind, verfassungsrechtliche Zähne. Denn es genügt nicht, Rechte zu haben. Es genügt auch nicht, Grundrechte zu haben – sie müssen vor Gericht auch durchsetzbar sein. Dies gewährt die Rechtsweggarantie als Kernstück des Rechtsstaats.

Das Grundgesetz entwirft nicht ein utopisches Modell grenzenloser Freiheit. Aber mit seinem nüchternen, manchmal etwas technisch oder – wie bei den Artikeln 17a, 18 und 19 GG – sogar etwas sperrig anmutenden Realismus war es über siebzig Jahre damit erfolgreich, das gedeihliche Zusammenleben freier Menschen in einer freien Gesellschaft zu sichern.

Artikel 20
Verfassungsrechtliche Grundprinzipien, Widerstand

(1) Die Bundesrepublik Deutschland ist ein demokratischer und sozialer Bundesstaat.
(2) Alle Staatsgewalt geht vom Volke aus. Sie wird vom Volke in Wahlen und Abstimmungen und durch besondere Organe der Gesetzgebung, der vollziehenden Gewalt und der Rechtsprechung ausgeübt.
(3) Die Gesetzgebung ist an die verfassungsmäßige Ordnung, die vollziehende Gewalt und die Rechtsprechung sind an Gesetz und Recht gebunden.
(4) Gegen jeden, der es unternimmt, diese Ordnung zu beseitigen, haben alle Deutschen das Recht zum Widerstand, wenn andere Abhilfe nicht möglich ist.

Sophie Schönberger

Der Preis der Demokratie

Große Versprechen

Artikel 20 des Grundgesetzes ist eine Vorschrift, die große Versprechungen enthält – die größten vielleicht jenseits des Grundrechtsteils. Zwar mögen Bundesstaats- und Republikprinzip möglicherweise nicht spontan das Herz jedes Lesers erwärmen. Spätestens aber die Garantien von Rechtsstaatlichkeit, Sozialstaatlichkeit und nicht zuletzt Demokratie markieren nicht nur grundlegende Pfeiler, auf denen das

Gemeinwesen ruht. Ihre Zusicherungen verheißen auch, so kann man es ruhig sagen, ein besseres Leben – materiell durch die im Sozialstaat angelegten Grundsätze von sozialer Sicherheit, strukturell durch die individuelle Anerkennung, die letztlich in Rechtsstaatlichkeit und Demokratie begründet liegt. «Staatsstrukturprinzipien» nennen Verfassungsjuristinnen etwas trocken diese Grundsätze.

Als zentraler und absolut wesensbestimmender Bestandteil der durch das Grundgesetz geschaffenen Ordnung, aber auch als omnipräsenter politischer Sehnsuchtsbegriff erweist sich dabei das Demokratieprinzip. Selbst überzeugte Autokraten kommen heutzutage nicht mehr umhin, zumindest als Instrument des Politmarketings Scheinwahlen abzuhalten, die sie als Elemente einer demokratischen Struktur verkaufen. In jüngerer Zeit hat sich das Demokratieprinzip zudem immer wieder auch als Kampfbegriff positioniert. Insbesondere die Proteste sogenannter «Querdenker» gegen die Maßnahmen zur Bekämpfung der Corona-Pandemie inszenierten sich gerne als eine besondere Form des «demokratischen Widerstands», der in einer wilden Mischung aus antisozialem Freiheitsverständnis und Wissenschaftsskepsis den (rechtmäßigen und von der übergroßen Mehrheit der Bevölkerung mitgetragenen) Maßnahmen der Regierung jegliche Legitimation absprechen wollte.

Demokratie verspricht im Allgemeinen wie auch in diesem übersteigerten Sinne in erster Linie einmal persönliche Freiheit und Selbstbestimmtheit. Und wer würde dieser Verheißung widerstehen wollen? Gerade bei genauer Lektüre des Wortlauts unserer Vorschrift stellt sich allerdings heraus, dass sich das Demokratieprinzip des Grundgesetzes nicht in erster Linie über das Individuum und seine persönlichen Freiheitsvorstellungen definiert. Demokratie ist hier kein individuelles Selbstverwirklichungsprojekt, sondern zunächst einmal eine Organisationsform des Kollektivs. Damit konfrontiert uns die Demokratie aber auch unentrinnbar mit der Frage, wer dieses Kollektiv bildet, wer zu ihm dazugehört und wer aus der demokratischen Gemeinschaft ausgeschlossen bleibt.

Wer sind wir und wenn ja, wie viele?

Alle Staatsgewalt geht vom Volke aus, so formuliert es Absatz 2 unserer Vorschrift. Damit steht im Grundgesetz zunächst einmal nicht das «Ich» im Vordergrund der demokratischen Gewährleistung, sondern das «Wir», das hier im Text als «Volk» bezeichnet wird.

Nun ist der Begriff des «Volkes» für den historisch interessierten, aber verfassungsrechtlich unbedarften Leser alles andere als unproblematisch. Schnell öffnet er einen Assoziationsraum, der durch seine adjektivische Verwendung des «Völkischen» in die dunkelste Phase der deutschen Geschichte führt. Dieser Eindruck kann noch verstärkt werden, wenn man die Lesart des Bundesverfassungsgerichts in Rechnung stellt. Mit «Volk» meine die Vorschrift das deutsche Volk, so entschied das Gericht im Jahr 1990.[1] Allerdings, so muss man zur Vermeidung von Missverständnissen ergänzen, ist diese Einschränkung ganz und gar nicht völkisch konzipiert. Das «Deutsche» am deutschen Volk orientiert sich vielmehr rein formal an der deutschen Staatsangehörigkeit.

Neben diesen problematischen historischen Assoziationen existiert allerdings auch eine positive Tradition des Begriffs in der jüngsten deutschen Geschichte. «Wir sind das Volk», kein anderer Satz steht derart emblematisch für die friedliche Revolution in der DDR, in der mehrere Hunderttausend Menschen auf die Straßen gingen und das undemokratische Regime in die Knie zwangen. Ein Vierteljahrhundert später wurde der Satz jedoch seinem historischen Kontext entrissen und nun in den funktionalen Zusammenhang rechtspopulistischen Protestes gestellt. Die islamfeindliche Pegida-Bewegung benutzte seit dem Jahr 2014 die Sequenz in ihrem Protest gegen alles, was ihr nicht «abendländisch» genug erschien, die AfD degradierte sie in den Landtagswahlkämpfen des Jahres 2019 zu einem Werbeslogan. In beiden Fällen wird der Satz für Ziele weit jenseits seiner demokratischen Wurzeln instrumentalisiert. Aus einem demokratischen Aufbruch wird ein identitärer Ausschluss. Wir sind das Volk – *und nicht ihr*, müsste es in diesem Sinne heißen. Das «Wir», das hier mit dem Begriff des Volkes bezeichnet wird, grenzt ab und es grenzt aus. Zum «Volk» soll eben nur derjenige gehören, der so ist wie man selbst. Das grenzt das Volk einerseits von der «herrschenden Klasse» ab, der als korrupt gebrandmarkten Elite, andererseits aber auch von anderen Bevölkerungsgruppen, die in irgendeiner Form als fremd erscheinen – im aktuellen Diskurs vor allen Dingen von Musliminnen und Muslimen. Diese Verengung des Volksbegriffs durch kollektive Überhöhung des eigenen Selbst gehört letztlich zum Kern populistischen Politikverständnisses.

Gleichwohl besitzt dieses populistische Volksverständnis doch einen gewissen Berührungspunkt mit der demokratischen Konstruktion eines Volkes. Denn Demokratie kann nie eindimensional als Form reiner politischer Teilhabe gedacht werden. Weil Demokratie als «Herrschaft des Volkes» immer definieren muss, wer zu diesem Volk gehört, besitzt sie immer auch ein Element der Ausgrenzung, weil sie eben auch entscheiden muss, wer nicht dazugehört.

In der bundesrepublikanischen Demokratie des Grundgesetzes wurde dieser Aspekt am stärksten in der Debatte über das Ausländerwahlrecht deutlich. Dieser Diskurs entspann sich in größerem Ausmaß vor allen Dingen in den 1980er Jahren, als die Einwanderung nach Deutschland zunehmend als dauerhafte gesellschaftliche Realität sichtbar wurde.

Im Umgang mit der Tatsache, dass durch die Zuwanderung nun ein signifikanter Teil der Menschen, die dauerhaft in Deutschland lebten, aufgrund der Staatsangehörigkeit von der demokratischen Mitwirkung ausgeschlossen waren, positionierten sich die widerstreitenden Lösungsansätze dabei streng anhand politisch-ideologischer Kampflinien. Die konservative Position verwies darauf, dass diese Mitbestimmungslücke ohne Weiteres durch das Instrument der Einbürgerung geschlossen werden könne. Wer durch die Einbürgerung «unentrinnbar mit dem Schicksal des Staatsverbandes verbunden»[2] sei, der könne mit dem Wahlrecht belohnt werden – allerdings um den Preis, die alte Staatsangehörigkeit des Herkunftsstaates und alle damit korrespondierenden Bindungen an das Heimatland aufgeben zu müssen. Die progressive Position befürwortete demgegenüber die Einführung eines Wahlrechts auch für dauerhaft in Deutschland lebende ausländische Staatsangehörige. Wer deutscher Staatsgewalt dauerhaft unterworfen sei, der müsse an ihrer Ausübung auch im demokratischen Verfahren beteiligt werden – auch ohne die Bindungen an sein oder ihr Herkunftsland radikal zu kappen.

Einen vorläufigen politischen Höhepunkt fand diese Kontroverse, als die Länder Schleswig-Holstein und Hamburg im Jahr 1989 zumindest ein (beschränktes) kommunales Wahlrecht für ausländische Staatsangehörige einführten. Die juristische Auseinandersetzung um diese Regelungen, initiiert von Bundestagsabgeordneten der damaligen Unionsfraktion, führte zu der bereits erwähnten Grundsatzentscheidung des Bundesverfassungsgerichts, die dieses Wahlrecht für verfassungswidrig erklärte. Ironischerweise dauerte es nach dieser Entscheidung allerdings kaum mehr als zwei Jahre, bis aufgrund europarechtlicher Vorgaben und durch Änderung von Artikel 28 des Grundgesetzes ein kommunales Wahlrecht für ausländische Staatsangehörige im gesamten Bundesgebiet eingeführt wurde – begrenzt allerdings auf Angehörige aus Mitgliedstaaten der Europäischen Union.

Der Streit um die Frage, wer in den demokratischen Entscheidungsprozess mit einzubeziehen ist, wurde dadurch zwar entschärft, aber noch lange nicht beigelegt. Auf eher symbolpolitischer Ebene wurde er bundesweit noch einmal besonders aktuell, als im Jahr 2000 der Deutsche Bundestag beschloss, das Kunstprojekt «Der Bevölkerung» des Künstlers Hans Haacke im nördlichen Lichthof des Reichstagsgebäudes zu realisieren. Das Kunstwerk besteht aus einem 21 mal 7 Meter großen flachen Kasten, aus dessen Mitte in weißen Leuchtbuchstaben die Worte DER BEVÖLKERUNG nach oben strahlen. Dabei bezieht sich der Schriftzug auf die 1916 am Westportal des Reichstagsgebäudes angebrachte Inschrift DEM DEUTSCHEN VOLKE.[3]

Mit großer Wucht entluden sich in der Plenardebatte alle ideologischen Konflikte, aber auch alle Ambivalenzen, die im Begriff des «Volkes» liegen. Der SPD-Abgeordnete Gert Weisskirchen etwa betonte, das Kunstwerk solle die Erinnerung daran wachhalten, dass es in Deutschland eine wachsende Zahl von Menschen gebe, die nicht Deutsche sind und mit denen man gemeinsam leben wolle.[4] Der CDU-Abgeordnete und spätere Fraktionsvorsitzende Volker Kauder sah in dem Kunstwerk hingegen einen Frontalangriff auf den Bundestag und die durch das Parlament vertretenen Bürger, gegen den er sich wortgewaltig wehren wollte: «Ich sage Nein zu diesem simplen und für unser Haus unwürdigen Kunstwerk. Ich sage Nein dazu, dass der Versuch unternommen wird, das deutsche Volk verächtlich zu machen, auf eine kurze Zeit seiner Geschichte zu reduzieren. Ich sage Nein zu dem Versuch der Distanzierung des Deutschen Bundestags von seinem eigenen Volk.»[5]

Einen verschämten Nachhall fand die Auseinandersetzung auch in der rechtswissenschaftlichen Literatur. Der Staatsrechtslehrer Dietrich Murswiek trat mit der These an die Öffentlichkeit, die Beauftragung des Kunstwerks durch den Deutschen Bundestag verstoße gegen die Verfassung: Das Kunstwerk selbst enthalte einen verfassungswidrigen Inhalt, indem es das deutsche Volk als maßgebliche Bezugsgröße für parlamentarische Repräsentation und Verantwortlichkeit sowie für die Konkretisierung des Gemeinwohls durch die «Bevölkerung» ersetzt sehen wolle. Dieser Inhalt sei deshalb verfassungswidrig, weil das Demokratieprinzip des Artikels 20 Absatz 2 GG allein eine Repräsentation des Deutschen Volkes und damit auch eine Verantwortung diesem gegenüber vorsehe. Mache sich der Bundestag durch Beauftragung des Kunstprojekts den verfassungswidrigen Inhalt zu eigen, verstoße er somit in seiner Selbstdarstellung gegen die materiellen Vorgaben der Verfassung.[6] Man mag staunen über die Wirkmacht, die der Verfassung hier zugeschrieben wird und die sogar die symbolische Bedeutung von Kunst festlegen und sodann regulieren können soll. Durchsetzen konnte sich diese Ansicht jedenfalls nicht.

Vom Versprechen zur Zumutung

In der Auseinandersetzung um die Frage, wer dazugehören soll bei der demokratischen Willensbildung, offenbart sich, dass das Demokratieprinzip mehr als nur ein Versprechen ist. Die Demokratie ist vielmehr voller Zumutungen, die mit ihren Verheißungen untrennbar verbunden sind.

Diese Zumutungen beginnen bei der beschriebenen Zuordnungsentscheidung. In der Abgrenzung des demokratischen Volkes von all denen, die nicht zum Volk gehören, liegt in gewisser Weise immer auch die Notwendigkeit der Ausgrenzung begründet. Die Demokratie, die eigentlich als politisches Freiheitsversprechen unter Gleichen konzipiert ist, beginnt so mit der Herstellung von Ungleichheit zwischen denen, die dazugehören, und denen, die von der demokratischen Teilhabe ausgeschlossen sind. Dieses notwendige Paradox von demokratischer Gleichheit und Inklusion, die nur um den Preis von Exklusion zu haben ist, ist schlicht nicht auflösbar.

Gerade bei der demokratischen Gleichheit setzt im Übrigen die weitere, jedenfalls in der täglichen Praxis noch viel größere Zumutung der Demokratie an. Denn die Demokratie hält für uns nicht nur die Zumutung bereit, mit den anderen Mitgliedern der demokratischen Gemeinschaft überhaupt in einer Einheit zusammengefasst zu werden – mancher Vertreter radikal libertärer Ideen sieht darin oft schon eine unzumutbare Anforderung. Demokratie setzt darüber hinaus auch voraus, jeden Einzelnen dieser Gemeinschaft als grundsätzlich gleich zu akzeptieren, seinen Interessen, seinen Wünschen, seinen Meinungen und Ansichten also dieselbe Berechtigung zuzuerkennen wie den eigenen. Sie verlangt außerdem von uns, eine demokratisch gefasste Mehrheitsentscheidung als verbindlich anzuerkennen, auch wenn man sie für noch so falsch, irrational, schädlich oder widersinnig hält.

In einer Gesellschaft, die zunehmend vom Ziel der Individualität und dem Ideal der Selbstoptimierung geprägt ist, ist diese Anforderung nicht unproblematisch. Denn jedenfalls in der (weit verstandenen) bürgerlichen Mitte der Gegenwartsgesellschaft schwindet die Vorstellung, dass Konformität innerhalb der Gesellschaft ein erstrebenswerter Zustand ist. Nicht die Anpassung an die herrschenden Standards in Mode, Bildung, Beruf, Ernährung, Familie und Freizeit erscheint erstrebenswert, sondern umgekehrt die maximale Verwirklichung der eigenen Person durch Individualität in all diesen Bereichen. Das mag in gewisser Weise paradox sein, weil natürlich in der Individualisierungsideologie zweifelsohne ein Konformitätsdruck ganz eigener Art steckt, der sich nur auf einen anderen Zwang bezieht. Wenn die Individualität zum Massenprodukt geworden ist, widerlegt sie sich zwar in gewisser Weise selbst. In der Realität muss dies allerdings in keiner Weise dazu führen, dass sie automatisch ihren Zauber einbüßt. Die Widersprüchlichkeit des massenhaften Individualitätsversprechens gehört vielmehr zu einem Bruch, mit dem es sich in der gegenwärtigen Gesellschaft relativ gut lebt.

Auch wenn sich damit die Maßstäbe für erwartete Konformität tatsächlich in erster Linie verschoben, aber möglicherweise gar nicht so stark reduziert haben, lässt diese Entwicklung den Preis, den die Demokratie erfordert, doch gleichwohl auf einmal subjektiv höher erscheinen. Denn bei der Frage, als wie groß die Zumutung empfunden wird, in der demokratischen Gemeinschaft gleichgemacht zu werden, ist weniger die tatsächliche Konformität des eigenen Lebens relevant. Entscheidend ist vielmehr, wie die Vorstellung vom eigenen (un-)konformen Leben ist. Je konformer das Bild des Einzelnen von sich selbst ist, desto leichter fällt es ihm oder ihr tendenziell, die demokratische Gleichheit auch dann zu ertragen, wenn die Mehrheit der Gleichen eine andere Auffassung vertritt.

Die Zumutung demokratischer Gleichheit hat aber auch eine andere Dimension. Sie zwingt die Einzelnen nämlich nicht nur dazu, die normative Gleichheit aller zu akzeptieren, obwohl sie doch gerade in ihrem Lebensstil nach Individualität und damit nach größtmöglicher ideeller Ungleichheit streben. Sie zwingt sie gleichzeitig auch dazu, die Gleichheit aller am demokratischen Prozess Beteiligten als normativen Grundsatz zu akzeptieren, obwohl dieses Gleichheitsversprechen tatsächlich nicht eingehalten werden kann – und zwar auch nicht im Hinblick auf zahlreiche demokratisch relevante Aspekte der Gemeinschaft. Trotz ihrer formalen demokratischen Gleichheit verfügen die Menschen im Hinblick auf ihre sozialen, ökonomischen, intellektuellen, sozio-demographischen und zahlreichen sonstigen Eigenschaften doch über höchst unterschiedliche Möglichkeiten, den politischen Prozess beeinflussen zu können. Und doch zwingen die normativen Vorgaben der Demokratie sie dazu, diese Ungleichheit im Prozess der demokratischen Willensbildung auszublenden. Denn das Gleichheitsversprechen der Demokratie ist von vornherein höchst unvollständig: «Die demokratische Gleichheit betrifft nur eine spezifische, wenn auch sehr wichtige unserer Eigenschaften: eben unsere politische Freiheit. Ansonsten bleiben wir unterschiedlich – auch in den Möglichkeiten, aus unserer demokratischen Freiheit etwas zu machen. Es ist etwa für diejenigen einfacher, ihre gleiche Freiheit zu nutzen, die gut reden können oder wohlhabend sind. Trotzdem beschränkt sich die Demokratie im Ausgangspunkt auf die Gleichheit der Freiheit. Wer mehr Gleichheit verlangt, stellt die Demokratie infrage, weil er bereits vorgibt, was doch erst demokratisch entschieden werden soll.»[7] Die faktische Ungleichheit, die auch in demokratischen Gesellschaften in vielerlei Hinsicht unvermeidbar ist, bleibt daher in Ansehung des Demokratieprinzips ohne Relevanz. Dieses strikt formale Gleichheitsverständnis muss angesichts tatsächlicher gesellschaftlicher Unterschiede an vielen Stellen als normative Zumutung erscheinen. Sie bleibt allerdings zur Einlösung des demokratischen Versprechens unausweichlich. Jede demokratische Gesellschaft muss mit ihr leben und sie auszuhalten lernen.

Besonders deutlich wird dieses Dilemma formaler Gleichheit an der aktuellen Debatte um die Diversität in den Parlamenten. Der zentrale Punkt dieser Diskussion liegt in der Frage, inwiefern nicht die Zusammensetzung der Volksvertretungen deshalb demokratisch kritikwürdig ist, weil sie sich von einem repräsentativen Durchschnitt der Bevölkerung (bzw. des Volkes) deutlich unterscheidet. Insbesondere die geringe Präsenz von Frauen rückt dabei in den Fokus der Kritik. Tatsächlich lag der Anteil weiblicher Abgeordneter im Bundestag bis zum Jahr 1987 bei unter 10 Prozent, um sich dann in den darauffolgenden zehn Jahren mehr als zu verdreifachen. Seitdem stagniert ihr Anteil allerdings dauerhaft bei etwa 30 Prozent. Ähnliche Zahlen gelten für die Landesparlamente, auch wenn die Schwankungsbreite hier deutlich größer ist. So verfügte etwa die Hamburgische Bürgerschaft im Jahr 2021 über einen Frauenanteil von mehr als 46 Prozent. Im Landtag von Mecklenburg-Vorpommern war hingegen gerade einmal jeder vierte Abgeordnete weiblich.

Vor diesem Hintergrund wird in jüngerer Zeit immer wieder über eine gesetzliche Pflicht zur geschlechterparitätischen Besetzung der Kandidatenlisten für Parteien diskutiert. In den Bundesländern Brandenburg und Thüringen fand sich im Jahr 2019 erstmals eine politische Mehrheit, die eine entsprechende Änderung des Wahlrechts beschloss. Dabei wurden die Maßnahmen nicht allein politisch begründet, sondern vielmehr explizit gerade als Instrumente zur Verwirklichung des Demokratieprinzips verkauft, während umgekehrt die politischen Gegner dieses Instruments gerne auf die verfassungsrechtlichen Vorgaben des Demokratieprinzips verweisen, um auf die Verfassungswidrigkeit der Vorhaben hinzuweisen. Im Ergebnis geraten hier ein sehr spezifisches Verständnis demokratischer Repräsentation und die formalen Anforderungen demokratischer Gleichheit in einer Weise miteinander in Konflikt, die zunächst als paradoxer Widerstreit zwischen Demokratie und Demokratie erscheinen könnte.

Jedenfalls aus juristischer Sicht hat sich dieser Streit inzwischen zumindest teilweise geklärt. Beide Verfassungsgerichte der betroffenen Länder erklärten die gesetzlichen Regelungen für verfassungswidrig.[8] Dabei verwarfen sie insbesondere das Argument, dass die Quotierung durch das Demokratieprinzip selbst geboten sei oder jedenfalls durch den Gedanken demokratischer Repräsentation gerechtfertigt werden könne, und betonten stattdessen das zentrale Gleichheitsversprechen demokratischer Repräsentation. Aus dem Demokratieprinzip folge kein Auftrag, für eine «Spiegelung» der gesellschaftspolitischen Perspektiven und Prioritäten, Erfahrungen und Interessen von Frauen bzw. des Bevölkerungsanteils von Männern und Frauen im Parlament zu sorgen. Vielmehr seien die Abgeordneten gerade Vertreter des ganzen Volkes, ohne Ansehung bestimmter realer Unterschiede im Hinblick auf das Geschlecht oder andere Merkmale. Die formale demokratische Gleichheit, die es verlangt, tatsächliche Unterschiede so weit es geht auszublenden, setzt sich in der rechtlichen Perspektive auf die Demokratie also durch gegen ein eher politisches Verständnis von Repräsentation, in dem die Abgeordneten den durch sie Vertretenen zumindest in gewissem Rahmen ähnlich sein sollen. Die Zumutung der Gleichheit ist unabwendbar, sosehr sie auch als Versprechen begann.

Wellen der Demokratie

Sind es nun diese Zumutungen, die erklären, warum das ursprüngliche Erfolgsmodell Demokratie in den letzten Jahren international so stark in die Krise geraten ist? Betrachtet man den gegenwärtigen Zustand der Demokratie im weltweiten Vergleich, so können Fragen nach Ausländerwahlrecht und Geschlechterparität zweifelsohne nur als Petitessen gelten. Denn die Demokratie ist in alarmierendem Ausmaß in eine Krise geraten.

Solche Krisen sind historisch gesehen nicht neu. Seit dem 19. Jahrhundert lässt sich beobachten, wie auf demokratische Errungenschaften überall auf der Welt immer wieder auch demokratische Rückschläge folgen, nicht selten wiederum gefolgt von demokratischem Fortschritt. Die vor allem in Europa und Nordamerika verbreitete Erzählung einer stetigen demokratischen Fortschrittsgeschichte war daher nie wirklich korrekt, auch wenn es schön war, an sie zu glauben. Zu Beginn des 21. Jahrhunderts zeigt sich nun aber besonders deutlich, wie die mit dieser Erzählung verbundenen Erwartungen zunehmend enttäuscht werden. Selbst große, eigentlich leuchtturmhaft wirkende Demokratien wie die USA stehen auf einmal in der Gefahr, demokratisch in die Rückschrittlichkeit zu verfallen. Jüngere Demokratien, wie etwa Russland oder Ungarn, die gerade noch als Demokratisierungsgewinner nach dem Fall des Eisernen Vorhangs gefeiert wurden, rutschen in (halb) autoritäre Systeme ab.

Auch wenn der fast lapidare Wortlaut des Grundgesetzes etwas anderes suggeriert: Demokratie ist nichts Selbstverständliches. Ihre Überlegenheit gegenüber anderen politischen Systemen erklärt sich nicht von alleine. Sie muss nicht nur einmalig erkämpft und autoritären Herrschern abgetrotzt werden. Ihre Grundbedingungen müssen Tag für Tag gesichert und erhalten werden. In der Gegenwart sind diese Sicherungen mitunter porös geworden. Das Vertrauen in die politischen Institutionen sinkt. Der Populismus, der demokratische Institutionen nicht nur kritisiert, sondern verächtlich machen will, gewinnt weltweit, auch in Deutschland, an Boden. Insbesondere im Rahmen der Proteste gegen die Maßnahmen zur Eindämmung der Corona-Pandemie wurde die Grundsatzkritik am demokratischen System immer lauter, die bis hin zu immer wieder betonten Vergleichen der Infektionsschutzmaßnahmen mit dem NS-Regime reichte.

Aber es gibt, wie der in Princeton lehrende Politikwissenschaftler Jan-Werner Müller zu bedenken gibt, noch Hoffnung (wenn auch keinen Grund für Optimismus).[9] Auch wenn viele Menschen von der Demokratie enttäuscht sind – aufgeben wollen die allermeisten sie nicht. Und in gewisser Weise zeigt gerade der selbsternannte Widerstand, dass die Demokratie funktioniert und ihr Versprechen politischer Freiheit einzuhalten vermag. Ironischerweise werden die populistischen Proteste so mitunter zum performativen Selbst-Dementi.

Demokratie kann allerdings nur dann gelingen, wenn die Bürgerinnen und Bürger, die in der demokratischen Gemeinschaft zusammengeschlossen sind, bereit sind, auch ihre Zumutungen auszuhalten – selbst wenn dies bedeutet, die eigene Individualität hintanzustellen, die eigenen Interessen mit den Interessen anderer abzugleichen und die Mehrheitsentscheidung auch dann zu akzeptieren, wenn sie dem eigenen Willen widerspricht. Denn an diesem Punkt ist das Grundgesetz ganz klar. Demokratie ist kein Egotrip. Sie bedeutet nicht, dass die Staatsgewalt vom Einzelnen ausgeht. Sie geht vom Volke aus. Wer auch immer das tatsächlich ist.

Anmerkungen

1 Bundesverfassungsgericht, Amtliche Entscheidungssammlung, Band 83, S. 50.

2 So eine der pointierten konservativen Stimmen in der Diskussion, Josef Isensee, Kritische Vierteljahresschrift für Gesetzgebung und Rechtswissenschaft 70 (1987), S. 301.

3 So die Beschreibung des Kunstwerks durch den Künstler, abrufbar auf der zum Kunstprojekt gehörenden Internetseite unter http://www.bundes tag.de/kulturundgeschichte/kunst/kuenstler/haacke/derbevoelkerung/projekt/index.html.

4 Bundestags-Plenarprotokoll 14/97, S. 9038 A.

5 Bundestags-Plenarprotokoll 14/97, S. 9047 C.

6 Dietrich Murswiek, Parlament, Kunst und Demokratie, in: Dieter Dörr/Udo Fink/Christian Hillgruber/Hartmut Kempen/Dietrich Murswiek (Hg.), Die Macht des Geistes. Festschrift für Hartmut Schiedermair, 2001, S. 223 ff.

7 Christoph Möllers, Demokratie – Zumutungen und Versprechen, 2008, S. 16.

8 Thüringer Verfassungsgerichtshof, Urteil v. 15. 7. 2020, Aktenzeichen VerfGH 2/20; Verfassungsgericht Brandenburg, Urteil v. 23. 10. 2020, Aktenzeichen VfGBbg 9/19, 55/19.

9 Jan-Werner Müller, Freiheit, Gleichheit, Ungewissheit, 2021.

Artikel 20a
Schutz der natürlichen Lebensgrundlagen und Tierschutz

Der Staat schützt auch in Verantwortung für die künftigen Generationen die natürlichen Lebensgrundlagen und die Tiere im Rahmen der verfassungsmäßigen Ordnung durch die Gesetzgebung und nach Maßgabe von Gesetz und Recht durch die vollziehende Gewalt und die Rechtsprechung.

Hilal Sezgin

Das Glas ist feucht

Das Grundgesetz ist von Menschen für Menschen gemacht, und das klingt zunächst einmal sehr erfreulich. Es regelt die wichtigsten Rechte, Schutz- und Hilfsansprüche von Menschen, die miteinander Umgang haben und eine Gesellschaft, vielleicht gar eine Gemeinschaft bilden. Es schafft Gerechtigkeit *innerhalb* dieser Gruppe von Menschen, so zumindest die Idee.

Natürlich bestehen berechtigte Zweifel, ob diese Gesetze tatsächlich allen Mitgliedern vollumfänglich oder gar in egalitärer Weise gerecht werden. Darüber hinaus aber führt die Festlegung, wer zur Gesellschaft oder, noch strenger, zum Kreis der Staatsbürger:innen gehört, nahezu zwangsläufig zu einer Ausgrenzung *nach außen*. Das kann zum Beispiel geographisch sein in dem Sinne, dass die Schutzrechte und Hilfsansprüche von Menschen, die keinen europäischen Pass besitzen, drastisch geringer sind als die der «Insider»; und auch längst nicht alle «ausländischen» Menschen, die oft lange Zeit auf deutschem Staatsgebiet leben und kein anderes Zuhause haben als dieses hier, besitzen volle politische Rechte.

All diese Menschen und ihre unvollständigen Rechte werden gerne vergessen oder unterschlagen, wenn die Vorzüge unserer demokratischen Verfassung gepriesen werden. Noch seltener geraten die in den Blick, die gar nicht der menschlichen Spezies oder Weltgemeinschaft angehören, also nichtmenschliche, «natürliche» Lebenszusammenhänge, Gemeinschaften und nichtmenschliche Tiere. Auch solche Lebewesen oder Entitäten wären als mögliche Rechtssubjekte oder zumindest als schutzwürdige Rechtsobjekte denkbar. Allerdings sind sie so verschieden voneinander, dass es nahezu unmöglich ist, sie begrifflich auf einen Nenner zu bringen. Bei «Natur» denken wir vielleicht an Bachläufe und Flüsse, begradigt oder renaturiert, lieblich plätschernd bis bedrohlich über die Ufer getreten; an Wiesen und Wälder – insbesondere Letztere in gleichem Maße poetisch besungen und wirtschaftlich ausgebeutet.

Wir können einzelne, geschützte Pflanzenarten meinen, bedrohte Tierarten oder ganze «Ökosysteme», bei denen niemand zu sagen weiß, wo genau sie beginnen oder enden, zumal sie sich im Jahreslauf oft drastisch verändern. Nicht immer ist das, was für ein Ökosystem günstig ist, dabei automatisch beim Menschen beliebt: Ganz allgemein mögen Biber für ihre baumeisterlichen Tätigkeiten Bewunderung erregen; sie ziehen aber Ärger auf sich, wenn sie die hiesigen Wasserwege nach ihrem Gusto umgestalten. Unter «Natur» fallen schließlich auch die Wölfe, deren Rückkehr zunächst so romantisch nach Märchenwald klang. Dann allerdings begannen sie, Schafe und Kälber zu reißen, was wir ihnen sehr übelnehmen und als nachgerade mörderische Tat auslegen, obwohl (weil?) wir dieselben Beutetiere doch selbst essen wollen.

Insbesondere bei den Tierarten macht es wiederum einen gewaltigen Unterschied, ob wir von der Art sprechen oder vom Individuum, denn anders als Bachlauf oder Orchideen sind Tiere (mindestens jedenfalls Wirbeltiere und Kopffüßler, vermutlich aber auch etliche weitere) empfindungsfähige Lebewesen mit Bewusstsein und eigenem Wohl. Somit darf ihr rechtlicher Status nicht (allein) von der jeweiligen Artzugehörigkeit oder Seltenheit abhängen. Allerdings haben wir bei der Betrachtung nichtmenschlicher Tiere einen gewissen Knick in der Optik … Am ehesten nehmen wir andere Tiere als Individuen wahr, wenn sie mit uns im Haus zusammenleben, zum Beispiel Hunde und Kaninchen. Doch Tiere derselben Spezies stehen rechtlich ganz anders da, wenn sie anderen menschlichen Interessen untergeordnet werden, etwa Laborbeagle oder Versuchskaninchen. Auch bei sogenannten Nutztieren wird selten aufs Einzelne geschaut. So werden die 800 Millionen Hühner, die in Deutschland jährlich «produziert» werden, in vielen Statistiken nur per Tonne erfasst, in den Produktionsstätten unter Einsatz großer Maschinen wie Schüttware behandelt. «Verlustraten» bei Aufzucht und Mast werden von Anfang an ökonomisch einkalkuliert – all das, obwohl sie, jedes für sich, individuelle Lebewesen sind.

Ob nun aber Bachlauf oder Orchidee, Wolf, Fledermaus oder Masthuhn: Sie alle – ihr schlichtes Überleben, ihr organisches Funktionieren, ihr Lebensraum und der konkrete Ablauf ihres Lebens – werden in maßgeblicher Weise von Menschen mitgeformt. Einige – viele! – von ihnen sind sogar nicht nur Opfer, sondern regelrecht Mitglieder unserer Gemeinschaft, allen voran natürlich die domestizierten Tiere. Doch auch die uns ferner Stehenden sind zumindest Kandidatinnen für eine moralische, rechtliche und/oder politische Berücksichtigung durch die menschliche Gemeinschaft, und sie alle haben ihre menschlichen Fürsprecher:innen, die mit Vehemenz darauf dringen, ihnen mehr gesetzlichen Schutz zu gewähren: vom Natur- und Tierschutzverein über den Verein der Orchideenliebhaber oder Fledermausfreunde bis hin zu Tierversuchsgegnern. Es geht um Arten, Gruppen, Lebenszusammenhänge und Individuen, um nahe und ferne Pflanzen, Landschaften und Tiere, um Kontexte der Achtung, der Zuneigung, des Respekts, aber auch der Nutzung und Beherrschung.

Trotz all dieser Vielfalt versucht Artikel 20a diesem allem mit einem einzigen, wenige Zeilen umspannenden Satz zu mehr Gerechtigkeit zu verhelfen: «Der Staat schützt auch in Verantwortung für die künftigen Generationen die natürlichen Lebensgrundlagen und die Tiere im Rahmen der verfassungsmäßigen Ordnung durch die Gesetzgebung und nach Maßgabe von Gesetz und Recht durch die vollziehende Gewalt und die Rechtsprechung.» Historisch betrachtet hat dieser Satz zwei Teile: Der Umweltschutz wurde 1994 zu einem sogenannten Staatsziel erklärt, was bedeutet, dass die Gesetzgebung den Umweltschutz bei ihren Initiativen und Entscheidungen mitbedenken muss und Gerichte sich daran orientieren müssen. Die drei Wörter «und die Tiere» wurden 2002 hinzugefügt. Beiden Änderungen gingen jahrelange parlamentarische Debatten und außerparlamentarische politische Initiativen voraus.

Zwei Formen von nichtmenschlichen Lebenszusammenhängen in das zunächst nur für Menschen gedachte Grundgesetz aufzunehmen ist begrüßenswert und geradezu abenteuerlich mutig. Allerdings geht es auch ebenso abenteuerlich schief, denn der entscheidende Schritt über die Kurzsichtigkeit selbstbezogener menschlicher Interessen hinaus wird nicht wirklich vollzogen. Als schützenswert bezeichnet werden hier «Lebensgrundlagen», und auch wenn dies in einer durch und durch anthropozentrischen Gesellschaft nicht extra gesagt werden muss, ist in Gedanken zu ergänzen: von Menschen. Immerhin wird nicht nur an die heute Lebenden, sondern «auch» an «die künftigen Generationen» gedacht, aber wiederum: von Menschen.

Hinzu kommt: Im Konfliktfall muss jedes Recht, jedes Rechtsgut und jedes Staatsziel gegen andere abgewogen werden, also wird jedes Bedürfnis oder Interesse von Natur und Tieren zu menschlichen Interessen ins Verhältnis gesetzt. Ganz gleich, als wie problematisch sich die nahezu ungehemmte Unterwerfung und Ausbeutung von Natur und Tieren längst erwiesen hat, und ganz gleich, wie sehr sie sich in Zukunftsängsten und Gewissensnöten niederschlagen – wenn es zum Konflikt kommt, zieht jedes nichtmenschliche Interesse nahezu automatisch den Kürzeren. Unsere Lebensweise, unsere Industrien, Praktiken und Institutionen, die die Indienstnahme des nichtmenschlichen Lebens voraussetzen, werden (noch?) als so selbstverständlich empfunden, dass sie gleichsam als Menschenrecht erscheinen. Es käme einem Eingriff in menschliche Freiheitsrechte gleich, wenn wir nicht mehr beliebig schnell auf der Autobahn dahinbrausen oder etwas auf den Grill legen dürften, was das Bein eines anderen empfindenden Lebewesens war. Den wenigen Wörtern des einen Satzes in Artikel 20a gelingt es nicht, genügend Gegengewicht aufzubauen zu dem, was in unserer Gesellschaft Tradition und allgegenwärtige Praxis ist.

Neoliberale Freiheiten

Vielleicht ist diese Spannung zwischen «für den Menschen» und «für etwas außerhalb des Menschen» bei dem Stichwort «Schutz der natürlichen Lebensgrundlagen» noch nicht so offensichtlich. Denn der Naturschutz lässt sich bereits rein anthropozentrisch begründen: Gemeint sind letztlich die «natürlichen Lebensgrundlagen» des Menschen. Rein intuitiv mögen wir zwar empfinden, dass uns zum Beispiel der Vogelzug Respekt abnötigt, dass das Meer eine eigene Macht und Größe besitzt und dass ein Gebirgszug mit seiner Erhabenheit beeindruckt; wir mögen glauben, dass «das Leben an sich» wertvoll und bestaunenswert und dass Natur schön, friedlich, erhaltenswert ist. Aber sobald wir versuchen, diesen Wert an sich, wie er uns zunächst erscheint, genauer zu fassen, zerrinnen uns Erhabenheit, Schönheit und vermeintliche Harmonie des Natürlichen zwischen den Fingern. Es geht letztlich doch um Schönheit *für uns*, um *unseren* Wunsch nach einer erhabenen Natur «dort draußen». Die Regenwaldgebiete des Amazonasbeckens mögen zwar inzwischen fast ein Emblem für etwas sein, was «unbedingt» geschützt werden muss; aber wenn es hart auf hart kommt, preisen wir sie eben doch als «Lunge des Planeten», oder wir wollen sie retten, weil uns noch unentdeckte

Pflanzenarten dort Heilung bieten könnten – nicht nur Lunge also, sondern auch Apotheke.

Gewiss gibt es Versuche, Naturschutz und Umweltethik auf eigene, also vom Menschen unabhängigere Beine zu stellen, zum Beispiel mit der Vorstellung, unser Planet sei ein Organismus namens «Gaia». Doch diese Weltanschauung wird nicht sonderlich breit geteilt. Mit nüchternem wissenschaftlichem Blick betrachtet ist «die Natur» im Ganzen eben kein Organismus, kein von allen ihren Elementen geteiltes Wohl, kein eigenes Telos. Darum ist es sogar richtig, wenn die Gesetzgebung hier nicht weltanschaulich eingreifen und einen reichhaltigen Naturbegriff festschreiben will, sondern ehrlich und pragmatisch den Weg der anthropozentrischen Begründung wählt.

Die wirklich erschütternde Erfahrung nach nun immerhin über drei Jahrzehnten seit Einrichtung dieses Staatsziels ist, dass nicht einmal dieser minimalistisch begründete, von Eigennutz motivierte Umweltschutz gelingt. Die Hemmnisse wurden schon angesprochen: Tradition, lieb gewonnene Privilegien und vermeintlich unverzichtbare Elemente der bisherigen Lebensführung gelten als sakrosankt und werden mit Zähnen und Klauen verteidigt. Ein Feind der Freiheit, wer das Tempo auf den Autobahnen drosseln möchte! Eine Spielverderberin, wer beim Urlaub auf einer Insel in Mittelmeer oder Pazifik an die Umweltbelastung des Fluges denkt. Ein Moralapostel, wer vorschlägt, man könne Smartphones nutzen, bis sie kaputtgehen, oder wer findet, die Kleidermode müsse nicht jährlich wechseln.

So verhalten sich nicht nur Menschen, denen «künftige Generationen» egal sind, sondern auch Menschen mit eigenen Kindern. Sie fliegen mit ihren Kindern um die Welt, überschütten sie, soweit finanziell möglich, mit elektronischen Gadgets – wohlwissend, dass es eben diese kommenden Generationen sind, die mit Extremwetter und Müllhalden leben müssen. Sie verzehren Fleisch, Milch, Eier und ernähren ihre Familien damit, obwohl die Umweltorganisationen der Welt seit Jahren dieselbe Botschaft verbreiten, dass die Produktion von Nahrungsmitteln tierischer Herkunft mehr Boden und Energie beanspruсht, als die Erde hergibt, und Luft und Grundwasser stärker belastet, als der Globus verkraften kann.

Ich habe keine eigenen Kinder und frage mich: Müsste einem/einer, wenn mensch Kinder hätte, der Po nicht noch mehr auf Grundeis gehen? Müssten sich Eltern, die sich schon vor der Geburt des Nachwuchses um den Platz in einer guten Kindertagesstätte bemühen, sich nicht umso mehr darum kümmern, dass das Kind später auch einen Platz zum Leben ohne vermeidbare Gesundheitsrisiken auf dieser Erde hat? Ist es vielleicht so, dass hier der egozentrisch verkürzte Hedonismus überwiegt: guter Kindertagesstättenplatz für *mein* Kind, schöne Reiseerlebnisse für *mein* Kind, solange die Urlaubsinseln noch nicht abgesoffen sind? Es wäre im neoliberalen Kontext nicht unplausibel, wenn jede:r vor allem aus dem Lust gewinnt, was er oder sie anderen voraushat – egal, wie sehr alle gemeinsam zurückfallen.

Oder gibt es – das halte ich für mindestens ebenso wahrscheinlich – psychologische Mechanismen, die kurzfristig zwar ihren Zweck erfüllen mögen, in unserer globalen Situation und gefährdeten Zukunftsperspektive aber nicht lebensdienlich sind? Verdrängung zum Beispiel ist ein Mechanismus, ohne den wir nicht leben könnten. Wir könnten nichts genießen und nicht einmal einen Fuß vor den anderen setzen, wenn wir ständig an alles denken würden, was morgen geschehen könnte und mit einiger Sicherheit geschehen wird. Wir verbringen viele Lebensstunden und -jahre damit, «gelassener» zu werden … Haben wir vielleicht den Zeitpunkt verpasst, an dem es angebracht wäre, sich zu fürchten, zu empören, aufzuregen? Aus welchen Gründen auch immer, gerade in den ganz basalen Dingen des Lebens dominiert eine erschreckende Kurzsichtigkeit.

Daher ist Artikel 20a ein zahnloser Tiger geblieben. Bezeichnenderweise hat das Bundesverfassungsgericht selbst in jenem ersten Fall, als es ein als wegweisend angesehenes Klimaschutzurteil erlassen hat, sich gerade nicht auf dessen Kern gestützt. Mit dem gefeierten Urteil vom April 2020 gegen die bislang geltende Fassung des Klimaschutzgesetzes wurde gerade nicht die Luft geschützt, die künftige Menschen (und Tiere) ohne Filter atmen wollen, nicht das Wasser, das nicht verunreinigt sein soll, nicht das Leben in Meer und Wald. Ausdrücklich schrieb das Gericht in seiner Begründung, es könne «nicht festgestellt werden, dass der Gesetzgeber mit diesen Bestimmungen … gegen seine grundrechtlichen Schutzpflichten, die Beschwerdeführenden vor den Gefahren des Klimawandels zu schützen, oder gegen das Klimaschutzgebot des Art. 20a GG verstoßen hat».[1] Vielmehr seien die Beschwerdeführenden «in ihren Freiheitsrechten verletzt», indem sie später mit Einschränkungen ihres Lebensstils dafür büßen müssen, dass wir Heutigen nicht mehr Rücksicht genommen haben. Den Jüngeren dürfe keine «radikale Reduktionslast überlassen» werden.

Zugespitzt gesagt: Das Gericht sah nicht die Notwendigkeit oder die juristische Möglichkeit, tatsächlich die Lebensgrundlagen (auch) künftiger Generationen zu schützen, sondern schützte gerade die Lebensweise, die diese Lebensgrundlagen zerstört. Die Freiheit, um deren Bedrohung es hier geht, scheint die Freiheit zu sein, die uns unsere kapitalistische Wirtschaftsweise nahelegt, ja forciert, die Freiheit des sich ständig ausweitenden, Ressourcen verschlingenden Produzierens und Konsumierens. Dabei könnte man doch mindestens ebenso gut argumentieren, dass es ebenfalls zur Freiheit menschlichen Lebens gehört, ohne Smogschutz vor die Tür treten, ohne chemische Filter aus einem Brunnen trinken und Gemüse auf nicht vergiftetem Boden anbauen zu können.

Und die Tiere?

Was soll man sich da erst vom zweiten Staatsziel erhoffen, dem Tierschutz? Der Schutz der Tiere hat das Wohl anderer, nichtmenschlicher Wesen im Blick, seine Motivation ist nicht primär anthropozentrisch. Daher können entsprechende Maßnahmen hier noch deutlicher als beim Naturschutz menschlichen Gewohnheiten oder Interessen entgegenstehen. Wer sich wirklich daran erfreuen kann, ein Kaninchen, das auf freier Fläche bis zu 40 Stundenkilometer schnell rennen kann, in einen Käfig zu sperren und es gegen seinen Willen zu beschmusen, der würde ein Verbot solcher Käfige für eine Einschränkung halten. Wer es als ein Element von Genuss und höherer Lebensart begreift, die Muskulatur anderer Tiere zu rösten, wittert Diktatur bereits in einem freiwilligen fleischfreien Donnerstag. Wer glaubt, die folterähnliche Unterwerfung anderer Körper sei der einzige Weg, den die medizinische Wissenschaft beschreiten kann, und die Menschheit hätte das Recht auf den Verschleiß quasi beliebig vieler anderer Tiere, der wird jede Einschränkung von Tierversuchen mit der Devise abwehren: «Menschen zuerst!»

Etliche Vereine, Politiker:innen und Privatpersonen haben zwar jahrelang dafür gekämpft, dass die drei Wörter «und die Tiere» 2002 ins Grundgesetz eingefügt wurden, doch auch auf diesem Gebiet gilt das Gebot der Abwägung mit menschlichen Grundrechten. Gegen die Gewohnheiten einer Gesellschaft, die Tiere für all ihre Zwecke nutzt, und vernutzt, kommen drei noch so gut gemeinte Wörtchen nicht an. Bereits am Tierschutzgesetz konnte man sehen, wie im Konfliktfall fast jedes nichtmenschliche Interesse fast jedem Menschenanliegen unterliegt. Schon vor der Ergänzung des Artikels 20a durften Wirbeltiere laut Tierschutzgesetz nicht «ohne vernünftigen Grund» getötet werden – aber dass jemand sie scheibchenweise aufs Brot oder in die Pfanne legen möchte, gilt offenbar der Mehrheit der Bürger:innen zumindest derzeit noch als vernünftig.

Oder denken wir an den vierten Abschnitt des Tierschutzgesetzes, dessen erster Satz lautet: «An einem Wirbeltier darf ohne Betäubung ein mit Schmerzen verbundener Eingriff nicht vorgenommen werden.» Das klingt so beruhigend wie offensichtlich ethisch geboten. Doch sofort folgen wieder die Ausnahmen. Von dem Verbot der betäubungslosen Verstümmelung sind nämlich ausdrücklich ausgenommen (ich zähle nur einige Beispiele auf): das Kastrieren von unter vier Wochen alten männlichen Rindern, Schafen und Ziegen, das Enthornen von Kälbern, das Kürzen (Abknipsen oder Abklemmen) der

Schwänze von ganz jungen Ferkeln und Lämmern, etliche Formen der Tätowierung zur Kennzeichnung des Besitzstatus, darunter das Aufschlagen eines dornenbewehrten Tätowierstempels bei Schweinen.

All diese Ausnahmen sind zugleich übliche Praktiken in der Landwirtschaft, und wenn es gelegentlich heißt, dass eine davon verboten werden soll, wird im Kleingedruckten oft eine Anleitung mitgeliefert, wie wiederum «Ausnahmen» zu begründen seien, oder es bestehen jahrelange Übergangsfristen. Er kenne «kein Rechtsgebiet, in dem so heuchlerisch vorgegangen wird wie im Tierschutzrecht», sagte Steffen Augsberg, Professor für Öffentliches Recht in Gießen und Mitglied des Deutschen Ethikrats, in einem Interview im Juli 2020. «Das Tierschutzgesetz verspricht eine Menge und ist voller schöner Formulierungen, die suggerieren, dass der Mensch verpflichtet ist, sich angemessen am Tierwohl zu orientieren: Tiere werden etwa respektvoll als ‹Mitgeschöpfe› bezeichnet, mit denen ‹artgemäß› umzugehen ist. Nur, die Wirklichkeit sieht ganz anders aus.»[2]

Ein bekannter Tierrechtsslogan besagt, Tiere seien «jemand, nicht etwas». Philosophischer ausgedrückt: Tiere sind Subjekte ihres eigenen Lebens; und unsere Verfassung muss sich die Frage gefallen lassen, wie sie diesem Umstand gerecht wird. Die Antwort lautet leider: überhaupt nicht. Weder im Tierschutzgesetz noch durch Artikel 20a GG werden nichtmenschlichen Tieren Grundrechte zugestanden wie die auf Unversehrtheit, Freiheit und Leben. Bisher kommen die tierlichen Individuen als eigene Rechtssubjekte gar nicht vor, sondern treten beim Staatsziel «Tierschutz» in einem abstrakten Gattungsbegriff auf, stehen sonderbar gesichtslos und undifferenziert im Raum.

Schon im Bürgerlichen Gesetzbuch sind Tiere zwar explizit keine Sachen; doch Subjekte mit eigenen Rechten sind sie eben auch nicht. Man kann sie besitzen, vererben, verkaufen. Durch Besitzverhältnisse und den Gebrauch teilen Menschen sie verschiedenen Nutzungsarten zu. So kann ein Kaninchen wahlweise zum Labortier, zum Kuscheltier und zum Braten bestimmt werden, sogar Unterschiedliches davon im Laufe seines Lebens. In vielen Fällen steht aber auch schon bei der

Geburt, aufgrund der Spezieszugehörigkeit fest, welche Chancen auf ein Überleben unter Menschen ein Tier besitzt: kuscheln oder Lebensmittelgewinnung. Keine dieser Kategorien, die von menschlichem Recht festgezurrt werden, nimmt im Mindesten darauf Bezug, was ein Tier selbst will, wozu Veranlagung und Individualität es hinziehen oder drängen.

Auf geradezu absurde Art wurde mir kürzlich eine praktische Konsequenz solcher Regelungen vorgeführt. Neben meinem Beruf, dem Schreiben, betreue ich in der Lüneburger Heide eine Herde von knapp dreißig Schafen in einer Art Schafaltersheim. Alte Schafe sind für ungefähr alle Erkrankungen anfällig, so wie alte Hunde, Pferde oder Menschen. Doch ihrer Behandlung sind Grenzen gesetzt, die für die anderen Spezies nicht gelten: Nicht alle Verfahren und Medikamente, die bei Menschen und teils auch bei Heimtieren eingesetzt werden, sind auch für Tiere zugelassen, die «der Lebensmittelgewinnung dienen». Meines Erachtens *dient* kein Tier der Lebensmittelgewinnung, allein schon weil das Verb «dienen» einen aktivischen Beiklang hat, der nicht zur Unfreiwilligkeit einer gewaltsamen Tötung passt. Aber laut Gesetz sind Schafe nun einmal solche Tiere.

Als in den vergangenen Monaten Julchen, ein dreizehn Jahre altes Schaf, an Grauem Star erkrankte und, anders als manche ihrer Herdenkumpel, mit der rasch fortschreitenden Erblindung überhaupt nicht zu Rande kam, begannen wir eine Operation zu organisieren, die an Schafen sonst nicht durchgeführt wird. Weil Julchen aber per Geburt und ungeachtet all meiner tierschützerischen Bemühungen auch nach dreizehn Jahren auf meinem Lebenshof offiziell «der Lebensmittelgewinnung dient», wurde eine Genehmigung erforderlich, Medikamente zu erhalten, in deren Genuss sonst nur Tiere kommen, die in unseren Breiten traditionell nicht gegessen werden.

Ich erspare Ihnen jetzt die Schilderung der bürokratischen Hürden, die für den Einsatz eines Fläschchens Augentropfen genommen werden mussten, und bin dankbar, dass das hiesige Veterinäramt so kooperativ war. Doch Sie können sich vielleicht vorstellen, wie überrascht ich war, als ich das heiß begehrte Dokument bzw. die Verfügung in den Händen hielt – und sie den Titel «Schlachtuntersagung» trug! Ich, die vier (!) Tierarztpraxen um Kooperation bei einer höchst kostspieligen Augen-OP gebeten hatte, musste zunächst ein Verbot beantragen, mein Julchen zu schlachten, weil sein Körper nach dem Eingriff nicht mehr unbedenklich verzehrt werden könnte. «Schlachtuntersagung» hier, «Schlachtuntersagung» dort, hieß es in den Korrespondenzen ... Und ich träumte davon, wie schön es wäre, wenn das Veterinäramt, oder besser der Gesetzgeber, für alle Tiere eine Schlachtuntersagung erlassen würde, für all die fast eine Milliarde Fälle in Deutschland pro Jahr.

Das kanadische Forscherpaar Will Kymlicka und Sue Donaldson hat 2011 in seinem Aufsehen erregenden Buch *Zoopolis* (deutsch 2013) dafür argumentiert, dass auch nichtmenschliche Mitglieder unserer Gesellschaften Bürgerstatus erhalten und Verbände von Wildtieren wie eigene Nationen behandelt und respektiert werden sollen. Diesen Ball hat der Berliner Philosoph Bernd Ladwig 2020 mit seinem Buch *Politische Philosophie der Tierrechte* aufgegriffen, wo er zwar das Modell tierlicher Staatsbürgerschaft ablehnt, aber für eine demokratische Vertretung tierlicher Interessen sowie ein Spezies-Mainstreaming des geteilten Raums plädiert. So weit lässt sich der demokratietheoretische Rahmen spannen!

Zunächst jedoch ist etwas viel Grundlegenderes vonnöten, nämlich dass eine relevante Zahl von menschlichen Staatsbürger:innen anerkennt und sich darauf einigt, dass Tiere nicht einfach menschlichen Zwecken untergeordnet werden dürfen, sondern um ihrer selbst willen berücksichtigt werden müssen. «Um ihrer selbst willen» soll hier heißen: Tiere haben (in moralischer Hinsicht) unveräußerliche Rechte als Individuen – auf ihre Unversehrtheit, ihre Freiheit und ihr Leben. Und diese Rechte, über deren Plausibilität im Rahmen der demokratischen Öffentlichkeit derzeit noch vehement gestritten wird, müssen schließlich – wie der Bogen des moralischen Universums Geschichte tatsächlich der Gerechtigkeit zuneigt – auch im Grundgesetz festgeschrieben werden.

Die Welt gemeinsam bewohnen

Es gibt also deutliche Unterschiede zwischen den beiden in Artikel 20a angesprochenen Themen, dem Umwelt- und dem Tierschutz: Pflanzen, Arten, Landschaften, Ökosysteme sind als Entitäten meist schwer zu bestimmen und voneinander abzugrenzen; meist besitzen sie kein klar definierbares Wohl oder Gedeihen. Die Wüste zum Beispiel ist in der Trockenzeit ebenso «intakt» wie dann, wenn sie kurz einmal unter Wasser steht und alles wimmelt und sprießt. Demgegenüber lassen sich Tiere nicht vornehmlich über ihre Artzugehörigkeit, sondern als Individuen benennen, auch wenn wir ihnen diese Form der Anerkennung meist versagen. Jedes Tier für sich hat bewusste Empfindungen und ein eigenes Wohlergehen, das wir gefährden, befördern oder unbehelligt lassen können.

Trotz dieser Unterschiede stellen sich für eine wirkliche Einbeziehung der in Artikel 20a angesprochenen Gruppen – «Natur» und «Tiere» – im Kern die gleichen Fragen: Sind wir bereit, ein Weltbild aufzugeben, in dem allein wir Menschen Wert besitzen und vermeintlich alles unserem Fortkommen zu dienen hat, und wollen wir entsprechend leben? Sind wir in der Lage, uns aus der Zange der neoliberalen Denkungsart zu befreien und uns zu einer Lebensweise zu entschließen, die mit deutlich weniger Ressourcen auskommt? Werden wir die damit gewonnenen oder verteidigten Freiheiten als solche zu würdigen wissen und uns als mündige Bürger:innen freiwillig zu einem Gewaltverzicht entschließen, der es erlaubt, sich diese Erde mit anderen Spezies zu teilen?

Die Antworten darauf dürfen weder der Gesetzgeber noch das Bundesverfassungsgericht der öffentlichen Meinung(sentwicklung) apodiktisch vorgeben. Immerhin, so mögen hartnäckige Optimist:innen nun einwenden, schlage das Grundgesetz bereits die richtige Richtung ein, Umwelt- und Tierschutz seien ja bereits «drin». Doch seien wir ehrlich: Dieses Glas ist nicht halbvoll, es ist nicht einmal halbleer, es ist bloß feucht. Am Glitzern der wenigen Tropfen am Boden können wir erahnen, was alles geändert und geleistet werden müsste, um eine lebenswerte Zukunft für Menschen, andere Tiere und weitere natürliche Zusammenhänge auf diesem Planeten zu sichern. Dieser Konjunktiv changiert zwischen Hoffnung und Irrealis, denn wir haben womöglich nicht mehr viel Zeit, um den entscheidenden Umbau zu bewältigen.

Anmerkungen

1 So die Pressemitteilung Nr. 31/2021 vom 29. April 2021.

2 https://www.lto.de/recht/hintergruende/h/massentierhaltung-tierschutz-tierwohl-toennies-ethikrat-fleisch-grundrechte-schweine-kastenstand/. Letzter Aufruf 24. 7. 2021.

Artikel 21
Politische Parteien

(1) Die Parteien wirken bei der politischen Willensbildung des Volkes mit. Ihre Gründung ist frei. Ihre innere Ordnung muß demokratischen Grundsätzen entsprechen. Sie müssen über die Herkunft und Verwendung ihrer Mittel sowie über ihr Vermögen öffentlich Rechenschaft geben.
(2) Parteien, die nach ihren Zielen oder nach dem Verhalten ihrer Anhänger darauf ausgehen, die freiheitliche demokratische Grundordnung zu beeinträchtigen oder zu beseitigen oder den Bestand der Bundesrepublik Deutschland zu gefährden, sind verfassungswidrig.
(3) Parteien, die nach ihren Zielen oder dem Verhalten ihrer Anhänger darauf ausgerichtet sind, die freiheitliche demokratische Grundordnung zu beeinträchtigen oder zu beseitigen oder den Bestand der Bundesrepublik Deutschland zu gefährden, sind von staatlicher Finanzierung ausgeschlossen. Wird der Ausschluss festgestellt, so entfällt auch eine steuerliche Begünstigung dieser Parteien und von Zuwendungen an diese Parteien.
(4) Über die Frage der Verfassungswidrigkeit nach Absatz 2 sowie über den Ausschluss von staatlicher Finanzierung nach Absatz 3 entscheidet das Bundesverfassungsgericht.
(5) Das Nähere regeln Bundesgesetze.

Udo Di Fabio

Brücken zur Politik

1

«Ich kenne keine Parteien mehr, ich kenne nur Deutsche.» So formulierte Kaiser Wilhelm II. am 4. August 1914 zur Eröffnung des Reichstages, was er ähnlich zuvor schon in seiner zweiten Balkonrede zum Kriegseintritt gegen Russland gesagt hatte. Seine rhetorische Figur des Burgfriedens innerhalb einer belagerten Feste malte nicht nur das Bild des von Neidern und Feinden umlagerten Deutschlands, sie brachte auch das Misstrauen vieler Deutscher gegen den inneren «Parteienbetrieb» zum Ausdruck, der zumindest jetzt, in der Stunde existentieller Gefahr, ruhen sollte.

Die Sehnsucht nach nationaler Einheit, die Huldigung von Gemeinsinn und Gemeinschaft schien sich nicht mit dem disparaten Betrieb des Parlaments zu vertragen, jenem ewigen Streit der Parteien und Fraktionen, ihrem Taktieren und Finassieren. Als 1918 der Krieg verloren war, konnte die Dolchstoßlegende an solche Ressentiments nahtlos anknüpfen, waren es doch angeblich die egoistischen, vaterlandslosen Parteien, die Hand in Hand mit den Streikenden der kämpfenden Front die Mittel zum Erfolg raubten. In der Weimarer Demokratie führte einer der Urheber der giftigen Dolchstoßlegende, Reichspräsident Hindenburg, gegen die Zerklüftungen des modernen Parteienstaates die Sehnsucht nach Einheit zu neuen Höhen, bis ein ganz anderer Staat aus der Vernichtung der Parteien und in seinem Wahn von der rassisch bestimmten Volksgemeinschaft ein ungeheures zivilisatorisches Zerstörungswerk in Gang setzte.

2

Vor diesem Erfahrungshintergrund haben die Frauen und Männer des Parlamentarischen Rates 1949 in Bonn die Stellung der Parteien in den Verfassungstext aufgenommen, direkt nach der grundlegenden Bestimmung der Staatsstrukturen in Artikel 20. In der Wortwahl vorsichtig, in der Richtung klar: «Die Parteien wirken bei der politischen Willensbildung des Volkes mit.» Damit waren die politischen Parteien verfassungsrechtlich in den Adelsstand erhoben, und zwar zunächst durch bloße Erwähnung, aber vor allem, weil sie unmittelbar nach den großen Staatsstrukturprinzipien des vorangehenden Artikels wie Demokratie und Rechtsstaat stehen. Schon mit der systematischen Stellung im Textgefüge des Grundgesetzes bilden die Parteien eine Brücke zwischen dem Ufer der Gesellschaft und dem des Staates: Sie führt vom lebendigen, ungeordneten Prozess der freien Willensbildung hin zu den verfassten Staatsorganen, die politische Macht als öffentliche Gewalt in gesetzmäßiger, in organisierter Weise ausüben.

3

Dass im ersten Satz von Artikel 21 nur von einer «Mitwirkung» gesprochen wird, war ein wohldosierter Euphemismus, vielleicht auch eine Rücksichtnahme auf virulente Ressentiments gegen Parteien. Schon seit ihrer Entstehung im 19. Jahrhundert waren moderne Parteien mehr als nur irgendwelche Beteiligten am politischen Willensbildungsprozess. Die Parteien sind frei gebildete Vereinigungen von Personen, die eine ähnliche politische Einstellung, manchmal sogar eine Weltanschauung, zumindest aber ähnliche Ordnungsmuster der Weltdeutung vereinen. Obwohl in keinem Rechtstext so deutlich gesagt, ist der programmatische Wille zur Gestaltung der Welt ein Wesensmerkmal moderner Parteien, die dabei ganz in der Tradition der politischen

Aufklärung stehen. Die Partei entwickelt ein Programm, um die Welt in ihrem Sinne zu gestalten, zu bewahren oder zu verändern. Sie handelt im Sinne des Philosophen Arthur Schopenhauer: «Welt als Wille und Vorstellung».

Zieht man die Summe aus allen Parteien, so «beteiligen» sie sich als Einzelne an der politischen Willensbildung, nehmen insgesamt aber einen bestimmenden Einfluss auf die organisierte Macht im Staat. Insgesamt modellieren sie die vielen Mosaiksteine von Interessen, Vorstellungen und Meinungen zu politisch-rechtlich umsetzbaren Programmen oder jedenfalls Einzelforderungen. Schaut man durch die jeweilige Parteibrille auf die Welt, so ist es die eine, die eigene Partei, die die Welt nach ihrem Willen gestalten will und dabei Konkurrenten als Gegner, als Hindernisse oder auch als partielle Verbündete sieht. Parteien sind in ihrer klassischen Wirkrichtung entweder kühle Interessenvereine oder aber auch so etwas wie politische Kampfgruppen, verschworene Gemeinschaften, ein System, das sich gegen seine Umwelt abgrenzt und in diese Umwelt verändernd ausgreift. Jede Partei gehorcht im Innern einer tribalen Dynamik, besitzt einen ideellen Kern, sucht eine repräsentative Führung, ein Gesicht. Sie bestätigt und variiert ein Lebensgefühl und eine Sicht auf die Welt, reagiert auf Impulse von außen in ihrer jeweils eigenen Logik.

4

Sichtbarkeit und Verlässlichkeit der Führung bei der Repräsentation der Partei in der Öffentlichkeit und bei der Verwirklichung des politischen Programms auf der einen Seite, die loyale Gefolgschaft der Mitglieder, aber auch ihre Forderungen «von unten» aus der innerparteilichen Demokratie auf der anderen Seite: Sie gehören zusammen, treiben eine innere Dynamik des Zusammenhalts an, manchmal auch des Streits und der Intrige. Die Parteien stehen mitten im politischen Herrschaftssystem der Gesellschaft. Es geht in einem großen ewigen

Spiel um Macht und um Einfluss, vor allem um Ämter und Mandate. In manchen Parteien ohne Regierungsbeteiligung beschränkt sich dieser Kampf auf Parteiämter oder die Stellung in Fraktionen und Ausschüssen, wenn man es denn in das Parlament hineingeschafft hat.

Diejenigen Parteien, die es in Bund, Ländern oder Gemeinden in Regierungsverantwortung geschafft haben, können von dort aus über einen Fundus von Ämtern und Positionen im öffentlichen Dienst verfügen. Sie entscheiden über die Besetzung von Ministerämtern und maßgebliche Teile des Verwaltungsunterbaus, über die Besetzung von Stellen bei Gerichten und Staatsanwaltschaften, über Sparkassendirektoren oder die Leitung von Stadtwerken, über Rundfunkräte und Intendanten, über Kulturdezernenten und die Leitung von Museen und Opern. Macht bedeutet hier Mandats- und Amtsmacht. Wer eine solche Stellung errungen hat, ist nicht nur finanziell versorgt, sondern sie oder er bekommt einen kleinen oder auch größere Hebel in die Hand, um Kräfte im Getriebe der öffentlichen Gewalt zu entfalten.

5

Wer auch heute noch (oder schon wieder) Ressentiments gegen Parteien pflegt, sieht im Gebaren der Parteien vor allem anderen einen gewaltigen Versorgungsbetrieb für Posten, Pöstchen und Positionen. Gewiss: Einige Karrieristen und Opportunisten im öffentlichen Dienst sehen ihren Mitgliedsbeitrag in der Tat als Kauf eines Optionsscheins für den persönlichen Aufstieg. In jeder Partei gibt es diesen Typus, aber es gibt auch die «Idealisten», die an die «Sache» glauben, diejenigen, denen die Partei Familie und Heimat ist. Es gibt daneben – und nicht zu unterschätzen – die pragmatischen Menschen, die zwar ihre persönliche Position verbessern, aber auch dem Gemeinwohl dienen und politische Überzeugungen wirksam zur Geltung bringen wollen.

Auf der Ortsvereins- oder Kreisebene trifft man auf ein manchmal heimeliges, mitunter recht provinziell wirkendes Ambiente. Doch man trifft ebenso auf diejenigen, die Ehrenämter besetzen, denen die Öffentlichkeit häufig zu wenig Ehrerbietung zollt und deren finanzieller Aufwand kaum entschädigt wird. Zwischen jener Basis vor Ort, dem Alltag des Kleinteiligen, und den großen Bühnen in Berlin oder Brüssel klafft ein Graben, auch wenn all dies zum System des Politischen gehört. Wenn Berliner Spitzenpolitiker, ein Bundesvorsitzender, eine Ministerin auf dem Land unterwegs sind, stehen sie vor allem vor der Aufgabe, komplizierte Berliner oder Brüsseler Kompromisse zu erklären oder um Verständnis dafür zu werben, dass Projekte wie die Entbürokratisierung, die soziale Sicherung von Rentnerinnen oder die Klimaneutralität zwar noch nicht recht vorankommen wollen, aber selbstverständlich tatkräftig an ihnen gearbeitet wird.

In jeder Partei besteht eine alltägliche Diskrepanz zwischen drei Rationalitätssphären: erstens der *öffentlichen Meinungsbühne*, auf der Wahlen gewonnen oder verloren werden, zweitens den *Zwängen einer Regierungspraxis*, die von Sachzwängen, Interessen und von den Notwendigkeiten der Kompromissfindung gekennzeichnet ist, sowie drittens der *innerparteilichen Identitätspflege*. Parteien in der Opposition unterliegen nicht den Zwängen der Regierungspraxis; sie können stattdessen allein für die öffentliche Bühne arbeiten und in die parteipolitische Identitätspflege investieren. Parteien in der Regierung werden schon um ihrer Wiederwahl willen aufmerksam auf die öffentliche Meinung schauen, die herausgehobene Amtspräsenz kann für öffentliche Aufmerksamkeit genutzt werden. Im Gegenzug wird durch eine Partei in längerer Regierungsverantwortung beinah sachnotwendig die parteipolitische Identitätspflege vernachlässigt. Eine Partei, die über ein Jahrzehnt lang den Kanzler oder die Kanzlerin stellt, wirkt im Inneren wie ausgelaugt und muss bei einem Regierungswechsel buchstäblich erst in der Opposition ankommen, sich finden und irgendwie wieder von vorne anfangen. Das ging der CDU und der CSU 1969 so, der SPD nach 1982 und 2005, der CDU/CSU jetzt wieder seit 2021.

6

Das Grundgesetz glaubt, anders als eine verbreitete Meinung im Obrigkeitsstaat, nicht daran, dass Parteien mit ihrem Gruppenegoismus und ihrem Tunnelblick das wahre, überparteiliche Gemein- und Staatswohl gefährden. Die Verfassung hält Parteien für unentbehrlich. Nur sie verstehen es, den politischen Willen zu bündeln, zu organisieren und den deliberativen Diskurs in die Parlamente zu tragen, auch hinein in die föderale und europäische Regierungsmechanik. Doch bei aller funktionellen Notwendigkeit von Parteien für eine lebendige Demokratie: Für gänzlich ungefährlich hält die Verfassung politische Parteien deshalb nicht. Die posttotalitären Verfassungsschöpfer waren nicht naiv. Sie hatten erlebt, wie in Weimar extremistische Parteien die Demokratie hasserfüllt bekämpften. Sie wussten, was geschieht, wenn eine totalitäre Partei den Staat in die Hand bekommt und von dort aus die liberale, die zivilisierte Gesellschaft zerstört. Das ist der Grund, warum Parteien öffentlich Rechenschaft über die Herkunft ihrer Finanzmittel geben müssen und warum äußerstenfalls eine Partei verboten oder von der staatlichen Finanzierung ausgeschlossen werden kann. Artikel 21 spricht von Parteien, «die darauf ausgehen, die freiheitliche demokratische Grundordnung zu beeinträchtigen oder zu beseitigen oder den Bestand der Bundesrepublik Deutschland zu gefährden». Das scharfe Schwert des Parteienverbots ist inzwischen durch Rechtsprechung eher stumpf geworden. Doch seine Betätigung musste ohnehin immer hohe Hürden überwinden, denn es kann nur die Ultima Ratio sein, wenn eine Partei nach diktatorischer Macht greift und es darauf anlegt, die Demokratie zu zerstören oder sie etwa einer auswärtigen diktatorischen Macht auszuliefern. Entsprechendes hat das Bundesverfassungsgericht in den fünfziger Jahren für die neonazistische Sozialistische Reichspartei und für die stalinistisch geprägte Kommunistische Partei Deutschland festgestellt.

Unterhalb dieser Schwelle des «Äußersten» hat sich auf der Grundlage des Parteiengesetzes sowohl ein System staatlicher Teilfinanzierung gebildet als auch eine inzwischen recht gut funktionierende Mechanik der Rechenschaftspflicht eingespielt. Die Koffer mit Bargeld scheinen im Wesentlichen der Vergangenheit anzugehören, aber dunkle Kanäle der Finanzierung können auch immer wieder neu entstehen. Es geht darum, die korruptionsanfällige Transformation von Vermögen in politische Macht zu mindern, ohne zugleich in jeder höheren privaten Spende einen Verdacht unzulässiger Einflussnahme bestätigt zu sehen. Im Gegenzug soll auch vermieden werden, über öffentliche Finanzierung der Parteien ihre Staatsabhängigkeit zu etablieren. Inzwischen gilt es, zunehmend dort aufmerksam zu sein, wo das westliche System der Demokratie, der Liberalität und der Sozialen Marktwirtschaft von auswärtigen Mächten angegriffen wird. Neue Gefahrenlagen entstehen, wenn ein Land wie Russland Kredite an eine französische Partei der nationalistischen Rechten gibt, wenn es einem Kandidaten wie Donald Trump und seiner republikanischen Partei im Netz durch Meinungsmanipulation hilft oder auch einer Partei Unterstützung auf dem Weg zur Errichtung der Diktatur angedeihen lässt, wie der venezolanischen Movimiento Quinta República.

7

Parteien sind heute objektiv gewiss genauso wichtig wie 1949, als das Grundgesetz verabschiedet wurde. Aber es hat sich einiges geändert. Die Gesellschaft ist individueller, sie ist volatiler geworden. Rasche Stimmungsschwankungen, eine neue Dominanz wertrationaler Einstellungen, Fragmentierungserscheinungen im öffentlichen Meinungsraum, der starke Einfluss von Aktivisten und NGOs: Das alles mag man als unmittelbare Willensbekundungen begrüßen oder aber als schwindende Fähigkeit zu konzeptionellem Denken beklagen. Jedenfalls ändert sich etwas. Organisationen und Vereinigungen können nicht mehr Richtungsentscheidungen wie die Westbindung der Bundesrepublik, die Ostpolitik oder den Weg zur Wiedervereinigung in ihren Vorständen und Präsidien treffen und dann dem Volk verkünden. Präsidien und Vorstände wirken eher umgekehrt wie getrieben von schnelllebigen öffentlichen Überzeugungen und Einstellungen. Mit einer abrupten Richtungsänderung wurde die – zunächst auch klimapolitisch begründete – Verlängerung der Laufzeiten für Kernkraftwerke nach der Reaktorkatastrophe von Fukushima unter dem öffentlichen Meinungsdruck über Nacht in ihr Gegenteil verkehrt. Die Regierungsparteien fragte niemand. Noch unmittelbar vor Ausbruch des Krieges gegen die Ukraine wurden deutsche Waffenlieferungen an das massiv bedrohte Land mit Hinweis auf eine bestimmte Russlandpolitik und historisch begründete Exportbegrenzungen kategorisch abgelehnt. Bei Kriegsbeginn wurde dann wiederum über Nacht und unter internationalem Meinungsdruck das genaue Gegenteil beschlossen. Solche volatilen Ausschläge mehren sich. Parteien treten in ihrer Bedeutung zurück. Sie wirken stärker als zuvor wie ein passiver Resonanzraum für punktuelle politische Impulse, die sie aufnehmen und dabei kaum damit nachkommen, diese in eine konsistente programmatische Rhetorik zu übersetzen.

Politische Parteien, Kirchen, Gewerkschaften oder Vereine hatten in der Vergangenheit starke innere Binde- und Prägekräfte, pflegten und stabilisierten ein gruppenspezifisches kulturelles Ambiente und waren damit nach 1949 berechenbare Bausteine einer pluralistischen Demokratie. Diese Funktion haben sie nicht vollständig verloren, aber ihre Wirkung ist erheblich abgeschwächt. Inzwischen ist die Wortwahl in Artikel 21, wonach politische Parteien an der politischen Willensbildung lediglich mitwirken, vielleicht gar nicht mal so falsch. Die zurückhaltende normative Formulierung und die gesellschaftliche Wirklichkeit nähern sich an. Doch der relative Bedeutungsverlust der Prägemacht politischer Parteien ist keineswegs eine rundweg gute Nachricht. Man kann in Spontaneität und Volatilität eine lebendige demokratische Öffentlichkeit sehen, aber ebenso auch eine Gefahrenlage, wenn organisierte politische Parteien und Vereinigungen an Einfluss und Beständigkeit verlieren. Als Mitte 2016 Donald Trump erklärte, Präsidentschaftskandidat der Republikaner werden zu wollen, waren sich viele ziemlich sicher, dass die Grand Old Party, die republikanische Partei, einen solchen komplett ungeeigneten, ja gefährlichen Kandidaten schon irgendwie verhindern würde. Heute, im Jahr 2022, wirkt die Partei durch diesen einen Mann wie paralysiert, deformiert, vielleicht sogar bis auf weiteres in ihrer eigenständigen Willensbildung zerstört – und das in einem Zwei-Parteien-System. Wenn die Organisationsmacht der Parteien und ihre Fähigkeit, eine konsistente politische Kultur zu pflegen und zu entwickeln, unter dem voluntaristischen Trommelfeuer weiter schwinden sollte, droht der Demokratie die Abgründigkeit des Zufälligen. Der Wert der Parteien muss wieder höher veranschlagt werden. Die Achtung der Menschen, die in den Gremien und Ehrenämtern nicht nur punktuell, sondern auf Dauer und nachhaltig arbeiten, sollte deutlicher als bislang ausfallen. Die Botschaft des Artikels 21 lautet: Die Parteien sind unentbehrliche Organisationen des Verfassungslebens, ohne sie kann eine stabile Demokratie nicht sein. Sie als Motoren der Macht kritisch zu beobachten und durch eigenes Engagement zu beflügeln, ist eine demokratische Bürgerpflicht.

Artikel 22
Hauptstadt und Bundesflagge

(1) Die Hauptstadt der Bundesrepublik Deutschland ist Berlin. Die Repräsentation des Gesamtstaates in der Hauptstadt ist Aufgabe des Bundes. Das Nähere wird durch Bundesgesetz geregelt.
(2) Die Bundesflagge ist schwarz-rot-gold.

Lars Brandt

Wo liegt Berlin?

Harold dampfte fast vor Erregung, weil er endlich die Zeit gekommen sah, mit der Überwindung der deutschen Teilung noch einige Dinge mehr ins Lot zu bringen, zum Beispiel den Spuk der Bundeshauptstadt am Rhein zu beenden – er, der gleich nach Kriegsende als junger sozialistischer Jude aus Amerika ins kaputte Berlin gekommen war, um die eigenen Geschicke mit denen Deutschlands und dieser Stadt zu verknüpfen. Deren Genius loci hatte sich, Teilung und allerlei Widernissen trotzend, die Gewissheit bewahrt, durch die einzig wahre deutsche Hauptstadt zu wehen. Das war der Ort, wo Harold sich niederließ und mit einer jungen Berlinerin aus Zehlendorf-Süd (wie sie penibel klarzustellen pflegte) eine Familie gründete. In seinem mächtigen Brustkorb war das natürliche Berliner Kapitalengefühl tief verankert. Umso weniger konnte er begreifen, warum ich mich jetzt mit überflüssigen Gedanken darüber abgab, was der beschlossene, aber noch nicht vollzogene Umzug von Parlament und Bundesregierung wohl nach sich ziehen würde – fürs ganze Land wie auch für die Stadt, der man damit ja nicht nur einen Gefallen tat, wie mir schien. «Mensch, du kommst daher, Bölinn ist deine Stadt!», rief er in seinem amerikanisierten Deutsch, das in all den Jahren nicht leichter verständlich geworden war. Seine Sorge galt allenfalls den Bürgern der untergegangenen DDR. Ihre Würde sei zu wahren, und dazu gehöre der Umzug von Parlament und Exekutive nach Berlin, wie er schnaubend erklärte. The Würde, wiederholte er mit bewegter Stimme, und seine Augen funkelten feucht.

Etwas große Münze, fand ich. Ob die Regierung nun ihre Geschäfte an der Spree erledigte oder andernorts, dadurch sah ich niemandes Würde angetastet. Und hatten nicht andere Staaten gute Erfahrungen mit der Unterscheidung von kultureller Metropole und politischem Zentrum gemacht – ja, wir selber gerade erst? Oscar Wilde zu zitieren mit seiner sympathischen Feststellung, es liege in der Natur der Sache, dass der Staat das Regieren ganz und gar sein lassen müsse – so weit wollte ich meinem älteren Freund gegenüber, der sich seine geistige Heimat immerhin in der braven Sozialdemokratie gesucht hatte, nicht gehen. Schon weil er mir einst im ehrwürdig vermoderten Steglitzer Hallenbad das Schwimmen beigebracht hatte – damals, als die Mauer noch nicht einmal gebaut, geschweige denn schon wieder abgerissen war. Auch wenn er dafür dreißig Jahre später keine Dankbarkeit mehr erwartete, erschütterte es ihn, wie sehr ich es an Begeisterung fehlen ließ. Der Mann hatte wahrlich Grund, sich aufzuregen.

Alles Schnee vom vergangenen Jahrhundert, längst wird in Berlin-Mitte regiert und hat sich der Begriff der Berliner Republik als Synonym für die neue Etappe unserer Geschichte durchgesetzt. Und die Berliner haben sich daran gewöhnen müssen, was ein sicherheitspolizeilich aufgerüsteter und mit allen Utensilien globaler Allzeit-Geschäftigkeit versehener Regierungsapparat heutzutage an Belastungen für diejenigen mit sich bringt, die nicht zu dieser Zirkustruppe gehören. Von der angekündigten großen Durchlässigkeit zwischen der politischen Blase und dem städtischen Leben außerhalb von ihr, mit der einst für die Verlagerung der Regierungsgeschäfte an die Spree geworben wurde, ist nicht viel übrig geblieben. Die Berliner zucken mit der Schulter. Ausgestattet mit ebenso viel schnoddrigem Witz wie Tatsachensinn, sind sie schwer aus der Ruhe zu bringen, eine Disposition, die Besuchern von außen schon immer aufgefallen ist. Wobei mit diesem Immer keine besonders lange Zeit gemeint ist, so wie beispielsweise das Jahrtausende währende Immer von Köln am Rhein, jener Stadt, die dem einen der beiden Kerne Berlins namens Cölln Pate stand. Berlins Immer umfasst gerade mal ein paar Jahrhunderte, und die Spanne, auf die es als Hauptstadt erst Preußens, dann des Reichs zurückschaut, ist noch viel kürzer.

Rascher Aufstieg, Wachstum und das Gefühl, jung und damit wie von selbst ganz vorn zu sein (sogar dort, wo es nicht der Realität entspricht), prägt die Atmosphäre der Stadt bis auf den Tag. Dabei hat sie einiges von einem großen Theater, wie sie ja auch für Bühnenkünste, Literatur und Musik stets mehr Sinn besaß als etwa für das stille Handwerk der Malerei. Überhaupt durchzieht eine unwirkliche Strömung die nüchterne Berliner Luft. Wer den eigentümlichen Hauch spürt, die unverwechselbare Beimischung von hyperreal auftretender Unwirklichkeit riecht, fragt sich, was das bloß für eine Stadt ist. Wo eigentlich liegt dieses Berlin? Eine riesige Stadt ohne ein echtes Zentrum, eingefasst von einem Kordon vorstadthafter Randbezirke mit reichlich Wald und Wasser, eine Agglomeration diverser Zentren und auf heimelige Weise unwirtlicher Kieze. Womöglich etwas dichter an der Wahrheit als andere Orte liegt Berlin, in einer Sphäre, von der sich nicht bestimmen lässt, wo sie sich befindet und wie sich dort Wirklichkeit und Traum mischen. Schicksal gibt hinzu, was an Schönheit fehlt. Der Surrealismus der letzten hundert Jahre, Freiheit mit Zerstörungswut und Größenwahn verquickend, ist hier besonders stark zu spüren, in Überbleibseln steingewordener Absurdität mit Händen zu greifen, mit seiner Unwirklichkeit nährt er ein seltsam zugespitztes Realitätsempfinden. Diese deutsche Hauptstadt passt in unsere Zeit, in eine Welt, die ihre Widersprüche in schwindelerregende Extreme vorantreibt. Die Realität knetbar zu machen, wurde Berlin spätestens von der Nachkriegsgeschichte beigebracht. Dass die Konzepte, wie man die verkorkste Lage des gespaltenen Landes mit der nochmals extra zerhackten Stadt darin überwinden konnte, nicht im Bundeskanzleramt am Rhein entwickelt wurden, sondern im Schöneberger Rathaus, war kein Zufall. Wer in dieser Stadt zurechtkommen will, braucht einen Realismus mit phantastischer Komponente.

Vielleicht auch wegen all der Fragen, deren Unlösbarkeit einen in der Berliner Luft jetzt weniger mit militärischem oder operettenhaftem Marschgeschmetter als mit elektronischem Bass-Stakkato umweht, wurde sie zum Magneten für Menschen aus aller Welt, die sich davon angezogen fühlen, wenn Brüche und Komplikationen nicht verdeckt werden, sondern als Stimulanz dienen. Wo liegt Berlin? Und woraus ist es gebaut? Aus jener träumerischen Substanz, die zu Germania hätte versteinern sollen und mit der Hauptstadt der DDR zerstob? Aus der Substanz, die einst die Fäuste des Phantasten und Dichters Paul Scheerbart nach durchzechter Nacht auf dem Trottoir der Wilhelmstraße durchprügelten, um den Weltgeist zu wecken? Berlin ist voll mit den Geistern der Zeiten, die sich dort ausgetobt haben, aber jetzt sollen neue Gespenster vorausweisen in eine gute Zukunft – die es erst noch zu finden gilt, wie immer das gelingt, taumelnd in taumelnden Zeiten.

Neben dem Bedeutenden in freundlicher wie monströser Version findet sich in Berlin mit seinen vielen kleinen Örtchen von jeher reichlich Verschrobenes, dessen Ambition in der Überschaubarkeit einer Ecke Erfüllung findet. Bis in die entlegenen Zipfel der Stadt hinein tummelten sich dort stets reichlich Sonderlinge, Angehörige einer Gilde, deren Protagonisten das Ganzgroße nicht in die Welt hinaustragen, sondern es in der Stadt lassen, wenn nicht gar im Allernächsten ihres Vorortviertels. Man glaubt, während man die Friedrichshagener oder Schlachtenseer Luft inhaliert, allerlei Stimmen krächzen zu hören, die dort weiter im Gebüsch hausen, freundliche, widerwärtige, wunderschöne, kauzige. Dann wird einem schnell klar, die Erde darunter gehört mindestens so zu Berlin wie der Himmel darüber. Je länger die

Abwesenheit der Leiber dauert, aus denen diese Stimmen kamen, desto spürbarer wird ihr Anteil an der Gegenwart, und immer stärker wird der Verdacht, dass sie alle in Wahrheit nicht weit sind. Die Friedhöfe sind nur Scheinadressen. In der Gegenwart Berlins ist das Vergangene viel präsenter, als Jahreszahlen vorgaukeln wollen.

Für mich ist an diesem Ort das Gestern nicht der vorherige Tag, den die Nacht fortwischt, sondern unauslöschliche Aktualität, der fünfzig Jahre nichts anhaben können, so wenig wie dem stets neu wiederauferstehenden Riesenwels im Schlachtensee. Oder der Ahnung, dass es sich bei dem Mann, der mir auf dem Ku'damm auffiel, um H. C. Artmann handelte, oder wie Rudi Dutschkes gepresster Stimme, mit der er mich an der Bushaltestelle in Halensee grüßte: «Hallo Lars, ich komme gerade von einem Arbeitskreis und gehe zu einem Arbeitskreis.» Wo also liegt Berlin? In welcher Wirklichkeit, in jener, von der Macher mit Statistiken im Smartphone glauben, sie sei die wahre, oder in jener, in der private Gedanken und Gefühle sich ihre Form geben? Apropos Artmann – der aus Wien stammende Dichter hatte ein feines Ohr für die Nuancen der Sprache. Als er mir später in Wien offenbarte, das schönste Deutsch spreche für ihn der gebildete Berliner Apotheker, musste ich schlucken. Für mich hörte sich gerade dessen Art zu reden immer einigermaßen komisch an. Aber vielleicht werde ich im nächsten Leben Pharmazeut, dann lese ich H. C. zu Ehren aus einer der 147 Zeitungen vor, die einmal in Berlin herauskamen, damals, als zu einer Stadt – und einer Hauptstadt allemal – noch so etwas wie analoge Öffentlichkeit gehörte.

Artikel 23
Europäische Union

(1) Zur Verwirklichung eines vereinten Europas wirkt die Bundesrepublik Deutschland bei der Entwicklung der Europäischen Union mit, die demokratischen, rechtsstaatlichen, sozialen und föderativen Grundsätzen und dem Grundsatz der Subsidiarität verpflichtet ist und einen diesem Grundgesetz im wesentlichen vergleichbaren Grundrechtsschutz gewährleistet. Der Bund kann hierzu durch Gesetz mit Zustimmung des Bundesrates Hoheitsrechte übertragen. Für die Begründung der Europäischen Union sowie für Änderungen ihrer vertraglichen Grundlagen und vergleichbare Regelungen, durch die dieses Grundgesetz seinem Inhalt nach geändert oder ergänzt wird oder solche Änderungen oder Ergänzungen ermöglicht werden, gilt Artikel 79 Abs. 2 und 3.
(1a) Der Bundestag und der Bundesrat haben das Recht, wegen Verstoßes eines Gesetzgebungsakts der Europäischen Union gegen das Subsidiaritätsprinzip vor dem Gerichtshof der Europäischen Union Klage zu erheben. Der Bundestag ist hierzu auf Antrag eines Viertels seiner Mitglieder verpflichtet. Durch Gesetz, das der Zustimmung des Bundesrates bedarf, können für die Wahrnehmung der Rechte, die dem Bundestag und dem Bundesrat in den vertraglichen Grundlagen der Europäischen Union eingeräumt sind, Ausnahmen von Artikel 42 Abs. 2 Satz 1 und Artikel 52 Abs. 3 Satz 1 zugelassen werden.
(2) In Angelegenheiten der Europäischen Union wirken der Bundestag und durch den Bundesrat die Länder mit. Die Bundesregierung hat den Bundestag und den Bundesrat umfassend und zum frühestmöglichen Zeitpunkt zu unterrichten.
(3) Die Bundesregierung gibt dem Bundestag Gelegenheit zur Stellungnahme vor ihrer Mitwirkung an Rechtsetzungsakten

der Europäischen Union. Die Bundesregierung berücksichtigt die Stellungnahmen des Bundestages bei den Verhandlungen. Das Nähere regelt ein Gesetz.
(4) Der Bundesrat ist an der Willensbildung des Bundes zu beteiligen, soweit er an einer entsprechenden innerstaatlichen Maßnahme mitzuwirken hätte oder soweit die Länder innerstaatlich zuständig wären.
(5) Soweit in einem Bereich ausschließlicher Zuständigkeiten des Bundes Interessen der Länder berührt sind oder soweit im übrigen der Bund das Recht zur Gesetzgebung hat, berücksichtigt die Bundesregierung die Stellungnahme des Bundesrates. Wenn im Schwerpunkt Gesetzgebungsbefugnisse der Länder, die Einrichtung ihrer Behörden oder ihre Verwaltungsverfahren betroffen sind, ist bei der Willensbildung des Bundes insoweit die Auffassung des Bundesrates maßgeblich zu berücksichtigen; dabei ist die gesamtstaatliche Verantwortung des Bundes zu wahren. In Angelegenheiten, die zu Ausgabenerhöhungen oder Einnahmeminderungen für den Bund führen können, ist die Zustimmung der Bundesregierung erforderlich.
(6) Wenn im Schwerpunkt ausschließliche Gesetzgebungsbefugnisse der Länder auf den Gebieten der schulischen Bildung, der Kultur oder des Rundfunks betroffen sind, wird die Wahrnehmung der Rechte, die der Bundesrepublik Deutschland als Mitgliedstaat der Europäischen Union zustehen, vom Bund auf einen vom Bundesrat benannten Vertreter der Länder übertragen. Die Wahrnehmung der Rechte erfolgt unter Beteiligung und in Abstimmung mit der Bundesregierung; dabei ist die gesamtstaatliche Verantwortung des Bundes zu wahren.
(7) Das Nähere zu den Absätzen 4 bis 6 regelt ein Gesetz, das der Zustimmung des Bundesrates bedarf.

Florian Meinel

Verzagte Mitte

Der Begriff der Verfassung ist dem ersten Anschein nach ein politisch introvertierter Begriff. Ein Volk *gibt sich* eine Verfassung, heißt es schon in der Präambel. Ein Staat konstituiert *sich*, verfasst *sich*. Das Grundgesetz gilt nach seinem Schlussartikel 146 so lange, bis *sich* das Volk eine neue Verfassung gibt. Doch diese Selbstbezüglichkeit ist teils bloß erbauliche Metaphysik des 18. Jahrhunderts, teils Ideologie oder Rhetorik. In Wirklichkeit entstehen Verfassungstexte nie in Phasen ruhiger Konzentration auf sich selbst, sondern in Zeiten des Krieges, internationaler Gewalt, äußerer und innerer Konflikte. Das gilt gerade für die Verfassungsgeschichte des Landes in der prekären Mittellage in Mitteleuropa. Insbesondere deutsche Verfassungen waren stets maßgeblich von äußeren Kräften und der globalen Lage bestimmt. Es war der Frieden von Malmö, an dem die Revolution von 1848 letztlich scheiterte. Versailles und Weimar gehören zusammen, nicht anders als die Londoner Sechsmächtekonferenz und das Grundgesetz.

Bis zur deutschen Wiedervereinigung am 3. Oktober 1990 stand zwischen dem 22. Artikel über die Bundesflagge und dem 24. über die Nato ein Artikel 23 über den «Beitritt» weiterer Länder «zum Geltungsbereich des Grundgesetzes», wie man das betont sachlich nannte, um jeden Gedanken an Expansionsstreben zu zerstreuen. Er lautete: «Dieses Grundgesetz gilt zunächst im Gebiete der Länder Baden, Bayern, Bremen, Groß-Berlin, Hamburg, Hessen, Niedersachsen, Nordrhein-Westfalen, Rheinland-Pfalz, Schleswig-Holstein, Württemberg-Baden und Württemberg-Hohenzollern. In anderen Teilen Deutschlands ist es nach deren Beitritt in Kraft zu setzen.»

Die alte Bundesrepublik vor 1990 hieß zwar schon Deutschland, war aber nicht das ganze Deutschland, das zu vertreten sie allerdings beanspruchte. Dann waren die Grenzen offen, und es öffnete sich ein außenpolitisches Fenster zur Lösung der Deutschen Frage, von dem niemand wusste, wann es sich schließen würde. Der Kairos des politischen Handelns sprach gegen einen neuen Verfassungsprozess, der in Artikel 146 für diesen Glücksfall eigentlich vorgesehen war, obwohl die innenpolitischen und sozialpsychologischen Kosten der Beitrittslösung später hoch und bitter waren. Artikel 146 blieb in modifizierter Form, Artikel 23 hingegen wurde mit dem Inkrafttreten des Einigungsvertrages am 3. Oktober 1990 obsolet und gestrichen. Mehr als zwei Jahre lang stand zwischen Artikel 22 und 24: nichts.

Dann ratifizierte die Bundesrepublik im Dezember 1992 den Vertrag von Maastricht über die Gründung der Europäischen Union, die vor allem ihre Verächter meist als «EU» abkürzen, ganz wie ihre Verächter aus Ost und West gerne von der «BRD» sprachen. Vorausgegangen war eine lange Bundestagsdebatte mit einer bemerkenswerten Rede des damaligen Bundeskanzlers Helmut Kohl, bemerkenswert unter anderem, weil er sich an prominenter Stelle auf August Bebel berief. Der Integrationsschritt zur Wirtschafts- und Währungsunion und der politischen Union war so einschneidend, dass die Verfassung geändert werden musste. Artikel 79 hätte es nicht zugelassen, die Verträge kurzerhand mit verfassungsändernden Mehrheiten zu beschließen und den Verfassungstext nur materiell, nicht aber im Wortlaut zu ändern. So beschlossen Bundestag und Bundesrat gleichzeitig mit dem EU-Vertrag die Ergänzung des Grundgesetzes um einen neuen Artikel 23, den seither so genannten Europa-Artikel. Aus der Deutschen Frage war die Europäische Frage geworden. Könnte man es sinnfälliger ausdrücken als in diesen Textschichten des Artikels 23?

Die schöne Erzählung stimmt allerdings höchstens halb. Sosehr sich ein Teil der Bundesrepublik oft danach sehnt, einfach in Europa aufzugehen, bleibt sie doch als Bundesrepublik: Deutschland. Mit seiner ökonomischen und geographischen Dominanz in Europa und seinen Bekenntnissen zum Universalismus, seiner Mittellage und seinem gebrochenen Verhältnis zur eigenen Vergangenheit, seinem seltsamen

Föderalismus, seinen komplexen Verhandlungssystemen und seinem Verdacht gegen die Mehrheitsherrschaft, mit seinen Träumereien von wirklicher Demokratie und dritten Wegen zwischen Ost und West, zwischen Kapitalismus und Sozialismus.

Der Europa-Artikel ist deswegen natürlich in Wahrheit ein Deutschland-Artikel. Von Europa und den politischen Bedingungen der Mitgliedschaft der Bundesrepublik in ihr handelt er nur indirekt und eher am Rande. Alles andere wäre ja auch gar nicht sinnvoll. Die großen europapolitischen Entscheidungen der Bundesrepublik sind schließlich in die Vertragswerke von Rom, Maastricht, Nizza und Lissabon eingegangen. Dort ist die institutionelle Struktur der Europäischen Union ebenso festgelegt wie die Leitlinien ihrer Wirtschafts-, Arbeitsmarkt-, Umwelt- oder Sozialpolitik. Die politischen Prämissen, unter denen die europäische Integration für die Bundesrepublik steht, liegen ganz außerhalb des Artikels 23. Das gilt nicht nur für den Frieden mit Frankreich und Polen, sondern auch für den Binnenmarkt, der die im Grundgesetz vermeintlich offengelassene Frage der Wirtschaftsverfassung (siehe Artikel 14) im Sinne eines neuartigen, regulierten Kapitalismus entscheidet. Und es gilt für den wichtigsten Verhandlungserfolg der D-Mark-seligen Bundesrepublik im Vertrag von Maastricht, mit dem heute jene am meisten hadern, die ihn damals am lautesten feierten. Nur der Kenner weiß, dass am selben Tag mit demselben verfassungsändernden Gesetz nicht nur Artikel 23 in das Grundgesetz aufgenommen, sondern auch Artikel 88 geändert und damit jene Bundesbank europäisiert wurde, die zum Kern des deutschen Arrangements mit dem Kapitalismus der Nachkriegszeit gehört. Ebenso bilden – ohne dass dies in Artikel 23 mit einem Wort erwähnt wäre – der Binnenmarkt und die unabhängige, ja: souveräne Zentralbank den Kern des konstitutionellen Arrangements der Bundesrepublik mit der EU. Beweis? Die beiden sicherlich nicht zufälligen Fallkonstellationen, in denen das Bundesverfassungsgericht nach jahrzehntelangen Kraftproben schließlich im März und Mai 2020 den Aufstand gegen den Vorrang des europäischen Rechts probte, nämlich der Fall des Europäischen Patentgerichts (Binnenmarkt) einerseits und die expansive Geldpolitik (EZB) andererseits.

Warum also eigentlich dieser Artikel 23? Kennt man das jahrzehntelange Zwiegespräch zwischen politischem Prozess, Staatsrechtswissenschaft und Bundesverfassungsgericht nicht, das der Verfassungsänderung vorangegangen ist, und liest man den Text des Grundgesetzartikels unbefangen, liefert er eine geradezu rührend deutsche Mischung, komponiert aus etwas konstitutioneller Imagination und einem Haufen Kleingedrucktem. Europa-Euphorie, das merkt man schon beim ersten Lesen, sähe anders aus.

Was zunächst das Kleingedruckte betrifft, so besteht es in einer Kaskade von schwer durchschaubaren Berücksichtigungskautelen und verschachtelten Mitwirkungsmodalitäten. «Mitwirken» ist überhaupt das Schlüsselwort des Artikels 23 und das Schlüsselwort seiner Entstehungszeit. Nahezu alle Probleme schienen in den 1990er Jahren durch «Partizipation» lösbar. Mitwirken, das tut zunächst die Europäische Union, nämlich am Ziel des vereinten Europas. Die Bundesrepublik wirkt in diesem Zusammenhang an der Entwicklung der Europäischen Union mit, wobei bei diesem Mitwirken wiederum der Bundestag und der Bundesrat mitwirken (Absatz 2). Die Mitwirkung des Bundesrates kann unterschiedlich intensiv sein und von bloßer Information über die Mitwirkung «an der Willensbildung», die einfache und die maßgebliche Berücksichtigung der Interessen bis zur Vertretung der Bundesrepublik durch Bundesratsvertreter (Absatz 5) gehen, während beide Kammern – Bundestag und Bundesrat – ihre Interessen auch dadurch vertreten können, dass sie, statt als politische Versammlungen mit Mehrheit zu *entscheiden*, in die Rolle des Klägers bei Gericht schlüpfen (Absatz 1a).

Die unwiderstehliche, wenn auch unfreiwillige Komik dieses Kleingedruckten liegt in dem Problem, auf das es eine Antwort sein soll. Ein üblicher und nicht von der Hand zu weisender Einwand gegen die politische Form der Europäischen Union lautet bekanntlich, sie habe ein «Demokratie-Defizit». Politische Entscheidungen der Europäischen Union, meint das, lassen sich nur schwer als Entscheidungen *bestimmter*

Mehrheiten und als Ergebnis *bestimmter Verfahren* identifizieren. So gesehen, ist Artikel 23 eine gelungene, weil todernst vorgetragene Parodie auf die Schwerfälligkeit politischer Prozesse in der Europäischen Union. Zu den Prozeduren und Kautelen der Absätze 1a bis 6 kommen noch mehrere Ausführungsgesetze hinzu mit monströsen Titeln wie das EUZBBG (Gesetz über die Zusammenarbeit von Bundesregierung und Deutschem Bundestag in Angelegenheiten der Europäischen Union), das IntVG (Gesetz über die Wahrnehmung der Integrationsverantwortung des Bundestages und des Bundesrates in Angelegenheiten der Europäischen Union) sowie Regelungen in der Geschäftsordnung des Bundestages. Diese Regelungen verwandeln die deutsche Europapolitik zielsicher in das, was diese der europäischen Politik vorzuhalten pflegt: in hyperkomplexe Verhandlungs- und Abstimmungsprozesse für Insider. Wer den Verfassungsaufbau der Bundesrepublik kennt, wird außerdem gleich erkennen, dass sie in Artikel 23 ihre stupende *Ähnlichkeit* mit der Europäischen Union gleichsam nach außen kehrt. In der Leidenschaft für komplexe Verfahren ohne klare Mehrheiten zeigen sich Bundesrepublik und Europäische Union als politisch seelenverwandt: mit einem Parlament, das dem Mehrheitsprinzip nicht vertraut und in allen wichtigen Fragen – siehe Absatz 1 Satz 3! – im Zweifel immer lieber überparteilich entscheiden will, einem Wahlrecht, das niemand versteht, der starken Stellung eines aus Regierungen gebildeten Rates bzw. Bundesrates in der Gesetzgebung und einer prägenden Rolle von informellen Verhandlungsrunden zwischen Regierungen und ihren Bürokratien.

Und die konstitutionelle Imagination hinter dem Kleingedruckten? Sie hat, auch das ist sehr deutsch, die Form des Prinzipiellen und handelt von allgemeinsten «Grundsätzen», denen die Europäische Union genügen, zu denen das Grundgesetz aber nichts beitragen muss: demokratischen, rechtsstaatlichen, sozialen und föderativen Grundsätzen, dem Grundsatz der Subsidiarität, einem adäquaten Grundrechtsschutz. Das Bundesverfassungsgericht fasst diese Prinzipien in einem Super-Prinzip der «Verfassungsidentität» zusammen. Gewonnen ist damit wenig, denn der Artikel sagt ja nicht, welche politische Form die Union haben soll. Ist es «demokratisch», den Rat zugunsten des Europäischen Parlaments bei der Gesetzgebung zu entmachten, oder gerade das Gegenteil, weil die nationalen Parlamente dann auch nicht mehr durch die Beeinflussung ihrer Regierungen über den Rat Einfluss nehmen können? Ist das relativ höhere Stimmgewicht der Abgeordneten aus kleinen Mitgliedstaaten föderativ oder widerlegt es die politische Gleichheit der Unionsbürgerinnen und Unionsbürger? Sind die Schuldenunion und die Rettung des italienischen Bankensektors sozial oder vielmehr rechtsstaatswidrig?

Natürlich liegt in dieser radikalen Unbestimmtheit der Strukturprinzipien des Artikels 23 eben das Entscheidende. Gerade in dieser Form bieten sie für jeden nur denkbaren Einwand gegen jede nur denkbare politische Entscheidung der Europäischen Union eine verfassungsrechtliche Hülle. Das gilt nicht nur für das «Demokratiedefizit», das die einen in der Aushöhlung der mitgliedstaatlichen Demokratien durch das Projekt einer europäischen Demokratie, die anderen in der Autonomie einer unkontrollierten Bürokratie sehen. Der «Subsidiaritätsgrundsatz» zum Beispiel, wonach alle Politik so bürgernah wie möglich und so zentralistisch wie nötig sein soll, sollte ein Löwe sein im Kampf gegen «Brüssel» und die «Bürokratie» – und endete als Papiertiger. Die Subsidiarität wird auf allen Ebenen immer nur bemüht, um die eigene Zuständigkeit zu behaupten. Wer die europäische Bürokratie für einen sozialistischen Moloch hält, der unter der Flagge von Verbraucherschutz, Diversität und Vielfalt die Abschaffung des Privateigentums, der Vertragsfreiheit und der bürgerlichen Familie im Schilde führt, wird die rechtsstaatlichen Standards und Grundrechtsgarantien des Artikels 23 ins Feld führen. Wer die Europäische Union umgekehrt für ein institutionelles Gefüge hält, das sich Eliten ausgedacht haben, um progressive Politik dadurch ins Leere laufen zu lassen, dass ordoliberale Ideale der Bewegungsfreiheit von Waren, Kapital und Arbeitskräften supranational garantiert werden, kann sich darauf berufen, dass sie doch eigentlich «sozial» sein sollte.

Gemeinsam haben diese Sichtweisen in der Regel, dass «die» Europäische Union als ein einheitliches Gebilde erscheint, das Entscheidungen produziert, denen die Mitgliedstaaten ausgesetzt sind. Doch so ist es gerade nicht. Die optische Täuschung des Artikels 23 besteht darin, dass er die Verselbständigung der Europäischen Union größer aussehen lässt, als sie in Wahrheit ist. Der Aufbau der europäischen Institutionen sorgt dafür, dass ohne die großen Mitgliedstaaten politisch so gut wie gar nichts funktioniert. Und nicht zuletzt an der Schwächung der Europäischen Kommission hat die Bundesrepublik über viele Jahre mitgewirkt und stattdessen den Rat, von den Regierungen dominiert, zum eigentlichen Agenda-Setter ausgebaut.

Nach den Gründen für Artikel 23 muss man deshalb nicht in Europa, sondern in Deutschland suchen. Seine paradoxe Folge ist nämlich, dass ausgerechnet der größte und ökonomisch vom Binnenmarkt am stärksten profitierende Mitgliedstaat in seiner Verfassung die Europäisierung vornehmlich als Gefahr für die eigene «Verfassungsidentität» reflektiert, der man durch verschiedene Kautelen beikommen muss. Auch die Rechtsprechung des Bundesverfassungsgerichts ist auf den Leitton Europa als Gefahr gestimmt: die EZB als Gefahr für das Geld, der Binnenmarkt als Gefahr für die Grundrechte, das Sicherheitsrecht als Gefahr für die *rule of law*, das Europäische Parlament als Gefahr für die Souveränität. Man kann gegen den oft belächelten, kleinlichen Provinzialismus der Karlsruher Europa-Rechtsprechung alles Mögliche anführen, aber im Gegensatz zur Meinung vieler lautstarker EU-Enthusiasten nicht das Grundgesetz und Artikel 23. Im Gegenteil ist sie sogar ein besonders getreuer Verfassungsvollzug nach Geist und Buchstabe. – Ein Verfassungsvollzug, der allerdings auffällig genau der deutschen Interessenlage entspricht, genauer gesagt einer sehr gut etablierten, über Jahrzehnte erprobten Form deutscher *soft power*, die das Politische kleinredet, um vom Ökonomischen nicht allzu laut zu reden.

Ergebnis dieser Interessenlage ist eine Depression in sieben Absätzen, eine halb taktisch, halb unfreiwillig bipolare Verfassungsnorm, in der sich die Introvertiertheit des deutschen Europadiskurses in jeder Hinsicht spiegelt. «Europa ist Hamlet», hat Paul Valéry nach dem Ersten Weltkrieg in einem berühmten Text geschrieben, doch Artikel 23 zeigt, was Valéry nach dem Zweiten Weltkrieg entgegengehalten wurde und was der Dichter Ferdinand Freiligrath schon wenige Jahre vor dem Scheitern der Paulskirchenverfassung gesehen hat: «Deutschland ist Hamlet!» Hin- und hergerissen zwischen hochfliegenden Idealen und der Angst vor den Folgen eigenen politischen Handelns. «Von Stund' an will er Rächer sein – / Ob er es wirklich endlich wagt?»

Die ganze Vorschrift ist im Grunde systematisch gegliedert nach verschiedenen Ängsten. Während der erste Absatz von der allgemeinen Angst vor dem Verlust der bestimmenden Merkmale der Verfassungsidentität handelt, adressiert Absatz 1a die speziellere Angst vor der Anmaßung von Kompetenzen durch die Europäische Union und eröffnet eine Rechtsschutzmöglichkeit. Die folgenden Absätze 2 und 3 betreffen dann die Angst der Abgeordneten vor dem Verlust ihres Einflusses, Artikel 4 bis 6 die Angst der Länder. Diese ist wiederum aufgeteilt in eine allgemeine Angst, im Bereich ihrer Zuständigkeiten vor vollendete Tatsachen gestellt zu werden (Absatz 5), und eine besondere Angst um ihre «Kulturhoheit» (Absatz 6). Alles in dieser Norm ist depressiv, bis hin zum letzten, in seiner Banalität nichtssagenden Absatz: Der Bund darf seine Europapolitik durch Gesetz regeln. Warum auch nicht?

Die Verfassungsinterpreten haben diese depressive Grundstimmung noch gesteigert, indem sie alle ihre gedankliche Energie auf den zweiten Halbsatz des ersten Satzes des Artikels geworfen haben, in dem von einer Europäischen Union die Rede ist, «die demokratischen, rechtsstaatlichen, sozialen und föderativen Grundsätzen und dem Grundsatz der Subsidiarität verpflichtet ist und einen diesem Grundgesetz im wesentlichen vergleichbaren Grundrechtsschutz gewährleistet». Rechtsprechungssammlungen, Abhandlungen, Kommentare und Zeitschriften wurden gefüllt mit Betrachtungen über diese Standards, denen die Europäische Union genügen muss, genügen müsste, gerade noch oder schon längt nicht mehr genügt – und was man dafür oder dagegen tun kann, sollte, darf oder müsste.

Übersehen oder ignoriert wurde dabei meistens der scheinbar banale, in Wahrheit viel interessantere, weil nicht introvertierte Beginn des Satzes und des ganzen Artikels: «Zur Verwirklichung eines vereinten Europas wirkt die Bundesrepublik Deutschland bei der Entwicklung der Europäischen Union mit». Er handelt wörtlich, unübersetzbar und urdeutsch, vom «Mit-Wirken» bei der «Verwirklichung». Mehr Wirklichkeit geht nicht, möchte man meinen, doch schon beim dritten Lesen zerfällt diese entschlossene Wirklichkeitsverwirklichung in feinste Ambiguität. Wer verwirklicht hier eigentlich was? Ist es die Europäische Union, die das vereinte Europa verwirklicht, woran die Bundesrepublik mit-wirken soll? Oder soll vielmehr die Bundesrepublik das vereinte Europa mit anderen europäischen Staaten verwirklichen, indem sie sich des Instruments der Europäischen Union als eines unter vielen Instrumenten bedient? Mit anderen Worten: Wie sehr kann die Europäische Union beanspruchen, das vereinte Europa schon zu sein? Wie sehr kann die Bundesrepublik beanspruchen, allein kraft seiner Mitgliedschaft im vereinten Europa zu sein? Vor dem Beitritt der osteuropäischen Staaten 2004 und 2007 war diese Ambiguität des Verfassungstextes von großer politischer Sprengkraft. Sie ist es wieder seit dem Brexit. Aus der Geschichte des Nationalstaates, gerade des deutschen, ist bekannt, wie abgründig die Differenz von Nation und Staat sein kann: die Obsession mit dem Volk als einer kulturellen Größe, die immer mehr und etwas anderes ist als die politische Form seiner Institutionen. Doch die Europäische Union ist kein Staat; kaum etwas betont das Europarecht so einmütig. Selten wird klar, warum das eigentlich so wichtig ist. Vielleicht ist es dies: Die Differenz zwischen Europa und der Form der Europäischen Union untergräbt den politischen Sinn der Integration nicht. Es ist, zum einen, kein Einwand gegen sie, dass es ein vereintes Europa ohne London, Warschau und Zürich nicht geben kann. Es befreit aber, zum anderen, die deutsche Politik nicht von der Aufgabe. Bayern oder Sachsen mögen, seit es einen deutschen Staat gibt, von der Verantwortung für die Deutsche Frage entlastet sein. Die Bundesrepublik ist es, obwohl es die Europäische Union gibt, von ihrer Verantwortung für die Europäische Frage nicht.

Abschnitte II, III, IV, IVa, VII
Bund und Länder

II. Der Bund und die Länder

Artikel 20 – Verfassungsrechtliche Grundprinzipien; Widerstand
Artikel 20a – Schutz natürlicher Lebensgrundlagen und Tierschutz
Artikel 21 – Politische Parteien
Artikel 22 – Hauptstadt und Bundesflagge
Artikel 23 – Europäische Union
Artikel 24 – Beitritt zu internationalen Einrichtungen
Artikel 25 – Allgemeines Völkerrecht als Teil des Bundesrechts
Artikel 26 – Störung des friedlichen Zusammenlebens der Völker
Artikel 27 – Handelsflotte
Artikel 28 – Homogenitätsgebot; kommunale Selbstverwaltung
Artikel 29 – Neugliederung des Bundesgebiets
Artikel 30 – Kompetenzverteilung zwischen Bund und Ländern
Artikel 31 – Verhältnis von Bundes- und Landesrecht
Artikel 32 – Bundes- und Landeskompetenzen bei Beziehungen zu auswärtigen Staaten
Artikel 33 – Gleiche (staats)bürgerliche Rechte, öffentlicher Dienst
Artikel 34 – Haftung bei Amtspflichtverletzung
Artikel 35 – Rechts- bzw. Amtshilfe und Notstandsmaßnahmen
Artikel 36 – Personal der Bundesverwaltung
Artikel 37 – Bundeszwang

III. Der Bundestag

Artikel 38 – Wahlrecht und Rechte der Abgeordneten
Artikel 39 – Wahlperiode und Einberufung der Sitzungen
Artikel 40 – Bundestagspräsident und Geschäftsordnung
Artikel 41 – Wahlprüfung und Mandatsprüfung

Artikel 42 – Öffentlichkeit, Mehrheit, Berichterstattung
Artikel 43 – Zitierungs-, Zutritts- und Rederecht
Artikel 44 – Untersuchungsausschüsse
Artikel 45 – EU-Ausschuss
Artikel 45a – Ausschüsse für auswärtige Angelegenheiten und für Verteidigung
Artikel 45b – Wehrbeauftragter
Artikel 45c – Petitionsausschuss
Artikel 45d – Parlamentarisches Kontrollgremium
Artikel 46 – Indemnität und Immunität
Artikel 47 – Zeugnisverweigerungsrecht und Beschlagnahmeverbot
Artikel 48 – Urlaubsanspruch, Behinderungsverbot, Entschädigungs- und Beförderungsanspruch
Artikel 49 – aufgehoben

IV. Der Bundesrat

Artikel 50 – Aufgaben
Artikel 51 – Zusammensetzung
Artikel 52 – Organisation, Verfahren, EU-Kammer
Artikel 53 – Teilnahmerecht, Rederecht, Informationspflicht

IVa. Gemeinsamer Ausschuß

Artikel 53a – Organisation und Information

VII. Die Gesetzgebung des Bundes

Artikel 70 – Gesetzgebungskompetenzverteilung zwischen Bund und Ländern
Artikel 71 – Ausschließliche Bundesgesetzgebung
Artikel 72 – Konkurrierende Bundesgesetzgebung
Artikel 73 – Gegenstände ausschließlicher Bundesgesetzgebung
Artikel 74 – Gegenstände konkurrierender Bundesgesetzgebung
Artikel 74a – aufgehoben

Artikel 75 – aufgehoben
Artikel 76 – Einbringung von Gesetzesvorlagen
Artikel 77 – Gesetzgebungsverfahren
Artikel 78 – Zustandekommen der Gesetze
Artikel 79 – Änderung des Grundgesetzes
Artikel 80 – Erlass von Rechtsverordnungen
Artikel 80a – Spannungs- und Zustimmungsfall; Bündnisklausel
Artikel 81 – Gesetzgebungsnotstand
Artikel 82 – Ausfertigung, Gegenzeichnung, Verkündung und Inkrafttreten von Bundesrecht

Benjamin Lahusen

Fundstücke zum deutschen Föderalismus

Im Zentrum des Berliner Regierungsviertels, ziemlich genau dort, wo Hitlers *Große Halle* 180 000 Deutsche in die völkische Ekstase hätte versetzen sollen, liegen heute das Bundeskanzleramt und das Elisabeth-Lüders-Haus, in dem die Abgeordnetenbüros des Bundestags beheimatet sind. Beide Gebäude gehören zum sogenannten «Band des Bundes», das sich über die Spree hinwegsetzt und dabei den ehemaligen Verlauf der Mauer bewusst ignoriert. Eine schöne Idee: Die Demokratie errichtet auf den Ruinen der Geschichte eine architektonische Synthese der Macht.

Die Realität war sperriger. Für Kanzleramt und Bundestag hat das Band noch gereicht. Aber eigentlich hätte die Verknüpfung auch das Volk einschließen sollen. Daraus wurde nichts. Dem bunten Bürgerforum stand zunächst Helmut Kohls ästhetischer Hang zum Massigen im Weg, dann die Berliner Verwaltung, die auch diesem Projekt ein sanftes Ableben im märkischen Sand beschert hat. Das Triumvirat von Kanzler, Parlament und Volk ist so zur zementenen Doppelspitze geworden. Statt dem Souverän haben die Zeitläufte dem Machtzentrum andere Bewohner beschert – die Schweizerische Botschaft, auf der Wiese daneben einen «Tempel der stillschweigenden Kontemplation» und schließlich ein paar namenlose «Wasserspiele», deren fröhliche Fontänen als «Kunst am Bau ohne Bau» zufrieden vor sich hinplätschern. Exekutive, Legislative, neutrale Beobachter, beseelte Yogis, reine Spielereien: Das vornehme «Band des Bundes» hat sich im Lauf der Jahre in einem undurchsichtigen Gestrüpp von Visionen, Erfolgen, Fehlschlägen, persönlichen Entscheidungen und Launen des Weltgeists verheddert.

*

Dort, wo das «Band des Bundes» nicht Stein, sondern Text werden sollte, verhält es sich nicht anders. Der zweite Abschnitt des Grundgesetzes ist amtlich mit «Der Bund und die Länder» überschrieben; es folgen Überlegungen zu «Bundestag» und «Bundesrat», bevor mit einigem Abstand die Zuständigkeiten in Gesetzgebungsfragen erörtert werden. Wer darf was in einem Land, das mehr zu bieten hat als eine allmächtige Zentralgewalt? Das ist eine große Frage. Man kann sie nicht beantworten, ohne zugleich Auskunft darüber zu geben, was den Staat überhaupt ausmacht, wie er handelt und wer der wahre Souverän ist. Die Abgrenzung von «Bund und Ländern» erfordert deshalb zugleich einen Ausflug zu den Anfangsgründen der Staatslehre.

Aber wer den Föderalismus im Grundgesetz freilegt, stößt nicht nur auf die Patina der abendländischen Philosophie. Die sperrige Realität hat auch hier ihre Hinterlassenschaften abgeladen. Die Regeln zum Föderalismus wirken mitunter wie ein flüchtig sortierter Zettelkasten der Staatsorganisation. Ein paar versprengte Grundrechte haben sich hierher verirrt, genau wie das rechtlich eigentümlich unverbindliche Staatsziel. Einige Karteikarten sind seit 1949 unverändert, viele wurden mehrfach überschrieben, manche sind verschwunden, andere neu hinzugekommen. Neben der kürzesten Vorschrift des Grundgesetzes – drei Worte – ergießt sich ein Artikel über zwei ganze Druckseiten. Ortsweise bändigen wenige Worte sämtliche Fliehkräfte des politischen Wettbewerbs, während andere Produkte bloß die Gedankenlosigkeit juristischer Textarbeit illustrieren. «Alle Staatsgewalt geht vom Volke aus», heißt es in Artikel 20 Absatz 2, der Keimzelle des deutschen Staatsverständnisses, in Form und Inhalt dem berühmten Bekenntnis zur Menschenwürde durchaus ebenbürtig. Wenig später tut Artikel 27 einen fahrigen Griff in den Thesaurus deutscher Rechtsaltertümer: «Alle deutschen Kauffahrteischiffe bilden eine einheitliche Handelsflotte.» Die Kauffahrteischiffe – was ist das überhaupt? – haben Flotten- und Verfassungsrang? Warum? Und was hat das mit «Bund und Ländern» zu tun? Dem ratlosen Konsumenten öffnet sich das Niemandsland zwischen dem «Tempel der stillschweigenden Kontemplation» und den unschuldigen Wasserspielchen. Kundenbewertungen: Keine.

*

Der Föderalismus ist eine international gültige Währung. Im letzten Drittel des 18. Jahrhunderts erreichte der lateinische *foedus* die westlichen Kultursprachen und ihre Träume von einer besseren Regierung. Schweiz, USA, Frankreich – die lokale Verbindung von Regierenden und Regierten erschloss im Innern neue Legitimitätsreserven, der überregionale Zusammenschluss versprach Stärke nach außen. Die Staatsgewalt wurde horizontal und vertikal geteilt und verpflichtete Mehrheit und Minderheit gleichermaßen zur Kooperation, zu immer wieder neuen Arrangements und Konfigurationen. Ratio statt Emotion, Recht statt Privileg: Warum nicht für die ganze Welt? «Das Völkerrecht soll auf einen Föderalismus freier Staaten gegründet sein», fordert 1795 Immanuel Kants zweiter Definitivartikel zum ewigen Frieden. Ach ja.

*

Der deutsche Föderalismus ist unantastbar. Zum Einstieg in das Verhältnis von Bund und Ländern präsentiert das Grundgesetz einen demokratischen Thesenanschlag. Artikel 20 setzt ein: «Die Bundesrepublik Deutschland ist ein demokratischer und sozialer Bundesstaat», es folgt eine Liste sämtlicher Zentnerwörter der neuzeitlichen Verfassungsgeschichte, Volkssouveränität, Gesetzesbindung, Gewaltenteilung, Rechtsstaatlichkeit. Nichts davon kann jemals abgeschafft werden. Das Gesetz, das seinen Namen dem Umstand verdankt, dass es *gesetzt* wird und eben deshalb auch geändert werden kann, macht sich hier selbst zur *contradictio in adiecto*. Artikel 79 Absatz 3 nimmt die gesamte irdische Zeitachse in Beschlag: «Eine Änderung dieses Grundgesetzes, durch welche die Gliederung des Bundes in Länder, die grundsätzliche Mitwirkung der Länder bei der Gesetzgebung oder die in den Artikeln 1 und 20 niedergelegten Grundsätze berührt werden, ist unzulässig.» Menschenwürde, Föderalismus, Demokratie, Rechtsstaat, Sozialstaat oder Gewaltenteilung können niemals abgeschafft werden. Das Grundgesetz erklärt sich hier selbst, gegen alle historische Evidenz, zur Grund-Ewigkeit.

*

1810 erschien in Berlin *Ini. Ein Roman aus dem ein und zwanzigsten Jahrhundert* von Julius von Voß, einem ehemaligen Adjutanten und nunmehr fröhlichen Produzenten lustiger Ideen. Auf dem Frontispiz ziehen mächtige Wildgänse ein Ballonschiff durch die Lüfte, ein Kutscher treibt sie an, der Ausguck ist besetzt. Das 21. Jahrhundert ist wie das 19., nur schneller. Die titelgebende Ini nimmt in der Sicherheit des heimischen Ofens die Briefe ihres Verehrers Guido entgegen, der die ganze Welt bereist und der Geliebten regelmäßig über Erfindungen und Entwicklungen berichtet, bevor er schließlich in ihre Arme gleitet.

Man erfährt von neuen Wissenschaften, neuen Künsten, neuen Städten und neuen Waffen, und, natürlich, von vergangener Zukunft. Ende des 19. Jahrhunderts ist ein Weltkrieg der Kulturen entbrannt, den das Abendland nach einem jahrzehntelangen Kampf für sich entscheiden konnte, so dass es nun bis nach Indien reichte. Der Kaiser dieses riesigen Reiches rief «die Fürsten und Weisen aus allen Landen» zu sich, um eine Verfassung zu erarbeiten. Künftig, so einigte man sich, bilde man «die Republik Europa»; überall gelte «dasselbe Maaß in Schwere und Umfang, dasselbe Tauschmittel, dieselben Satzungen des Rechts», eine «allgemeine Sprache durch ganz Europa» kam nur wenig später. Voß nennt diesen Zustand «Föderalismus» und erhofft sich davon einen «immerwährenden Frieden in Europa».

Ein Kantischer Lichtblick? Nein. Die Föderation hat eine Außenseite. Erst das Band des Bundes verleiht den Ländern die «vollkommnere Gesammtkraft», die nötig ist, um sich gegen den Feind durchzusetzen. Am Ende zieht Guido als siegreicher Kriegsherr in Karthago ein, wo sämtliche seiner Trophäen im herrlichsten Tempel der Stadt versammelt werden, der nunmehr «dem ewigen Frieden geweiht» ist. Der Föderalismus, der hier entworfen wird, ist tatsächlich ein völkerrechtlicher Darwinismus; er birgt die Zauberformel, um die schwachen Völker zu besiegen und den starken Völkern Selbstbestimmung zu garantieren. Auch im ewigen Frieden liegt nur die ewige Kolonisierung. Ach ja.

*

«Les publicistes allemands», notierte 1836 ein französischer Beobachter, «font une distinction subtile entre *état de fédération (Bundes-Staat)* et *confédération d'états (Staatenbund)*.» Bundesstaat oder Staatenbund? Auch im Grundgesetz finden sich noch Spuren dieser Unterscheidung. «Die Ausübung der staatlichen Befugnisse und die Erfüllung der staatlichen Aufgaben ist Sache der Länder», konstatiert Artikel 30. Artikel 70 spezifiziert: «Die Länder haben das Recht der Gesetzgebung, soweit dieses Grundgesetz nicht dem Bunde Gesetzgebungsbefugnisse verleiht.» Die Ausführung von Bundesgesetzen ist, so erklärt Artikel 83 knapp, eine «eigene Angelegenheit» der Länder. Nach Artikel 92 liegt auch die Rechtsprechung vorrangig bei den «Gerichten der Länder». Unter dem Grundgesetz haben die Länder den ersten Zugriff auf die Staatsgewalt.

Aber im Grundgesetz steht auch das glatte Gegenteil. Artikel 31 sagt barsch: «Bundesrecht bricht Landesrecht». Artikel 37 wird noch rabiater: Erfüllt ein Land seine Pflichten nicht, «kann die Bundesregierung mit Zustimmung des Bundesrates die notwendigen Maßnahmen treffen, um das Land im Wege des Bundeszwanges zur Erfüllung seiner Pflichten anzuhalten». Artikel 73 reserviert dem Bund siebzehn Sachbereiche für die eigene Gesetzgebung, Artikel 74 fügt über dreißig weitere Themengebiete hinzu, in denen der Bund Landeszuständigkeiten durch eigene Gesetzgebung verdrängen kann. Artikel 85 verleiht Bundesbehörden ein Weisungsrecht gegenüber Landesbehörden.

Landesstaat oder Bundesstaat? Die Praxis hat die Widersprüche in den Nebel eines friedlichen Sowohl-als-auch gehüllt. In einer seiner ersten Entscheidungen führt das Bundesverfassungsgericht dazu aus: «Aus dem föderalistischen Prinzip folgt die verfassungsrechtliche Pflicht, daß die Glieder des Bundes sowohl einander als auch dem größeren Ganzen und der Bund den Gliedern die Treue halten und sich verständigen (‹Rechtspflicht zu bundesfreundlichem Verhalten›).» Im Rechtsstaat ist auch Brüderlichkeit einklagbar. Wo die Nationalgefühle der Landesfürsten sich ermattet zeigen, hilft ihnen die Rechtspflicht zur Freundlichkeit wieder auf die Beine.

*

1851 veröffentlichte Constantin Frantz, ein sonderbarer Publizist, Philosoph und Antisemit, eine Studie *Von der deutschen Föderation*. Die Schrift wurde in Auszügen und Neuauflagen bis in die 1980er Jahre hinein nachgedruckt. In Preußen und Österreich sah Frantz die

Grundlagen eines neuen Europa, weil die beiden Vielvölkerstaaten so unterschiedliche Bevölkerungsteile hätten und trotzdem eine staatsrechtliche Einheit bildeten. Der Föderalismus war zunächst als Waffe gegen den Feudalismus der Klein- und Kleinstregenten gedacht, eine Art kommunales Sicherheitsnetz im Innern. Aber ohne außenpolitisches Hegemonialstreben kam er nicht daher. Das deutsche Volk sei «das auserwählte Volk der christlichen Zeit», tout court: das «Volk Gottes». Den deutschen Föderalismus zieht es, schließt Frantz in sich stimmig, «in's Weite». Deutschland qualifiziere sich zum «Träger des europäischen Föderalismus», der wiederum ohne Zweifel «das Prinzip der Zukunft selbst» darstelle und letztlich die Sicherung der «abendländischen Völkergemeinschaft» gewährleiste. «So dürfen wir wohl hoffen», wagte Frantz einen Blick in die Zukunft, dass «auch das Prinzip der deutschen Föderation in Zukunft über die Grenzen Deutschlands hinaus Wurzel schlagen» werde.

*

Deutschland, Deutschland über alles,
Über alles in der Welt,
Wenn es stets zu Schutz und Trutze
Brüderlich zusammenhält

*

Der deutsche Föderalismus verweigerte sich lange Zeit einer deutschen Staatsangehörigkeit. Die Staatsangehörigkeit war eine Sache der Abstammung, und die Abstammung war sächsisch, preußisch, bayerisch und erst durch diese Vermittlung auch deutsch. «Es findet eine zwiefache Organisation des Volks zum Staate statt, theils in Gesammtheit, theils nach selbständigen Theilen», schrieb der Rechtshistoriker Georg Waitz 1862. Bei der Staatsangehörigkeit überwogen die selbständigen Teile. Die unmittelbare Zugehörigkeit zum Deutschen Reich war nachgerade eine Staatsangehörigkeit zweiter Klasse – das *Reichs- und Staats-*

angehörigkeitsrecht von 1913 kannte sie nur für ausländische Bewohner der Kolonien und ehemalige Deutsche, die nicht mehr im Inland wohnten. Eine allgemeine deutsche Staatsangehörigkeit wurde erst am 30. Januar 1934 eingeführt, als Geschenk zum ersten Geburtstag der sogenannten «nationalen Erhebung». Ein Jahr später erhielt «Abstammung» einen eigenen rassistischen Katechismus; die Länder wurden aufgelöst, und der Föderalismus versank in der Gleichschaltung.

Fußnote: Im Staatsangehörigkeitsrecht vollzog Deutschland erst im Jahre 2000 eine erste vorsichtige Abkehr von der Vorstellung eines deutschen Blutes. Das *ius sanguinis* erhielt eine Ergänzung durch das *ius soli.* Ein hessischer Aufklärer schwang sich zum Verteidiger des alten Blutrechts auf; seinen Kampf gegen die Reform finanzierte er mit Schwarzgeld, das als Erbschaft dankbarer deutscher Juden im Exil getarnt wurde. Deutschland schafft sich ab: Die anschließende Landtagswahl gewann er deutlich.

*

«Lassen Sie mich mit der einfachen Frage anheben: was ist ein Volk?», begann Jacob Grimm 1846 seinen Vortrag *Über den Wert der ungenauen Wissenschaften,* um darauf sogleich eine schlichte Antwort zu geben: «Ein Volk ist der Inbegriff von Menschen, welche dieselbe Sprache reden.»

*

Eine Anekdote aus den letzten Tagen des Zweiten Weltkriegs: Irgendwo in den ostpreußischen Weiten wartete eine verängstigte Dorfbevölkerung auf ihr Schicksal. Der Feind würde bald kommen, das war selbst dem tumbesten Parteigänger klar. Eines Tages war es so weit: Die Obrigkeit befahl alle Bewohner in einen Zug. Mit nichts als der Kleidung am Leib und einem winzigen Köfferchen in der Hand ging es auf eine Reise mit unbekanntem Ziel. Nach einer tagelangen Irrfahrt durch verschneite, zerbombte, verstörte Gegenden öffnen sich die Türen. Die Ostpreußen taumeln aus dem Zug, sind geblendet von einer kargen Schneelandschaft, über die ein eisiger Wind weht. Gestalten nähern sich. Sie gestikulieren wild und schreien auf die Geflüchteten ein. Niemand versteht ein Wort. Die Kinder ziehen sich verängstigt zurück, die Frauen beginnen zu weinen. Statt in den Schutz des Altreichs hat sie der Zug nach Sibirien gebracht.

So glauben sie. Tatsächlich sind sie auf der Schwäbischen Alb. Die Menschen dort sind roh, die Sprache rau, die Landschaft zerklüftet, alles so, wie die Ostpreußen sich Russland vorgestellt haben. Die Schwaben wiederum sehen vor sich eine Elendsversammlung roher Menschen, die gegen ihren Willen hierher verbracht wurden und ein eigentümliches Deutsch sprechen; angeblich waren die Flüchtlinge nicht einmal katholisch. Wer so fremd war, konnte eigentlich nur ein Russe sein.

*

Artikel 29 regelt die Neuordnung des Bundesgebiets. Das ursprüngliche Ziel war, neben der Korrektur historischer Zufälle, die Beseitigung der alliierten Kreationen nach dem Zweiten Weltkrieg, als Bindestrichstaaten wie Rheinland-Pfalz oder Nordrhein-Westfalen aus der Taufe gehoben wurden, in deren Gründung für engagierte Heimatforscher eine empfindliche Kränkung lag. Die Norm, ursprünglich als Auftrag formuliert, blieb ohne Bedeutung und wurde irgendwann zur Option abgeschwächt. Die umsorgten Landeskinder, die am Leben in einer geopolitischen Patchwork-Familie leiden, gibt es offenbar nicht.

Aber Deutsch-Sein an sich gibt es offenbar auch nicht. Der Föderalismus verleiht dem Bundesstaat eine labile Identität. Artikel 29 eröffnet zahlreiche Binnendifferenzierungen; die Rede ist von «landsmannschaftlicher Verbundenheit» und «geschichtlichen und kulturellen Zusammenhängen». Juristische Heimatkunde: Örtliche Verbundenheit, historisches Erbe, religiöse Prägungen, Bildung, Kunst und

Wissenschaft und mundartliche Gemeinsamkeiten formen aus Landsmännern eine Landsmannschaft. Irrelevant sind dagegen, so die rechtswissenschaftliche Gebrauchsliteratur, ein typisches Essen, die eigene Landschaft, eine besondere Kleidung, lokale Brauchtümer oder andere Gepflogenheiten des Volkstums. Ein Lederhosenträger mit Gamsbart, der vor einem Alpenpanorama Schuhplattler tanzt und anschließend eine Schweinshaxe mit Weißbier verschlingt, ist für das Grundgesetz landsmannschaftlich also nicht zu identifizieren. Die juristische Heimat ist ein unwirtlicher Ort, und selbst diese hölzerne Leitkultur gibt es allenfalls auf regionaler, nicht jedoch auf Bundesebene; eine deutsche Landsmannschaft ist nicht in Sicht.

*

Dogmatische Doktorspielchen am deutschen Volkskörper, unter besonderer Berücksichtigung seiner landsmannschaftlichen, historischen und kulturellen Identität:

Berlin und Brandenburg fusionieren. Das neue Land heißt offiziell «Zweckverband Berlin-Brandenburg»; im Volksmund wird es, je nach politischer Couleur, «Preußen», «West-Preußen» oder «Rest-Preußen» genannt. Das schwäbische Sigmaringen, Heimstatt einer Hohenzollern-Nebenlinie, meldet sich als Beitrittskandidat.

Bei der sächsischen Landtagswahl 2024 fällt die Wahlbeteiligung unter 20 Prozent. Der Bundesbevölkerung wird daraufhin die Frage vorgelegt, ob das Land Sachsen wegen Demokratieunfähigkeit aus dem Geltungsbereich des Grundgesetzes zu entlassen sei. 87 Prozent stimmen dafür. Sachsen, so wird zur Begründung ausgeführt, sei jahrhundertelang eigenständig gewesen. Nicht seine Unabhängigkeit sei deshalb rechtfertigungsbedürftig, sondern seine Zugehörigkeit zum Bund; insoweit seien jedoch keine Gründe erkennbar, auf die sich ein weiterer Verbleib stützen könne.

Nach der zweiten Wiederwahl von Boris Johnson erwägt Schleswig-Holstein, zur Verbesserung der Beziehungen zum Zustand vor

1890 zurückzukehren und Helgoland an Großbritannien abzutreten. Unterstützung kommt aus Hannover. Dänemark erkundigt sich daraufhin nach Südschleswig, was Schweden wiederum zu einer Anfrage nach der Zugehörigkeit von Vorpommern motiviert.

Um 2030 ist Berlin auch für die gehobene Mittelschicht unbewohnbar geworden. Die Pendler ziehen immer weitere Kreise. In der westpolnischen Woiwodschaft Lebus ist die deutsche Bevölkerung erstmals seit 1945 wieder in der Mehrheit. Eine Bürgerinitiative bewirbt den Beitritt zu Brandenburg. Man knüpfe damit, so ein Sprecher, an eine lang verschüttete Tradition an.

2032 wird Michel Houellebecq zum französischen Staatspräsidenten gewählt. Das Département Moselle möchte sich für die Dauer seiner Präsidentschaft dem Saarland angliedern, zu *La Sarre* bestehe schließlich historisch eine enge Verbindung. Als man im Saarland zögert, erinnert Hamburg freundlich an die Zeit des Département des Bouches de l'Elbe.

2035 zwingt der dritte Staatsbankrott Griechenland zum Verkauf seiner Inseln. Deutschland greift beherzt zu. Als «hellenische Gaue» sollen Kreta, Rhodos und Kos Landkreise Bayerns werden. Die Landesregierung verweist auf eine direkte Linie zu König Otto.

*

Der Föderalismus hat Deutschland vervielfacht. Der Bundesstaat ist nicht Ein- oder Auswanderungsland, sondern einfach ein Wanderungsland, es geht hin und her und hoch und runter. Die deutsche Identität ist eine Schöpfung produktiver Differenzen, immer auf der Reise und immer auf Bewährung. In der posthum erschienenen *Politik der Gesellschaft* von Niklas Luhmann findet sich dazu folgende Beobachtung: «Wie schon im 18. Jahrhundert ist das Volk nur ein Konstrukt, mit dem die politische Theorie Geschlossenheit erreicht. Oder anders: wer würde es merken, wenn es gar kein Volk gäbe?»

*

Ein kleines Residuum vaterländischer Gemütlichkeit hat aber doch überlebt. «Die Bundesflagge ist schwarz-rot-gold», heißt es in Artikel 22. Eigentlich ist der deutsche Staat eine nüchterne Angelegenheit. Er soll funktionieren und organisieren, möglichst unauffällig und leise. Staatlichen Glanz vermisst niemand. Diese Zurückhaltung hat naheliegende historische Gründe; das «Band des Bundes» umschließt unweigerlich auch die Erinnerung an Auschwitz. Nur in Artikel 22 leistet sich das Grundgesetz eine ansonsten ungewohnte Anleihe bei der Kraft politischer Symbole. Die Farben des Bundes stammen aus der Zeit der Befreiungskriege. Schwarz war die Herkunft aus Napoleonischer Fremdherrschaft, rot das Blut, das vergossen wurde, um sie zu beenden, Gold die Zukunft, in die das Blut die Nation führen sollte. In der Paulskirche wurden daraus für kurze Zeit die Nationalfarben, ehe die Reaktion ein schwarz-weiß-rotes Amalgam aus Preußen und den norddeutschen Hansestädten dagegensetzte. Erst die Weimarer Reichsverfassung machte 1919 die Rückkehr zur Farbenlehre des 19. Jahrhunderts verbindlich, bevor der deutsche Staat in tausend braune Jahre trat. Seit 1949 flattert das Band des Bundes in Schwarz, Rot und Gold, die Verunglimpfung dieser Farben ist strafbar. Und selbst dieses Mindestmaß an nationaler Robustheit ist föderal abgefedert. Auch die Landesflaggen stehen unter dem Schutz des Bundes, und seit dem 1. Januar 2021 – der Föderalismus strebt in's Weite – sogar die Fahne der EU.

*

Der Föderalismus ist eine Zumutung. Vor aller Augen zerlegt der Staat sich selbst. Gegen Allmachtsfantasien und andere Krankheiten des Leviathans haben sich Haupt und Glieder eine Rechtspflicht zur wechselseitigen Freundlichkeit auferlegt. Der Staat tritt nicht als Einheit auf, sondern als Vielheit; «Macht» ist der Prozess, diese unterschiedlichen Gewichte immer wieder auszutarieren. Das ist zäh, ermüdend, langsam. Selbst in Weimar hatte man diese Zumutungen nur *nolens volens* hingenommen, nach 1945 ist daraus ein stolzes Bekenntnis zu einer nachmetaphysischen Staatlichkeit geworden.

Einen Rückfall in die Metaphysik wird man damit nicht verhindern können. Aber zumindest verbietet das Grundgesetz, dass sich eine neue «nationale Erhebung» als «legal» oder wenigstens als «national» bezeichnen könnte. Der Nationalsozialismus ist eine Verlierergeschichte; das Nationale hat sich längst in das Abenteuer einer offenen Beziehung gestürzt. Ausgerechnet der föderalen Demokratie, der denkbar anstrengendsten Regierungsform, ist es gelungen, sich über die Köpfe der deutschen Untertanen in deren Herzen vorzuarbeiten.

*

Warum das so bleiben soll?

*

Ein Vorschlag: Bundestags- und Landtags-, vielleicht sogar Europawahlen sind künftig nicht mehr sonntags, sondern mittwochs, die Wähler bekommen frei, begleitend zelebriert ein Volksfest den historischen Sieg über die dunkle Seite der Macht. Der Wahltag als Feiertag: Vielleicht wäre das ein geeignetes Band für die Föderationen des 21. Jahrhunderts?

Abschnitt V
Der Bundespräsident

Artikel 54 – Wahl durch die Bundesversammlung
Artikel 55 – Inkompatibilitäten
Artikel 56 – Amtseid
Artikel 57 – Stellvertretung
Artikel 58 – Gegenzeichnung
Artikel 59 – Zuständigkeit für die auswärtige Gewalt
Artikel 59a – aufgehoben
Artikel 60 – Ernennungs- und Begnadigungsrecht; Immunität
Artikel 61 – Anklage vor dem Bundesverfassungsgericht

Hans Pleschinski

Von der Villa ins Schloss

Der Herr Bundespräsident und ich suchten Sie.» – Aber sie fanden mich nicht. Ich war aus dem Schloss Bellevue hinausgelaufen. Mir war übel geworden, da bei einer erfreulich gedachten Kulturveranstaltung, die auf meiner Übertragung des Briefwechsels zwischen Friedrich dem Großen und Voltaire beruhte, neuerlich mein Name, der des Urhebers der Übersetzung, unterschlagen worden war. Ohne Schuld des Bundespräsidenten. Den Fahndungsbrief und die Entschuldigung Loriots bewahre ich auf. Denn wann erhält man schon so eindringliche Zeilen wie die des großartigen Loriot: «Ich bin Zeuge, wie man bemüht war, Sie zu finden. Warum sind Sie nicht zu mir gekommen? Ich habe so darauf gewartet.»

Nun, das war 1996, und Hausherr im Schloss Bellevue war Roman Herzog, der siebte Bundespräsident der Bundesrepublik Deutschland. Ihm war daran gelegen, künstlerische Abende in seinem Amtssitz stattfinden zu lassen, Politik und Kultur miteinander ins Gespräch zu bringen.

Auch meine früheren Kontakte mit unseren Bundespräsidenten verliefen nicht direkt und persönlich. Doch die Staatsoberhäupter waren zeit meines Lebens stets mehr oder weniger präsent und übten ihren Einfluss auf mich, meine Familie und auf das Staatsvolk aus. Diese Einflussnahme von Theodor Heuss und seinen Nachfolgern geschah dezent, war stets milde und für jeden Bundesbürger rundum förderlich.

Gott oder das Fatum segne diese Amtsträger – und vielleicht auch bald Amtsträgerinnen – sowie jene, die 1949, bei der Gründung der Bundesrepublik, dieses Amt erfunden haben. Es ist weithin ohne Macht, aber es gleicht einem Schirm, der über allen Aktualitäten einer regen Republik aufgespannt ist. Der Bundespräsident herrscht nicht. Er vermittelt, er spornt an, er beruhigt, er denkt mit und für uns nach. Seine Machtmittel sind das Wort und Gesten, mit denen er Anteil an der Trauer oder der Freude von Bürgern nimmt. *Der Bundespräsident war da … Der Bundespräsident weiß, was geschieht … Der Bundespräsident nimmt Stellung.*

Diese verbalen Aktionen sind nie vulkanisch, doch ähneln sie eben dadurch einem Umsorgen, Streicheln, Trösten und Aufmuntern. Darin liegt der Geist des Amts.

Aus dem Wirbel von Geschehnissen taucht der Präsident auf und bleibt auf vielfältige Weise gegenwärtig. Millionen- wenn nicht milliardenfach wurde das Konterfei von Heinrich Lübke, von Gustav Heinemann als Briefmarke auf Kuverts und Postkarten geklebt. Jedem prägten sich die Gesichter und Namen der Amtsinhaber nach einem raschen Befeuchten des Postwertzeichens ein. In die DDR, so hörte ich in jungen Jahren, sollte man besser keine Briefe und Pakete mit den Köpfen von Bundespräsidenten schicken. Solche Sendungen, frankiert mit dem obersten Demokraten Westdeutschlands, würden von der totalitären Post im Osten noch öfter als andere Post geöffnet oder gar nicht erst zugestellt. Innerhalb der westlichen Welt verschickte man sorglos Ansichtskarten mit Walter Scheel darauf.

Jedes Kind bekam es frühzeitig mit den Bundespräsidenten tun. Seit 1951 fiel alljährlich ein Tag mit Schulunterricht aus, wenn westlandesweit die *Bundesjugendspiele* stattfanden, dieses Toben und Ächzen sämtlicher Schüler und Schülerinnen beim Weitsprung und Kugelstoßen. Mir selbst wäre eine zivile Geschichtsstunde lieber gewesen als meine sportliche Blamage vor athletischen Klassenkameraden. Doch auch ich erhielt nach den Wettkämpfen zwar nicht die *Sieger-* oder gar *Ehrenurkunde*, aber immerhin die *Teilnahmeurkunde*. Kein Schüler wurde in der Villa Hammerschmidt in Bonn vergessen, und noch der müdeste Sprinter bekam das Diplom mit der Unterschrift des Staatsoberhaupts überreicht, quasi sein präsidiales: *Schau, ich lobe Dich*. Wie und wann konnte ein einziger Mann dermaßen viele Urkunden unterzeichnen? Diese Frage tauchte bei Zwölfjährigen, glaube ich, selten auf.

An Theodor Heuss, den ersten Bundespräsidenten von 1949 bis 1959, kann ich mich nicht persönlich erinnern. Aber meine Großeltern und Eltern waren Zeitgenossen des Schwaben gewesen, und gelegentlich sagten sie: «Der Heuss war gut.» Solches Lob muss man als untertrieben bezeichnen. Theodor Heuss war ein Glücksfall für die junge Republik, die noch tief und schlimm im Schatten des Nazihorrors sich zu regen begann. Heuss hatte 1933 unter dem Druck seiner Parteifraktion zwar dem Ermächtigungsgesetz für Hitler zugestimmt, doch sein zuvor veröffentlichtes Buch *Hitlers Weg* hatte ihn als warnenden Demokraten ausgewiesen. Er, der joviale Bildungsbürger, erfand geradezu das Amt des Bundespräsidenten und füllte es, auch maßgeblich für die Zukunft, aus. Sein schwäbischer Tonfall, die zivile Erscheinung, oft mit Zigarre, seine Fähigkeit zuzuhören und unaufgeregt zu reagieren, waren eine Erholung nach dem Geschrei, Verwüsten und Morden während der Diktatur. Doch nichts Schläfriges haftete dem Schwaben an. Das Land lag noch in Ruinen, war zerteilt, die Menschen lebten wie entwurzelt, doch ihr Präsident sprach in allen Belangen Zuversicht aus, in selbstgewisser Demut und wohl im Namen der meisten, die neu beginnen wollten. Als erster der Bundespräsidenten stellte sich Heuss der Last der jüngsten Vergangenheit. In seiner Antrittsrede 1949 bekundete er: «Was ist denn das Amt des Präsidenten der Deutschen Bundesrepublik? Es ist bis jetzt ein Paragraphengespinst gewesen. Es ist von dieser Stunde an ein Amt, das mit einem Menschentum gefüllt ist. Es ist nicht meine Aufgabe und kann nicht meine Vermessenheit sein, in dieser Stunde so etwas wie ein Regierungsprogramm Ihnen vorzutragen. Das ist nicht meines Amtes. Sie haben einen Anspruch darauf, Auffassungen von mir kennenzulernen. Wir wollen keinen Zentralismus in Deutschland haben. Wir haben die Lehre der Nationalsozialisten hinter uns, die uns gezeigt haben, wohin es führt, wenn der deutsche Mensch genormt werden soll. Wir wollen nicht den genormten Deutschen! … Aber wir dürfen es uns nicht so leicht machen, nun das vergessen zu haben, was die Hitlerzeit uns gebracht hat.»

Behutsame, trotzdem richtungweisende Worte im Land der Täter, Mitläufer und der Opfer. Als erstes Staatsoberhaupt würdigte Heuss die Widerstandskämpfer vom 20. Juli und öffnete dadurch einen neuen historischen Blick. Sein erster Staatsbesuch 1956 galt Griechenland, auch von Deutschen verwüstet. Der Besuch ging nicht in Buhrufen und Pfiffen unter, sondern Heuss' Auftreten und Wesen ließen die Visite ehrenvoll verlaufen. Daheim ermunterte und erfreute *Papa Heuss* die Deutschen durch seine Lebensklugheit und Bonmots: «Der Hass folgt der Trägheit des Herzens; er ist billig und bequem. Die Liebe ist immer ein Wagnis. Aber nur im Wagen wird gewonnen.» – «Meine Herren, der Bundespräsident geht – der Heuss bleibt hocke!» – Seine Gattin Elly Heuss-Knapp war eine bemerkenswert emanzipierte und tatkräftige Frau. In finanzieller Notlage hatte sie ehedem für den Rundfunk die Produktwerbung mit Musik, also den Jingle, erfunden. Nun gestaltete sie das nicht vorhandene Amt einer Ersten Dame des Staates, der *First Lady*. Auch modellhaft karitativ für ihre Nachfolgerinnen gründete sie das *Deutsche Müttergenesungswerk* und beförderte die *Deutsche Künstlerhilfe*. Nach ihrem Tod war Elly Heuss-Knapp die erste Frau in Deutschland, die durch ein Staatsbegräbnis geehrt wurde.

Lauter Neues im Lande.

Heinrich Lübke war von 1959 bis 1969 jener Bundespräsident, den ich mehr oder weniger deutlich wahrnahm. Wenn dies Staatsoberhaupt im Schwarz-Weiß-Fernsehen erschien, hieß es bei uns zu Hause kurz: «Aber seine Frau ist klug.» Keiner wusste so recht, weshalb ein temperamentfreier Sauerländer und ehemaliger Landwirtschaftsminister zum Seelenhirten der Nation gewählt worden war. Vermutlich weil Konrad Adenauer lieber Kanzler bleiben und das machtfreie Amt nicht übernehmen wollte. Lübke wurde wegen seiner Sprachunbeholfenheit, «Lie-, ja, liebe Landsleute ...», viel belächelt. Er redete in den Neujahrsansprachen den Menschen dennoch gut zu und empfing die Queen ohne die befürchteten Patzer. Ihm geschah manches Unrecht, einschließlich der Anschuldigung wegen einer Begrüßung bei einem Staatsbesuch in Afrika: «Meine Damen und Herrn, liebe Neger». Lübke hat dies nie gesagt, es war frei erfunden. Als Angestellter einer Baufirma hatte er während des Zweiten Weltkriegs an der Errichtung von Arbeiterbaracken mitgewirkt. Doch Dokumente, die ihn zum «KZ-Baumeister» abstempeln wollten, waren von der DDR gefälscht und lanciert worden. Die Sensibilität gegenüber Demenz war um 1965 noch nicht ausgeprägt, und man hielt den betagten Mann einfach für *vergreist*. Wie bei vielen, nein, bei allen Bundespräsidenten ist hinter den ersten Eindrücken und Klischees einiges Staunenswerte zu entdecken. Als erster Präsident rückte Lübke in Reden und auf Konferenzen den Hunger auf der Welt und die Verwüstung der Natur ins Licht. Als erfahrener Agronom war er in den damaligen *Entwicklungsländern*, die er besuchte, ein willkommenerer Gast, als man in der Heimat vermutete. Seine Gattin Wilhelmine verlieh dem kleinen Bonn Glanz. Die frühere Studienrätin beherrschte fünf Sprachen fließend und lernte mit über achtzig Jahren noch Russisch. Sie schien die Wächterin ihres Gemahls zu sein. Auch mich beeindruckte die perfekt gekleidete Dame, und man sprach von einem «Wilhelminischen Zeitalter». Die Republik bekam Façon.

Das Amt und seine Rituale schienen nicht mehr wegzudenken zu sein. Die Neu- oder Wiederwahlen seiner Inhaber gewöhnten zudem an den Wechsel von Gesichtern und Ansichten in einer Demokratie. Und manche Wechsel sorgten für Überraschungen. «Ich liebe keine Staaten, ich liebe meine Frau», befand Gustav Heinemann. Diesen Präsidenten von 1969 bis 1974, mit dicker Brille und eher strengem Gesicht, schätzte ich sehr. Ich hätte Heinemann sofort mein Portemonnaie anvertraut. Ohne jede Aufgeregtheit war er der moderne Staatsbürger in Reinform. Er munterte zur Selbstbestimmung auf: «Wir stehen erst am Anfang der ersten wirklich freiheitlichen Periode unserer Geschichte. Überall müssen Autorität und Traditionen sich die Frage nach der Rechtfertigung gefallen lassen.» Zum Neujahrsempfang in der Villa Hammerschmidt lud Heinemann erstmals auch Behinderte und Gastarbeiter ein, die sich unter das diplomatische Korps mischten. Nach dem Massaker an israelischen Sportlern, das die Freude an den Olympischen Spielen in München beendete, erlebte die Weltöffentlichkeit einen Staatsmann, der mit den Tränen rang: «Fassungslos stehen wir vor einem wahrhaft ruchlosen Verbrechen.»

Sein Nachfolger Walter Scheel war von völlig anderem Naturell. Der Rheinländer, der als Außenminister die Entspannung mit dem Osten befördert hatte, stand nicht zuletzt für Lebenslust und schmetterte im Fernsehen das Lied «Hoch auf dem gelben Wagen». Er war mein postmoderner Präsident. Scheel vermittelte das Gefühl, in einem gesegneten Land zu leben. Es wirkte erfrischend, dass ein Staatsoberhaupt zum bestgekleideten Mann des Jahres gewählt und seine Gattin, die Ärztin Mildred Scheel, zweimal zur beliebtesten Frau Deutschlands gekürt wurde. Das Ehepaar bezog mit eigenen Kindern und einem adoptierten Jungen aus Bolivien die Amtsvilla und war ein Gegenentwurf zu Verbissenheit. Ich, die meisten liebten das unkonventionelle Team. – Dies war eine Zuneigung, die seinem Nachfolger Karl Carstens nicht gleichermaßen zuteilwurde. Carstens hatte das Manko, steif und äußerlich wie ein Herrenreiter zu wirken. Er durchwanderte, oft mit einem Rentnertross hinter sich, Deutschland, um «die Heimat» zu erkunden. Das mochte gesund sein, aber wirkte doch spießig. Dennoch gilt auch für Carstens: Alle Präsidenten bemühten sich spürbar, und durch ihr Amt vorbildlich, um ein ziviles Miteinander der Deutschen und der Deutschen mit der Welt. Während der Studentenunruhen zuerst oft ausgebuht, besuchte Karl Carstens gleichwohl häufig Universitäten und Schulen: «Ich möchte allen Jugendlichen empfehlen: Setzen Sie sich ein für unseren Staat. Er ist der freieste in der deutschen Geschichte und einer der freiesten Staaten in der gegenwärtigen Welt.»

Sind die Bundespräsidenten tragische Gestalten, da sie zwar anregen, aber nicht regieren können? Ihre diffuse Bedeutung liegt im Wort. Im Wort verbinden sich Schwäche und Kraft des Amtes. Der Präsident scheint über den Aktualitäten des politischen Alltags zu schweben. Doch gerade auf solcher Distanz beruht seine Funktion. *Denkt nach, dann handelt,* könnte als Devise über dem Eingang von Schloss Bellevue stehen.

Das Amt gilt als neuartig in der deutschen Geschichte. Das ist es jedoch nicht vollständig. Und wahrscheinlich wissen unsere Präsidenten selbst nicht, was der Historiker Wolfgang Burgdorf unlängst nachwies. Der Amtseid des Präsidenten und jedes deutschen Beamten «… So wahr mir Gott helfe» ist tief in frühen demokratischen Regungen unserer Vergangenheit verankert. Seit 1619 nämlich wurden deutsche Amtsträger nicht auf einen Herrscher vereidigt, sondern neutral auf Rechtsnormen, also auf eine Verfassung. Das sollte autokratischer Willkür vorbeugen und existierte sonst fast nirgendwo auf der Welt.

So war es auch bei Richard von Weizsäcker, der 1984 den Eid schwor. Jedem war sofort klar: A star is born! *Häuptling Silberzunge,* ein Gentleman, zudem noch mit Adelsprädikat, faszinierte durch seine bedachte Eloquenz, sein Auftreten, so als leihe ein hoher Geist jedem Anliegen sein Ohr. Weizsäcker war Fürst ohne Krone, und man hätte ihn gerne bei jedem Ereignis vorgeschickt, um die Botschaft zu vermitteln: So edel und human ist Deutschland. Er hätte auch als Präsident Europas oder der Welt fungieren können, ohne je ins Straucheln zu geraten. Mit seiner Rede am 8. Mai 1985 vor dem Bundestag sprach er das erlösende Wort aus, dass die Kapitulation Nazideutschlands und der Sieg der Alliierten ein Tag der «Befreiung» gewesen war. Nichts war gut am Nazireich gewesen. Weizsäcker untermauerte den Befund. Ich nahm ihm anfangs übel, dass er vehement für Berlin als deutschen Regierungssitz plädierte und damit das dezente Bonn in die Geschichte entließ. Aber seine Argumente, Berlin würde ohne die Funktion als Hauptstadt zu einem riesigen Slum werden und ostdeutsche Neubundesbürger, die auf Berlin ausgerichtet gelebt hatten, würden sich brüskiert fühlen, überzeugten mich schließlich.

Wehmütig nahm ich den Umzug von der Villa Hammerschmidt ins Schloss an der Spree wahr.

Hier sann alsbald Roman Herzog darüber nach, dass dringend «ein Ruck durch Deutschland gehen» müsse, damit Staat und Gesellschaft nicht in Trägheit und Anspruchsdenken versinken würden. Und jener kulturelle Abend fand statt, den ich mir völlig anders vorgestellt hatte.

An die Präsidentschaft Horst Köhlers, 2004 bis 2010, entsinne ich mich kaum. Aber man harrt nicht durchwegs auf Verlautbarungen der Präsidenten, und der Finanzexperte schien mir ein wenig an den Herzen vorbeizusprechen. Seine Gattin Eva Luise hat sich durch ihre aparte Erscheinung und ihre Eleganz eingeprägt. Auf Köhler und seine Außenwirkung treffen vielleicht Verse aus einem Lied von Rainald Grebe zu: *Ich bin der Präsident / Guten Tag, ich grüße sie / Ich bin der Präsident / … Ich wünsche euch ein frohes Weihnachtsfest / Und ein gutes neues Jahr …* Doch auch zu seiner Zeit trafen täglich ungefähr fünftausend Zuschriften von Bürgern in Bellevue ein, die allesamt beantwortet oder bisweilen an den Petitionsausschuss des Bundestags weitergeleitet werden. Das präsidiale Tagespensum, Freund aller Bürger zu sein, ist herausfordernd. Köhlers Rücktritt wegen einer ungeschickten Äußerung zu Auslandseinsätzen der Bundeswehr und der nachfolgenden Kritik an ihm wirkt leider noch immer wie Fahnenflucht.

Mit fliegenden Fahnen hingegen kam Joachim Gauck, der erste Ostdeutsche im Amt, ein Aktivist gegen Unterdrückung und parteiloser Theologe mit Witz, nicht geschieden und mit der Journalistin Daniela Schadt als Lebensgefährtin an seiner Seite. In seinen Jahren knetete Gauck in gefühlsstarken Reden Deutschland, auf dass dessen Osten und Westen zu einem schönen Ganzen würden. Wie seine Amtskollegen war er zur Stelle, wenn Überschwemmungen und Bergrutsche Leben bedrohten. Bundespräsidenten verleihen Orden und sie stiefeln durch den Matsch. Das saloppe Statement seines Vorgängers Christian Wulff: «... der Islam gehört inzwischen auch zu Deutschland», präzisierte Joachim Gauck geistreich zu: «Ich hätte einfach gesagt, die Muslime, die hier leben, gehören zu Deutschland.» – Dass das Fundament Deutschlands und Europas oft heidnisch, nämlich griechisch-römisch ist – von der Demokratie bis zum Weinbau –, haben Präsidenten leider eher selten herausgestellt.

Es wäre ein grausames Geschenk, jemandem eine Sammlung sämtlicher Reden der Bundespräsidenten zu überreichen. Summieren sie sich mittlerweile auf 40 000 oder 140 000? Beim konsequenten Lesen würde man erdrückt von versöhnlichen Tönen, Ermahnungen und Aufmunterungen, von festlichen Gedanken zur Inbetriebnahme von Windparks. Allerdings würde man in den Ansprachen kein einziges beleidigendes oder hetzerisches Wort entdecken. Das ist viel wert. Die Reden leben vom Moment und von der Ausstrahlung des Amtsträgers. Vielleicht klingt es nur im Nachhinein abstrakt, wenn Johannes Rau zu bedenken gab: «Die Zukunft kommt nicht einfach auf uns zu. Wir müssen sie nach unseren eigenen Vorstellungen gestalten. Wir wollen schließlich, dass wir auch in Zukunft friedlich und in Freiheit miteinander leben können.»

Im Jahr 2004 war die Rede präsidiale Tat, die begründet bleibt.

Sämtliche Ansprachen sind in jedem Fall eine Sprachschule. Bisher zwölf Staatsoberhäupter und ihre Redenschreiber äußerten sich in verständlichem und zumeist makellosem Deutsch. Auch dadurch rieselten Bildung und angemessener Ton über das Land.

Hochachtung verdient Frank-Walter Steinmeier, der vor Jahren vorbildlich und mittels einer nicht gefahrlosen Operation eine Niere seiner erkrankten Frau spendete. Der derzeitige Präsident formuliert bisweilen sehr bedeutungsschwer. Doch Amt und Bürde sind verwoben.

Nach all den Herren ist es gewiss höchste Zeit für eine Dame, die mit ihrem Gatten, dem *First Man*, oder ihrer Lebensgefährtin, der *Second Lady*, oder auch solo, wenn sie mag, zum Bürgerfest einlädt. Auch sie müsste zu Fragen der Zeit Stellung nehmen, hätte immer Hoffnung zu verbreiten und sich den Bedrängten zu widmen. Und auch eine Bundespräsidentin könnte sich an eine Bemerkung ihres Vorgängers Walter Scheel erinnern: «Wie fröhlich darf ein Bundespräsident sein? Er kann getrost fröhlich mit den Fröhlichen sein, wenn er auch mitträgt an den Sorgen und Nöten, die Einzelnen und der Gemeinschaft zu tragen aufgegeben sind.»

Glückauf, Republik!

Abschnitt VI
Die Bundesregierung

Artikel 62 – Zusammensetzung
Artikel 63 – Wahl und Ernennung des Bundeskanzlers
Artikel 64 – Ernennung und Entlassung der Bundesminister
Artikel 65 – Kanzler-, Ressort- und Kollegialprinzip
Artikel 65a – Befehls- und Kommandogewalt über die Streitkräfte
Artikel 66 – Inkompatibilitäten
Artikel 67 – Misstrauensvotum
Artikel 68 – Vertrauensfrage und Bundestagsauflösung
Artikel 69 – Stellvertreter des Bundeskanzlers, Amtszeiten

Jochen Schmidt

Im Kanzleramt brennt noch Licht

Ich habe unsere Bundeskanzler nie darum beneidet, an der Spitze der Bundesregierung zu stehen, denn dazu gehörte es sicher, jeden Morgen in aller Herrgottsfrühe aufzustehen und selbst mit einer verschleppten Grippe am Arbeitsplatz zu erscheinen, man mußte ja zur Stelle sein, falls der Staat ins Schlingern geraten sollte. (Auf Wahlplakaten sieht man die Kandidaten denn auch oft zu nächtlicher Stunde, wenn ihre Bürger schon schlafen, am Schreibtisch über Schriftstücken brüten oder Ideen zu Papier bringen, weil «es noch nie so viel zu tun gab», «die Zukunft jetzt beginnt» und das Klima, die Bildung, Europa und das schnelle Internet dringend unsere Hilfe brauchen.) Neidisch bin ich nur immer auf die (mindestens drei unterschiedlichen) Getränkeflaschen, die bei jeder Sitzung vor den Bundeskanzlern stehen, und die sie sicher nicht bezahlen müssen. (Meistens rühren sie sie nicht einmal an! Ich würde sie unauffällig für den Nachhauseweg einstecken. Deshalb verlange ich bei Lesungen immer eine Flasche Rotwein mit Schraubverschluß.) Außerdem bekommt man als Regierungschef bei Staatsbesuchen immer so tolle Geschenke, die anderen Staaten machen sich richtig Gedanken, was einen freuen würde, Erich Honecker hat mal in Äthiopien ein Wildschweinfell mit seinem Porträt darauf bekommen (vielleicht hatten sie da was falsch verstanden). In Kasachstan habe ich in der Präsidentenbibliothek, wo jeder kostenlos die Werke des Präsidenten studieren darf, eine ganze Sammlung solcher Geschenke besichtigt und mich gefreut, daß auch wir Deutsche uns nicht haben lumpen lassen, denn von Gerhard Schröder ist Präsident Nursultan Nasarbajew irgendwann einmal ein vergoldeter Telefonapparat geschenkt worden. Verlockend ist auch, daß, sollte es in irgendwelchen Fragen zu Meinungsverschiedenheiten zwischen den Bundesministern kommen, laut Grundgesetz «die Bundesregierung entscheidet». Wenn ich also zum Beispiel Minister für «Gesundheit und Soziales» (oder heißt es «Familie und der ganze andere Kleinkram»?) und meine Frau Ministerin für «besondere Aufgaben» wäre, und wir wären uns nicht einig darüber, ob unsere Kinder auf die Waldorfschule oder auf die Montessori-Schule gehören, dann würde die Bundesregierung entscheiden, wir könnten uns also die Paartherapie sparen.

Aber abgesehen von den Freigetränken und Geschenken und der erzwungenen Untätigkeit bei gleichzeitiger rastloser Tätigkeit (denn ein anderes Plus am Bundeskanzlerdasein ist, daß es einem vom Grundgesetz *verboten* ist, ein besoldetes Amt, ein Gewerbe oder einen Beruf auszuüben), was ist so erstrebenswert daran, jahrelang «die Richtlinien der Politik» bestimmen zu müssen? Es macht doch mehr Spaß, Befehle zu erhalten, die man heimlich nicht befolgt. (Ausgerechnet die Kommandogewalt über die Streitkräfte hat der Bundeskanzler nicht, das einzige, was mich reizen würde.) Die Richtlinienkompetenz ist mir schon bei meinen Kindern lästig. Ich tue immer so, als wüßte ich, warum ich auf etwas bestehe, und versuche, es mir zu merken, um nicht beim nächsten Mal aus Versehen das Gegenteil von ihnen zu verlangen. («Schlaf nicht ein beim Essen und schling nicht so!») Meine Eltern sind seit der Wende treue Kunden bei Tchibo, praktisch alles in ihrem Haushalt kommt von TCM, als Ostdeutsche wissen sie das reduzierte Sortiment zu schätzen, sie genießen es, daß jemand für sie die Auswahl trifft, und kaufen einfach, was es gibt. Das Leben zwingt einem sowieso schon immerfort lästige Entscheidungen auf: Pizza oder Pasta? Großraum oder Abteil? Erdbestattung oder Feuerbestattung? Es hört nie auf! Und dann soll man auch noch entscheiden, ob man Sanktionen gegen Rußland «verhängt» oder lieber ein neues Handelsabkommen unterschreibt, ob man Panzer an die Türkei liefert oder lieber an die Griechen, ob man Seehofer lieber befördert oder ihn heimlich demontiert?

Und egal, was man als Bundesregierung tut, man schreibt Geschichte! Wenn man mal etwas ungeschickt formuliert, weil man schlecht geschlafen hat, gibt es eine diplomatische Erschütterung, der DAX stürzt ab und die Fußballnationalmannschaft verliert. Und nie sagt jemand danke! Ich sage zum Paketboten danke (ich komme ihm sogar die Treppe runter entgegen), zum Gastroenterologen, zum Bettler, der für mich den Öffner der Sparkassentür drückt. Ich würde selbst zu meinem Henker danke sagen, er macht ja nur seinen Job (ich würde sogar versuchen, wie beim Friseur, den Kopf so zu halten, daß es ihm die Arbeit erleichtert). Aber zum Bundeskanzler? Und während man als Demokrat irgendwann abgewählt wird oder zurücktritt, machen die ganzen Diktatoren, denen gegenüber man, um sie nicht zu reizen, immer jedes Wort abwägen mußte, ihr Leben lang weiter! Eigentlich wäre es ja besser, wenn man Diktatoren abwählen könnte und Demokraten weitermachen müßten! Erstaunlich, daß bei uns trotzdem immer jemand in den sauren Apfel beißt und sich ein Nachfolger für die Stelle als Bundeskanzler findet. Zum Glück ist das so, sonst müßte wahrscheinlich einer bestimmt werden, wie beim Elternabend im Kindergarten, wenn es darum geht, wer die Lätzchen zum Waschen nach Hause mitnimmt und wer für die nächsten zwei Jahre die Geschenke-Fee für die Erzieherinnen macht. Dann versteinern die Mienen, die Blicke senken sich, und man muß die Nerven behalten, wie bei einem Duell im Wilden Westen. Da darf nicht einmal ein Kniegelenk knacken, sonst hat man verloren.

Angeblich macht die Macht ja süchtig, und es fällt schwer, sie wieder aus den Händen zu geben, als sei sie eine Tüte Chips. Das sollte einem bewußt sein, bevor man sich in so ein Abenteuer stürzt. Dabei gibt es durchaus Alternativen zum Regieren und kein Bundeskanzler hätte es nötig, «an seinem Sessel zu kleben»:

Man könnte mit Studiosus in Gesellschaft gebildeter deutscher Rentner nach China verreisen, zu historischen Stätten irgendeiner Dynastie. (Dann sagen einem Romane, die in dieser Epoche und in dieser Gegend spielen, in Zukunft auch mehr.) Solon soll auf Reisen ins Ausland gegangen sein, damit ihn die Athener nicht zwingen konnten, seine Gesetze zurückzunehmen.

Man könnte jeden Morgen alle Zeitungen lesen und die Redaktionen in herablassend-spöttischen Leserbriefen auf Druckfehler und Stilblüten hinweisen (es heißt «Bertolt Brecht», nicht «Berthold»!).

Man könnte sich einprägen, wie man am besten auf 1. d4 sf6 2. Lg5 antwortet.

Man könnte versuchen, mit der Zungenspitze ein Loch in die Mitte von einem Werthers-Echte-Bonbon zu lutschen.

Man könnte einen Tag lang aus der Schnabeltasse trinken, obwohl man gar nicht krank ist.

Man könnte endlich einmal die Gelenke vom Zollstock ölen.

Mein Opa hat Briefmarken gesammelt, sein Spezialgebiet war «Schöne Frauen», was meine Oma geärgert hat, außerdem durfte sie, wenn er die Marken sortierte, in der Küche nicht lüften, weil sonst alles wegflog. Es roch also immer nach Kohl (also dem zum Essen). Aber er hat sich nie über Langeweile beklagt!

Man könnte sich für American Sports interessieren, dann kämen zum Fußball auch noch Baseball, Basketball, Football und Eishockey dazu, damit würde man eine Menge Zeit «von der Uhr nehmen» (wie man im Sport sagt).

Man könnte sich auch spezialisieren, mein Vater guckt, seit er Rentner ist, begeistert Snooker, das ist so ähnlich wie Fußball, nur mit kleineren und bunteren Kugeln (jedenfalls starrt man auch auf eine grüne Fläche).

Man könnte an seinem zweiten Aufschlag arbeiten, sofern man schon einen ersten hat. (Boris Becker sagt, der zweite Aufschlag erlaube einen «Blick in die Seele des Spielers».)

Man könnte Klavier spielen wie Helmut Schmidt, Rosen züchten wie Adenauer, seine Memoiren schreiben wie de Gaulle, golfen wie Trump oder fremdgehen wie Mitterrand. Viele Staatsmänner haben auch Gedichte geschrieben (Stalin, Karadžić, Mao, Khomeini), und Berlusconi hat eine Platte mit Liebesliedern aufgenommen.

Man könnte, wenn irgendwo ein Staatsmann stirbt, zu seinem Begräbnis anreisen und mit den ehemaligen Kollegen klönen (es lohnt sich, einmal zu studieren, wer alles bei Titos Begräbnis nebeneinander auf der Tribüne stand).

Wenn alle Stricke reißen und einem die Decke auf den Kopf fällt, hilft es immer, zur Fußpflege zu gehen.

Als kleine Entschädigung für eine Tätigkeit als Bundeskanzler darf man sich danach für den Rest seines Lebens «Altkanzler» nennen, das klingt fast so gut wie «Ehrenspielführer» der Nationalmannschaft. Helmut Schmidt ist als Altkanzler immer beliebter geworden, je mehr er sich der 100 näherte. (Und wenn er nicht so viel geraucht hätte, wäre er längst noch älter gewesen.) Altkanzler müssen sich vor dem Alter nicht fürchten, denn «Altkanzler» gehört zu den Tätigkeiten, für die ein biblisches Alter geradezu eine Voraussetzung ist (wie Zen-Meister, Dirigent, Indianerhäuptling, Mafia-Boss, Charity-Lady. Aber auch viele Nazis sind traditionell sehr alt geworden, manche leben sogar noch.) Mit etwas Glück schafft man es, das eigentliche Lebensziel zu erreichen, nämlich von der Rentenkasse mehr Geld ausgezahlt zu bekommen, als man eingezahlt hat. Dann muß man sich fühlen wie der Kollege meines Schwiegervaters, als er eine Photovoltaik-Anlage auf seinem Dach installiert hatte und sich bei Sonnenschein mit einem Bier in den Keller setzte, um zuzusehen, wie der Stromzähler sich drehte und Geld aufs Konto spülte.

Nein, ich hätte wirklich keine Angst zurückzutreten, dieser kritischste Moment im Leben eines Machtmenschen hätte für mich keinen Schrecken. Vielleicht liegt es daran, daß ich schon als Kind aus Langeweile ständig geübt habe, *nicht* Bundeskanzler zu sein, und die Zeit, bis im Fernsehen wieder etwas kam, mit anderen Dingen zu verbringen:

Man konnte sich Papas Werkzeugkasten angucken und den Zeigefinger im Franzosen einklemmen, bis man es nicht mehr aushielt.

Man konnte sich Rechtecke in die Oberschenkel der Cordhosen zupfen.

Man konnte einen Tischtennisball mit dem Mund hochspucken und wieder auffangen.

Man konnte das Metall-Maßband zwei Meter weit ausziehen und senkrecht balancieren.

Man konnte bei der Zeitansage anrufen und überprüfen, ob die Testbilduhr im Fernsehen richtig ging.

Man konnte mit einem leeren Feuerzeug Sternchen machen, und sich vorstellen, es sei Silvester.

Man konnte versuchen, sich zwei dicke Trinkhalme auf die Eckzähne zu schieben.

Man konnte eine halbe Stunde auf dem Kopf stehen, damit das Gehirn durchblutete und man intelligenter wurde.

Man konnte einen Schlumpf auf eine Schallplatte stellen und warten, daß ihm schwindlig wurde.

Man konnte mit dem Kassettenrekorder einen Pups aufnehmen und mit alten Batterien abspielen, so daß es leierte und wie ein Gewitter klang.

Man konnte üben, die Schale von einem Apfel in einem einzigen Stück zu schälen.

Man konnte versuchen, eine Salzstange quer in den Mund zu stecken, ohne daß sie zerbrach.

Außerdem hatte ich immer (was natürlich ein Bundeskanzler nicht konnte) die Möglichkeit, in den Westen zu gehen, wo die Langeweile abgeschafft worden war, denn dort gab es Videorekorder, Computerspiele und Drogen. Seltsamerweise arbeiteten dort trotzdem manche so viel, daß sie einen Herzinfarkt bekamen, und andere hatten gar keine Arbeit, da fehlte es ein bißchen an der Abstimmung. (Eine Aufgabe für den Bundeskanzler!) Vor dem Einschlafen stellte ich mir immer vor, wie meine Verwandten mich bei meiner Übersiedlung am Bahnhof abholen würden: «Da bist du ja endlich!» Und dann würde ich überall stolz herumgezeigt wie ein Wunderkind, nur weil ich aus dem Osten war.

Ein anderer Gedanke raubte mir allerdings den Schlaf: daß ich mich später für irgendeinen Beruf entscheiden mußte, an den ich dann für den Rest meines Lebens gekettet wäre. Ich malte mir aus, wie ich jeden Morgen vor Sonnenaufgang als unsichtbarer Punkt in einem endlosen Menschenstrom durch ein finsteres Werktor ging (über dem die Worte «Laßt alle Hoffnung fahren» standen), mit einer schweinsledernen Tasche unter dem Arm, in der ich Stullenbüchse, Thermoskanne und das Rätselheft für die Pause transportierte, um bei der Arbeit an einer Blechstanze oder beim Reinigen von Abwasserpumpen aus Langweile immer wieder die Tage bis zur Rente zu zählen. Denn nicht nur, daß man am Ende der Kindheit gezwungen wurde, täglich in einem «Betrieb» zu erscheinen, man wurde von dort auch wieder verstoßen, in einem Alter, in dem man längst verlernt hatte, selbständig zu denken und auf seine Impulse zu hören. Viele Männer gingen deshalb weiterhin mit der Aktentasche morgens aus dem Haus, damit die Nachbarn nicht tuschelten. Weil ich mich nicht entscheiden konnte, was ich werden sollte, bin ich Schriftsteller geworden, so habe ich wenigstens immer das Gefühl, daß das Beste im Leben noch kommt (die Ehrendoktorwürde meiner Alma Mater, eine Übersetzung ins Japanische, ein Briefwechsel mit Nicholson Baker, der jährliche

VG-Wort-Scheck). Als Schriftsteller mußte ich nie in den Ruhestand gehen, ich stellte mich mir selbst wie einen guten Wein vor, der vom Rumliegen immer besser wurde. Wenn ich mal zwanzig Jahre kein Buch publiziert hätte, wäre das nur ein Beweis für meinen hohen künstlerischen Anspruch und machte mich für das Publikum interessanter. «Altschriftsteller Schmidt», das klang fast noch besser als «Altkanzler Schmidt».

Als Schriftsteller ist man aber noch lange nicht davor sicher, eines Tages nicht doch noch zum Regierungschef ernannt zu werden, Václav Havel ist da ein abschreckendes Beispiel, er mußte das in Tschechien sogar vierzehn Jahre durchstehen! Ich habe mir, um mich auf alle Eventualitäten vorzubereiten, immerhin schon ein paar Punkte überlegt, sofern wir hier endlich einmal «über Inhalte» reden sollten statt ständig nur «über Namen»: Man könnte mit einem Schlag praktisch alles Verbrechen abschaffen, indem man einführt, daß alle Bürger immer Polizei-Uniformen tragen müssen. Dann wüßte man nämlich nie, ob man einem echten Polizisten gegenübersteht, und würde sich vorsichtshalber an die Gesetze halten. (Man bräuchte gar keine echten Polizisten mehr.)

Man könnte im Fernsehen alle Filme im Original und mit Untertiteln senden, dann würden die Deutschen plötzlich wie von allein Fremdsprachen lernen.

Autohupen sollten Furzgeräusche machen, dann würde weniger gehupt, oder es würde wenigstens nicht so aggressiv klingen.

Die Geschwindigkeit von Kaufhausdrehtüren sollte nicht auf den langsamsten denkbaren Gehbehinderten berechnet sein.

Man könnte die riesigen Parkplatzflächen vor Discount-Märkten, Möbelhäusern und Aldi-Filialen nutzen, um dort Wohnviertel zu errichten.

Ins Grundgesetz sollte das Recht auf Mittagsschlaf aufgenommen werden. (Vielleicht unter Abschnitt VI «Die Bundesregierung», Artikel 65a Absatz 2, denn der ist «weggefallen», wie man dort liest, hier wäre also noch Platz.)

Man könnte verfügen, daß Computer schneller hochfahren und in der Zeit Gedichte von Rilke zu hören sind.

Ueckermünde könnte Bundeshauptstadt werden, das wäre gut für die Region (also für Berlin-Brandenburg).

Statt dem Bundesadler, der mir mit seinen Krallen doch ein wenig aus der Zeit gefallen erscheint, hätte ich lieber ein Bundesfaultier im Wappen.

Öffentliche Pissoirs sollten grundsätzlich Schamwände haben (Stichwort: schüchterne Blase).

Unterrichtsbeginn in der Schule sollte nicht vor 9 Uhr sein.

Schulpflicht sollte erst ab 65 Jahren bestehen, das wäre eine Win-Win-Situation, denn die Schule ist an die Jugendlichen doch verschenkt, die haben anderes zu tun, und als Rentner weiß man wenigstens, wofür man lernt, und hat Spaß daran.

Unt foa alem gehörd die däudsche Rechtschraibunk dahingehent revormierd, das jeda schraiben kan, wi er wil, dan wörde fieleicht mer darrauf gäachded, *was* mann schraibd!

Artikel 88
Bundesbank

Der Bund errichtet eine Währungs- und Notenbank als Bundesbank. Ihre Aufgaben und Befugnisse können im Rahmen der Europäischen Union der Europäischen Zentralbank übertragen werden, die unabhängig ist und dem vorrangigen Ziel der Sicherung der Preisstabilität verpflichtet.

Philipp Felsch

Mythos und Trauma

Manchen Psychoanalytikern zufolge besteht der therapeutische Prozess darin, ein Trauma in einen Mythos, eine suggestive Erzählung zu verwandeln, die aus der verstörenden Erfahrung eine neue Perspektive gewinnt. Man sollte nicht meinen, dass im Grundgesetz solche irrationalen Größen eine Rolle spielen, doch gerade dort, wo es – zumindest dem ersten Anschein nach – besonders technisch zugeht; in dem die Bundesbank betreffenden Artikel 88, gehen Trauma und Mythos eine historische Synthese ein. Das Wort vom «Mythos» fehlt heute selten, wenn von der Bundesbank die Rede ist. Aus dem Scheinwerferlicht spektakulärer Leitzinsentscheidungen in eine mehr oder weniger obskure Hintergrundrolle gedrängt, lädt die Behörde, die immer noch mehr Mitarbeiter als die Europäische Zentralbank beschäftigt, zur symbolischen Besetzung ein. Die Besetzung reicht in ihrem Fall aber weiter zurück. «Nicht alle Deutschen glauben an Gott, aber alle an die Bundesbank», stellte der damalige EU-Kommissionspräsident Jacques Delors schon 1992 fest. Als Monument der westdeutschen Erfolgsgeschichte und Synonym für eiserne geldpolitische Disziplin war die Bank schon zu Zeiten voller operativer Wirksamkeit ins Numinose entrückt.

Zu ihrer Aura hat zweifellos die Tatsache beigetragen, dass sie Verfassungsrang besitzt. Sieht man vom speziellen Fall der Europäischen Zentralbank ab, deren Handlungsrahmen vom Maastricht-Vertrag geregelt wird, stellt das im internationalen Vergleich die Ausnahme dar – umso mehr, als sich das Grundgesetz nicht darauf beschränkt, die Existenz einer Zentralbank für Deutschland zu dekretieren, sondern obendrein ihre Unabhängigkeit und ihren Auftrag, für «Preisstabilität» zu sorgen, festlegt. Das ist bei keiner der führenden Zentralbanken der Fall. Vergleichbare Regelungen finden sich nur in den Verfassungen von Mexiko, Russland, Schweden und Südafrika. Und auch ins Grundgesetz sind die Prinzipien der Autonomie und der Austerität erst über Umwege gelangt.

In der Originalversion von 1949 heißt es lediglich lapidar: «Der Bund errichtet eine Währungs- und Notenbank als Bundesbank.» Eine Zentralbank gehörte damals zur Grundausstattung eines souveränen Staates. Ob das zu errichtende Institut jedoch politisch weisungsgebunden oder unabhängig, ob es der Preisstabilität oder anderen geldpolitischen Zielsetzungen verpflichtet sein sollte – das ließen die Verfassungsväter offen. Dass die Deutschen während der Weimarer Republik und nach dem Zusammenbruch von 1945 jeweils eine massive Geldentwertung erlebt hatten und dass dazwischen ein totalitäres Regime an die Macht gekommen war, stellte niemand infrage. Entgegen retrospektiver Darstellungen herrschte über die Moral aus dieser Geschichte aber keine Einigkeit. Immerhin war die Deutsche Reichsbank in den Jahren der Hyperinflation unabhängig gewesen, und immerhin hatte sie später, während der Weltwirtschaftskrise, gerade mit ihrer straffen Geldpolitik zur Ausweitung der Massenarbeitslosigkeit und damit zum Aufstieg der Nationalsozialisten beigetragen, denen sie unter ihrem Präsidenten Hjalmar Schacht bis in die zweite Hälfte der 1930er Jahre ihre bereitwillige Unterstützung lieh.

Die bis heute gängige Erzählung vom Inflationstrauma und von der Notwendigkeit einer unabhängigen, deflationär agierenden Zentralbank gewann erst in den Deutungskämpfen, die dem Bundesbankgesetz von 1957 vorausgingen, die Oberhand. Da die Alliierten de facto bereits eine Zentralbank installiert hatten, stieß der im Grundgesetz formulierte Auftrag auf ein komplexes machtpolitisches Feld: Einer um Arrondierung ihrer Souveränität bemühten Bundesregierung stand die 1948 gegründete Bank deutscher Länder gegenüber, die gegen den Verlust ihrer geldpolitischen Unabhängigkeit focht. Beide Parteien – und ihre diversen Verbündeten – führten die Lehren der Geschichte ins Feld, doch im Klima des Wirtschaftswunders erwies sich die Darstellung der Bank als die plausiblere Version. In ihrer Öffentlichkeitspolitik schnurrte die wechselvolle Wirtschaftsgeschichte der Zwischenkriegszeit auf das «Trauma» der Hyperinflation und die durchwachsene Bilanz ihrer Vorgängerinstitution auf das heroische Reichsbankmemorandum von 1939 zusammen, mit dem Schacht und Konsorten Hitler schließlich die Gefolgschaft gekündigt hatten. Mit anderen Worten: Das Idealbild eines starken, den Fluktuationen demokratischer Willensbildung entzogenen Bollwerks gegen die populistische – gar totalitäre – Versuchung der Geldvermehrung ist selbst das Resultat einer öffentlichen Debatte, deren populistische Untertöne unüberhörbar sind.

So wie die Prosperitätsphase der «Trente Glorieuses» diesem Idealbild innere Legitimität verschaffte, verlieh ihm deren Ende internationale Strahlungskraft. Während die «Stagflation» den keynesianischen Planungsoptimismus entzauberte und die Entkopplung des Dollars vom Goldstandard die Wechselkurse ausschlagen ließ, wurde das deutsche Inflationstrauma zur globalen Diagnose und die deutsche Zentralbank zum globalen Paradigma einer neuen Ära der Geldpolitik. Der damalige Vizepräsident der Bundesbank Karl Otto Pöhl hat an einen folgenreichen Besuch des Chefs der Federal Reserve Paul Volcker im Jahr 1979 erinnert. Nach seiner Rückkehr aus Deutschland entschied sich Volcker zur Schocktherapie astronomischer Leitzinserhöhungen, die – um den Preis jener Deindustrialisierung, deren Folgen wir bis heute im amerikanischen Rust Belt beobachten können – die Inflation in den frühen 1980er Jahren in die Knie zwang.

Das Grundgesetz wurde von all dem nicht berührt. Das war erst nach der Wiedervereinigung, im Zuge der Verhandlungen um die europäische Währungsunion, der Fall. Die deutsche Seite machte ihren Beitritt von der Zusage abhängig, den Modus Operandi der Bundesbank auf europäischer Ebene zu implementieren. Das Kleingedruckte des Maastricht-Vertrags, das die Europäische Zentralbank betrifft, wurde unter deutscher Federführung ausgearbeitet. Dem bereits zitierten Karl Otto Pöhl zufolge gelang es dabei, die Grundsätze der Unabhängigkeit und der Preisstabilität «noch klarer» als im Bundesbankgesetz zu formulieren. Trotz allem verlangte der Europa-Sonderausschuss des Bundestages nach weiterreichenden rechtlichen Garantien. Mit der Novellierung des Artikels 88 erlangten der Status und der Auftrag der EZB 1992 Verfassungsrang. Die Aufgaben der Bundesbank, heißt es seitdem, «können im Rahmen der Europäischen Union der Europäischen Zentralbank übertragen werden, die unabhängig ist und dem vorrangigen Ziel der Sicherung der Preisstabilität verpflichtet». Mit der Einführung des Euro, zunächst als elektronisches Buchgeld, im Januar 1999 wurde aus diesem Potentialis monetäre Wirklichkeit.

Als zunehmend wirklichkeitsfremd erweist sich dagegen die alte Frankfurter Schule der Geldpolitik. Die preußische Pickelhaube, die Mario Draghi im März 2012, auf dem Höhepunkt der Eurokrise, von zwei *Bild*-Journalisten überreicht bekam, sollte den frisch gekürten EZB-Präsidenten an das Vermächtnis deutscher Haushaltsdisziplin erinnern. Mit seinem historischen «whatever it takes», der Ankündigung, den Euro um jeden Preis zu retten, warf Draghi diese Mahnung wenig später über Bord. Nach dem Vorbild der amerikanischen FED stellt die EZB mit ihren Anleiheprogrammen seither gigantische Mengen an Liquidität zur Verfügung, auf deren Basis nicht nur die Staatsverschuldung, sondern auch die Kreditpyramide des privaten Finanzkapitalismus wächst. Ist das noch Geld- oder schon staatliche

Haushaltspolitik? Handelt die Bank im Dienst politischer Interessen? Setzt sie nicht in präzedenzloser Weise die Preisstabilität aufs Spiel?

Zur Kollision kam es im Mai 2020, zu Beginn der Pandemie, als das Bundesverfassungsgericht die EZB der Kompetenzüberschreitung für schuldig befand, während die Bundesregierung in Verhandlungen über einen gesamteuropäischen Corona-Hilfsfonds stand. Ohne größere Kollateralschäden konnte das Dilemma bis auf weiteres beigelegt werden. Doch hat der Vorfall eines auf erschreckende Weise deutlich gemacht: Wenn es sich bei der Bundesbank und ihrem geldpolitischen Vermächtnis um Mythen handelt, dann deshalb, weil sie die Realität der neuen Schuldenökonomie verkennen. Die Krisen der vergangenen Jahre haben die Zentralbanken zu politischen Akteuren sui generis gemacht: Sie müssen ihre Bilanzen laufend verlängern, um das globale Finanzsystem zu stabilisieren. Sowenig kalkulierbar die Folgen dieser Politik erscheinen, so wenig ist ihr Ende abzusehen. Sich auf ein hundert Jahre altes Trauma zu berufen, wird daran nichts ändern.

Literatur

Bank für Internationalen Zahlungsausgleich (Hg.), Issues in the Governance of Central Banks, Basel 2009 (https://www.bis.org/publ/othp04.pdf).

Simon Mee, Central Bank Independence and the Legacy of the German Past, Cambridge 2019.

Karl Otto Pöhl, Ein Mythos mit Verfassungsrang. Die Bundesbank wird fünfzig, in: Frankfurter Allgemeine Sonntagszeitung, 29. 7. 2007.

Adam Tooze, The Death of the Central Bank Myth, in: Foreign Policy, 13. 5. 2020 (https://foreignpolicy.com/2020/05/13/european-central-bank-myth-monetary-policy-german-court-ruling/).

Joscha Wullweber, Zentralbankkapitalismus. Transformationen des globalen Finanzsystems in Krisenzeiten, Frankfurt a. M. 2021.

Abschnitt IX
Die Rechtsprechung

Artikel 92 – Gerichtsorganisation
Artikel 93 – Kompetenzen des Bundesverfassungsgerichts
Artikel 94 – Personelle Besetzung, Organisation und Verfahren des Bundesverfassungsgerichts
Artikel 95 – Oberste Gerichtshöfe des Bundes
Artikel 96 – Bundesgerichte
Artikel 97 – Unabhängigkeit der Richter
Artikel 98 – Rechtsstellung der Richter
Artikel 99 – Entscheidung von Landesstreitigkeiten durch das Bundesverfassungsgericht und die obersten Gerichtshöfe des Bundes
Artikel 100 – Einholung verfassungsgerichtlicher Entscheidungen durch Gerichte
Artikel 101 – Recht auf den gesetzlichen Richter
Artikel 102 – Unzulässigkeit der Todesstrafe
Artikel 103 – Rechtliches Gehör; Gesetzlichkeit der Strafe; Doppelbestrafungsverbot
Artikel 104 – Formelle Voraussetzungen bei Freiheitsbeschränkungen

Andreas Voßkuhle

Regulative Ideen und Rechtsalltag

Die Figur des Richters ist historisch und kulturell sehr viel geläufiger als etwa die des Bundeskanzlers oder des Bundespräsidenten. Mit ihr assoziieren wir seit jeher das gerechte Urteil in einem schwierigen Konflikt. Der biblische «Richter» Salomo, der selbst Herrscher war, ist vielen ebenso vertraut wie Chief Justice Earl Warren, der während seiner Zeit als Vorsitzender des Obersten Bundesgerichts der Vereinigten Staaten von Amerika (1953 bis 1969) zahlreiche bahnbrechende Urteile zur Aufhebung der Rassentrennung und zur Stärkung der Bürgerrechte mit auf den Weg brachte.[1] Über berühmte Richter und Richterinnen gibt es unzählige Biographien,[2] Gerichtsprozesse[3] sind Gegenstand von Romanen,[4] Filmen[5] und Fernsehserien.[6] Welche rechtlichen Rahmenbedingungen die Tätigkeit von Richterinnen und Richtern im Alltag prägen, darüber wird außerhalb von Juristenkreisen hingegen eher selten berichtet.[7] Dieser Essay versucht in einem ersten Schritt, die vielfältigen Vorgaben des Grundgesetzes für die Rechtsprechung in Deutschland in verständlicher Form vorzustellen. Auf diese Weise möchte ich gleichzeitig juristisch nicht vorgebildeten Leserinnen und Lesern die Schönheit und Präzision unserer Verfassung als Text vermitteln. In einem zweiten Schritt werde ich dann einigen Grundideen nachspüren, die die Tätigkeit des «Recht-Sprechens» jenseits der verfassungsrechtlichen Vorgaben anleiten.

Der Grundsatz der Gewaltenteilung als Ausgangspunkt

«Il n'y a point encore de liberté si la puissance de juger n'est pas séparée de la puissance législative et de l'exécutrice.»[8] Dieser viel zitierte Satz Montesquieus hat sich zu einem zentralen Bauprinzip aller freiheitsorientierten Ordnungen auf der ganzen Welt entwickelt.[9] Das Grundgesetz steht in dieser Tradition. Es verteilt die staatliche Gewalt auf drei Gewalten. Deshalb hat das Grundgesetz auch einen eigenen Abschnitt für die Rechtsprechung reserviert (Abschnitt IX). Er konkretisiert für einen bestimmten Teilbereich das Versprechen, das Artikel 20 Absatz 2 GG gibt: Alle Staatsgewalt wird vom «Volke in Wahlen und Abstimmungen und durch besondere Organe der Gesetzgebung, der vollziehenden Gewalt und der Rechtsprechung ausgeübt». Durch die Teilung der Staatsgewalt soll einerseits Machtmissbrauch verhindert werden, weil sich die Gewalten gegenseitig beeinflussen und kontrollieren. Diesen Gedanken bezeichnet man in Anlehnung an die amerikanische Verfassungstradition[10] gemeinhin als ein System von «checks and balances». Andererseits sollen die zu erledigenden Aufgaben im Sinne einer effektiven Funktionenordnung jeweils solchen Organen zugewiesen werden, die von ihrer gesamten Ausstattung und rechtlichen Verfasstheit her dafür besonders geeignet sind.

Was ist «Rechtsprechung»?

Artikel 92 GG vertraut die «rechtsprechende Gewalt» den «Richtern» an. Doch was ist die rechtsprechende Gewalt überhaupt? An anderer Stelle (vgl. Artikel 1 Absatz 3, Artikel 20 Absatz 2 und 3, Artikel 95 Absatz 3 GG) spricht das Grundgesetz kürzer und prägnanter von «Rechtsprechung», ohne den Begriff aber näher zu definieren. Die Tätigkeiten, die der Verfassungsgeber und der «einfache» Gesetzgeber den

Gerichten im Einzelnen zugewiesen haben, sind offensichtlich zu vielfältig, um aus dem Faktum richterlicher Tätigkeit allein auf das Vorliegen von Rechtsprechung schließen zu können: Richter verhandeln Prozesse, entscheiden über die Fortdauer von Freiheitsentziehungen (Artikel 104 Absatz 2 Satz 1 GG), erlauben Hausdurchsuchungen (Artikel 13 Absatz 2 Satz 1 GG), erteilen Erbscheine, leiten Gerichtsakten weiter, geben Auskünfte, stellen Geschäftsverteilungspläne auf und verweisen Personen während einer Gerichtsverhandlung aus dem Saal. Sicher nicht jede dieser Tätigkeiten muss unbedingt dem unabhängigen Richter anvertraut sein, um gut erledigt zu werden. Nach Auffassung des Bundesverfassungsgerichts ist Kennzeichen rechtsprechender Tätigkeit «typischerweise die letztverbindliche Klärung der Rechtslage in einem Streitfall im Rahmen besonders geregelter Verfahren».[11] Ähnliche und andere Definitionen finden sich in der rechtswissenschaftlichen Literatur. Aus meiner Sicht spricht viel dafür, den Kern dessen, was Rechtsprechung ausmacht, in der Garantie eines «Neutralen Verfahrens» zu sehen.[12] Dieser Verfahrenstyp, der spezifische Anforderungen an die Stellung des Richters als Entscheider, an das Entscheidungsergebnis, an die Partizipation der Entscheidungsbetroffenen und an das Entscheidungsumfeld stellt, wird durch ein Ensemble verfassungsrechtlicher Normen abgesichert. So garantiert das Grundgesetz in Artikel 92, 97 und 101 Absatz 1 Satz 2 GG die sachliche und persönliche Unabhängigkeit der Richter, räumt ihnen eine kompetenzielle Monopolstellung ein und ermöglicht dadurch die innere Objektivität, Unparteilichkeit, Unvoreingenommenheit und Distanz des Gerichts. Darüber hinaus sorgt der in Artikel 3 Absatz 1 GG verfassungsrechtlich garantierte Schutz der Gleichheit *auf dem Weg zum*, *vor* dem und *durch* den Richter für sachgerechte, willkürfreie Entscheidungen. In Artikel 103 Absatz 1 GG ist der Grundsatz des rechtlichen Gehörs verbürgt, der die Einflussmöglichkeiten der Verfahrensbetroffenen garantiert und die Idee einer Konfliktlösung durch Dialog stärkt. Für ein transparentes Umfeld sorgen darüber hinaus die aus dem immer mitgedachten, ausdrücklich aber nur in Artikel 23 Absatz 1 GG und Artikel 28 Absatz 1 GG erwähnten Rechtsstaatsprinzip entwickelten Grundsätze der Fairness, Öffentlichkeit, Mündlichkeit und Medialität gerichtlicher Verfahren.

Von welchem Richterbild geht das Grundgesetz aus?

Was prägt die Stellung eines «Richters», dem Artikel 92 GG als Organ die «Rechtsprechung» anvertraut? Das Grundgesetz regelt diese Frage nicht abschließend, enthält aber einige klare Vorgaben. Im Mittelpunkt steht Artikel 97 GG. Nach Artikel 97 Absatz 1 GG sind die Richter «unabhängig und nur dem Gesetze unterworfen». Das klingt fast alttestamentarisch. Ähnlich eindringlich hat es der erste Präsident des Bundesverfassungsgerichts Hermann Höpker-Aschoff einmal formuliert: «Richter sind Knechte des Rechts.» Die in Artikel 97 Absatz 1 GG verankerte *sachliche Unabhängigkeit* bedeutet primär, dass Richter keinerlei Weisungen unterliegen. Sie sind auf sich selbst zurückgeworfen und sollen sich bei ihrer Tätigkeit ausschließlich an Gesetz und Recht orientieren (Artikel 20 Absatz 3 GG).

Die sachliche Unabhängigkeit wird ergänzt durch die in Artikel 97 Absatz 2 GG gewährleistete *persönliche Unabhängigkeit*, die den Richter vor persönlichen Sanktionen schützt. Hauptamtlich und planmäßig endgültig angestellte Richterinnen und Richter können danach gegen ihren Willen nur unter sehr engen Voraussetzungen entlassen, ihres Amtes enthoben oder in den Ruhestand versetzt werden. Näheres bestimmen für die Gerichte der Länder die jeweiligen Landesgesetze, für die wenigen Bundesgerichte Bundesgesetze (Artikel 98 Absätze 1, 3–5 GG). Verstößt ein Richter gegen die Grundsätze des Grundgesetzes oder gegen die verfassungsmäßige Ordnung eines Landes, so kann das Bundesverfassungsgericht mit Zweidrittelmehrheit auf Antrag des Bundestages anordnen, dass der Richter in ein anderes Amt oder in den Ruhestand zu versetzen ist (Artikel 98 Absatz 2 GG). Es spricht für die Rechtsprechungskultur in Deutschland, dass es seit Bestehen des

Grundgesetzes bisher zu keiner dieser sogenannten *Richteranklagen* gekommen ist.

Das Erfordernis *richterlicher Neutralität* schließt man ganz überwiegend aus der *Garantie des gesetzlichen Richters* in Artikel 101 Absatz 1 Satz 2 GG. Sie soll «der Gefahr vorbeugen, dass die Justiz durch eine Manipulation der rechtsprechenden Organe sachfremden Einflüssen ausgesetzt wird».[13] Vor allem soll verhindert werden, dass ein konkreter Fall spontan einem bestimmten Richter zugewiesen wird, von dem man zum Beispiel annimmt, dass er besonders streng oder milde urteilen wird. Deshalb müssen für jeden potentiellen, d. h. noch nicht anhängigen Fall das zuständige Gericht (zum Beispiel Landgericht Freiburg), der konkrete Spruchkörper (zum Beispiel 1. Zivilkammer) und die mitwirkenden Richterinnen und Richter im Voraus festgelegt sein.

Über die Auswahl der Richterinnen und Richter und ihre Qualifikationsmerkmale finden sich im Abschnitt über die Rechtsprechung erstaunlich wenige Aussagen. Nach Artikel 94 Absatz 1 Satz 2 GG werden die Richterinnen und Richter des Bundesverfassungsgerichts je zur Hälfte vom Bundestag und vom Bundesrat gewählt. Artikel 95 Absatz 2 GG sieht vor, dass die Entscheidung über die Berufung an ein Bundesgericht von dem für das jeweilige Sachgebiet zuständigen Bundesminister gemeinsam mit dem Richterwahlausschuss getroffen wird.[14] Der Richterwahlausschuss besteht aus den für das jeweilige Sachgebiet zuständigen Ministerinnen und Ministern der Länder und einer gleichen Anzahl von Mitgliedern, die vom Bundestag gewählt werden. Artikel 98 Absatz 4 GG sichert den Ländern die Möglichkeit, ebenfalls Richterwahlausschüsse für die Anstellung von Landesrichtern vorzusehen. Die mit der Einführung der Richterwahl verbundenen Erwartungen an eine Entbürokratisierung und Demokratisierung der Justiz haben sich sowohl auf Bundes- wie auch auf Landesebene nur teilweise erfüllt. Kritisiert werden insbesondere der weitgehende Ausschluss der Öffentlichkeit, das Fehlen gesetzlich näher konkretisierter fachspezifischer Auswahlmaßstäbe und der fehlende Sachverstand aufseiten der gekorenen Mitglieder des Richterwahlausschusses.

Vor allem ermögliche das Erfordernis der einfachen Mehrheit in der Praxis die Majorisierung der politischen Minderheit. Reformvorschläge auf Bundesebene haben sich bisher nicht durchsetzen können.

Allerdings gilt auch für die Einstellung und Beförderung von Richterinnen und Richtern das sogenannte *Prinzip der Bestenauslese*, das in Artikel 33 Absatz 2 GG festgeschrieben ist. Dort heißt es: «Jeder Deutsche hat nach seiner Eignung, Befähigung und fachlichen Leistung gleichen Zugang zu jedem öffentlichen Amte.» Die Umsetzung dieses klaren Verfassungsauftrags fällt in der Praxis aber nicht immer leicht, auch weil die Anforderungen an einen guten Richter und eine gute Richterin komplex sind: Sie sollen über exzellente juristische Fähigkeiten verfügen, aber nicht lebensfern agieren, sie sollen gründlich arbeiten, aber schnell und für alle Beteiligten nachvollziehbar entscheiden, sie sollen mit den Menschen reden können und sozial kompetent agieren, aber innerlich völlig unbestechlich sein. Das Grundgesetz intendiert ein Berufsrichtertum, das gekoppelt ist mit einer wissenschaftlich-methodischen Ausbildung (vgl. Artikel 97 Absatz 2 und Artikel 98 Absatz 4 GG). Daher setzt die Befähigung zum Richteramt traditionell das erfolgreiche Bestehen der ersten und zweiten juristischen Staatsprüfung voraus (§ 5 Deutsches Richtergesetz). Aus verfassungsrechtlicher Sicht spricht aber nichts dagegen, auch Laienrichterinnen und -richter an Gerichten einzusetzen.[15]

Wie sind Gerichte organisiert?

Richter sprechen Recht in Gerichten, denen die Entscheidungen ihrer Richter aus Gründen der Praktikabilität zugerechnet werden. Man spricht zum Beispiel von der Entscheidung des Verwaltungsgerichts Freiburg. Gerichte sind Organisationen, deren Aufgabe es ist, innerhalb einer vorher festgelegten Zuständigkeit Rechtsprechung zu ermöglichen. Zu diesem Zweck wird ihnen eine bestimmte Anzahl von Richterstellen zugewiesen, die dann mit konkreten Personen besetzt werden müssen. Daneben braucht es aber auch Sitzungssäle, in denen verhandelt werden kann, Geschäftsstellen, in denen die Akten verwaltet werden, Büros, Telefone, eine EDV-Ausstattung, Hausmeister usw. Alles zusammen macht das «Gericht» aus. Innerhalb eines Gerichts sind die Richterinnen und Richter in sogenannten Spruchkörpern (Kammern, Senate) zusammengefasst. Sie können aber auch als Einzelrichter entscheiden.

Das Grundgesetz unterscheidet drei Arten von staatlichen Gerichten: das Bundesverfassungsgericht, die im Grundgesetz vorgesehenen Bundesgerichte und die Gerichte der Länder (Artikel 92 2. Halbsatz GG).

Das Bundesverfassungsgericht ist sowohl ein Gericht als auch ein selbständiges Verfassungsorgan. Aus der Qualifikation als Verfassungsorgan folgen die Kompetenz, sich eine eigene Geschäftsordnung zu geben, die Freistellung von jeder Dienstaufsicht, die Fähigkeit, selbst Personal einzustellen, ein eigener Haushaltstitel im Bundeshaushalt und die herausgehobene Stellung im Staatsprotokoll. Die Zuständigkeiten des Bundesverfassungsgerichts als Fachgericht für Verfassungsfragen ergeben sich abschließend aus Artikel 93 GG, der in Absatz 3 aber auf andere Bundesgesetze verweist. Es entscheidet danach zum Beispiel über die Auslegung des Grundgesetzes aus Anlass von Streitigkeiten über den Umfang der Rechte und Pflichten eines obersten Bundesorgans; dazu zählen u. a. der Bundespräsident, der Bundestag, die Bundesregierung und der Bundeskanzler (Artikel 93 Absatz 1 Nr. 1 GG, sog. *Organstreitverfahren*). Ferner entscheidet es etwa über individuelle Verfassungsbeschwerden einzelner Bürger gegen Akte der öffentlichen Gewalt (Artikel 93 Absatz 1 Nr. 4a GG) oder auf Antrag der Bundesregierung, einer Landesregierung oder eines Viertels des Bundestages über die Vereinbarkeit von Bundes- oder Landesrecht mit dem Grundgesetz (Artikel 93 Absatz 1 Nr. 2, sog. *abstrakte Normenkontrolle*). Eine wichtige Rolle spielt in der Praxis auch die sogenannte *konkrete Normenkontrolle:* Hält ein Gericht ein Gesetz, auf dessen Gültigkeit es bei der gerade zu treffenden Entscheidung ankommt, für verfassungswidrig, so hat es das Verfahren auszusetzen und die Entscheidung des Bundesverfassungsgerichts einzuholen (Artikel 100 Absatz 1 Satz 1 GG). Das Bundesverfassungsgericht besteht aus Bundesrichtern und anderen Mitgliedern (Artikel 94 Absatz 1 Satz 1 GG), die – wie bereits oben erwähnt – allesamt je zur Hälfte mit Zweidrittelmehrheit vom Bundestag und vom Bundesrat gewählt werden (Artikel 94 Absatz 1 Satz 2 GG). Alles Weitere zu regeln, gibt das Grundgesetz dem Gesetzgeber auf (Artikel 94 Absatz 2 GG), der diesem Auftrag durch die Verabschiedung des Bundesverfassungsgerichtsgesetzes (BVerfGG) nachgekommen ist. Dort ist u. a. festgelegt, dass das Bundesverfassungsgericht seinen Sitz in Karlsruhe hat (§ 1 Absatz 2 BVerfGG) und aus zwei Senaten mit je acht Richtern (§ 2 Absätze 1 und 2 BVerfGG) besteht, wobei drei Richter aus den Reihen der Bundesrichterinnen und Bundesrichter stammen müssen (§ 2 Absatz 3 BVerfGG). Der Großteil der Arbeit wird jedoch in Kammern zu je drei Richtern (§ 15a Absatz 1 Satz 2 BVerfGG) erledigt. Jeder Senat bildet in der Regel drei Kammern (ein Richter arbeitet in zwei Kammern mit). Die Kammern sind für die Entscheidung über Verfassungsbeschwerden zuständig, soweit die für die Beurteilung der Verfassungsbeschwerde maßgebliche verfassungsrechtliche Frage durch das Bundesverfassungsgericht, d. h. den zuständigen Senat, bereits entschieden ist (§ 93c Absatz 1 Satz 1 BVerfGG). Die Zuständigkeiten der beiden Senate sind in § 14 BVerfGG geregelt. Der Erste Senat ist der sogenannte *Grundrechte-Senat*, weil dort viele Verfahren mit Bezug zu klassischen Grundrechtsbereichen (Artikel 2, 4, 5, 6, 8, 9, 12, 14 GG) angesiedelt sind, der Zweite Senat gilt als sogenannter *Staatsgerichtshof*, weil er überwiegend für staatsorganisatorische Fragen zuständig ist. Es gibt aber viele Überschneidungen. Das Plenum des Bundesverfassungsgerichts kann die Zuständigkeiten zwischen den Senaten durch Geschäftsverteilungsplan auch anders verteilen (§ 14 Absatz 4 BVerfGG), was es regelmäßig tut, um die Arbeitsbelastung der beiden Senate (zusammen ca. 6000 Verfahren jedes Jahr) ungefähr gleich zu halten. Über die senatsinterne Verteilung der Zuständigkeiten beschließt jeder Senat zum Anfang des Jahres, da für jedes im Senat anhängige Verfahren ein Berichterstatter zu bestimmen ist (§ 20 GO BVerfG), der die Beratung und den Entscheidungsentwurf des Senats/der Kammer vorbereitet.

An Bundesgerichten nennt Artikel 95 GG den Bundesgerichtshof (BGH) in Karlsruhe, das Bundesverwaltungsgericht (BVerwG) in Leipzig, den Bundesfinanzhof (BFH) in München, das Bundesarbeitsgericht (BAG) in Erfurt und das Bundessozialgericht (BSG) in Kassel. Von den in Artikel 96 GG vorgesehenen Möglichkeiten, weitere Bundesgerichte für spezielle Rechtsgebiete einzurichten, hat der Gesetzgeber nur teilweise Gebrauch gemacht, zum Beispiel durch die Errichtung des Bundespatentgerichts in München.

Im Übrigen wird die rechtsprechende Gewalt durch die Länder ausgeübt. Bei ihnen liegt eindeutig der Schwerpunkt der Rechtsprechungstätigkeit in Deutschland. Die einzelnen Landesgerichtsbarkeiten orientieren sich dabei an der in Artikel 95 Absatz 1 GG vorgegebenen Struktur: ordentliche (Zivil- und Straf-)Gerichtsbarkeit, Verwaltungs-, Finanz-, Arbeits- und Sozialgerichtsbarkeit. Im Bereich der ordentlichen Gerichtsbarkeit bestehen auf Landesebene Amtsgerichte (AG, Erste Instanz), Landgerichte (LG, Berufungsinstanz/Erste Instanz)[16] und Oberlandesgerichte (OLG, Revisionsinstanz/Berufungsinstanz/Erste Instanz), in der Verwaltungsgerichtsbarkeit Verwaltungsgerichte (VG, Erste Instanz) und Oberverwaltungsgerichte/Verwaltungsgerichtshöfe (OVG/VGH, Berufungsinstanz/Erste Instanz), in der Finanzgerichtsbarkeit nur Finanzgerichte (FG, Erste Instanz), in der Arbeitsgerichtsbarkeit Arbeitsgerichte (ArbG, Erste Instanz) und Landesarbeitsgerichte (LAG, Berufungsinstanz), in der Sozialgerichtsbarkeit Sozialgerichte (SG, Erste Instanz) und Landessozialgerichte (LSG, Berufungsinstanz/Erste Instanz). Außerdem existieren mittlerweile in allen Ländern Landesverfassungsgerichte, die Rechtsstreite des Länderverfassungsrechts entscheiden.

Drei regulative Ideen, die nicht ausdrücklich im Grundgesetz stehen, aber unser Verständnis von Recht(sprechung) prägen

Die hier vorgestellten verfassungsrechtlichen Vorgaben sagen wenig über die praktische Arbeit der Richterinnen und Richter aus. Sie wird von drei großen regulativen Ideen geleitet:[17] Zum einen sollen Richter in dem von ihnen zu entscheidenden Fall ermitteln, was und wie es wirklich gewesen ist. Das Streben nach materieller Wahrheit, die Hoffnung auf lückenlose Rekonstruktion der Realität im Gerichtssaal ist vielleicht nirgends so stark wie im Strafprozess, der darauf zielt, den Tathergang zu klären und den Täter und eben nur diesen zur Verantwortung zu ziehen. Zweitens glauben wir weiterhin im Grundsatz an das Ideal der einzig richtigen Entscheidung. Dissonanzen und Kontingenzen, die andernorts in Entscheidungsprozessen durchaus hingenommen werden, lassen sich mit dem Bild des Recht-Sprechens deutlich schwerer vereinbaren. Gesucht wird ein richterlicher «Herkules», der nach Analyse aller rechtlichen Regeln und Prinzipien diese einzige Entscheidung finden kann und den der amerikanische Rechtsphilosoph Ronald Dworkin so bildmächtig beschworen hat.[18] Dieser Herkules verkörpert auch die dritte regulative Idee. Danach dient der Richter nicht allein dem Recht, sondern immer auch der Gerechtigkeit. Seine Urteile gehen nicht in einer Erkenntnis des positiven Rechts auf, im besten Fall verwirklicht sich in ihnen ein normativer Überschuss, der auf das Gerechte verweist und früher vielleicht einmal als «Weisheit» bezeichnet wurde. Artikel 20 Absatz 3 GG nimmt diesen Gedanken ausdrücklich auf, indem er die Rechtsprechung an «Gesetz und Recht» bindet, was nur auf den ersten Blick als Tautologie erscheint.

Spätestens seit der verdienstvollen Diskussion um den «Politischen Richter»[19] Anfang der 1970er Jahre und den wenig später beginnenden programmatischen Demaskierungsleistungen der *Critical Legal Studies*[20] wissen wir, dass der Rechtsalltag diesen regulativen Ideen nicht entspricht.[21] Sie bleiben aber gleichwohl machtvoll, weil sie einerseits zumindest subkutan das Selbstverständnis und die Sozialisation der Richterinnen und Richter mehr oder weniger auf der ganzen Welt prägen und andererseits in ihnen gesellschaftliche Erwartungen zum Ausdruck kommen, die jedenfalls nicht offensichtlich und dauerhaft unterlaufen werden dürfen, wenn Rechtsprechung weiterhin auf Akzeptanz stoßen soll. Deshalb bleibt es eine zentrale Aufgabe von Rechtsprechung, den ideellen Überschuss, der in den drei regulativen Ideen enthalten ist, auf eine realisierbare Ebene zu transformieren, ohne dabei ihren normativen Anspruch völlig aufzugeben. Wie genau soll das gehen? Drei vorläufige Antworten:

Wahrheit: Was und wie ist es wirklich gewesen?

Wahrheit gibt es im gerichtlichen Verfahren lediglich als prozedurale Wahrheit, die im und durch das Verfahren konstruiert wird. Die fallbezogene Wahrheit darf deshalb niemals mit der Wahrheit an sich verwechselt werden. Wer in einem Zivilprozess nicht beweisen kann, dass die gekaufte Sache mangelhaft ist, besitzt keinen Gewährleistungsanspruch, unabhängig davon, ob die Sache tatsächlich mangelhaft ist. Wenn die Indizien nicht ausreichen, um den Mörder zu überführen, muss er endgültig freigesprochen werden. Das mag im Ergebnis irritieren, gerichtliche Verfahren können aber immer nur einen begrenzten Ausschnitt aus der sozialen Wirklichkeit verarbeiten. Die spezifische Leistung des Prozessrechts besteht in der Auswahl der relevanten Gesichtspunkte der Lebenswelt, ihrer Kategorisierung und Strukturierung. Nur aufgrund dieser Reduktionsleistung ist eine rechtliche Bewertung und Entscheidung in vertretbarer Zeit möglich.

Richtigkeit: Wie muss rechtlich entschieden werden?

Wir wissen heute, dass weder das Bild des «Subsumtionsautomaten» (Regina Ogorek) noch das ungebundener Dezision die richterliche Rechtsarbeit aus theoretischer Sicht adäquat zu beschreiben vermag.[22] Die Rolle von «Vorverständnis und Methodenwahl» (Josef Esser) ist spätestens im Nachgang zu den hermeneutischen Studien von Hans-Georg Gadamer Gemeingut geworden. Wir können nur verstehen, was wir vorverstanden haben. Folglich sind die Maßstäbe, nach denen Gerichte und Gesetzgebung in der Rechtspraxis arbeitsteilig zusammenwirken, nicht einfach auf einen Nenner zu bringen. Eine Annäherung ist jedoch möglich, wenn man anerkennt, dass das jedem Akt der Rechtsprechung innewohnende Entscheidungsmoment nicht nur Konsequenz des rechtlich angeordneten Entscheidungs*zwangs* ist, sondern dass jede Entscheidung eingebettet ist in ein dichtes Netz von institutionalisierten Absicherungen, Prozessregeln und Rechtsschutzmöglichkeiten, die die Kontrolle von Entscheidungen ermöglichen, ohne die richterliche Unabhängigkeit zu beeinträchtigen. Diese Form indirekter Steuerung von und durch Recht schafft erst die Voraussetzungen für verantwortete Entscheidungen. Weitere indirekte Kontrollinstanzen stellen die juristische Ausbildung mit ihrer homogenisierenden Wirkung, die kritische Begleitung rechtsprechender Tätigkeit durch die Rechtswissenschaft und die Öffentlichkeit sowie die Sprache und Begriffen innewohnenden Traditionskontexte dar. Das heißt, selbst dort, wo der Richter außerhalb des existierenden Rechts entscheiden muss, gelten Regeln.

Gerechtigkeit: Ist das Gesetz alles?

«Alles wäre einfacher, wenn der Unterschied zwischen Recht und Gerechtigkeit ein wahrer Unterschied wäre […].»[23] Diese Bemerkung Derridas bringt die altbekannten Schwierigkeiten, die mit der oben angeführten dritten regulativen Idee der Rechtsprechung verbunden sind – Recht und Rechtsprechung als Gerechtigkeitsverwirklichung –, präzise auf den Punkt. Vielleicht die einzig überzeugende, jedenfalls aber einzig praktikable Lösung dieses Problems liegt einmal mehr in der Prozeduralisierung von Gerechtigkeitsfragen durch deren Einbettung in den rationalen Diskurs der Gesellschaft und insbesondere in die rechtsförmig konstituierten Verfahren und Institutionen des Verfassungsstaates. Anders formuliert: Die Umsetzung politischer Gerechtigkeitsvorstellungen obliegt in erster Linie dem Gesetzgeber. Im Rahmen des oben beschriebenen arbeitsteiligen Zusammenwirkens von Gesetzgeber und Gerichten in der Demokratie haben die Gerichte dann Teil an der Verwirklichung derartiger Gerechtigkeitskonzeptionen, ohne dass der einzelne Richter den Anspruch erheben darf, sein persönliches Gerechtigkeitsideal an die Stelle des Gesetzes setzen zu können.

Allerdings haben Gerichte den großen Vorteil, dass sie retrospektiv tätig werden und nur abgeschlossene Fälle verhandeln. Gerichtsverfahren bieten daher einen Reflexionsraum für Argumente und Probleme, die aus strukturellen Gründen keinen Eingang in Gesetzgebungsverfahren finden. Gerichte können Werden und Wirkung eines Gesetzes in der Praxis beobachten, um auf dieser Grundlage nach Abwägung aller Gesichtspunkte und in Auseinandersetzung mit den Betroffenen und weiteren Gesprächspartnern präzise Entscheidungen zu treffen.

Dabei sind Gerichte in Verbunds- und Kommunikationsstrukturen eingebunden, die das Dialogische der Rechtsprechung ins Institutionelle wenden. Schon der Dogmatik als Basis eines gemeinsamen Rechtsgesprächs zwischen Rechtsprechung und Rechtswissenschaft wohnt ein nicht-hierarchisches Element inne, das von einer gemeinsamen Suche nach guten und praktikablen Lösungen zeugt und Teil des «Erkenntnis»-Elements von Rechtsprechung ist, das bei aller Betonung ihres Entscheidungscharakters nicht vernachlässigt werden darf. Auch über die Grenzen hinweg, im Europäischen Gerichtsverbund und im internationalen Dialog zwischen Gerichten, ist dieser Gedanke des wechselseitigen Austauschs und Lernens bedeutsam, wenngleich dort die effektive Harmonisierung der verschiedenen Rechtsschichten im Mehrebenensystem (Völkerrecht, Europarecht, Verfassungsrecht, einfaches nationales Recht) besonders viel Raum einnimmt.

Wir dürfen nach alledem festhalten: Rechtsprechen ist ein schwieriges, rechtlich nicht vollständig determiniertes Geschäft, das die Menschen, die als Richterinnen und Richter tätig sind, in vielfältiger Weise fordert und immer wieder an Grenzen bringt. Das Grundgesetz versucht, durch organisatorische und verfahrensrechtliche Vorgaben die notwendigen Voraussetzungen dafür zu schaffen, dass sie ihrer Aufgabe in möglichst vielen Fällen gerecht werden (können).

Anmerkungen

1 Vgl. nur Mark Tushnet, The Warren Court in Historical and Political Perspective, 1996; Bernard Schwartz, The Warren Court: A Retrospective, 1996; Morton J. Horwitz, The Warren Court and the Pursuit of Justice, 1999; Lucas A. Powe, The Warren Court and American Politics, 2002; Michal Belknap, The Supreme Court Under Earl Warren, 1953–1969, 2005.

2 Vgl. z. B. Ed Cray, Chief Justice. A Biography of Earl Warren, 1997; Almut Röse/Wolf-Dieter Röse, Helmut Simon – Recht bändigt Gewalt. Eine autorisierte Biographie, 2012; Kim I. Eisler, The Last Liberal: Justice William J. Brennan, Jr. and the Decisions That Transformed America, 2003; Irin Carmon/Shana Knizhnik, Notorious RBG: The Life and Times of Ruth Bader Ginsberg, 2015.

3 Eine historische Auswahl bei Uwe Schulz (Hg.), Große Prozesse. Recht und Gerechtigkeit in der Geschichte, 1996.

4 Klassisch: Charles Dickens, Bleak House, Erstveröffentlichung in 20 Heften 1852/53; Lew Tolstoi, Auferstehung, Erstveröffentlichung als Fortsetzungsgeschichte in der Zeitung *Niwa*, 1899; Franz Kafka, Der Prozess, Erstausgabe 1925.

5 Klassisch: «Der Fall Paradin» (Regisseur Alfred Hitchcock, 1947); «Zeugin der Anklage» (Regisseur Billy Wilder, 1957); «Die zwölf Geschworenen» (Regisseur Sidney Lumet, 1957); «Anatomie eines Mordes» (Regisseur Otto Preminger, 1959); «Stammheim – Die Bader-Meinhof-Gruppe vor Gericht» (Regisseur Reinhard Hauff, 1986).

6 Beispiele: «Liebling Kreuzberg»; «L. A. Law»; «Suits»; «Boston Legal»; «Judging Amy»; «Your Honor». Im Übrigen sind Richterinnen und Richter und ihre Prozesse ein beliebtes Sujet von scripted-reality-Formaten: «Richterin Barbara Salesch»; «Richter Alexander Hold»; «Das Familiengericht»; alle Formate inspiriert von US-amerikanischen Vorbildern: Judge Alex, Judge Faith, Judge Hatchet, Judge Judy.

7 Eine Ausnahme: Petra Morsbach, Justizpalast, 2017.

8 Montesquieu, L'Esprit des lois, 1748, liv. XI, chap. 6.

9 Näher hierzu Kurt Eichenberger, Die richterliche Unabhängigkeit als staatsrechtliches Problem, 1960; Dieter Simon, Die Unabhängigkeit des Richters, 1975.

10 Der Begriff stammt aus dem von James Madison verfassten Essay *The Federalist* No. 51 mit dem Titel «The Structure of the Government Must Furnish the Proper Checks and Balances Between the Different Departments», in dem Madison das System einer ausgeglichenen und nachhaltigen Gewaltenteilung skizziert.

11 BVerfGE 103, 111, 137 f.

12 Andreas Voßkuhle, Rechtsschutz gegen den Richter, 1993, S. 94 ff.

13 BVerfGE 95, 322, 327.

14 Nach derzeitiger Geschäftsverteilung sind dies der Bundesminister der Justiz (Bundesgerichtshof, Bundesverwaltungsgericht und Bundesfinanzhof) und der Bundesminister für Arbeit und Soziales (Bundesarbeitsgericht und Bundessozialgericht).

15 In der Praxis sind ehrenamtliche Laienrichter zum Beispiel als Schöffen im Strafprozess oder als Laienbeisitzer in den Kammern für Handelssachen sowie in der Arbeitsgerichtsbarkeit und Sozialgerichtsbarkeit tätig.

16 Im Rahmen der Berufung werden Rechts- und Tatsachenfragen überprüft, im Rahmen der Revision ausschließlich Rechtsfragen.

17 Näher dazu bereits Andreas Voßkuhle, Rechtsprechen, in: Hanno Kube u. a. (Hg.), Leitgedanken des Rechts. Paul Kirchhof zum 70. Geburtstag, Band I, 2013, S. 931 (933 ff.).

18 Ronald Dworkin, Law's Empire, 1986.

19 Ausgangspunkt war hier die Schrift von Rudolf Wassermann, Der politische Richter, 1972.

20 Zu dieser Perspektive auf das Recht vgl. nur den Überblick bei Günter Frankenberg, Partisanen der Rechtskritik: Critical Legal Studies etc., in: Sonja Buckel u. a. (Hg.), Neue Theorien des Rechts, 3. Aufl., 2020, S. 171 ff. m. w. N.

21 Vgl. bereits die präzise Analyse des theoretischen Grundproblems von Rechtsprechung bei Karl Marx, Debatten über Preßfreiheit, 1842, in: Karl Marx/Friedrich Engels, Werke (MEW), Band 1, Berlin/DDR 1976. S. 28–77 (61): «Das Gesetz ist allgemein. Der Fall, der nach dem Gesetze bestimmt werden soll, ist einzeln. Das Einzelne unter das Allgemeine zu subsumieren, dazu gehört ein Urteil. Das Urteil ist problematisch. Auch der Richter gehört zum Gesetz. Wenn die Gesetze sich selbst anwendeten, dann wären die Gerichte überflüssig.»

22 Zu den strukturierenden Parametern dieser Diskussion Christian Bumke, Einführung in das Forschungsgespräch über die richterliche Rechtsarbeit, in: ders. (Hg.), Richterrecht zwischen Gesetzesrecht und Rechtsgestaltung, 2012, S. 1–31.

23 Jacques Derrida, Gesetzeskraft. Der ‹mystische Grund der Autorität›, 1991, S. 46.

Artikel 109 Absatz 3
Schuldenbremse

Die Haushalte von Bund und Ländern sind grundsätzlich ohne Einnahmen aus Krediten auszugleichen. Bund und Länder können Regelungen zur im Auf- und Abschwung symmetrischen Berücksichtigung der Auswirkungen einer von der Normallage abweichenden konjunkturellen Entwicklung sowie eine Ausnahmeregelung für Naturkatastrophen oder außergewöhnliche Notsituationen, die sich der Kontrolle des Staates entziehen und die staatliche Finanzlage erheblich beeinträchtigen, vorsehen. Für die Ausnahmeregelung ist eine entsprechende Tilgungsregelung vorzusehen. Die nähere Ausgestaltung regelt für den Haushalt des Bundes Artikel 115 mit der Maßgabe, dass Satz 1 entsprochen ist, wenn die Einnahmen aus Krediten 0,35 vom Hundert im Verhältnis zum nominalen Bruttoinlandsprodukt nicht überschreiten. Die nähere Ausgestaltung für die Haushalte der Länder regeln diese im Rahmen ihrer verfassungsrechtlichen Kompetenzen mit der Maßgabe, dass Satz 1 nur dann entsprochen ist, wenn keine Einnahmen aus Krediten zugelassen werden.

Jonas Lüscher

Reichstags-Blues™ – 29. Mai 2009

Wollte man sehr böse sein, könnte man sagen, die Schuldenbremse sei das gemeinsame Werk eines Schlaganfallpatienten und eines geschichtsvergessenen schwäbischen Trauerredners. Und gerade hatte er Lust, böse zu sein. Nicht einmal so sehr wegen der Schuldenbremse, obwohl ihm diese, zumindest in der hier diskutierten Form, auch ein Ärgernis war. Nein, es waren die dreihundertfünfzig amerikanischen Teenager, in deren Mitte er saß und die einen eigentümlichen Geruch nach frischer Wäsche, Calvin Kleins Eternity und Bieratem verströmten. Eine olfaktorische Belästigung, die sich wie ein Schleier über die erstaunlich spärlich besetzten Reihen unter ihnen legte und den Abgeordneten in ihren reichstagsblauen™ Sesseln, so fürchtete er, sowohl den Atem als auch den letzten Rest Urteilsfähigkeit nahm. Und im Grunde genommen lag das alles in seiner Verantwortung. Man hatte sie ihm aufgebürdet – die 350 Amerikaner und die Verantwortung. Nicht für die Schuldenbremse, wobei er für die lieber die Verantwortung übernommen hätte; dafür hätte er zumindest über die nötige Expertise verfügt, wie er fand – Fachbereich WD 6 «Arbeit und Soziales», stattdessen schrieben wieder die Langweiler vom WD 3 «Verfassung und Verwaltung» und die neoklassischen Flegel vom WD 4 «Haushalt und Finanzen» ihre Ausarbeitungen, Sachstände, Dokumentationen und Fachbeiträge, die allesamt das Papier nicht wert waren, auf dem sie ausgedruckt und zu Konvoluten gebündelt von subalternen Mappenträgern durch die Bundestagsflure getragen wurden. Stattdessen die Amerikaner, Jungs in hellblauen, weiten Hemden, einige hatten sich eine breite, gestreifte Krawatte um ihren kräftigen Hals geknotet, und Mädchen in zitronengelben Kleidern und lila T-Shirts, mit brav gescheitelten Haaren, die sie hinter die

Ohren gestrichen trugen, halbe Kinder noch, die ihm aufgebürdet worden waren von seinem Vorgesetzten, dem Ministerialdirigenten, dem Karajan der Bundestagsabgeordnetenanfrage, wie sie ihn nannten, einem großen Transatlantiker, einem gelegentlich unpässlichen Transatlantiker, der mit Migräne zu Hause lag und deshalb ihm die dreihundertfünfzig amerikanischen Stipendiaten des Parlamentarischen Patenschaftsprogramms für die Dauer ihres Berlin-Besuches überantwortet hatte. An den Teenagern lag es also, den Teilnehmern des Sibiwäiex, wie der Dirigent weltgewandt und fachmännisch The Congress-Bundestag Youth Exchange abkürzte, dass er gegenüber den beiden Architekten der Schuldenbremse so ungnädig war. Er fürchtete sich vor ihnen. Nicht vor den beiden Bremsern … doch, vor denen auch, aber im Moment vor allem vor den Teenagern. Er fürchtete, sie würden sich schlecht benehmen, und das würde auch ein schlechtes Licht auf ihn werfen, vor allem beim migränegeplagten Ministerialdirigenten, vor dem er sich ebenfalls fürchtete, auch wenn er das niemals zugeben würde, und absurderweise fürchtete er ebenso, sie, die jungen Amerikaner, würden sich auf der Besuchertribüne und in den Fluren des Bundestages nicht schlecht benehmen, was, so fürchtete er, auf eine diffuse Art sein klares Bild, das er sich von amerikanischen Teenagern durch den Konsum Tausender Filme und Serien hart erarbeitet hatte, an Schärfe verlieren ließe und ihn damit in einen unbehaglichen Zustand der emotionalen Ambivalenz gegenüber seinen Gästen versetzen würde.

Und mit zwingender Logik hatte sich eine seiner Befürchtungen bewahrheitet: Sie hatten sich nicht schlecht benommen, weder auf den Fluren noch bislang auf der Zuschauertribüne, nicht einmal, als eben der Bundestagspräsident die zweihundertfünfundzwanzigste Sitzung der sechzehnten Wahlperiode mit der Begrüßung der amerikanischen Gäste eröffnet hatte – kein Jubeln, kein Johlen, nur verhaltenes Applaudieren und große, strahlende Gesichter.

Aber dann Struck. Als erster Redner. Gleich mal ein kleiner Scherz auf Kosten der Amerikaner, für die das Thema, so glaubte er, über das heute zu sprechen geplant war, nicht ganz so prickelnd sei. Aha, und warum nicht? Warum sollte eine austeritätspolitische Debatte, die immerhin zum Zwecke einer Grundgesetzänderung stattfand, für seine amerikanischen Stipendiaten nicht von Interesse sein? Etwas irritiert registrierte er, wie sein Beschützerinstinkt erwachte. Dieser Struck mit seinem Buchhalterschnäuzerchen, der sich vermutlich im Büro von der Sekretärin das Jackett abnehmen ließ und sich die Ärmelschoner überstreifte, wie sollten die Amerikaner mit ihren teils bescheidenen Deutschkenntnissen diesem mäandernden Genuschel folgen können, diesem gestotterten Standarddeutsch, das es aus jeder Kurve trug; Silben, die sich in der Höhe der Foster'schen Glaskuppel verloren, und Satzenden, die plump zu Boden fielen und von den tippelnden Gummisohlen des Vorsitzenden der Föderalismuskommission in die graue Auslegeware getreten wurden. Föderalismuskommission – auch das übrigens ein Wort, erinnerte er sich, das Struck bereits vor zwei Monaten bei der ersten Beratung zur Drucksache 16/12410 zur Unkenntlichkeit verstümmelt hatte.

Der Gedanke an Strucks Auftritt vor zwei Monaten besänftigte ihn etwas, hatte dieser doch seine Ausführungen mit einigen Bemerkungen zur Verfassungsästhetik eingeleitet, ein, nicht nur im Bundestag, viel zu selten gehörter Begriff, zu dem er ein ausgesprochen ambivalentes und gerade deswegen beinahe erotisches Verhältnis pflegte. Schöne Gesetzestexte, das hieß klar und schlank formulierte Paragraphen, die sich nicht in Details verloren und trotzdem einen klaren Anwendungsrahmen vorgaben, verständlich, anwendbar, erklärbar, auch dem Nichtjuristen, also der Mehrzahl der Bürger und Bürgerinnen, dafür konnte er sich begeistern – besonders, wenn es um Verfassungstexte ging. Und Struck klagte natürlich zu Recht: Der Text dieser zur Abstimmung stehenden Grundgesetzänderung war weit von allen Ansprüchen an eine Verfassungsästhetik entfernt. *Alle Menschen sind vor dem Gesetz gleich.* Das war ein Satz, der ihm verfassungsästhetische Befriedigung verschaffte. Oder: *Eigentum verpflichtet. Sein Gebrauch soll zugleich dem Wohle der Allgemeinheit dienen.* Von betörender

Schönheit, aufregend, ganze Welten an politischen Möglichkeiten entfalteten sich da in seinem Geist. Und nun schlugen sie so etwas vor, diese Erbsenzähler: *Die nähere Ausgestaltung regelt für den Haushalt des Bundes Artikel 115 mit der Maßgabe, dass Satz 1 entsprochen ist, wenn die Einnahmen aus Krediten 0,35 vom Hundert im Verhältnis zum nominalen Bruttoinlandsprodukt nicht überschreiten …*

Ein Ausbund an Scheußlichkeit. So etwas gehörte doch nicht in eine Verfassung. Es war zum Weinen. Und wo sollte das hinführen?

Politisch Verfolgte genießen vom 13. Februar 2011 bis zum 12. Januar 2017 Asylrecht?

Die Bundesrepublik Deutschland ist von 9 Uhr morgens bis 17 Uhr 15 ein demokratischer und sozialer Bundesstaat?

Jeder Deutsche hat, gegen eine Gebühr von 45 Euro und 20 Cent, in jedem Lande, ausgenommen in Bayern während des Oktoberfestes, die gleichen staatsbürgerlichen Rechte und Pflichten?

Anderseits, anderseits … Eben die widersprüchlichsten Empfindungen. War das nicht ein ausgesprochen frivoler Wunsch, schalt er sich, ein Grundgesetz zur ästhetischen Befriedigung? Ging es nicht um etwas ganz anderes? Gerechtigkeit zum Beispiel – auch wenn es dafür ein paar Sätze mehr brauchte, ein paar Schlaufen und Pirouetten, ein paar Ausnahmeregeln … Struck hatte ja recht, bestand er doch gerade in diesem Moment darauf, dass die Regelung der Finanzbeziehungen zwischen Bund und Ländern sich etwas aufwendiger gestaltete als die Formulierung eines Grundrechtes. Ein «Wer zahlt, schafft an», das war ihm schon klar, wäre zwar von entzückender Eleganz, verfassungsästhetisch sozusagen Haute Couture, aber eben dann doch nicht so recht praktikabel.

Es schien ihm aber auch, als ob Struck sich in seinen weiteren Ausführungen mit weit weniger Elan in die Debatte warf als noch vor zwei Monaten. Da hatte er noch mit aller Vehemenz, zu der er imstande schien, auf die Dramatik der Lage verwiesen, den Handlungsbedarf beschworen und die sechsundsiebzigtausend Euro, die allein der Bund pro Minute an Zinsen zu entrichten habe, ins Feld geführt. Heute aber kämpfte er sich recht leidenschaftslos durch sein Manuskript und begnügte sich damit, die in der ersten Lesung aufgebrachten Einwände der Reihe nach vom Tisch zu wischen. Die Befürchtung, der Bundestag sehe sich eines Tages durch die Schuldenbremse dazu gezwungen, die Sozialleistungen zu kürzen, vollkommen unbegründet, die Annahme, die Schuldengrenze werde den Staat knebeln, absurd, die Entscheidung der Länder, im Jahre 2020 die Nullgrenze zu erreichen, deren eigene, er habe ja 0,15 Prozent des Bruttoinlandsproduktes angeboten, das Kooperationsverbot, ja, das sei in der Tat zu beklagen … aber auch hier, die Länder! Was will man da machen? Eine verfassungsändernde Mehrheit sei dafür im Bundesrat nicht zu gewinnen. Der Frau Enkelmann von der Linken empfehle er im Übrigen, keine Zwischenrufe zu machen, wenn sie keine Ahnung habe, und immerhin habe man doch für die Energetische Sanierung von Schulgebäuden und den Ausbau von Krippenplätzen viel Geld zur Verfügung gestellt. Die Möglichkeiten der Zusammenarbeit zwischen Bund und Ländern im Bildungsbereich seien zwar nach wie vor unbefriedigend, aber da müsse man halt in der nächsten Wahlperiode noch mal ran. Verfassungswidrig? Die Schuldenbremse? Wenn jemand dieser Meinung sei, dann solle er halt klagen. Eine solche Klage halte er zwar für aussichtslos, aber er wisse auch: Vor Gericht und auf hoher See sei man in Gottes Hand …

Am Ende seiner Redezeit angelangt, appellierte der Kommissionsvorsitzende noch einmal an die Abgeordneten, der Verfassungsänderung zuzustimmen, aber der appellative Charakter seiner Rede korrespondierte nicht im Geringsten mit seiner Performance, die genauso nuschelig endete, wie sie angefangen hatte, und mit der Nonchalance dessen vorgetragen wurde, der sich seines Sieges bereits sicher ist.

Vorsichtig vergewisserte er sich rechts und links des Betragens seiner amerikanischen Schützlinge. Nur keine schlafenden Hunde wecken, und schlafend waren sie in der Tat, zumindest jene, die gestern das Berliner Nachtleben genossen hatten. Vielleicht konnte der nächste Redner daran etwas ändern. Er blickte auf die Liste in seiner Hand und ließ alle Hoffnung fahren. Als nächstes würde Volker Wissing für die Liberalen sprechen. Der war zwar beschwingter als der fast doppelt so alte Struck und trug ein ähnliches breit gestreiftes Krawattenmodell wie die Amerikaner, sprach nahezu druckreif und war trotzdem einer von jenen, deren Auftritte ihn fast immer zutiefst deprimierten. Und in der Tat gelang es Wissing gerade mal, mit spitzen Fingern die Seiten seines Redemanuskript geradezurücken und ein vergiftetes «Liebe Kolleginnen und Kollegen» ins Plenum zu schicken, bevor er mit den durchsichtigsten Oppositionsmanövern begann, die offensichtlich vor allem dem Zweck dienten, sich der Union als den einfacheren Koalitionspartner anzudienen. Nun gut, die Wahlen standen ins Haus, und es war mittlerweile Allgemeinwissen, dass die Kanzlerin lieber mit den Gelben weiterregieren wollte. Aber er fragte sich schon, für wie blöd Wissing seine lieben Kolleginnen und Kollegen hielt, und zwar quer durch die Parteien hindurch, als er in Richtung der SPD von jenen sprach, die meinten, es sei besser, das Geld der Steuerzahler für Banken als zur Bewältigung sozialer Aufgaben auszugeben. Sie, die sich in den Kommissionen gegen eine effektivere Schuldenbegrenzung gewehrt hätten, sollten nun doch den Menschen in diesem unserem Land erklären, warum sie das Geld der Bürgerinnen und Bürger lieber den Banken überwiesen, als in Bildung, Forschung, Entwicklung oder Infrastruktur zu investieren. Als ob es der FDP seit den Tagen des Grafen Lambsdorff jemals um Investitionen des Staates gegangen wäre, es sei denn, man butterte irgendetwas in die Privatwirtschaft. Das war doch …, aber da nahm ihm der Abgeordnete Schulz aus den Reihen der SPD mit einem Zwischenruf schon das Wort aus dem Mund: «Ist das schlecht! Das ist doch nicht Ihr Niveau!» Doch, doch, fürchtet er, genau das war es. Dieser schäbigen Einleitung folgte ein jämmerliches Lamento, man habe doch Vorschläge gemacht, wie man das alles viel besser, viel konsequenter, viel schärfer hätte machen können, aber man hat uns ja nicht mitspielen lassen, und jetzt wollen wir nicht mehr, nein, einen so faulen Kompromiss tragen wir nicht mit.

Eine große Tristesse überkam ihn. Das hatte dieses Haus nicht verdient. Auch nicht diese Parlamentarier, die er größtenteils als ernsthafte Menschen achtete, auch wenn er ihre Meinung nicht teilte. So wie Antje Tillmann, die nach Wissing für die Union ans Pult trat und noch einmal die Feierlichkeiten zum Jubiläum des Grundgesetzes in Erinnerung rief, anlässlich derer ihr wieder einmal deutlich geworden sei, ausgehend von Artikel 1 Absatz 1, dass nicht der Staat, nicht politisches Gezänk und nicht bestimmte gesellschaftliche Gruppen das Maß der Dinge seien, sondern eben der Mensch im Mittelpunkt der Verfassung stehe, und auch wenn sie es einmal mehr – schließlich sei das auch den Vätern und Müttern des Grundgesetzes schon nicht gelungen – nicht geschafft hätten, die Ästhetik der Grundrechteartikel in die Finanzverfassung zu retten, so sei doch zumindest deren Geist Grundlage der Änderungsvorschläge. Eine Schuldenbegrenzung sei zuallererst eine Frage der Gerechtigkeit, und zwar eine der Generationengerechtigkeit, letztendlich stelle die gegenwärtige und zukünftig zu erwartende Schuldenlast eine schwere Bürde für kommende Generationen dar.

Ganz anders allerdings sah das Ramelow, der der Abgeordneten Tillmann folgte und dessen Auftritt im Lager seiner Gäste eine leise Unruhe auslöste, vermutlich weil die Harmlosigkeit seiner Erscheinung in scharfem Kontrast zu seiner ostentativ zur Schau getragenen Dissidenz stand, die, das machten die lautstarken Zwischenrufe aus dem Plenum schnell klar, als Provokation bestens funktionierte. Was hier heute beschlossen werden soll, so zeigte sich der Wortführer der Linken gewiss, sei eine Beschränkung des politischen Handlungsspielraums kommender Abgeordnetengenerationen und das totale Gegenteil der Generationengerechtigkeit, da man für kommende Generationen nur eine marode Infrastruktur und ein abgewirtschaftetes Bildungswesen hinterlasse.

Vielleicht war es genau das, was ihn in dieser Diskussion um eine Schuldenbremse so müde machte, die Gewissheit, mit der jedes Lager seine Zukunftsprognosen präsentierte, als hätten sie in ihren Parteizentralen alle eine Glaskugel, aber ein jeder eine von unterschiedlicher

Färbung und anderem Fabrikat. Dabei wusste er als Mitarbeiter des Wissenschaftlichen Dienstes nur zu gut, auf welch schwankendem Grund sie ihre Prognosen erstellten. Und einigen schien in ihrer unerschütterlichen Gewissheit auch einfach die Phantasie verloren gegangen zu sein, dass das Jahr 2020, in dem die Schuldenbremse endgültig greifen sollte, eventuell etwas anders aussehen würde als die Gegenwart. Vielleicht sollte er sie darauf hinweisen, dass diese pickligen Teenager, die da um ihn herumsaßen, dann bereits Eltern wären, verheiratet, einige bereits wieder geschieden, der eine oder andere ein gescheiterter Alkoholiker, bei einem Autounfall ums Leben gekommen, im Gefängnis, Besitzer eines Rasenmähertraktors, mit Hypotheken fürs Eigenheim belastet ... War das mit der untragbaren Zinslast für kommende Generationen überhaupt noch realistisch? Hatte nicht eben die Europäische Zentralbank den Leitzins auf ein mageres Prozent gesenkt, und wer sagte, dass es nicht gleich so weiterging? Hatte sich der deutsche Staat in den letzten Jahren nicht immer billiger verschuldet? Woher nahm eigentlich Steinbrück, der nun für die Regierung sprach, seine Gewissheit, dass es mit der Zinslast zwangsläufig nur in die eine Richtung ginge? Nun gut, dem Mann hatte es nie an Selbstgewissheit gefehlt. Diskutierten sie hier, angesichts der laufenden Krise, nicht über Umstände, die bereits Makulatur waren? Und überhaupt, die Krisen, mit denen man jederzeit, zumal man sich ja mitten in einer befand, zu rechnen hatte und die bereits in der zu beschließenden Gesetzeslage eingepreist schienen ... nein, das war falsch, keineswegs waren sie eingepreist, das war ja eben per se nicht möglich, dafür waren aber bereits zwei Notlagen, die eine Ausnahme vom Kreditaufnahmeverbot zur Folge hätten, benannt, wovon er die eine, die konjunkturelle Komponente, die bei einer Abweichung von der konjunkturellen Normallage griff, für eine wahre Wundertüte hielt, bestand doch jetzt bereits größte Uneinigkeit darüber, wie die Berechnung dazu anzustellen wäre. So weit, die Vorgaben dazu ins Grundgesetz zu schreiben, waren sie dann doch nicht gegangen – vielleicht doch verfassungsästhetische Bedenken ... Das musste normalgesetzlich geregelt werden, und bereits jetzt konnte er sich vorstellen, wie in Zukunft darüber gestritten werden würde, ob man sich noch in einer Normallage befände oder nicht. Und dann sollte die Schuldenbremse auch noch ausgesetzt werden, im Falle von Naturkatastrophen und außergewöhnlichen Notsituationen, die sich der Kontrolle des Staates entzogen und die staatliche Finanzlage erheblich beeinträchtigten. Man war also drauf und dran, eine Schuldenregel zu beschließen, die in der gegenwärtigen Lage gar nicht greifen würde und von der die anwesenden Parlamentarier und Regierungsmitglieder, zumindest für den Moment, ganz unbehelligt blieben. Das entbehrte nicht einer gewissen Ironie, und er hatte, wenn er so in die vergangenen Jahrzehnte zurückblickte, doch eher den Eindruck, die Notlage sei eigentlich zeit seines Lebens eher die Normallage gewesen. Gut möglich, dass sich dieses potente Instrument, wie es von einigen der Anwesenden beschrieben wurde, als reichlich müder Bär, der die meiste Zeit im Winterschlaf verbrachte, entpuppen würde.

Nun, dem Abgeordneten Krings schien das zu genügen, gab er doch unter dem Applaus aus seinen Reihen zu verstehen, dass das alles zwar etwas unausgereift sei, ihm aber ein halbes Brot allemal lieber sei als gar kein Brot. Vielleicht hatte er damit ja tatsächlich etwas Wahres gelassen ausgesprochen. Vielleicht war das genau das, was die parlamentarische Arbeit ausmachte – sich mit einem halben Brot zufriedenzugeben. Zufrieden jedenfalls schien Krings zu sein, es habe Spaß gemacht, in der Föderalismuskommission zusammenzuarbeiten, das sei eine gute Zeit gewesen hier im Parlament und gute Arbeit für den Bundestag und das Land insgesamt. Munter und eklektisch zitierte Krings Twain, Rawls und Napoleon und gab danach einen Einblick in die Kommissionsarbeit, bei der jeder der Verhandlungspartner, bildlich gesprochen, mit dem Taschenrechner auf den Knien am Tisch gesessen sei und auf Punkt und Komma ausgerechnet habe, was diese Reform ihn in Euro und Cent kosten werde.

Das schien ihm deprimierenderweise ein ganz gutes Bild zu sein für diese Grundgesetzreform. Das atmete alles den Geist der Buchhalterei. Kein Wunder, dass in der Debatte immer wieder die schwäbische Hausfrau bemüht wurde, der Vergleich mit der guten Haushaltsführung, die Mahnung, nicht mehr auszugeben, als man eingenommen habe, die jede gute Hausfrau zu beherzigen habe.

Er schaute ringsum in die Gesichter seiner Gäste, einige erstaunlich aufmerksam, andere recht abwesend. Hatten sie heute etwas gelernt, was hatten sie gelernt, was würden sie nach Hause mitnehmen? Unter ihnen im Parkett wurde es unruhig, es strömten die Abgeordneten, die sich die Debatte erspart hatten, zur Abstimmung in den Saal. Krings sprach vergeblich gegen ein anschwellendes Gemurmel an. Dann schritt man zur Abstimmung. Eigentlich sollte er jetzt die Amerikaner, wie es ihm der Ministerialdirigent aufgetragen hatte, zu einem Lunch in die Bundestagskantine führen, aber er blieb einfach sitzen.

Abschnitt Xa
Verteidigungsfall

Artikel 115a – Feststellung des Verteidigungsfalls
Artikel 115b – Befehls- und Kommandogewalt über Streitkräfte
Artikel 115c – Erweiterte Bundesgesetzgebungskompetenz
Artikel 115d – Vereinfachtes Bundesgesetzgebungsverfahren
Artikel 115e – Aufgaben des Gemeinsamen Ausschusses
Artikel 115f – Erweiterte Befugnisse der Bundesregierung
Artikel 115g – Stellung des Bundesverfassungsgerichts
Artikel 115h – Wahlperioden und Amtszeiten
Artikel 115i – Erweiterte Befugnisse der Landesregierungen
Artikel 115k – Wirkung und Geltungsdauer der Vorschriften des Verteidigungsfalls
Artikel 115l – Aufhebung von Maßnahmen und Beendigung des Verteidigungsfalls

Karl-Heinz Ott

Krieg und Frieden

Fast täglich komme ich am Militärarchiv vorbei, in dem die Dokumente der Bundeswehr lagern und die der Nationalen Volksarmee. Es liegt direkt neben dem Vauban-Quartier, dem ökologischen Vorzeigeviertel von Freiburg. Vor dreißig Jahren standen dort noch Franzosen-Kasernen, denen das Gelände seinen Namen verdankt. Marschall Vauban war der Festungsbaumeister des Sonnenkönigs. Er hat mit seinen Truppen nicht nur das benachbarte Elsass eingenommen, sondern Freiburg gleich mit dazu. Heute erinnert hier nichts mehr an Kasernen, sieht man einmal ab von der Architektur der vorderen Wohnblocks. Aber auch sie sind längst bunt gestrichen, die Straßenfront ziert eine schrille Pippi Langstrumpf mit dem Satz: «Wir machen uns die Welt, wie sie uns gefällt.» Statt Soldaten wohnen dort nun die Alternativen und Autonomen. Anarcho-Fähnchen und Anarcho-Sprüche zieren die lauschigen, mit üppigem Grün bestückten Hauseingänge und Balkone, ein Plakat der Antifaschistischen Aktion verkündet: *Shutdown capitalism!*

Der Wächter im Pförtnerhäuschen des Militärarchivs hat offenbar wenig zu tun, reger Verkehr herrscht dort nie. Als Passant nimmt man das zementgraue Areal von außen kaum wahr. Selbst mancher Anwohner könnte vermutlich nicht sagen, welche Firma dort ihren Sitz hat. Für den einzigen Farbtupfer sorgt an der Toreinfahrt ein leicht zu übersehendes gelbes Schild, auf dem bei genauerem Hinsehen der schwarz-rote Bundesadler zu erkennen ist. Der Rest besteht aus monochromen Metallhallen, bei denen es sich um provisorische Container für Asylbewerber handeln könnte. Allenfalls die Antennen auf dem kahlen Hochhaus künden von einer gewissen Wichtigkeit. Den Kontrast bieten die verwitterten Holzhäuser der benachbarten Kita und das knallrote Bordell auf der anderen Straßenseite. Wir befinden uns in der Freiburger Wiesentalstraße, an die das Vauban-Quartier grenzt, in dem die CDU auf so gut wie keine einzige Stimme kommt.

In meinen jüngeren Jahren wollte meinesgleichen mit nichts etwas zu tun haben, was nur von Weitem nach Militär riecht. Als 1980 auf dem Stuttgarter Schlossplatz eines der ersten öffentlichen Gelöbnisse nach dem Zweiten Weltkrieg stattfand, war die halbe Tübinger Studentenschaft mit Trillerpfeifen angereist. Wir ließen die Vereidigung in Krawall ersticken. In öffentlichen Verkehrsmitteln sah man damals so gut wie nie einen Soldaten; es war nicht angesagt, in Uniform aufzutreten, jedenfalls nicht außerhalb der Dienstzeit. Geändert hat sich dieses Bild erst, als unter dem grünen Außenminister und einstigen Straßenkämpfer Joschka Fischer Bundeswehrsoldaten auf den Balkan geschickt wurden. Bald darauf folgte der Einsatz in Afghanistan, bei dem erstmals Soldatinnen dabei waren – was wenige Jahre zuvor noch undenkbar gewesen wäre. Frauen durften bis dahin nur Sanitäterinnen werden, das potentielle Töten blieb den Männern vorbehalten.

Ich selbst habe den Wehrdienst verweigert. Ich bin noch heute für Frieden. So wie die allermeisten Leute. Was denn sonst? Wer liebt schon Krieg? Ein naiver Pazifist war ich allerdings nie. Ich habe den Wehrdienst verweigert, weil ich nicht die klassische Schule der Männlichkeit über mich ergehen lassen wollte. Weder wollte ich mir meine langen Haare abschneiden lassen noch angebrüllt werden. Bei meiner Verhandlung durfte ich das natürlich nicht laut sagen. Damals konnte man sich noch nicht per Postkarte für den Zivildienst entscheiden, man musste sich eine Stunde lang von vier Staatsvertretern löchern lassen, mit lauter Fragen, die alle ungefähr lauteten: Was würden Sie tun, wenn jemand Ihre Freundin bedroht? Ich wusste, wie man zu antworten hat.

Ich weiß nicht, ob ich je für Gandhi geschwärmt habe. Marcuse hat mich mehr interessiert, nebst den Schriften von Bakunin und Marx – ohne dass ich mich als Anarchist gefühlt hätte oder als Marxist. Gandhi passte zu Leuten, die Hermann Hesse lasen. Ein strammer Linker war ich aber auch nie. Der Glaube ans Paradies auf Erden widersprach in meinen Augen der Tatsache, dass wir sterben müssen. Wer auf der Welt nur eine überschaubare Zeit zubringen darf, lebt immer in der Angst, etwas zu verpassen oder zu kurz zu kommen – selbst wenn es ihm nicht bewusst ist. Daraus entstehen Neid und Gier und Eifersucht und Kampf und Krieg. Davon war ich schon als Schüler überzeugt. Doch darüber redete ich in der Verhandlung nicht.

Ebenso wenig redete ich über meinen Widerwillen, in einer Stube hausen zu müssen mit Typen, unter denen sich vermutlich auch Grobiane befanden. Vier Jahre war ich in einem katholischen Landbubeninternat Kerlen ausgesetzt, die mich nachts in Säcke gesteckt und getreten haben. Sie wussten, dass es bei mir daheim nur eine Oma gab und die Mama, ein Mann saß nie am Tisch. Schwäche provoziert. Der

Schlafsaal bestand aus fünfzig Betten, die Wände waren mit Spinten bestückt. Man konnte keine halbe Stunde für sich sein, weder tagsüber noch nachts. Eine solche Schreckenszeit wollte ich nicht noch einmal durchleben, vor allem nicht unter der Befehlsgewalt von Ausbildern, über die man selten Gutes gehört hatte. Wer wie ich aus einem Dorf kommt, das im schwärzesten Wahlkreis lag zwischen Hamburg und Passau, war auf Schlimmstes gefasst. Als die Grünen aufkamen, sagte ein Nachbar zu mir: Die müsste man alle erschießen!

Es war noch nicht lange her, dass der frühere Verteidigungsminister und damalige Kanzlerkandidat Franz Josef Strauß im *Bayernkurier* zu Pinochets Militärputsch schrieb: «Angesichts des Chaos, das in Chile geherrscht hat, erhält das Wort Ordnung für die Chilenen plötzlich wieder einen süßen Klang.» In den gleichen Tagen erklärte der CDU-Generalsekretär Bruno Heck nach seiner Chile-Reise: «Das Leben im Stadion ist bei sonnigem Wetter recht angenehm.» Ich war ein paarmal mit dem Liedermacher Sergio Vesely unterwegs, der wusste, wie es im Stadion von Santiago aussah. Er hatte in Chile im Gefängnis gesessen. Zwar lebten wir hierzulande in einer Demokratie, was die Armee angeht, schien jedoch überall ein ähnlicher Geist zu herrschen.

Ich glaube, die meisten haben damals verweigert, weil sie sich keinem Drill beugen, weil sie nicht in Reih und Glied marschieren, weil sie sich nicht piesacken lassen wollten. Schikane gehörte zur Ausbildung, jeder kannte jemanden, der entsprechende Geschichten auf Lager hatte. Sadismus war Teil der militärischen Pädagogik, getarnt als Erziehung zum Gehorsam. Es kam sogar vor, dass Rekruten in den Tod getrieben wurden – Demütigung bis zum Exitus. Nicht nur sogenannte Schwächlinge wurden getriezt bis zum Gehtnichtmehr, auch wer das Abitur in der Tasche hatte, musste mit Sonderbehandlung rechnen. Es verging kein halbes Jahr, in dem nicht ein Skandal an den Tag kam. So gut wie immer handelte es sich um Schinderei.

Ich kannte Leute, die tagelang nicht geschlafen, literweise Kaffee getrunken, allerlei Tabletten geschluckt und eine Kippe nach der andern geraucht hatten, um bei der Musterung durchzufallen. Es waren keine gerissenen Theatraliker wie Felix Krull, sie versuchten es auf die selbstzerstörerische Tour. Mir selbst leuchtete nie ein, warum sie sich auch vor der Verweigerung drückten. Einige schoben fundamentalistische Gründe vor, sie bekämpften das System als Ganzes und lehnten damit auch jeden «Ersatz» ab. Ich hielt diesen Radikalismus für aufgesetzt. Dass einige von ihnen es jedoch bitterernst meinten, hatte ich bei einem Freund erlebt. Vor ein paar Jahren kam er nach einer Lesung auf mich zu, wir hatten lange nichts mehr voneinander gehört. Sein Weg hatte vom RAF-Sympathisanten zum Taxifahrer geführt. Andere fürchteten, dass sie die Verhandlung nicht bestehen, sie wollten aber auch nicht nach Berlin verschwinden, von wo sie erst mit Ende 28 hätten zurückkehren können. Wieder andere konnten es kaum erwarten, nach Kreuzberg zu emigrieren.

Der Fall der Mauer ließ alles durcheinanderwirbeln, nicht zuletzt auch die Einstellung zur Bundeswehr. Siehe Joschka Fischer. Nach 1989 dachte man, eine friedliche Welt sei im Anmarsch. Die Diktaturen schienen gestürzt, wenngleich noch nicht alle. Die Demokratie hatte sich als alternativlos erwiesen. So jedenfalls sah es kurze Zeit aus, zumindest in unseren Köpfen. Was aber folgte, waren der Balkan-Krieg und 9/11. Plötzlich änderte sich das Bild der Bundeswehr, selbst auf linker Seite. Der beflissene Pazifismus bekam Risse. Die kostenlose Parole «Frieden schaffen ohne Waffen» verlor ihre Unschuld. Im Militär sah man auf einmal nicht mehr nur einen schießbereiten Männerhaufen, bei dem sich gern derbere Typen tummeln und Leute, die sich entschieden rechts von der Mitte zu Hause fühlen. Uniformen standen nicht mehr für Strammstehen und Gleichschritt, sie standen auf einmal für Friedensmissionen. Während meiner Zivildienstzeit hätte sich niemand eine solche Metamorphose vorstellen können: der Soldat als Freund und Helfer und Demokratie-Exporteur.

Auf einmal war für uns Nachkriegsgeborene der Krieg kein Abstraktum mehr. Die Möglichkeit eines Verteidigungsfalls hatte niemand für realistisch gehalten. Hans Magnus Enzensberger spottete noch 1978 im *Kursbuch*, die Apokalypse gehöre zu unserem ideologischen Handgepäck. Wir wollten unsere hohe Moral mit alarmistischer Gruselstimmung unterfüttern. Wir fanden es erhebend, inmitten endloser Menschenketten ein wärmendes Gemeinschaftsgefühl zu verspüren, mit Pete-Seeger-Liedern auf den Lippen. Gewiss, man befand sich im Kalten Krieg, doch hatte tatsächlich jemand befürchtet, die Russen würden uns überfallen? Oder unsereins die Russen? Zwar hatten wir in Bonn gegen die Pershings demonstriert, allerdings richtete sich dieser Protest vor allem gegen das eigene Land und gegen die NATO. Die Feinde waren Helmut Schmidt und Reagan, Breschnews Konterfei war auf diesen Demos nirgends zu sehen.

Falls die Russen aber dennoch auf dumme Gedanken hätten kommen sollen, wäre uns sofort das NATO-Mitglied Amerika beigesprungen. Zwar verteufelten wir den amerikanischen Imperialismus, gleichzeitig bewunderten wir, was aus den USA kam: die Hippies, Woodstock, Jazz und Hollywood. Solange GIs in Ramstein saßen und an Dutzenden weiterer Orte, konnte man ihnen die Drecksarbeit überlassen. Im Ernstfall wären wir fein raus gewesen. Zum Dank dafür machten wir die Amis moralisch zur Sau.

Aus heutiger Sicht lässt sich schlecht leugnen, dass der NATO-Nachrüstungsbeschluss zum Zusammenbruch des Ostblocks beigetragen hat. Helmut Schmidt wurde nach vollbrachter Kanzlerschaft zum hochgeschätzten Elder Statesman. Im Nachhinein bewunderte man an ihm, dass er wusste, was er will, und sich von niemandem dreinreden ließ, weder von seiner Partei noch von den üblichen Moralisten. Seinen Satz «Wer Visionen hat, soll zum Arzt gehen» muss man nicht unterschreiben, um trotzdem zu begreifen, dass mit bloßer Moral keine Politik zu machen ist. Moralisten wollen sich nicht die Finger schmutzig machen, sie wollen sich edel fühlen.

Dass nach dem Mauerfall an die Stelle des übersichtlichen Ost-West-Konflikts tausend neue Brandherde treten würden, hätten Anfang der 1990er Jahre die wenigsten gedacht – Brandherde, die sich nicht mehr nur außerhalb Europas befinden und auch nicht außerhalb der Vereinigten Staaten. Nicht nur die Nachwirkungen von 9/11 drohen bis heute unsere Demokratien zu zermürben. Sie führten nicht nur zu immer weiteren Flüchtlingsströmen, hinzu kam, dass der Islam das kommunistische Feindbild ersetzt hatte. In wenigen Jahren sollte der Glaube an eine friedliche Welt ferner rücken denn je. Die Träume vom globalen Frieden haben sich in Alpträume verwandelt.

Zwar hätte ich auch heute noch keine Lust, mich Kasernentönen zu fügen, den Kriegsdienst würde ich allerdings mit weitaus ambivalenteren Gefühlen verweigern als damals. Und sei es, weil Europa sich immer mehr als jenes ephemere Gebilde erweist, das Paul Valéry als ein kleines Kap am Rand des asiatischen Kontinents charakterisiert hat. Nicht erst seit der Präsidentschaft von Trump hat der große Bruder über dem großen Teich immer weniger Lust, den großen Bruder zu spielen. Die Interessen driften auseinander, mit dem bloßen Ruf nach Frieden ist es weniger getan denn je. Die baltischen Staaten glauben nicht an Appelle, sie bangen um ihre Unabhängigkeit. Über Jahrtausende fühlte Europa sich als das Zentrum der Welt, inzwischen muss es froh sein, überhaupt noch ernst genommen zu werden.

Über unsere Berufung aufs humanistische Erbe und universelle Werte kann China nur müde lächeln. Zu oft haben sich dahinter kolonialistische Ansprüche versteckt. Wie hilflos wir dastehen, hat spätestens das Afghanistan-Debakel gezeigt. Die Bundeswehr versuchte zu retten, was in ihrer Macht stand, in kläglicher Abhängigkeit von den USA. Man hätte ihr gewünscht, tausendmal mächtiger zu sein. Warum Macrons Appell, eine europäische Armee zu gründen, so viel Skepsis entgegenschlägt, kann ich schwer nachvollziehen. Dass Russland und China dabei sind, sich am Westen für seine bisherige Überlegenheit zu rächen, ist kein Märchen. China kauft die halbe Welt auf, Russland will Europa zerbröseln sehen. Der Cyberkrieg ist längst im Gang, der Brexit und die Wahl Trumps verdanken sich nicht zuletzt einer russischen Desinformationspolitik, die im Westen auf fruchtbaren Boden stößt, wie man nicht nur an den rechten und linken Flanken sieht.

Ich schreibe diese Zeilen, während Putins Militär die Ukraine zerbombt. Und ich bekomme eine Wut auf all die lieben Pazifisten in unserem Land, die in Wirklichkeit keine Pazifisten sind, sondern Unterstützer von Terrorregimen. In meinem Freiburger Wahlkreis betitelt der Kandidat der Partei «Die Linke» sich als Friedenspolitiker. Sein ganzer Habitus erinnert mich an die DKPler während meiner Jugendzeit. Er redet wie sie, er denkt wie sie, er hält sich für einen Guten. Ich halte Willy Brandts Radikalenerlass, gegen den ich damals protestiert habe, längst für vollkommen richtig. Sollte man tatsächlich tausendfach Lehrer in den Schuldienst lassen, die den Kindern erzählt hätten, dass die DDR der bessere deutsche Staat ist? Lauter Mitglieder einer aus Ost-Berlin und Moskau finanzierten Partei? Einer Partei, die in organisatorischer Hinsicht die westdeutsche Friedensbewegung fest in der Hand hatte? Einer Partei, die auf alle unorthodoxen Linken schimpfte, angefangen von den Spontis bis zur Frankfurter Schule?

Bei einer der beiden Anti-Pershing-Demonstrationen Anfang der 1980er Jahre in Bonn stand ich im Hofgarten neben Wolf Biermann. Eigentlich hätte ich ihn auf der Bühne vermutet, dort wäre sein Platz gewesen. Später hörte ich, dass das Veranstalterkomitee seinen Auftritt verhindert hatte. Biermann passte nicht ins Weltbild. Er war ein Renegat. Er sang nicht mehr das schöne Lied von der DDR als dem besseren Staat. Allerdings trat die DKP selten mit ihrem Namen auf, sie versteckte sich hinter einem Dutzend verlogen klingender Organisationen wie der Deutschen Friedensunion, der Naturfreundejugend und der Vereinigung der Verfolgten des Naziregimes. Für alle diese Leute stand fest, dass der Aggressor nicht im Osten sitzt, sondern im Westen. Statt Biermann durften in Bonn nur parteitreue Barden ihre Liedchen singen und ihre Sprüche aufsagen: Degenhardt, Kittner, Wader.

1983 durfte Udo Lindenberg beim Friedensfest der FDJ im Palast der Republik seinen Song «Sonderzug nach Pankow» nicht singen. Als er von der Bühne herab erklärte, nicht nur der Westen müsse abrüsten, sondern auch der Osten, herrschte Schweigen im Saal – zu seinem

Konzert war nur ein ausgewähltes Publikum zugelassen. Und jetzt, wo Putins Panzer vor Kiew stehen, repetiert ein nicht kleiner Teil der Partei «Die Linke» immer noch die gleichen pazifistischen Parolen wie damals die DKP. Sie fühlen sich als Friedenspolitiker, de facto sind sie das Gegenteil. Sie dünken sich kritisch, sind aber – mit Lenin zu reden – nur «nützliche Idioten», die einer völkisch-rassistischen, reaktionären, homophoben Moskauer Machtelite in die Hände spielen. Mit der AfD verbindet sie ein anti-westlicher Affekt, der sich antikapitalistisch gibt. Wer seit Jahrzehnten dafür kämpft, dass Deutschland aus der NATO austritt, scheint vor östlichen Despoten keine Angst zu haben.

Auf einmal rede ich daher wie Leute, über die ich früher den Kopf geschüttelt habe: hier Freund, dort Feind. Als spräche Carl Schmitt aus mir. Allerdings habe ich mir nie Illusionen gemacht, was die Unvermeidbarkeit von Feindbildern angeht. Schließlich pflegt die pazifistische Linke sie genauso wie die rechte Seite. Carl Schmitt stimmt in seiner Schrift *Theorie des Partisanen* eine Hymne auf Mao an. Auch die sogenannten Humanisten definieren sich über Feindbilder: Sie halten alle, die nicht denken wie sie, für weniger human. Der Gute kämpft für eine Welt, in der es keine Bösen mehr gibt. Nirgends mangelt es an Kampfplätzen, am wenigsten bei solchen, die sich auf der Seite der Moral wähnen. Wer seine hehre Gesinnung wie eine Monstranz vor sich herträgt, sollte sich allerdings ab und zu fragen, ob er damit tatsächlich etwas Gutes bewirkt. Die schöne Seele ist nur so lange schön, wie sie sich der Wirklichkeit verweigert, heißt es bei Hegel.

Ich bin der Meinung, dass man allen eins auf die Mütze geben muss, die gegen Demokratie sind und gegen Liberalität. Nicht erst bei den Taliban kriege ich Mordgelüste, es fängt viel früher an. In den letzten Jahren habe ich in Gedanken jeden Tag einen Colt gegen Trump gerichtet, ebenso wäre ich sofort bereit, Putin zu erschießen. Gleichzeitig bin ich froh, dass in unserer Regierung keine Leute sitzen wie ich, sondern solche, die ihre Gefühle im Griff haben und wissen, wozu Diplomatie gut ist. Aber auch Diplomaten sollten sich keinen

Illusionen hingeben. Feindbilder macht man sich nicht nur, es gibt tatsächlich Feinde. Zwar müssen sie es nicht für immer sein, doch zu bestimmten Zeiten sind sie es. Wer aus seinem Pazifismus ein Prinzip macht, betreibt Feindwirtschaft, ob er will oder nicht.

Auf meinen Wegen am Vauban-Quartier vorbei denke ich immer wieder, dass während meiner Zivildienstzeit die Anarchos und Autonomen ein Gebäude, in dem das Militärarchiv lagert, tausendfach mit Sprüchen besprüht hätten. Heute scheint sie das nicht mehr zu jucken. Gleichgültigkeit kann Frieden bedeuten.

Artikel 146
Geltungsdauer des Grundgesetzes

Dieses Grundgesetz, das nach Vollendung der Einheit und Freiheit Deutschlands für das gesamte deutsche Volk gilt, verliert seine Gültigkeit an dem Tage, an dem eine Verfassung in Kraft tritt, die von dem deutschen Volke in freier Entscheidung beschlossen worden ist.

Peter Richter

23 > 146
oder: Krause verhandelt für uns einen Einigungsvertrag

Artikel 23 GG lautete bis zum 28. 9. 1990: «Dieses Grundgesetz gilt zunächst im Gebiete der Länder Baden, Bayern, Bremen, Groß-Berlin, Hamburg, Hessen, Niedersachsen, Nordrhein-Westfalen, Rheinland-Pfalz, Schleswig-Holstein, Württemberg-Baden und Württemberg-Hohenzollern. In anderen Teilen Deutschlands ist es nach deren Beitritt in Kraft zu setzen.»

Artikel 146 GG lautete: «Dieses Grundgesetz verliert seine Gültigkeit an dem Tage, an dem eine Verfassung in Kraft tritt, die von dem deutschen Volke in freier Entscheidung beschlossen worden ist.»

23 und 146 – zuerst waren die Zahlen da, dann das, was dahinter stand. Von Krause hingegen hatte noch keiner je gehört, als wir damals mit den Plakaten und Handzetteln losgezogen sind in den Wochen vor der Volkskammerwahl vom März '90, obwohl wir angeblich noch zu jung waren, um daran teilzunehmen, und bei der wesentlich auch über das Grundgesetz abgestimmt wurde, obwohl das bei uns noch gar nicht galt.

Den Namen Krause haben wir dann dafür im Nachgang und Ergebnis dieser Wahl umso häufiger gehört, weil so also der Mann hieß, der bei uns den Einigungsvertrag mit der BRD aushandelte, die drüben allerdings konsequent Bundesrepublik Deutschland genannt wurde oder «die Bundesrepublik», oft auch einfach nur «Deutschland», so als wäre es das einzige auf der Welt. Das *Handbuch zur deutschen Einheit* von der Bundeszentrale für politische Bildung hat uns das Jahre später mit «emotionaler Integrationskraft» und «Kontinuität» zu erklären versucht. Die «Attributivkonstruktion *Deutsche Demokratische Republik*» hingegen sei erst später ins Leben getreten und habe sprachlich offengelassen, «ob es sich um *eine* oder *die* deutsche Republik handelt».

Man sagte damals jedenfalls noch ganz selbstverständlich «drüben» und «bei uns». Und bei uns, in der Attributivkonstruktion, kam kaum jemand auf die Idee, das Land mit vollem Namen anzureden. Erich Honecker hatte es in seinen Ansprachen als Staatsratsvorsitzender immer wieder mal versucht, aber das war selten gutgegangen. Wenn er die DDR eine Deutsche Demokratische Republik nennen wollte, kam oft nur eine Deutsche Demokrat'sche Rep'lik dabei heraus, und was groß klingen sollte, machte die Sache noch kleiner, als sie ohnehin schon war. Das Buchstabenkürzel stellte sie für uns immerhin in einen Zusammenhang mit den großen Antagonisten der Zeit, mit der SU und den USA: Als kleine Stellvertreter standen sich eben die DDR und die BRD gegenüber, jedenfalls in unserem Sprachgebrauch. Aber der Sprachgebrauch drüben verhielt sich dazu nun einmal nicht anders, als sich auch die jeweiligen Staatsgebiete und die Regierungschefs zueinander verhielten: «Die Bundesrepublik» stand schon als Begriff so erdrückend neben der kleinen DDR wie Helmut Kohl neben Honecker, dann Modrow, schließlich de Maizière. Anderseits: Wer hätte neben Kohl nicht fragil gewirkt?

Daher waren es eben immer einerseits «die DDR» und anderseits «die Bundesrep…», die einem als Sprachfetzen entgegenkamen, wenn man damals, im Frühjahr und Sommer '90, zur Nachrichtenzeit am Radio drehte. Und so, wie man dabei sonst in Bruchteilen von Sekunden schon an der Klangfarbe erkennen kann, ob hier Klassik, Pop oder ein Schlager gespielt wird, genügten damals halb ausgesprochene Namen oder Zahlen, um Themen von gewisser Komplexität aufzurufen: «Kohl» und «Thatch…», «Bush» und «Gorbatsch…»: Bei «2+4» dachten wir nicht an Mathe, sondern an Verhandlungen mit den Siegermächten, und bei «2:1» an den Umtauschkurs vom Westgeld. Wann immer damals nun die Zahl 23 erwähnt wurde, dachten wir deshalb manchmal als Gegenstück die Zahl 146 dazu.

Denn noch verstanden wir vielleicht nicht im Detail, was das alles mit uns und unserem Leben in Zukunft zu tun haben würde, aber spüren und ahnen konnten wir das schon. Und noch hatten wir zwar noch nichts von Boris Groys gehört und noch weniger von seiner Theorie, wonach der Unterschied zwischen den beiden Welten ungefähr dem zwischen den Wörtern und den Zahlen entspreche, denn Sozialismus = Primat der Politik, während Kapitalismus = Primat der Ökononomie. Aber wir hatten schon mitbekommen, dass bei uns, wo die beiden Welten nun einmal zusammenstießen, hinter Zahlen und Kürzeln ganze Gebirge an Buchstaben und Bedeutung liegen konnten. Wir kannten das Prinzip ja aus dem Kirchengesangbuch oder von den Konfirmationssprüchen (2. Kor 3,17 war zum Beispiel recht populär unter Jugendlichen mit devianten Frisuren). Ein Freund hatte den Vorschlag, zum Ersten Mai auch einfach nur die Nummern durch die Straßen zu tragen, hinter denen im *Neuen Deutschland* und in der *Jungen Welt* tags zuvor die offiziellen Losungen zum Kampftag der Arbeiterklasse abgedruckt waren. Aber dann war der Erste Mai 1989 auch schon der Letzte seiner Art gewesen, denn kurz darauf hatte es am 7. Mai den

Skandal der 98,85 Prozent gegeben, nämlich «Zustimmung zum Wahlvorschlag», und das war zwar nach offizieller Zählart das schlechteste Ergebnis aller Zeiten bei einer Kommunalwahl in der DDR, wo man mindestens 99 Prozent gewohnt war. Aber diesmal hatten außerdem auch wir noch da gestanden, neben bärtigen Bürgerrechtlern, und hatten zuschauen wollen beim Auszählen und waren dabei auf noch deutlich geringere Werte gekommen. Dann waren den Sommer über auch die Zahlen derer, die überhaupt noch im Land bleiben wollten, immer kleiner geworden. Im Herbst waren dafür die Mengen auf den Demonstrationen angewachsen. Und dann hatten wir auch schon den 9. 11., das Datum, an dem die Deutschen, wie Peter Sloterdijk Jahre später feststellen sollte, regelmäßig ein Rendezvous mit ihrer Geschichte haben, und der 9. 11. zog den 18. 3. nach sich: «freie Wahlen», weil das ja schon die Hauptforderung vom «17. 6.» gewesen war, also von «Dreiundfünfzig», und weil der 18. 3. auch für «1848» stand, als schon einmal eine bürgerliche Revolution versucht worden war. Und aus dem 18. 3. sollte sich schließlich der 3. 10. ergeben, mit allem, wofür der wiederum steht …

Auch wenn man nicht direkt an Zahlenmystik glaubt, war einem nach alldem trotzdem einigermaßen bewusst, dass diese Zeiten wahrscheinlich zu denen gehörten, die man später historisch nennen würde. Und wenn man deswegen einfach einmal alles aufgehoben hat, was einem in die Hände fiel in jenen Tagen, dann hat man heute noch eine Kiste, in der die Plakate und Handzettel liegen, mit denen wir damals, vor dieser ersten und letzten freien DDR-Wahl vom 18. 3. 1990, durch die Stadt gezogen sind, um sie über die Plakate und Handzettel der anderen zu kleben.

Für uns waren das damals «die Rechten», wobei der Begriff weit gefasst war. Aber die Aufkleber der Deutschen Volksunion waren damals auch wirklich nur schwer von den Aufklebern der Christlich Demokratischen Union zu unterscheiden: immer schwarz-rot-gold, und immer kursiv. Es sah aus, als hätten sie den gleichen Grafiker und als hätte dieser Grafiker beiden weisgemacht, dass etwa Deutschlandfahnen irgendwie *dynamischer*, womöglich gar *frischer* wirken, wenn man sie schräg ins Bild setzt. Auf dem schrägen schwarz-rot-goldenen Aufkleber mit dem Slogan «Wir sind **ein** Volk», von dem ich immer geglaubt hatte, wir hätten ihn mit vorgehaltenem Messer irgendeinem Skinhead abgenommen, steht also in Wirklichkeit klein «Bundesgeschäftsstelle der CDU, Abt. Öffentlichkeitsarbeit, 1000 Bonn 1». Und auf einem Aufkleber, der nur schräges Schwarz-Rot-Gold zeigt, steht ganz klein am Rand der rührende Hinweis, wo «oben» ist.

Das, was wir in den Taschen hatten, war aber kaum origineller: «Lasst Euch nicht verKOHLen», «Keine KOHLonie in der DDR» und was sich sonst noch alles mit dem Namen des Bundeskanzlers veranstalten ließ. Angeblich kam das Material aus der Druckerei der *taz* in West-Berlin. Es wurde viel vor «Großdeutschland» gewarnt damals. Andere wieder forderten ein «Deutschland in den Grenzen von 1237», weil es schließlich genug Leute gab, die ernsthaft die «von 1937» wieder für diskutabel hielten – und wenn wir schon heimkehren sollten in irgendein Reichsgebiet, dann lieber in das der Staufer, denn Sizilien schien uns attraktiver als, sagen wir, Salzgitter. Das war Hausbesetzerhumor, hilflos und unlustig. Aber auch bei den sogenannten Erwachsenen in der sogenannten Mitte ging es am Ende bei alldem immer um die sogenannte Wiedervereinigung, sei es als Hoffnung oder als Gespenst. Denn auch da gab es die, denen sie nicht schnell genug gehen konnte, und es gab die, die fanden, das wir vorläufig vielleicht mehr mit den Tschechen, Polen und Ungarn gemein hätten als mit denen da drüben. Vielleicht standen diese beiden Parteien sich nur in meiner Erinnerung damals mit Schildern gegenüber, auf denen lediglich «23» beziehungsweise «146» stand. Sicher weiß ich nur, dass fast alle Diskussionen und Brüllereien in jenem Wahlkampf letztlich auf diese beiden Zahlen heruntergebrochen werden konnten und wurden. Denn je bedeutender und folgenschwerer eine Sache für das Leben der Menschen, desto knapper und chiffrenhafter die Begriffe dafür im Alltagsgebrauch, schon aus praktischen Gründen: Offensichtlich gibt es ein Pathos des Knappen und Pragmatischen.

Und vielleicht trifft das am Ende auch auf Krause zu.

Denn auch der Mann mit dem unwahrscheinlich unscheinbaren Namen Günther Krause sollte in der Folgezeit von beträchtlicher Bedeutung sein und ein noch beträchtlicheres Bewusstsein seiner Bedeutung an den Tag legen. Er verkörperte so gesehen am Ende der DDR deren Essenz auf zwei Beinen. Und mit denen trat er ins Rampenlicht, nachdem die Ostdeutschen bei ihren ersten freien Wahlen nicht zuletzt über das Grundgesetz der Westdeutschen abgestimmt hatten. Denn mit ihrem Votum für oder gegen einen bestimmten Parteienblock entschieden sie auch darüber, ob und wie schnell und auf welche Weise ihr Staat verschwinden würde. Artikel 23 und Artikel 146 wirkten widersprüchlich. Manche Kommentatoren sprachen vornehmer von «konkurrierend». Die meiste Zeit über musste sich darüber aber auch niemand weiter Gedanken machen.

Aber Anfang 1990 kam auf einmal die Frage auf, ob Vereinigung durch Vereinigung oder Vereinigung durch Beitritt. Für Artikel 146 plädierte in der Regel, wer es möglichst langsam und womöglich auch überhaupt nicht wollte: zwei Staaten, eine Kooperation, und dann mal sehen. Die Parteigänger von Artikel 23 waren da zielstrebiger: Die DDR soll BRD werden, denn «Kommt die D-Mark, bleiben wir, kommt sie nicht, gehn wir zu ihr» usw. – von den Vorzügen eines bundesdeutschen Reisepasses ganz zu schweigen.

Für die Brüder und Schwestern in der Regierungsverantwortung des Westens war es wiederum der einfachste Weg: Sie brauchten ihre erprobten Strukturen nur zu exportieren und mussten der eigenen Bevölkerung nicht mit der Zumutung kommen, dass sich auch bei ihr Wesentliches ändern würde. In den Worten von Wolfgang Schäuble, dem Bundesinnenminister aus Bonn: «Es gibt das Grundgesetz, und es gibt die Bundesrepublik Deutschland. Lasst uns von der Voraussetzung ausgehen, daß ihr vierzig Jahre lang von beidem ausgeschlossen wart. Jetzt habt ihr einen Anspruch auf Teilnahme, und wir nehmen darauf Rücksicht.» Denn so war der Ton damals, so war die Lage, und es ist ja bekannt, wie es ausging: Die «Allianz für Deutschland» aus

CDU, DSU und Demokratischem Aufbruch gewann haushoch. Oskar Lafontaine, Chef von sowohl SPD als auch Team Artikel 146, trat beleidigt vor die Mikrofone, sein Genosse Otto Schily hielt wortlos eine Banane in die Kameras. Aber es half alles nichts: Am 12. April 1990 formierte sich die letzte Regierung der DDR mit dem zentralen Geschäftszweck, «die Einheit Deutschlands nach Verhandlungen mit der BRD (!) auf der Grundlage des Artikel 23 GG zügig und verantwortungsvoll» umzusetzen. Und ab diesem Moment blickten die Ostdeutschen ständig diese unglaublich hell strahlenden Augen von Günther Krause aus dem Fernseher an, als wären es Reflektoren ihrer Sehnsüchte und Sorgen in tiefer, dunkler Nacht.

Krause war erst sechsunddreißig damals, Diplomingenieur, promoviert und habilitiert, Fachmann für Rechentechnik in Bauwesen wie Seefahrt, seit 1975 in der Ost-CDU, ab Mitte April '90 plötzlich «Parlamentarischer Staatssekretär beim Ministerpräsidenten der DDR» – und in dieser Funktion schließlich am Verhandlungstisch mit Bonn. Auf der anderen Seite allerdings: Wolfgang Schäuble – und es gibt wenig Grund zu der Annahme, dass seine Ansagen dort wesentlich anders geklungen haben dürften als die hier oben.

Vielleicht war das am Ende tatsächlich das Praktikabelste unter den Umständen. Vielleicht ahnte Schäuble, dass viele seiner Landsleute schon bald die Mauer am liebsten auf eigene Rechnung wieder hochziehen würden, denn gemessen am Unmut über die Veränderungen, die der Beitritt dann eben doch auch im Westen mit sich gebracht hat, möchte man sich das Gejammer dort über eine Vereinigung nach Artikel 146 heute lieber gar nicht erst ausmalen. Zumal dieses Thema inzwischen größtenteils in die Hände und Chatforen von Leuten geraten ist, die einem auch Personalausweise des Deutschen Reichs ausstellen wollen, weil das Grundgesetz keine Verfassung sei, die Bundesrepublik daher kein Staat und dergleichen.

Die Verfassungsfragen, die sich damals beim Aushandeln des Einigungsvertrags stellten, betrafen eindeutig eher die Verfassung, in der sich die DDR wirtschaftlich befand, und die ließ offensichtlich wenig

Verhandlungsspielräume – selbst wenn Günther Krauses Scheinwerferaugen uns jedes Mal sehr zuversichtlich aus dem Fernseher anstrahlten, jedes Mal aber auch ein bisschen flackernder. Wir bekamen eine Flagge, von der wir nun wussten, wo «oben» war, eine Hymne, die am Ende doch nicht um einen Text von Brecht ergänzt wurde (denn das fand Kohl nicht gut), und als Hoheitszeichen einen Raubvogel, der auf den offiziellen Wappen so tat, als sei er ein harmloses Huhn, das Muskeln anspannt, die es gar nicht hat. Die andere Seite bekam dafür den Grünen Pfeil, den Fernsehliebling Carmen Nebel und endlich einmal eine Minderheit, die guten Gewissens mit Ressentiments bedacht werden darf. Außerdem natürlich unsere Schulden, Fabriken und oft allerdings auch Häuser. Denn beim Einigungsvertrag war es nun andersrum als bei all den Daten, Chiffren und Grundgesetz-Artikel-Nummern, hier verbarg sich hinter dem Text ein erdrückendes Gebirge von Zahlen und Werten, da ging es auch um Vermögen im Sinne von Mitteln und also auch im Sinne von Macht. Und am Ende, wenigstens das muss die alten Hasen des dialektischen Materialismus wirklich mit grimmiger Freude erfüllt haben, am Ende hat dieser Einigungsvertrag sogar das hinbekommen, was sie in der DDR so lange vergeblich gewollt und versucht haben: dass überhaupt erst ein Wir aus den vielen Ichs wurde, die sich vorher nicht einmal das Du angeboten hätten, weil sie im Traum nicht auf die Idee gekommen wären, irgendetwas gemein zu haben. Und das schließt sogar jemanden wie Krause mit ein.

Denn auch in den Jahren danach leuchteten uns immer mal wieder seine aufgeblendeten Scheinwerferaugen aufmunternd aus den Nachrichten entgegen, als wollten sie den Weg weisen, wie einer von uns *ankommen* könne in dieser größer gewordenen Bundesrepublik, wenn er es nur genug wollte. Denn von der Notwendigkeit, *anzukommen* in den neuen Verhältnissen, war von nun an ja wirklich dauernd die Rede. Sie strahlten uns aus Bonn an, diese Augen, wo Krause unter Kohl Verkehrsminister wurde und sich ausnahm wie auf der Überholspur, bis er nach einer Weile rechts rausgewinkt wurde. Sie strahlten aus dem Fernseher, während die Schlagzeilen dazu nacheinander «Raststätten-Affäre», «Autobahn-Affäre», «Umzugs-Affäre» und schließlich «Putzfrauen-Affäre» lauteten. Ihr Anblick begleitete danach Berichte über Krauses Neuanfang als Unternehmer für Heizkörperablesegeräte und seine erfolglose Kandidatur zum Oberbürgermeister von Rostock. Sie illuminierten regelmäßig Bilder von Eigenheimen in Mecklenburg-Vorpommern, die Krause, der sich inzwischen als privater Bauunternehmer versuchte, oft nur halb fertig an die Kundschaft gebracht hatte oder die eigentlich seiner Ehefrau gehörten, von ihm aber als Sicherheit eingesetzt waren, weil die eigentlichen Fördermittel inzwischen bei Anlagegeschäften in der Schweiz verschwunden waren, und die schließlich zwangsversteigert wurden, bei welcher Gelegenheit Krause, wie zu lesen war, auch die Frau verlor. Wo auch immer wir inzwischen selbst gelandet waren in der Welt und im Leben: Wenn wir in diesen dreißig Jahren wissen wollten, was der Stand der Dinge bei Krause war, ließen die Nachrichten darüber nie lange auf sich warten. Auf den Bildern dazu wurde der Scheitel grauer und das Gesicht runder, aber der Blick blieb stechend. Wir erfuhren von neuen Eheschließungen, neuen Häusern, Insolvenzen, Verurteilungen, Haftstrafen, Revisionen, Aussetzungen der Haftstrafen zur Bewährung, neuen Versuchen als Unternehmer für «Neutrino-Voltaik», von einer «Villa mit Sauna» für eine halbe Million auf dem Land in Mecklenburg, von einer Vorbesitzerin, die ihr Geld nicht bekam, und von den Aktien jener Firma für «Neutrino-Voltaik», die ihr stattdessen angeboten wurden. Wir verstanden von Neutrino-Voltaik nur so viel, dass sich damit die Energieprobleme der Menschheit lösen lassen sollten, Krause erklärte es in dem Buch *Das ewige Licht – Beginn eines neuen Zeitalters*. Wir verstanden aber auch, dass die Verkäuferin der Villa kleingläubig lieber einfach nur ihr Geld haben wollte. Und dass Krause das nicht hatte.

Beim letzten Mal, als wir ihn zu Gesicht bekamen, machte er sich gerade auf, um an der Fernsehshow *Ich bin ein Star – Holt mich hier raus!* teilzunehmen, umgangssprachlich auch «Dschungelcamp», wo es um eine Siegprämie von 100 000 Euro geht. Krause musste aber nach einem Tag schon wieder aufgeben, wegen gesundheitlicher Probleme. Sein Blick wirkte auf einmal wie erloschen. Aber vielleicht kam uns das nur so vor, weil wir inzwischen wirklich andere Sorgen hatten. Anfang 2020 war das, genau dreißig Jahre nach Artikel 23 GG vs. Artikel 146 GG.

Für Wolfgang Schäuble hatte damals gerade ein weiteres Jahr als Präsident des Bundestags begonnen.

Die Autorinnen und Autoren

Susanne Baer, geboren 1964, ist Richterin des Ersten Senats am Bundesverfassungsgericht, Professorin für Öffentliches Recht und Geschlechterstudien an der Juristischen Fakultät der Humboldt-Universität zu Berlin und hat Professuren in Michigan/USA und Taiwan inne. Von ihr erschien u. a. die Einführung *Rechtssoziologie* (Nomos, 4. Aufl. 2022).

Patrick Bahners, geboren 1967, ist verantwortlicher Redakteur für Geisteswissenschaften der *Frankfurter Allgemeinen Zeitung*. Bei C.H.Beck erschienen von ihm *Bundesrepublik und DDR. Die Debatte um Hans-Ulrich Wehlers «Deutsche Gesellschaftsgeschichte»* (Hg. mit Alexander Cammann, 2009), *Die Panikmacher. Die deutsche Angst vor dem Islam* (2011), *Entenhausen. Die ganze Wahrheit* (2014) sowie *Helmut Kohl. Der Charakter der Macht* (2017).

Lars Brandt, 1951 geboren in Berlin, lebt als Autor von Büchern, Bildern und Filmen in Bonn. Er veröffentlichte u. a. bei Hanser den Essay *Andenken* (2006), die Romane *Gold und Silber* (2008) und *Alles Zirkus* (2012) sowie zuletzt als Herausgeber und Übersetzer *Flügel in Flammen – Dagny Juels gesammelte Werke* und das Theaterstück *Die Gräten*. Dokumentarfilme. Ausstellungen.

Max Czollek, geboren 1987, ist Autor und lebt in Berlin. Er ist Mitglied des Lyrikkollektivs G13 und Mitherausgeber des Magazins *Jalta – Positionen zur jüdischen Gegenwart*. Zu seinen Theaterarbeiten gehören der Desintegrationskongress, die Radikalen Jüdischen Kulturtage sowie die Tage der Jüdisch-Muslimischen Leitkultur. Seine Gedichtbände erscheinen im Verlagshaus Berlin, seine Essays bei Hanser.

Udo Di Fabio, geboren 1954, ist Professor für Öffentliches Recht an der Universität Bonn und war von 1999 bis 2011 Richter am Bundesverfassungsgericht. Für seine rechtswissenschaftlichen und gesellschaftsanalytischen Schriften wurde er vielfach ausgezeichnet, u. a. mit dem Hanns-Martin-Schleyer-Preis und dem Preis für Publizistik der Friedrich-August-von-Hayek-Stiftung. Zuletzt erschien von ihm *Coronabilanz. Lehrstunde der Demokratie* (C.H.Beck, 2021).

Philipp Felsch, geboren 1972, ist Professor für Kulturgeschichte an der Humboldt-Universität zu Berlin. Sein Buch *Der lange Sommer der Theorie* (C.H.Beck, 2015) war für den Preis der Leipziger Buchmesse nominiert. Zuletzt erschien von ihm *Wie Nietzsche aus der Kälte kam* (C.H.Beck, 2022).

Julia Franck, 1970 in Berlin geboren, wurde für ihr Werk u. a. mit dem Marie-Luise-Kaschnitz-Preis, dem Rom-Preis der Deutschen Akademie Rom und dem Deutschen Buchpreis ausgezeichnet. Neben Romanen, Erzählungen und Essays hat sie u. a. zu den Werken von Gerhard Richter, Thomas Demand und Sasha Waltz gearbeitet. Der Roman *Lagerfeuer* wurde unter dem Titel *Westen* von Christian Schwochow verfilmt. Ihr Roman *Die Mittagsfrau* wurde zu einem der erfolgreichsten deutschsprachigen Romane der Nachkriegszeit und ein internationaler Erfolg. Ihre Bücher erscheinen im S. Fischer Verlag, zuletzt der Roman *Welten auseinander* (2021).

Lena Gorelik, geboren 1981 in St. Petersburg, kam 1992 mit ihrer Familie nach Deutschland. Mit ihrem Debüt *Meine weißen Nächte* (SchirmerGraf, 2004) wurde sie als Entdeckung gefeiert, seitdem hat sie sieben weitere Romane veröffentlicht, u. a. bei Rowohlt *Mehr Schwarz als Lila* (2017) und *Wer wir sind* (2021). Sie erhielt für ihr Werk zahlreiche Preise und war für den Deutschen Buchpreis und für den Deutschen Jugendliteraturpreis nominiert. Sie schreibt Essays u. a. für *DIE ZEIT* und die *Süddeutsche Zeitung* sowie Theaterstücke.

Dana Grigorcea, geboren 1979 in Bukarest, ist eine schweizerisch-rumänische Schriftstellerin und Philologin. Sie schreibt Romane (*Das primäre Gefühl der Schuldlosigkeit, Die Dame mit dem maghrebinischen Hündchen* u. a.) sowie Essays und Reportagen für große Zeitungen wie die *Frankfurter Allgemeine* und die *Neue Zürcher Zeitung.* Zuletzt erschien von ihr der Roman *Die nicht sterben* (Penguin, 2021), der für den Deutschen Buchpreis nominiert war und für den sie mit dem Schweizer Literaturpreis ausgezeichnet wurde.

Anna Katharina Hahn, geboren 1970, lebt als Schriftstellerin in Stuttgart. Für ihre Romane wurde sie vielfach ausgezeichnet, u. a. mit dem Wolfgang-Koeppen-Preis und dem Buchpreis der Stiftung Ravensburger Verlag. Ihr Roman *Am Schwarzen Berg* (Suhrkamp, 2012) war auf der Shortlist für den Preis der Leipziger Buchmesse und auf Platz 1 der SWR-Bestenliste. Zuletzt erschienen bei Suhrkamp die Romane *Das Kleid meiner Mutter* (2016) und *Aus und davon* (2020).

Friedemann Karig, geboren 1982, Buchautor, Journalist und Moderator, schreibt u. a. für die *Süddeutsche Zeitung* und *DIE ZEIT.* Für ARD und ZDF moderierte er das mit mehreren Preisen ausgezeichnete Webvideo-Format *Jäger & Sammler.* Von ihm erschienen u. a. *Wie wir lieben. Vom Ende der Monogamie* (Blumenbar, 2017), der Roman *Dschungel* (Ullstein, 2019) sowie zuletzt *Erzählende Affen. Mythen, Lügen, Utopien* (mit Samira El Ouassil, Ullstein, 2021).

Andrian Kreye, geboren 1962, Journalist, Schriftsteller und Dokumentarfilmautor, ist Redakteur der *Süddeutschen Zeitung*, deren Feuilleton er von 2007 bis 2020 geleitet hat. Für seine New-York-Reportagen wurde er mit dem Goldenen Prometheus als «Zeitungsjournalist des Jahres 2006» ausgezeichnet. Für einen Beitrag über Künstliche Intelligenz erhielt er den Theodor-Wolff-Preis und den Medienethik Award Meta.

Michael Krüger, 1943 in Sachsen-Anhalt geboren, war lange Lektor, Verleger, Zeitschriftenherausgeber und Akademiepräsident in München, wo er den Kulturellen Ehrenpreis erhielt und Ehrenbürger ist. Jetzt ist er Schriftsteller. Zuletzt erschienen *Im Wald, im Holzhaus. Gedichte* (Suhrkamp, 2021), *Was in den zwei Wochen nach der Rückkehr aus Paris geschah* (Suhrkamp, 2022) sowie *Segantini* (Schirmer/Mosel, 2022).

Benjamin Lahusen, geboren 1979, ist Professor für Bürgerliches Recht und Neuere Rechtsgeschichte an der Europa-Universität Viadrina in Frankfurt (Oder) sowie Leiter der Geschäftsstelle der «Beratenden Kommission im Zusammenhang mit der Rückgabe NS-verfolgungsbedingt entzogenen Kulturguts, insbesondere aus jüdischem Besitz». Er gibt bei C.H.Beck die Zeitschrift *Myops* heraus. Zuletzt erschien von ihm *«Der Dienstbetrieb ist nicht gestört.» Die Deutschen und ihre Justiz 1943–1948* (C.H.Beck, 2022).

Thomas Lehr, geboren 1957, studierte Biochemie/Naturwissenschaften und lebt als freier Schriftsteller in Berlin. Zuletzt erschienen bei Hanser die Romane *September. Fata Morgana* (2010) und *Schlafende Sonne* (2017). Sein Werk wurde vielfach ausgezeichnet, zuletzt mit dem Joseph-Breitbach-Preis (2015), dem Bremer Literaturpreis (2018) und dem Kranichsteiner Literaturpreis (2018).

Sibylle Lewitscharoff, geboren 1954 als Tochter eines bulgarischen Vaters und einer deutschen Mutter, ist Mitglied der Deutschen Akademie für Sprache und Dichtung sowie der Berliner Akademie der Künste. Für ihre Romane wurde sie vielfach ausgezeichnet, u. a. mit dem Ingeborg-Bachmann-Preis für *Pong* (Berlin Verlag, 1998), dem Preis der Leipziger Buchmesse für *Apostoloff* (Suhrkamp, 2009) sowie dem Georg-Büchner-Preis. Zuletzt erschienen der Roman *Von oben* (Suhrkamp, 2019) und *Warum Dante?* (Insel, 2021).

Jonas Lüscher, geboren 1976, ist Schriftsteller. Seine Novelle *Frühling der Barbaren* (C.H.Beck, 2013) stand auf der Longlist für den Deutschen Buchpreis, war für den Schweizer Buchpreis nominiert und wurde in rund 20 Sprachen übersetzt. Für seinen Roman *Kraft* (C.H.Beck, 2017) wurde er mit dem Schweizer Buchpreis ausgezeichnet. Jonas Lüscher erhielt außerdem u. a. den Hans-Fallada-Preis, den Prix Franz Hessel sowie den Max Frisch-Preis der Stadt Zürich.

Ijoma Mangold, geboren 1971, Literaturkritiker und Autor, ist Redakteur im Feuilleton der *ZEIT* und gehört zum Moderatorenteam der SWR-Literatursendung *lesenswert.* Er hatte Gastprofessuren in Göttingen und St Louis inne, war Stipendiat der Villa Aurora und wurde mit dem Berliner Preis für Literaturkritik ausgezeichnet. Bei Rowohlt erschienen zuletzt die Autobiographie *Das deutsche Krokodil. Meine Geschichte* (2017) sowie *Der innere Stammtisch. Ein politisches Tagebuch* (2020).

Wolfgang Matz, geboren 1955, lehrte an der Universität Poitiers und war Lektor beim Hanser Verlag; von 2006 bis 2020 Mitglied des Betriebsrats, seit 2014 dessen Vorsitzender. Als Übersetzer französischer Prosa und Lyrik wurde er mit dem Celan-Preis und dem Petrarca-Preis ausgezeichnet. Zuletzt erschien von ihm: *Vom Glück des poetischen Lebens. Erinnerung an André du Bouchet, Yves Bonnefoy und Philippe Jaccottet* (Wallstein Verlag, 2022).

Florian Meinel, geboren 1981, lehrt Vergleichendes Staatsrecht und Politische Wissenschaften an der Georg-August-Universität Göttingen. Seine wichtigsten Veröffentlichungen sind *Vertrauensfrage: Zur Krise des heutigen Parlamentarismus* (C.H.Beck, 2019) sowie *Der Jurist in der industriellen Gesellschaft: Ernst Forsthoff und seine Zeit* (Akademie Verlag, 2011).

Eva Menasse, geboren 1970 in Wien, lebt als freie Schriftstellerin in Berlin. Bei Kiepenheuer & Witsch erschienen u. a. die Romane *Vienna* (2005), *Quasikristalle* (2013) und *Dunkelblum* (2021). Außerdem publizierte sie diverse Erzählungen und Essays. Sie wurde u. a. mit dem Heinrich-Böll-Preis, dem Friedrich-Hölderlin-Preis, dem Jonathan-Swift-Preis, dem Ludwig-Börne-Preis und zuletzt für *Dunkelblum* mit dem Bruno-Kreisky-Preis für das beste politische Buch ausgezeichnet.

Terézia Mora, geboren 1971 in Sopron, Ungarn, lebt als Schriftstellerin, Drehbuchautorin und Übersetzerin in Berlin. Sie ist Mitglied der Deutschen Akademie für Sprache und Dichtung und wurde für ihr Werk vielfach ausgezeichnet, u. a. mit dem Ingeborg-Bachmann-Preis, dem Deutschen Buchpreis, dem Georg-Büchner-Preis und dem Samuel-Bogumil-Linde-Preis. Zuletzt erschienen bei Luchterhand der Roman *Auf dem Seil* (2019) sowie *Fleckenverlauf. Ein Tage- und Arbeitsbuch* (2021).

Martin Mosebach, geboren 1951, Jurist und Schriftsteller, lebt in seiner Heimatstadt Frankfurt am Main. Er ist u. a. Mitglied der Deutschen Akademie für

Sprache und Dichtung, der Bayerischen Akademie der Schönen Künste sowie der Berliner Akademie der Künste. Für seine Romane wurde er vielfach ausgezeichnet, u. a. mit dem Heinrich-von-Kleist-Preis, dem Georg-Büchner-Preis und der Goethe-Plakette der Stadt Frankfurt. Zuletzt erschienen von ihm bei Rowohlt *Die 21. Eine Reise ins Land der koptischen Martyrer* (2018) und der Roman *Krass* (2021).

Herta Müller wurde 1953 im deutschsprachigen Nitzkydorf in Rumänien geboren. Nach dem Studium der rumänischen und deutschen Literatur arbeitete sie in einer Maschinenbaufabrik als Übersetzerin. Weil sie sich weigerte, für den rumänischen Geheimdienst zu arbeiten, verlor sie ihre Stelle und geriet selbst ins Visier der Securitate. 1987 konnte sie nach Berlin ausreisen, wo sie heute lebt. 2009 erhielt sie den Literaturnobelpreis. Ihr Werk wurde in über 50 Sprachen übersetzt. Zuletzt erschienen von ihr bei Hanser *Im Heimweh ist ein blauer Saal* (2019) und *Der Beamte sagte* (2021).

Angelika Nußberger, geboren 1963, ist Professorin für Verfassungsrecht, Völkerrecht und Rechtsvergleichung an der Universität zu Köln und Direktorin der Akademie für europäischen Menschenrechtsschutz. Sie war Richterin (2011–2019) und Vizepräsidentin (2017–2019) am Europäischen Gerichtshof für Menschenrechte. Bei C.H.Beck erschienen u. a. *Das Völkerrecht. Geschichte, Institutionen, Perspektiven* (2009) sowie *Die Menschenrechte. Geschichte, Philosophie, Konflikte* (2021).

Georg M. Oswald, geboren 1963 in München, ist Schriftsteller und Jurist. Recht und Gerechtigkeit sind zentrale Themen seiner Romane, so etwa in *Vom Geist der Gesetze* (Rowohlt, 2007). Sein Roman *Alles, was zählt* (Hanser, 2000) wurde mit dem International Prize ausgezeichnet und in zehn Sprachen übersetzt. Der Roman *Unter Feinden* (Piper, 2012) wurde von Lars Becker als Reihe für das ZDF verfilmt. Zuletzt erschienen bei Piper das Sachbuch *Unsere Grundrechte* (2018) sowie die Romane *Alle, die du liebst* (2017) und *Vorleben* (2020).

Karl-Heinz Ott, geboren 1957, arbeitete von 1986–1998 als Musiker und Dramaturg an den Theatern Freiburg, Basel und Zürich. 1998 erscheint sein erster Roman *Ins Offene* (Residenz, 1998), zuletzt 2018 der Roman *Und jeden Morgen das Meer* (Hanser, 2018). Essayistische Werke u. a. über Beethoven, Händel und Hölderlin. Zuletzt erschienen *Verfluchte Neuzeit. Eine Geschichte des reaktionären Denkens* (Hanser, 2022). Verschiedene Akademie-Mitgliedschaften und Preise, zuletzt 2021 der Joseph-Breitbach-Preis.

Annette Pehnt, geboren 1967, schreibt für Erwachsene und Kinder und leitet seit 2018 als Professorin für Kreatives Schreiben und Kulturjournalismus das Literaturinstitut an der Universität Hildesheim. Sie wurde vielfach ausgezeichnet, u. a. mit dem Hermann-Hesse-Literaturpreis und dem Kulturpreis Baden-Württemberg. Zuletzt erhielt sie für den Roman *Alles was Sie sehen ist neu* (Piper, 2020) den Rheingau-Literaturpreis.

Hans Pleschinski, geboren 1956 in Celle, veröffentlichte u. a. bei C.H.Beck die Romane *Königsallee* (2013) über Thomas Mann und *Am Götterbaum* (2021) über Paul Heyse. Er gab die Korrespondenz Voltaires mit Friedrich dem Großen sowie die Tagebücher des Herzogs von Croÿ heraus. Zuletzt erhielt er den Literaturpreis der Konrad-Adenauer-Stiftung. Pleschinski ist Chevalier im L'Ordre des Arts et des Lettres und Mitglied der Bayerischen Akademie der Schönen Künste.

Grit Poppe, geboren 1964 in Boltenhagen, lebt als freiberufliche Autorin in Potsdam und schreibt für Kinder, Jugendliche und Erwachsene. Für ihren Roman *Weggesperrt* (Dressler, 2009) erhielt sie den Gustav-Heinemann-Friedenspreis für Kinder- und Jugendbücher. Der Roman *Verraten* (Dressler, 2020) wurde für den Deutschen Jugendliteraturpreis 2021 nominiert und mit dem Deutsch-Französischen Jugendliteraturpreis 2021 ausgezeichnet. Zuletzt erschien *Die Weggesperrten. Umerziehung in der DDR* (mit Niklas Poppe, Propyläen, 2021).

Peter Richter, geboren 1973 in Dresden, arbeitet als Kulturkorrespondent der *Süddeutschen Zeitung* in Berlin. Letzte Buchveröffentlichungen: *August* (Hanser, 2021), *Dresden Revisited* (Luchterhand, 2016), *89/90* (Luchterhand, 2015).

Jochen Schmidt, 1970 in Berlin geboren. Er veröffentlichte bei C.H.Beck u. a. die Romane *Schneckenmühle* (2013), *Zuckersand* (2017) und *Ein Auftrag für Otto Kwant* (2019), das Lektüretagebuch *Schmidt liest Proust* (Voland & Quist, 2008) sowie bei Piper Gebrauchsanweisungen für die Bretagne, Rumänien, Ostdeutschland und das Laufen. Jochen Schmidt schreibt seit 2018 für die *Frankfurter Allgemeine Sonntagszeitung*. 2004 wurde er mit dem Förderpreis zum Kasseler Literaturpreis für Grotesken Humor ausgezeichnet.

Sophie Schönberger, geboren 1979, ist Professorin für Öffentliches Recht, Kunst- und Kulturrecht an der Heinrich-Heine-Universität Düsseldorf sowie Ko-Direktorin des Instituts für Deutsches und Internationales Parteienrecht und Parteienforschung. Von ihr erschien *Was soll zurück? Die Restitution von Kulturgütern im Zeitalter der Nostalgie* (C.H.Beck, 2021).

Hilal Sezgin, geboren 1970, lebt als freie Journalistin und Buchautorin in der Lüneburger Heide, wo sie einen kleinen Lebenshof für alte Schafe betreibt.

Von ihr erschienen u. a. *Artgerecht ist nur die Freiheit* (C.H.Beck, 2014) sowie *Feuerfieber. Ein Tierrechtsroman* (Crowdfunding/Eigenverlag, 2020).

Ronen Steinke, geboren 1983 in Erlangen, Studium der Rechtswissenschaft und Kriminologie, arbeitet als Korrespondent der *Süddeutschen Zeitung* in Berlin. 2013 erschien bei Piper seine Biografie des einstigen Anklägers der Frankfurter Auschwitzprozesse, Fritz Bauer, die in mehrere Sprachen übersetzt und fürs Kino verfilmt wurde. Zuletzt erschien von ihm *Vor dem Gesetz sind nicht alle gleich* (Berlin Verlag, 2022).

Andreas Voßkuhle, geboren 1963, ist Professor an der Albert-Ludwigs-Universität Freiburg, Direktor des dortigen Instituts für Staatswissenschaft und Rechtsphilosophie sowie Ordentliches Mitglied der Berlin-Brandenburgischen Akademie der Wissenschaften. Von 2010 bis 2020 war er Präsident des Bundesverfassungsgerichts. Zuletzt erschien von ihm *Europa, Demokratie, Verfassungsgerichte* (Suhrkamp, 2021).

Lucy Wagner, geboren 1987, ist Juristin und lebt in Berlin. Nach ihrer Tätigkeit für das Holocaust Claims Processing Office, New York, war sie Geschäftsführerin der Humanistischen Union Berlin e.V. Für das Institut «Social Justice & Radical Diversity» ist sie als Antidiskriminierungstrainerin tätig.

Tristan Wißgott, geboren 1998, studiert nach Stationen in Augsburg und Chicago Rechtswissenschaft sowie Geschichte und Philosophie an der Georg-August-Universität Göttingen und ist dort studentische Hilfskraft am Institut für Grundlagen des Rechts. Er ist Mitgründer des Arbeitskreises «Recht und Literatur» an der Universität Göttingen, schreibt gelegentlich für «Verfassungsblog.de» und war 2021 Sieger des HanseEssay-Wettbewerbs.

Ulrich Woelk, geboren 1960, studierte Physik und Philosophie und arbeitete bis 1995 als Astrophysiker an der TU Berlin. Sein Debütroman *Freigang* erschien 1990 bei dtv. Zuletzt erschien von ihm bei C.H.Beck der Roman *Für ein Leben* (2021). Seine Romane und Essays sind in viele Sprachen übersetzt. Für sein Werk wurde Ulrich Woelk u. a. mit dem aspekte-Literaturpreis, dem Thomas-Valentin-Preis und den Alfred-Döblin-Preis ausgezeichnet.

Feridun Zaimoglu, geboren 1964 im anatolischen Bolu, lebt seit seinem sechsten Lebensmonat in Deutschland. Er studierte Kunst und Humanmedizin in Kiel und schreibt für *Die Welt*, die *Frankfurter Rundschau*, *DIE ZEIT* und die *Frankfurter Allgemeine Zeitung*. 2002 erhielt er den Hebbel-Preis, 2003 den Preis der Jury beim Ingeborg-Bachmann-Wettbewerb in Klagenfurt und 2016 den Berliner Literaturpreis. Zuletzt erschien von ihm der Roman *Bewältigung* (Kiepenheuer & Witsch, 2022).